Die Zeit der Kreuzzüge

Weihnachten 2001

Die Zeit der Kreuzzüge

Geschichte und Kunst

Herausgegeben von Roberto Cassanelli

Aus dem Französischen, Italienischen und Spanischen von
Renate Beyer, Jochen Grube, Cornelia Homann, Stefan Knaute und Cornelia Kuhl

THEISS

Die Deutsche Bibliothek – CIP-Einheitsaufnahme

Ein Titeldatensatz für diese Publikation ist bei
Der Deutschen Bibliothek erhältlich.

Umschlaggestaltung: Neil McBeath, Kornwestheim, unter Verwendung einer Abbildung aus der Biblioteca Nacional, Madrid (Belagerung von Banyas, Miniatur aus dem Manuskript *La gran conquista de Ultramar*)

Originalausgabe *Il mediterraneo e l'arte nel medioevo*

Übersetzung: Renate Beyer, Jochen Grube, Cornelia Homann, Stefan Knaute, Cornelia Kuhl

Lektorat: Renate Beyer, Tübingen; Christiane Wagner, Stuttgart
Satz: Hahn Medien GmbH, Kornwestheim
Printed in Spain
ISBN 3-8062-1533-2

Inhalt

Probleme einer Geografie der Kunst während der Kreuzzüge (11. bis 13. Jahrhundert)

Roberto Cassanelli

Dass der mittelmeerische Raum jenseits bloßer Ereignis-Geschichtsschreibung in seiner gesamten Ausdehnung und in seinem engen Nebeneinander von Wasser und Land Gegenstand wissenschaftlicher Untersuchungen werden würde, und zwar hinsichtlich seiner politischen, kulturellen und Kunstgeschichte, hinsichtlich auch seiner durch Warenaustausch, Handelsrouten, Pilgerwege und Menschen entfachten Dynamik, kurz, all dessen, was in dieser Welt gewirkt hat (und noch wirkt), wurde schon vor über einem halben Jahrhundert deutlich, als Fernand Braudel 1949 sein großes und mutiges Buch *La Méditerranée et le monde méditerranéen à l'époque de Philippe II* veröffentlichte.[1]

Auch die Kunstgeschichte hat seit einigen Jahren begonnen, ihre Aufmerksamkeit auf diesen Gesamthorizont zu richten. Einerseits machte man seit dem Zweiten Weltkrieg, neben einer immer größeren Spezialisierung der Wissensbereiche (mit gelegentlich ungenügendem Erfahrungsaustausch untereinander), Anleihen bei der Methodik anderer Disziplinen, insbesondere der Linguistik (Strukturalismus, Semiotik) und der Psychologie, andererseits hat man nach und nach erkannt, dass der „materiellen Kultur" und dem „Territorium", sowohl in kunstgeschichtlich-geografischer als auch in historisch-sozialer und anthropologischer Hinsicht, mehr Aufmerksamkeit geschenkt werden musste: Die Notwendigkeit, Methoden und Vorgehensweisen aus verschiedenen Disziplinen gleichermaßen anzuwenden und dabei auch möglicherweise zweitrangige Literaturstellen mit zu benutzen, war klar geworden.

Die Kenntnis der materiellen Kultur, welche bislang gemeinhin als minderwertig angesehen wurde, etablierte sich in den Fünfziger- und Sechzigerjahren des letzten Jahrhunderts, sei es in der Archäologie marxistischer Prägung (z. B. in Polen im Institut für die Geschichte der materiellen Kultur), sei es in der Formengeschichte der Kunstwerke. In diesem Zusammenhang ist der methodologische Ansatz von George Kubler und Henri Focillon aus den Dreißigerjahren von Bedeutung; Kubler studierte in Yale lateinamerikanische und präkolumbianische Kunst. Tatsächlich war es ein bekannter Aufsatz von Focillon (*Vie de formes*), in dem er das Handwerkszeug fand, um mit einer einzigartigen Methode eine so fremde Kultur zu begreifen.

Die Früchte seiner Bemühungen sind in dem berühmten Artikel *The Shape of Time* von 1962 zusammengefasst und wurden – mit einiger Verspätung – auch von der Kunstgeschichte traditioneller Prägung[3] wahrgenommen. „Unter sehr verschiedenen Umweltbedingungen", so schrieb Hans Beltig, den Gedankengang Kublers weiterführend, „beschreiben künstlerische Ausdrucksweisen oder Fragestellungen immer ähnlichen Zyklen, die keiner Chronologie, dafür aber einem inneren Programm gehorchen: Auf einzelne Phasen primitiver Formgebung folgen reifere Formen und so fort. Neue Entwicklungen sind nicht wiederholbar, da sich künstlerische Fragestellungen an einem bestimmten Zeitpunkt des Prozesses verändern und eine neue Entwicklung erscheint. Das Datum eines Kunstwerks ist dabei weniger entscheidend als sein „Zeit-Alter", in dem es durch Versuch und Irrtum entstanden ist [...]. Die chronologische Zeit, die einander ähnliche Ereignisse unter dem Begriff ‚Zeitgeist' zusammenfasst, unterscheidet sich von der systematischen Zeit, die eine Kurve innerhalb eines Systems darstellt."[4] Kubler stellt die Frage nach den Kriterien der Klassifizierung von Materialien und nach dem Zusammenhang zwischen einzelnen stilistischen und historischen „Serien" unter Berücksichtigung ihrer Lebensdauer und ihrer Entwicklung. An diesen Serien werden Dinge wie Beständigkeit und Wechsel, Veränderung und Entwicklung studiert. Diese Methode, von der Anthropologie übernommen, lässt keinerlei Abhängigkeit von Stil und Geschichte mehr zu.

Ein solches Analyseraster findet im Mittelmeerbecken einen besonders geeigneten Bereich zum Überprüfen und Experimentieren, insbesondere wenn es sinnvollerweise mit den jüngsten Ergebnissen der Forschung im Bereich der Geografie von Kunst verknüpft wird. Mit dem Begriff „Geografie der Kunst" ist laut Bruno Toscano nicht etwa „eine etablierte Methode und noch weniger ein Teilbereich der Kunstgeschichte (oder der Geografie)" gemeint, sondern vielmehr „ein allgemeiner Orientierungsversuch der Kunstgeschichte in diesem Jahrhundert, der von Wissenschaftlern verschiedener methodologischer Provenienz angewendet wird und die besondere Bedeutung von räumlichen Abhängigkeiten in der Kunstgeschichte betont".[5] Tatsächlich gab es diese Sichtweise bereits im 19. Jahrhundert, und sie wird bis heute mit dem Begriff „Schule" (in der Malerei oder Architektur) oder „Milieu" beschrieben, was die vielfältigen Verknüpfungen zwischen dem Kunstwerk und dem Ort seiner Entstehung – einer Stadt, einer Region oder einem Landstrich – deutlich macht.

In den vergangenen Jahrzehnten hat man sich die Erfahrungen der Sozialgeschichte der Kunst zu Nutze gemacht, um auf interdisziplinärem Weg die Gemeinsamkeiten mit der „neuen Geschichte" und der „neuen Geografie"[6] herauszufinden. Bahnbrechende Beiträge hierzu finden sich in den Arbeiten von Enrico Castelnouvo über die Alpen als ein Kreuzweg für die verschiedensten Künste, was die herkömmliche Sichtweise einer „Grenze" auf den Kopf stellt und stattdessen die Funktion der Bergpässe als Ort des Kulturaustausches unterstreicht.[7] Eine ähnliche Pionierleistung stellen auch die Untersuchungen von Fernando Bologna über Neapel und die Mittelmeer-Routen der Malerei von Alfons dem Edlen bis Ferdinand dem Katholischen dar.[8]

Das Dilemma von Kontinuität oder Bruch in der Geschichte des Hochmittelalters wurde schon vor längerer Zeit mit den berühmten Arbeiten Henri Pirennes[9] gelöst: Der Mittelmeerraum erweist sich als etwas Lebendiges und Dynamisches, als ein Ort größter Durchlässigkeit und intensiver Begegnungen, die die bisherigen Gewissheiten in Frage stellen. Seit einigen Jahren konzentriert man sich auf die Kreuzzüge zwischen 1095, dem Zeitpunkt des Aufrufes zum ersten Kreuzzug, und 1270, dem achten Kreuzzug unter dem heiligen Ludwig. Sie sind von besonderer Bedeutung, will man die Intensität des Kulturaustausches beurteilen und das methodologische Raster anwenden, wobei nicht nur die religiösen und politisch-ökonomischen Faktoren eine Rolle spielen, sondern vor allem die Neuerungen im Bereich der Kunst.[10]

Die Kreuzzüge sind, rein technisch betrachtet, bewaffnete Pilgerreisen, Expeditionen, zu denen im Abendland zwischen 1095 und 1270 von den römischen Päpsten aufgerufen wurde, um Jerusalem und das Heilige Land von der islamischen Herrschaft zu befreien und die Stätten von Leben und Passion Christi zu beschützen („Gesta Dei per Francos" laut Guibert de Nogent). Schon bald jedoch weitete sich das Geschehen aus und beeinflusste den gesamten Mittelmeerraum. Der Funke wur-

Hellenistische Tradition und arabisches geografisches Wissen fließen in der Darstellung des Mittelmeeres auf der Erdkarte von al-Idrisi zusammen. Dieser marokkanische Geograf und Historiker redigierte 1154 im Auftrag von König Roger II. von Sizilien das berühmte Buch des Königs Roger.

de bekanntlich von Papst Urban II. 1095 in Clermond-Ferrand entzündet und blieb für ca. zwei Jahrhunderte am Leben, über wenigstens acht Kreuzzüge hinweg. Der erste Kreuzzug (1096–99) führte zur Eroberung Palästinas und Teilen Syriens sowie zur Errichtung des lateinischen Staates von Jerusalem. Die Rückeroberung von Edessa, einem Kreuzfahrer-Vorposten in Syrien, durch Muslime keine fünfzig Jahre später war Anlass zu einer neuerlichen Kreuzfahrt (1147–49) unter der Leitung von Konrad III., Ludwig VII. von Frankreich und Friedrich Barbarossa (zu der Zeit noch Herzog von Schwaben). Dieser Expedition war indes praktisch keinerlei Erfolg vergönnt. Der dritte Kreuzzug (1189–91) vor dem Hintergrund des Verlusts von Jerusalem wurde ebenfalls neben anderen von Friedrich Barbarossa geleitet, der jedoch ums Leben kam, ehe er das Heilige Land erreichte. Die Streitigkeiten zwischen Philipp August und Richard Löwenherz machten die mäßigen Erfolge, die sich ohnehin auf die Kontrolle der Kirche St. Johannes in Akkon und des Küstenstreifens zwischen Tyrus und Jaffa beschränkte, wieder zunichte. Welch niedrige Beweggründe es waren, die aus den Kreuzzügen schließlich ein Desaster werden ließen, zeigt besonders die von von den Venezianern gegen Konstantinopel geführte Expedition 1202–1204: Die Stadt kapitulierte und wurde geplündert. Die Reste des byzantinischen Reiches wurden gleichmäßig zwischen den Kreuzzugsherrschern aufgeteilt. Der fünfte Kreuzzug (1217–21) ging gegen Ägypten, während der sechste (1228–29) unter Friedrich II. ein diplomatisches Meisterwerk darstellte, da es Jerusalem, Nazareth und Bethlehem wieder in den Besitz der abendländischen Streitkräfte brachte. Durch neuerlichen Verlust von Jerusalem entstand der siebte Kreuzzug (1248–50) unter König Ludwig IX. von Frankreich, der jedoch gefangen genommen wurde. Der achte und letzte Kreuzzug erschöpfte sich mit dem Tod des Herrschers.[11]

Das vorliegende Buch, das die Fähigkeiten von Spezialisten aus verschiedenen Ländern und verschiedenster Provenienz in sich vereint, beschäftigt sich mit den Kunsterzeugnissen der Völker und Länder rings um das Mittelmeer und, als eine Art roter Faden, mit den Wechselwirkungen – kultureller und künstlerischer Art – zwischen Orient und Okzident vom 11. bis 13. Jahrhundert, ohne diese jedoch auch überzubewerten. Grundlegend für das Verständnis jeglichen künstlerischen Phänomens bleibt dabei der Bezug zur Umwelt (im weitesten Sinne), in der das Werk entstanden ist, einer „Umwelt“ aus Traditionen, aus Kenntnissen in Bau- und Handwerk, aus Beherrschung von Materialien und Rohstoffen, aus der kollektiven Kultur und Gedankenwelt.

Vier Sichtweisen haben sich bei der Beschäftigung mit dem Thema herauskristallisiert: die Wegbereiter oder Präzendenzfälle [der Kreuzzüge], die am Beispiel Spanien deutlich werden; die wechselseitigen, in beide Richtungen gehenden Strömungen und Ausstrahlungen; das Phänomen des „Kolonialismus“; die Entstehung einer neuen, originären Ausdrucksweise in der Kunst als Ergebnis von Begegnungen. Die Iberische Halbinsel unter almoravidischer und almohadischer Herrschaft, durch die sie mit Nordafrika und dem Maghreb verbunden war, sollte Auftakt des Buches sein, da sie geografisch besonders exponiert liegt und intensiv in die Ereignisse verwickelt war (Páez Lopez, Lopez Guzman, Contadini). Im Spanien der Reconquista führte der Zusammenprall zwischen Islam und Christentum in der Tat schon sehr früh zu einem Höhepunkt an Feindseligkeiten.

Der Kernpunkt des Themas bleibt indes die Eroberung und Verteidigung des Heiligen Landes sowie die Verehrung der heiligen Stätten. Ihren stärksten und zugleich „banalsten“ Ausdruck findet sie in der Errichtung eines ganzen Systems von Festungsbauten, die durch den Import westlicher Elemente kolonialen Charakter erhielten. Die religiöse Architektur hingegen baute auf den Grundsätzen des Synkretismus auf, Ergebnis des gemeinsamen Arbeitens auf Baustellen, des Erfahrungsaustausches von Arbeitern aus Ost und West (Marino, Nenci). Zwar wurden die Modelle für diese Bauten einst aus Europa eingeführt, doch mit den Pilgern kamen Zeichnungen, Skizzen und andere Zeugnisse des Heiligen Grabes wieder nach

Europa zurück, wo sie zu einem regelrechten architektonischen „Urtyp“ wurden, der Jahrhunderte lang kontinentweit Nachahmungen fand (David, Piva).

Ein besonderer Fall liegt für Ägypten vor, von wo aus die Fatimiden die Macht über Nordafrika (mit Sizilien in der Nähe), über die arabische Halbinsel und bis nach Syrien und Palästina ausdehnten (Curatola, Contadini). Von hier aus weitergedacht erreicht man Byzanz, das den ersten Kreuzfahreranstürmen ausgesetzt war und 1204 fiel, mit seiner immensen Peripherie an künstlerischer Ausdruckskraft und seinem unmittelbaren Einfluss auf den Westen (Velmans, Andaloro). Die Steppen Zentralasiens andererseits sind beeindruckende Schauplätze für die Migration von Völkern und Kunst, und mit der Eroberung des Iran durch die Seldschuken werden sie noch einmal zu Hauptdarstellern der Geschichte, bevor die Mongolen alles überrennen (Curatola).

Um zwei Besonderheiten des Themas aus westlicher Sicht handelt es sich bei dem Schatz von San Marco in Venedig (Cassanelli) und bei der Cappella Palatina in Palermo (Andaloro). Im ersteren Fall waren im Gegensatz zu allen anderen großen Schätzen des Kontinents (von Monza oder von St. Maurice d'Agaune, von Aachen oder Oviedo) die Raubüberfälle der Kreuzritter in den Kirchen Konstantinopels nach dem Fall von 1204 der eindeutige Ursprung seiner Existenz – gleichsam als Kriegsbeute oder als anteilige Entschädigung für die Kosten der Kreuzzüge. Dies glich einer einzigartigen Vorwegnahme der Beutesammlungen Napoleons, auch darin, dass die geraubten Kostbarkeiten in nur einer einzigen Stadt, hier Venedig, der „Lieblingstochter“, konzentriert wurden.

Die Cappella von Palermo ist das vollendete Ergebnis eines wunderbaren künstlerischen Synkretismus, der steinerne Spolien und kulturelle Einflüsse aus dem gesamten Mittelmeerbecken in einem harmonischen Ganzen vereint.

In der zweiten Hälfte des 13. Jahrhunderts gelangten weite Teile der Landstriche, welche die Kreuzfahrer mit so viel Hoffnung und Inbrunst ihr Eigen genannt hatten, wieder unter islamische Oberhoheit. Die Herrscher Europas waren nicht länger gewillt, Eroberungsträumen nachzuhängen. Sie waren vielmehr ganz vom Aufbau großer Nationalstaaten eingenommen. Das kulturelle Schaffen indes absorbierte nach und nach die Vielfalt an Stilen und Motiven (Sureda), und der Orient wurde wieder zu dem wundersamen Märchen von einst.

Die iberische Halbinsel: Begegnung, Zusammenprall und künstlerische Einflüsse zwischen Abendland und arabisch-islamischer Welt

Jerónimo Páez López,
Rafael López Guzmán

Das Heer auf dem Marsch unter dem Banner der Muttergottes mit dem Christkind, abgebildet auf einer Miniatur in den Cantigas de Santa Maria, die Alfons X. von Kastilien, genannt der Weise, abfassen ließ. Biblioteca del Escorial, Madrid, 13. Jahrhundert

Linke Seite: *Die Säulenhalle des Aldjaferia-Palastes in Saragossa, erbaut im 11. Jahrhundert. Gegen Ende des Jahres 1118 ergab sich die Stadt dem Heer Alfons I. von Aragon, genannt „der Kämpfer". Als sich die aragonesische Herrschaft gefestigt hatte, nutzten die neuen Herren den Palast; islamische Bauhütten setzten ihre Arbeit in der Stadt noch lange fort.*

Nach dem Tode al-Mansurs, des „Siegreichen", des Almansor der christlichen Historiographie (978–1002), trat das Omayyadenkalifat von Cordoba in eine Phase des Niedergangs ein, die zu Bürgerkrieg und Auflösung führte. Die Entstehung der wohlhabenden, aber militärisch verwundbaren islamischen Teilreiche der *Taifas* mündete letztlich in die „Reconquista" oder Rückeroberung der iberischen Halbinsel durch die christlichen Herrscher, die von nun an unaufhaltsam voranschritt, trotz einiger Momente des Stillstands, welche durch die unter den Almoraviden und Almohaden vorübergehend erreichte maurische Einheit bedingt wurden.

Das zentrale Ereignis, welches die politische Waagschale zu Gunsten der Monarchen des Nordens ausschlagen ließ, hat sich wahrscheinlich im Jahre 1085 zugetragen, als Alfons VI. Toledo eroberte, die alte Hauptstadt der Westgoten, und sich zum Herrscher „zweier Religionen" ausrufen ließ.

Durch den militärischen und wirtschaftlichen Druck, der auf den kleinen islamischen Taifas lastete, waren sie, wenn sie ihr Überleben sichern wollten, gezwungen, sich an die wachsende Macht der Almoraviden anzulehnen, die sich in Nordafrika gebildet hatte und die ein Jahrhundert darauf durch die Almohaden ersetzt werden sollte. Letztere unternahmen den heiligen Krieg gegen die Christen in der Art eines religiös aufgeladenen „Kreuzzuges", im Gegensatz zur eher politischen Zielsetzung der andalusischen Könige, die vor allen Dingen Beistand suchten gegen die mächtigen und weiter erstarkenden christlichen Reiche.

Gleichzeitig mit diesen Bündnissen und dem Vorrücken der Dynastien aus der Sahara und dem Maghreb auf der Halbinsel wurden in Europa die ersten Kreuzzüge geführt. Der Aufruf von Papst Urban II. auf dem Konzil von Clermont (1095) zum Kampf und zur Wiedererlangung der Heiligen Stätten erfuhr große Resonanz und erzeugte eine Begeisterung, welche bedeutende Auswirkungen auf die Iberische Halbinsel hatte, die zum Mittelpunkt der Auseinandersetzung zwischen Christentum und Islam geworden war.

Es ist schwierig zu verstehen, dass der Aufruf Papst Urbans eine solch unaufhaltsame Bewegung in Gang gesetzt hat, welche die Beziehungen zwischen Orient und Okzident in den folgenden Jahrhunderten unauslöschlich und auf traumatische Weise prägte und auch heute noch, trotz des enormen zeitlichen Abstands, weiterhin unsere gegenseitigen Wahrnehmungen bestimmt.

Aber die Aufrufe Papst Urbans hätten nicht zu solchen Ergebnissen geführt oder wären selbst ganz anders geartet gewesen, hätte sich nicht zuvor über Jahre hinweg ein Klima der Konfrontation und des Sendungsbewusstseins gebildet, das erst den Nährboden lieferte für jenen Ausbruch von Religiosität, Fanatismus und Gewalt, von Abenteuerlust, Wahn und Verzückung, der den Namen „Kreuzzug“ erhielt.

Die Kreuzzüge waren, jedenfalls zu Beginn und unabhängig von anderen, weltlicheren Motiven, die es auch gegeben hat, eine vom Kampf gegen den Islam und vom Gedanken der Rückeroberung der Heiligen Stätten inspirierte Bewegung, die ihre Wurzeln in der Situation auf Sizilien und vor allem auf der iberischen Halbinsel hatte.

Das Vorrücken der christlichen Reiche auf der Halbinsel nach Süden führte, obwohl ihr Anliegen zunächst territoriale Eroberungen und das Eintreiben von Tributen war, um das islamische Spanien zu schwächen und seine Reichtümer ausbeuten zu können, nach und nach zu einem Kampf zwischen den beiden Kulturen. Was als Ausbreitung der christlichen Reiche nach Süden begonnen hatte, definierte sich neu, verstärkte und kristallisierte sich als eine religiös inspirierte Bewegung, die mit der aus Europa und vor allem aus Frankreich importierten Kreuzzugsideologie stetig wuchs.

Die politische Landkarte des christlichen, mittelalterlichen Spanien begann sich in Abhängigkeit von diesen Rahmenbedingungen und unter dem wachsenden Einfluss des französischen Adels, der Äbte von Cluny und des Papstes herauszubilden, die allesamt für den christlichen Norden Spaniens große politische Bedeutung erlangen sollten.

Ohne sich auf die Diskussion einzulassen, ob die „Reconquista“ den Charakter eines Kreuzzuges gehabt hat, kann man sagen, dass die Auseinandersetzungen auf der Halbinsel die Entwicklung der Kreuzzüge ganz entscheidend beeinflusst haben, die ihrerseits erst das Klima des großen ideologischen Konflikts auf dem iberischen Schauplatz hervorgerufen haben, welches zuvor nicht bestanden hatte. Denn unabhängig von den Kämpfen zwischen Christen und Muslimen gab es zahlreiche und vielfältige Kontakte zwischen beiden Religionen, sei es im islamischen Spanien aufgrund der mozarabischen Bevölkerungsmehrheit, wie die Christen, die hier lebten, genannt wurden, sei es durch die häufigen militärischen, politischen und wirtschaftlichen Abkommen zwischen den christlichen Königreichen und den Taifas.

Dieser Einfluss Europas begann sowohl in seinen ideologischen Aspekten wie in der politischen und militärischen Wirklichkeit während der Regierungszeit Ferdinands I. des Großen dank seiner Verbindung nach Cluny. Er verstärkte sich noch unter Alfons VI. und durch die Ankunft französischer Adliger, deren Heiratsallianzen zur Entstehung der Königreiche León, Kastilien und Portugal führten. Ein bedeutsames Ereignis – wenn auch von manchen Autoren zu niedrig bewertet – war die Einnahme und Plünderung der Stadt Barbastro, denn sie stellte das erste Eingreifen europäischer Heere in die Auseinandersetzung auf der Halbinsel dar. Es handelte sich um einen schlagkräftigen militärischen Verband, eine Art multinationale Eingreiftruppe bestehend aus Italienern, Provenzalen, Leuten aus dem Languedoc unter dem Befehl Wilhelms von Montreuil, katalanischen Truppen unter dem Befehl des Grafen Armengol von Urgel und des Bischofs von Vich gemeinsam mit den Normannen, welche den Hauptteil des Heeres stellten, angeführt von Gottfried, Graf von Poitiers und Bordeaux und Herzog von Aquitanien. Dieses Heer nahm Barbastro ein und zerstörte die Stadt vollständig, und trotz der Kapitulation der erschöpften Bevölkerung wurden die Überlebenden als Sklaven verkauft. P. Scales schreibt in *The Fall of the Califate of Cordoba*: „Die Grausamkeit des Angriffs, besonders der Bruch der *Aman*-Vereinbarung [Schutzzusage], war neu für die Muslime: Sie brachte sie mit einer neuen Art der Kriegsführung in Berührung, wie sie bei den christlichen spanischen Königen unüblich war. Die Wirkung auf die Chronisten der Epoche war verheerend.“

Von dieser ersten Intervention an sollte der Einfluss aus Rom stetig zunehmen; der „Geist der Kreuzzüge“ brachte die Entwicklung neuer Waffentechniken ebenso mit sich wie eine zunehmende Zahl von Rittern von nördlich der Pyrenäen, die sich

Jakobusorden

Templer

Alcantara

Hospitaliter (Malteser)

Dem Beispiel des angesehenen Bernhard von Clairvaux folgend, begann die Kirche des Abendlandes im 12. Jahrhundert damit, militärisches und monastisches Leben zu vereinen. Sowohl die im Heiligen Land entstandenen Orden als auch besonders jene, die auf der Iberischen Halbinsel gegründet wurden, spielten für die Kolonisierung und Verteidigung der Gebiete, welche die spanischen Herrscher von den Almohaden erobert hatten, eine maßgebliche Rolle.

Das bedeutendste künstlerische Zeugnis für die Anwesenheit der Ritterorden findet sich in der Architektur, etwa in der Wehrkirche San Juan in Portomarin, welche die Hospitaliter des heiligen Johannes von Jerusalem (später Malteser) am Jakobsweg errichteten. Während die romanische Ausstattung der Rosette und des Eingangsportals von französischem Einfluss zeugen, der sich entlang des Pilgerweges findet, erinnert die massige Architektur des zinnengekrönten Baus an die Festungen im Heiligen Land.

zum Kampf gegen die Ungläubigen den Heerscharen von Kastilien-León, Navarra und Aragon anschlossen. Die Bedeutung des Beitrags, den diese unplanmäßig herbeiströmenden ausländischen Truppen leisteten, wird bei der Eroberung Saragossas durch Alfons I. von Aragon im Jahre 1118 sichtbar, wie der islamische Gelehrte al-Maqqari schreibt: „Im Jahre 512 der Hidjra [1117 nach unserer Zeitrechnung] hielt Alfons den Moment für gekommen, um den entscheidenden Schlag zu führen, und sandte Boten in das Land von *Afranya,* die alle dortigen christlichen Völker zusammenrufen sollten, damit sie ihn bei seinem Unternehmen unterstützten. Und die Völker dieser Länder folgten seinem Aufruf und versammelten sich unter seiner Fahne wie Schwärme von Heuschrecken und Ameisen. Bald fand Alfons sich an der Spitze unzählbarer Truppen, mit denen er vor Saragossa lagerte."

Es lohnt sich, hier an die Eroberung Lissabons vom 25. Oktober 1147 zu erinnern, die Alfons I. von Portugal nach monatelanger Belagerung mit Hilfe einer Streitmacht gelang, die sich auf dem Weg nach Palästina befand. Ebenso erreichte im Jahre 1217 der Bischof von Lissabon, Sueiro II., dass eine Flotte aus Nordeuropa, die sich dem 5. Kreuzzug anschließen wollte, an dem Angriff auf Alcácer do Sal teilnahm, was zur Einnahme dieser Festung führte; damit war der Weg in Richtung der Algarve frei.

Die Gelegenheiten, bei denen die Spanier ausländische Unterstützung gegen die Ungläubigen im Geiste der Kreuzzüge empfingen, waren zahlreich. So wurde der Kriegszug gegen das Taifareich von Saragossa 1118 auf einem Konzil in Toulouse

In den Pyrenäengrafschaften, die im 11. und 12. Jahrhundert unter der Herrschaft der Grafen von Barcelona vereinigt wurden, bringen Skulptur und Malerei eine besondere künstlerische Sensibilität zum Ausdruck, die sich aus verschiedensten Einflüssen speist: Es finden sich lombardische Romanik, byzantinische und morgenländische Traditionen, der mozarabische Sinn für Farben und eine große Bandbreite ikonographischer Themen.
Vier Figuren einer Kreuzabnahme, die einer „Werkstatt von Erill" zugeschrieben wird, nach einem Dorf im Hochtal von Boi. Die Eleganz und die starke Stilisierung haben ihre Parallelen in der zeitgenössischen italienischen Plastik, mit welcher sie den byzantinischen Einfluss gemeinsam haben.
Aus Santa Maria di Taüll (Katalonien), MNAC, Barcelona, spätes 12. Jahrhundert

bei Anwesenheit französischer und spanischer Bischöfe als Kreuzzug eingestuft. Auf diesen Aufruf hin fanden sich am Ebro Persönlichkeiten wie Gaston von Béarn, Centulo von Bigorre und Bernhard von Aton ein, die am ersten Kreuzzug ins Heilige Land teilgenommen hatten. Diese und andere französische Adlige und Geistliche standen bei der Belagerung Saragossas an den Kriegsmaschinen. Die Stadt ergab sich schließlich im Dezember 1118, als ihre Vorräte aufgebraucht waren, und brachte Alfons I. und seinen Glaubenskriegern reiche Beute ein. Gaston von Béarn beispielsweise wurde die Herrschaft über Saragossa übertragen.

Diese Angaben bestätigen, worauf von einigen Historikern wiederholt hingewiesen worden ist, dass nämlich die Reconquista des Ebrotales in gewisser Weise eine Umleitung des Kreuzzugimpulses Richtung Südeuropa darstellte. Dieser Geist ließ Alfons I. in den letzten Jahren seiner Regentschaft sogar an die Eroberung Leridas, Tortosas und Valencias denken und veranlasste ihn, eine Expedition nach Jerusalem zu entsenden. Dieses „Kreuzzugfieber" ist in seinem Testament belegt, in welchem er alle seine Königreiche dem Orden vom Heiligen Grab, den Hospitalitern und den Templern vererbte, welche den Besitz gleichmäßig unter sich aufteilen sollten. Alles das zeigt deutlich, in welchem Ausmaß und in welch vielfältiger und bedeutsamer Weise sich die Kreuzzüge auf der Iberischen Halbinsel auswirkten. Die Ritterorden sollten in den Kämpfen an der Grenze eine entscheidende Rolle spielen, zudem sollten neue, spanische Orden mit eigenen Merkmalen entstehen.

Dieses ungewöhnliche, auf den ersten Blick unüberlegt scheinende Testament gründet sich einerseits auf der Tatsache, dass Alfons I. keinen direkten Erben hatte. Zum anderen lag ihm daran, die Ritterorden für den Kampf gegen die Muslime zu mobilisieren. Nach dem Scheitern seines Versuches, eigene Orden wie die von Monreal oder Belchite zu gründen, stützte er sich dabei auf die bereits etablierten Orden.

Während seiner Regentschaft hatten sich die Templer in Aragon etabliert, doch schon nach kurzer Zeit können wir die Gründung einheimischer iberischer Orden wie dem von Calatrava und Alcantara sowie des Jakobusordens in Santiago beobachten. Ihre geistlichen Ritter hatten die Aufgabe, in unerschütterlichem Glauben die schwierigste Grenze zum Islam zu halten. Sicher ist jedenfalls, dass religiöser Fanatismus zusammen mit der Jagd nach dem Ideal des Rittertums auf beiden Seiten der

Gegenüber: *Das Christushaupt von „Batllo", so benannt nach seinem Sammler, folgt dem ikonographischen Typus des triumphierenden Christus, der aus Syrien stammt und rund um das Mittelmeer verbreitet ist.*
Von unbekannter Herkunft, MNAC, Barcelona, Mitte 12. Jahrhundert

christlich-islamischen Grenze ähnliche Bewegungen hervorgebracht hat. Eine den Ritterorden in gewisser Weise vergleichbare Einrichtung war innerhalb des Islam mit den so genannten *Ribat* (Wehrburgen zur Verteidigung der islamischen Grenzgebiete) bereits zuvor entstanden. Auf der Seite der Christen muss der starke Einfluss des Zisterzienserordens in Betracht gezogen werden, der Aufbau und Funktionsweise dieser Orden geprägt hat.

Die Kraft des christlichen Glaubens ist auch das wesentliche Element zum Verständnis der Entstehung des Ordens von Calatrava. So gelang es im Jahre 1158 einer Gruppe von Rittern und Zisterziensermönchen unter dem Befehl Raimunds von Fitero, die Almohaden vor Calatrava abzuwehren, nachdem die Templer sich außer Stande gezeigt hatten, die Stadt zu verteidigen. Der fast wundersame Charakter der Aktion führte zur Gründung des Ordens durch Raimund, der 1167 durch den Papst anerkannt wurde.

Anders verlief die Entstehung des Jakobusordens. Nach der Eroberung von Caceres im Jahre 1070 gründete Ferdinand I. von León die Bruderschaft der Ritter von Caceres, welcher er die Verwaltung der Stadt und die Verteidigung der neu eroberten Extremadura übertrug und welche die weiteren Vorstöße gegen die Muslime unterstützen sollte. Solche Bruderschaften entstanden auch in anderen Städten, aber diejenige in Caceres nannte sich bereits ein Jahr darauf „Orden des heiligen Jakobus", was damit zusammenhing, dass der Erzbischof von Santiago ihr die Standarte des Heiligen anvertraut und den Heiligen selbst zum Ehrenritter des Ordens ernannt hatte. Die Regel, welcher der neue Orden folgte, lehnte sich an die der Templer an und wurde im Jahre 1175 durch den Papst anerkannt.

Der Orden von Alcantara verdankt seine Entstehung dem Bestreben der Krone von Aragon, ihre Interessen gegenüber den vorrückenden Almoraviden zu wahren. Ursprünglich war sein Sitz in San Julian de Pereiro; nach diesem Ort benannte sich der Orden zuerst, und 1218 wurde ihm die Bevölkerung von Alcantara unterstellt. Die Verteidigung der Stadt sollte den Almoraviden den Weg in das Königreich León versperren. Von diesem Moment an sollte der neue Orden eine entscheidende Rolle bei der Eroberung und Absicherung der Extremadura spielen, wobei er zugleich seine eigenen Besitztümer und seinen Reichtum vermehrte.

Diese Skulptur des heiligen Johannes, Teil einer Kreuzabnahme, wird ebenfalls der auf der vorigen Seite genannten „Werkstatt von Erill" zugeschrieben. Aus der Kirche Santa Eulalia in Erill la Vall (Katalonien), MNAC, Barcelona, Mitte 12. Jahrhundert

Der bedeutsame Beitrag, den die Orden in den Abwehrkämpfen gegen die Almohaden leisteten, brachte ihnen die Herrschaft über zahlreiche Gebiete und Burgen ein; auf diesem Wege entwickelten sie sich zu wahrhaften Feudalherren mit weiträumigen und reichen Herrschaftsgebieten. Die Orden organisierten ihre Territorien mit Hilfe strategisch günstig gelegener Festungen und Klöster, in denen die Ritter ein teils militärisches, teils monastisches Leben führten. Im Allgemeinen bekamen die ausländischen Orden kaum Nutzungsrechte übertragen, da diese meist zu Gunsten der einheimischen Orden von Calatrava, von Alcantara und des heiligen Jakobus vergeben wurden. Eine Ausnahme bildet allein der Templerorden, der in Aragon, Kastilien, León und in Portugal über eine gewisse Macht verfügte. Auf diese Weise konnte sich etwa der Jakobusorden aus seinen bescheidenen Anfängen heraus so zügig entwickeln, dass seine Herrschaft sich schließlich über weite Gebiete im Nordosten, im Zentrum und im Süden der Halbinsel erstreckte.

Die Entwicklung der Ritterorden wurde jedoch nicht allein durch die Verteidigung des Glaubens und die Verfolgung ritterlicher Ideale bestimmt. Ein Beispiel, welches die Widersprüche zwischen dem Geist der Kreuzzüge und handfesten wirtschaftlichen Interessen anschaulich macht, ist die Schlacht von Las Navas de Tolosa im Jahre 1212, welche der Macht der Almohaden in al-Andalus ein Ende setzte.

Die Organisation dieses Kreuzzuges unternahmen Alfons VIII. von Kastilien, der Erzbischof von Toledo, Rodrigo Ximenez von Rada und Papst Innozenz III. König Alfons VIII. erbat vom Papst die Ausrufung des Kreuzzuges durch seinen Gesandten und Stellvertreter, den Erzbischof von Toledo. Dieser predigte den Kreuzzug in Italien, Frankreich, Deutschland und in der Provence und empfing die ankommenden Kreuzritter Ende Mai 1212 in Toledo.

Gegenüber: *Wandbild mit der Herrlichkeit Marias und Szenen aus den Evangelien aus dem Zyklus der Kindheit Christi; eine Arbeit aus einer katalanischen Werkstatt unter griechischem Einfluss, der sich um die Mitte des 12. Jahrhunderts in ganz Europa ausbreitete. Aus der Kirche Santa Maria in Avià (Katalonien), MNAC, Barcelona, zwischen 1170 und 1190*

Auf den beiden folgenden Seiten:
Diverse, mit Champlevé-Email verzierte Gegenstände aus dem der Grafschaft Katalonien benachbarten Limousin: ein Schmuckkästchen und Reliquienschrein des heiligen Stefan, eine Taube zur Aufbewahrung der eucharistischen Spezereien, ein Hostienkelch, ein Bischofsstab mit dem heiligen Michael, der den Drachen tötet. Wie im Abendland üblich, wurde das Email mit Hilfe von Kupfer aufgetragen und die Gegenstände weisen auf der Vorderseite die stilisierten Figuren auf, die für den gesamten Verbreitungsradius der Produktion von Limoges charakteristisch ist (erste Hälfte des 13. Jahrhunderts). Aus einer späteren künstlerischen Welt (nach 1292) stammt die Reliquienurne des heiligen Candido unten links: Auf der unteren Bande ist die Grausamkeit des Martyriums mit der Eleganz einer kavalleresken Szene beschrieben, während die auf dem Deckel abgebildete Herrlichkeit Gottes orientalische Einflüsse aufweist. MNAC, Barcelona

In die Stadt am Tajo kamen Pedro II. von Aragon-Barcelona und Sancho VII. von Navarra. Es kamen auch rund 70 000 Ritter und Söldner aus Frankreich, Italien und der Provence; ihre Anführer waren neben anderen der Erzbischof von Narbonne und Bordeaux, der Bischof von Nantes, Graf Centulo von Astarac, der Vicomte Raimund von Tourraine und Theobald von Blazon. Die Uneinigkeit innerhalb dieses Heeres wurde schnell offenbar. Die ausländischen Ritter strebten danach, dem Islam Gebiete zu entreißen, um sie zu plündern und Beute zu machen, indem man die Bevölkerung tötete oder vertrieb. Die spanischen Monarchen dagegen mussten das eroberte Gebiet konsolidieren und benötigten dazu eine stabile Bevölkerung. Das Vorbild war Toledo, wo eine Versöhnungspolitik durch Verträge dafür gesorgt hatte, dass die verbliebenen maurischen Einwohner ihr Leben und ihren Besitz behielten. Diese unterschiedlichen Auffassungen führten zum Rückzug des internationalen Heeres nach der Eroberung von Calatrava. Der Kriegszug des Jahres 1212 endete bei Las Navas de Tolosa mit dem Aufeinandertreffen der almoravidischen Truppen und eines Heeres, das sich aus Leonesen, Kastiliern, Aragonesen und Katalanen zusammensetzte.

Auf die Geschichte rückblickend stellt man fest, dass viele der Ende des 11. Jahrhunderts eroberten Gebiete während der Gegenangriffe der Almoraviden und Almohaden wieder verloren gingen. Auf der südlichen Meseta blieben lediglich Talavera, Toledo, Madrid, Maqueda und Guadalajara in der Macht Kastilien-Leóns. Diese Städte wurden in der gleichen Weise wie die im Tal des Duero gelegenen Gemeinden organisiert. Die endgültige Eroberung und erneute Besiedlung des toledanischen Reiches vor allem südlich des Tajo gelang erst den Ritterorden, die als Bindeglied zwischen den geteilten Reichen dienten und gemeinsam mit den kommunalen Kräften die Kontinuität der Verteidigung garantierten.

ANNO:DOMINI:M:CC:XC:II:NONAS:MAI:INUENCIO:SACRATISSIMI:CORPORIS:SCI:CANDIDI:MILITIS
ACTORIS

Die Bedeutung der Ritterorden für die Wiederbesiedlung erklärt sich laut der Analyse von José Luis Martin nicht allein durch ihre militärische Aktivität, sondern auch durch das Bestreben des Papstes, den Zentralismus innerhalb der Kirche zu stärken. Die Ritter- und Bettelorden sollten im 12. Jahrhundert eine ähnliche Rolle spielen wie die Cluniazenser im 11. Jahrhundert: Sie alle waren Agenten der päpstlichen Politik und wurden dafür mit zahlreichen Privilegien belohnt, die manchmal zu Lasten der Bistümer gingen. So bestätigte etwa Alexander III. in der Gründungsbulle des Jakobusordens alle Besitztümer des Ordens und entband die Ritter von der Gehorsamspflicht gegenüber dem Bischof. Er garantierte ihnen das Besitzrecht an allen Ländereien, die seit langem unbewohnt waren oder sich im Besitz der Muslime befanden und die sie aus eigener Kraft eroberten oder von ihren Königen als Lehen erhielten, auch wenn das Besitzrecht anderer Personen oder Gruppen an diesen Gebieten schriftlich belegt war. Letzteres galt für zahlreiche Ländereien, die Alfons VI. und seine Nachfolger dem Erzbischof von Toledo abgetreten hatten.

Die Ritterorden ersetzten den König, die Bischöfe und auch die Kommunalverwaltungen in den von ihnen wieder besiedelten Gebieten, denn ihre Herrschaft war in den meisten Fällen unanfechtbar und nicht der bischöflichen Gewalt unterstellt. In der Extremadura und in La Mancha gab es weder mächtige Stadträte noch bedeutende klösterliche Einrichtungen, und die Orden besiedelten ihre Territorien durch die Vergabe von Nutzungsrechten an Adlige oder durch Vorrechte, wie sie die Gemeinden des Duerotales erhalten hatten. Doch es kam nie zur Entstehung großer Städte, weil die Orden verschiedene grundherrliche Priviligien für sich reservierten und so die Freiheit der neuen Siedler beschnitten, statt ihnen Anreize zu schaffen.

Der Sinn für eher auffälligen als fein gearbeiteten persönlichen Schmuck kommt in diesem goldenen Ring mit einem Granat und acht kleinen Beryllen zum Ausdruck. Aus dem Grab des Infanten Fernando de la Cerda (gest. 1275). Museum für mittelalterliche Stoffe, Real Monasterio de las Huelgas, Burgos

Die Bedeutung der Ritterorden und die mit ihnen verbundene Kreuzzugsideologie hat auf der künstlerischen Ebene in einer Reihe von Bauwerken ihren Niederschlag gefunden, die den praktischen Aufgaben der Orden sowie den Bedürfnissen der Bewohner ihrer Gebiete dienten. Im Folgenden soll auf einige der erhalten gebliebenen Bauwerke eingegangen werden. Viele davon befinden sich in schlechtem Zustand und können nur ungefähr die Bedeutung dieser Bewegung und die großartige künstlerische Entwicklung illustrieren, die sie in den spanischen Königreichen im Spätmittelalter genommen hat.

Die Bauwerke der Ritterorden gehen von den allgemeinen Voraussetzungen der späten Romanik aus, ohne jedoch die islamischen Elemente zu vergessen, die sich durch die Grenzlage erklären. Dadurch konnten sowohl Arbeitskräfte aus den islamischen Reichen an den Arbeiten beteiligt werden wie auch die islamische Bevölkerung, die kraft der Verträge in ihren angestammten Gebieten verblieben war. Dieser symbiotische Charakter war besonders für die Festungen kennzeichnend, ganz wie bei den Festungen, welche die Kreuzritter im Heiligen Land errichteten; sie stellen eine Individualisierung der Bauwerke dar, wie sie zu jener Zeit in Europa errichtet wurden.

Das Voranschreiten der Eroberungen zwischen dem 13. und dem 15. Jahrhundert muss noch genauer untersucht werden. In dieser Zeit entwickelten sich die Festungsbauten von ganz auf die Verteidigung ausgerichteten Enklaven an der Grenze, mit nur geringer Bevölkerung in der Umgebung, hin zu institutionalisierten Räumen in dem Maße, wie sich die Grenze von ihnen entfernte. So wurden neue Räume wie etwa die Häuser der Pfleghöfe definiert, die am ehesten dem gotischen und mudejaren Palastgedanken nahekamen. Auf dieselbe Weise vollzog sich die Umformung der militärischen Räume, wie im Falle der Burg Belmonte, die in Wohnraum umgewandelt wurde.

Auch versahen die Ritterorden die verschiedenen Ansiedlungen mit Kirchen, die zu Beginn oft sehr ärmlich waren, mit fortschreitendem Ausbau der Siedlung und der Wirtschaft in der Region jedoch eine reichere Ausstattung erhielten. Ebenso wurden einige dieser religiösen Räume mit der Errichtung von Grabkapellen für Ordensmeister oder wichtige Persönlichkeiten der verschiedenen Orden vervollständigt.

Gegenüber: *Im 13. Jahrhundert waren Architektur und Dekoration in Toledo, das gerade erst in christliche Herrschaft übergegangen war, fest in den Händen andalusischer Werkstätten, die durch die Beibehaltung ihrer Tradition bei gleichzeitiger Aufnahme von rein romanischen Elementen den besonderen, so genannten mudejaren Stil hervorbrachten. Die Hufeisenbögen der Kirche San Roman erinnern an die Synagoge Santa Maria la Blanca.*

Im 16. Jahrhundert setzte sich die künstlerische Aktivität der Ritterorden fort. Hier ist vor allem das Priorat von Uclés vom Orden des heiligen Jakobus zu nennen, das rund hundert Kirchen erneuern ließ, einige nach höchst bedeutsamen Plänen im Geist der Renaissance.

Anders im Falle der Klosterkirche von Uclés, deren Neubau im Jahre 1529 begann. Auf den Gehaltslisten des folgenden Jahres taucht der Steinmetz Andres de Vandelvira auf, später der große Architekt der Kathedrale von Jaen und der meisten Renaissancebauwerke von Ubeda. Unter den dekorativen Elementen muss besonders die Einheit zwischen den Anspielungen auf Kaiser Karl V. und einer Reihe von Büsten im Fries des Refektoriums, die auf verschiedene Ordensmeister des Jakobusordens verweisen, hervorgehoben werden.

José Maria Azcarate hat darauf hingewiesen, dass die Kunst der Ritterorden „sich fundamental von den grundlegenden Prinzipien der Ästhetik der Zisterzienser leiten lassen muss, die sich in der Baukunst in einer ersten Phase nach den Techniken der Protogotik oder der frühen Gotik richtet. Die Anwendung der neuen Konstruktionstechniken bei der Errichtung der Mauern und ihrer Strukturen, wie auch bei dem System der Gewölbe, ist durch wirtschaftliche Gründe bedingt, denn es müssen die Baumaterialien verwendet werden, die vor Ort oder in unmittelbarer Nähe der Baustelle vorhanden sind. Das gilt sowohl für militärische Gebäude als auch für Bauten mit religiösem Charakter oder für Zweck- und Wohnbauten. So sehen wir in den Konstruktionen die häufige Verwendung von Bruchsteinmauerwerk und Ziegeln im Wechsel mit massiven Mauersteinen, in der kompliziertesten Verwendungsweise und Anordnung."

Drei weitere Ansichten des befestigten Klosters von Calatrava la Nueva; die Bögen aus Ziegelsteinen zeigen die charakteristische Form und werden dem Werk von in al-Andalus ausgebildeten Meistern zugerechnet.

Vorhergehende Doppelseite: *Die große Rosette ist das dominierende Element in der Fassade der Kirche des befestigten Klosters von Calatrava la Nueva, der „königlichen Stadt". Der Ritterorden von Calatrava, der hier nach der Niederlage der Almohaden bei Las Navas de Tolosa (1212) sein Hauptquartier bezog, stand in einem Tochterverhältnis zur französischen Zisterzienserabtei Morimond.*

Eine Enklave von großer Bedeutung inmitten der Extremadura ist die Stadt Llerena, die Ferdinand III. nach ihrer Eroberung in der Mitte des 13. Jahrhunderts dem Jakobusorden übergab; im Jahre 1297 erhielt sie Stadtrecht *(fuero)*. Die Niederlassung mehrerer Ordensmeister im Laufe des 14. Jahrhunderts erhöhte das Ansehen der Stadt, und im 15. Jahrhundert wurde sie die Hauptstadt des dem heiligen Markus von León geweihten Priorats des Jakobusordens.

Unter den erhaltenen Baudenkmälern, die auf den Jakobusorden zurückgehen, sticht die Kirche Nuestra Señora de la Granada hervor. Sie ist eine Gründung aus dem letzten Drittel des 14. Jahrhunderts und wurde unter dem damaligen Ordensmeister Don Garcia Fernandez Mexia y Guzman ausgeführt. Von der ursprünglichen Kirche wissen wir lediglich, dass sie aus drei abgeteilten Kirchenschiffen gebaut war, mit Bögen und mit einem mudejaren Dachstuhl versehen. Erhalten ist heute nur der Turm.

Dieser Teil des Bauwerks, der die Funktion einer Fassade übernimmt, ist in seinen beiden unteren Stockwerken ganz aus Stein ausgeführt und folgt dem Schema der Minarette der Almohaden, mit Zugangsrampen rund um einen zentralen Baukörper, in welchem sich übereinander liegende Räume befinden. Die äußeren Verzierungen sowohl der Nischen als auch des Portals vereinen die gotische Bildersprache mit derjenigen aus der islamischen Welt.

Zu erwähnen bleibt noch der Palast des Priors in Llerena, der in zwei Abschnitten gebaut wurde. Der erste aus dem 15. Jahrhundert wurde während des Priorats des Garcia Ramirez angesichts des schlechten Zustands des bestehenden Gebäudes angeordnet. Dieser Bauphase entstammt die Vorderfront, aus welcher das Ordens-

wappen heraussticht. Im Inneren findet sich ein Hof mit einem zweistöckigen Bogengang. Die zweite Bauphase fällt in das 16. Jahrhundert, als der Prioratspalast zum Sitz des Inquisitionsgerichts wurde.

In Calera de Leon bei Badajoz ist das Kloster von Tentudia erhalten geblieben, welches mit dem Ordensmeister Pelay Perez Correa vom Jakobusorden und dem wundersamen Eingreifen der Heiligen Jungfrau in den Kampf gegen die Muslime verbunden ist. Aus einer primitiven Einsiedelei heraus hat es sich zu einem großartigen Baudenkmal von fast militärischem Charakter entwickelt, entsprechend dem Konzept der Wehrkirche.

Der Gebäudekomplex umfasst eine Kirche mit zwei Grabkapellen seitlich der Hauptkapelle, einen Kreuzgang sowie eine Reihe nicht verbundener Räume.

Am interessantesten für uns ist die Kirche, die starken baulichen Veränderungen unterworfen worden ist und ursprünglich drei abgeteilte Schiffe aufwies; aus Ziegeln gemauerte Bögen bildeten das Gewölbe des Presbyteriums, und die Kirchenschiffe waren mit einem hölzernen Dachstuhl versehen. Das Presbyterium war die Grablege des Ordensmeisters Pelay Perez Correa. Von den beiden Grabkapellen ist die so genannte Ordensmeisterkapelle hervorzuheben, deren auf Trompen ruhendes Gewölbe islamischer Tradition folgt. In ihr sind die Gräber zweier Ordensmeister des 14. Jahrhunderts erhalten, des Gonzalo Mexias und des Fernando Ozores, sowie unter einer Grabnische das des Kämmerers Heinrichs II., Garcia Hernandez. Die zweite, nach Juan Zapata benannte Kapelle weist eine Decke im Mudejarstil auf.

Infolge der fast vollständigen Zerstörung von Calatrava la Vieja im Jahre 1195 und nach der Einkehr relativen Friedens nach der Schlacht von Las Navas de Tolosa beschlossen die Brüder des Ordens von Calatrava einen Neubau zu errichten, für welchen sie die Anhöhe des Alacranejo-Hügels gegenüber der Festung von Salvatierra wählten. Im Jahre 1227 wurden die ersten Arbeiten abgeschlossen und der Ordensmeister zog mit der Gemeinschaft aus deren Mutterhaus hierher, unter Mitnahme der sterblichen Überreste von Ordensmeistern und Rittern. Im 14. Jahrhundert verlegten die Ordensmeister ihren Wohnsitz nach Almagro und tauschten so die mittelalterliche Umgebung gegen einen Stadtpalast ein. Die Mönche des Ordens blieben jedoch in dem alten Gebäude, bis es im 19. Jahrhundert zunehmend verfiel. Noch heute sind Reste erhalten, welche die Landschaft prägen.

Zu ihnen zählen der *Homenaje*-Turm, der Kreuzgang sowie die Kirche. Letztere stammt möglicherweise aus dem 13. Jahrhundert, wenn man von der Richtigkeit des Datums auf dem Grabmal des Dominicus Rodericus Ferdinandi ausgeht, der demnach 1246 bestattet wurde. Der innere Aufbau der Kirche bestand aus drei Schiffen mit Spitzbogengewölben. Mit Ausnahme der großen Rosette über dem gotischen Portal der Vorderfront, die wegen der darüber liegenden Abbildung „Sternrosette" genannt wird, entsprach das Gebäude in seiner nüchternen Dekoration dem militärischen Charakter des Gebäudekomplexes.

Wie bereits erwähnt haben die Ordensmeister von Calatrava zu Beginn des 13. Jahrhunderts Almagro gegründet, möglicherweise ausgehend von einer vorhandenen älteren Siedlung. Nichtsdestotrotz entstand die Siedlung auf einem neuen Grundriss, entsprechend dem mittelalterlichen Konzept der befestigten Stadt *(bastida)*. Von diesem Augenblick an begann die Wiederbesiedlung. Über die Sonderrechte des *fuero* wurden den Bewohnern zahlreiche Vorteile eingeräumt: So wurden etwa der Baugrund und weitere Grundstücke in der näheren Umgebung zur Verfügung gestellt. Clementina Diez de Baldeon schreibt: „Die Stadt der Ordensmeister stellt ein interessantes Beispiel einer *bastida* dar, gegründet von einem Ritterorden, der schneller in dieses Gebiet vorrückte als die Krone mit ihren Gründungen. Sie konsolidierte sich nicht nur als eine befestigte militärische Garnison, sondern auch und besonders als das bedeutendste Zentrum des Handwerks, der Verwaltung und des Handels in den ausgedehnten Gebieten des Ordens von Calatrava."

Innerhalb der Stadtmauer von Almagro besaß der Orden von Calatrava zahlreiche Gebäude. Unter ihnen ist zweifellos das Spital der *Misericordia* besonders her-

Vorhergehende Doppelseite: *Die Stadt Segovia, zur Rechten der Alcazar, der im 13. Jahrhundert auf einem das Tal beherrschenden Bergsporn errichtet wurde. Im Vordergrund die 1218 eingeweihte Kirche Santo Sepulcro oder Vera Cruz-Kirche, an deren Errichtung Ritter des Ordens vom Heiligen Grab sowie Templer Anteil hatten.*

Detail des Gewands von Fernando de la Gerda mit den Wappen von Kastilien und Léon. Museum für mittelalterliche Stoffe, Real Monasterio de las Huelgas, Burgos

Die heutige Kirche San Benito in Alcantara (Caceres), nach dem Zeitalter der Kreuzzüge entstanden, erhebt sich an der Stelle, die einst Sitz des gleichnamigen Ordens war. Der Orden von Alcantara war einer der drei großen, auf der Iberischen Halbinsel gegründeten Orden, dem 1218 die Aufgabe übertragen worden war, von dieser Festung aus die südliche Grenze gegen die Almohaden zu verteidigen.

vorzuheben, das Gutierre de Padilla in den ersten Jahren des 16. Jahrhunderts gegründet haben soll. Dieses Bauwerk steht für das erste Eindringen der Formenwelt der Renaissance in die Stadt. Das neben dem Asuncion-Kloster gelegene Spital ist um einen zentralen Innenhof herum angelegt, in dessen Bogengängen die Krankenstuben und übrigen Funktionsräume untergebracht waren.

Was die Romanik in Segovia betrifft, so ist ihr eigenständigstes Monument sicherlich die Iglesia de la Vera Cruz.

Das Gebäude wurde 1203 geweiht. In der Literatur wird seine Errichtung aufgrund seiner Ähnlichkeit mit der Kuppel des Felsendoms in Jerusalem meist den Templern zugeschrieben, dem großen Moscheebau der Omayyaden, den die Kreuzritter fälschlich für den Tempel Salomons hielten. Jedoch könnte das Vorhandensein der Inschrift „Beatis Sepulcris“ darauf hinweisen, dass die Kirche in Segovia weniger mit den Templern als vielmehr mit den Rittern vom Heiligen Grab in Verbindung zu bringen ist.

Das Gesamtgebäude ist ein zwölfseitiges Polygon, an welches sich unentschlossen ein Turm anlehnt. Der geometrische Plan wird durch das Kopfende mit der dreifachen Apsis durchbrochen: Außen besitzt jede der Seitenwände ein Fenster und zwei Türen. Im Inneren befindet sich ein runder Raum, in dessen Zentrum eine zwölfseitige Grabkapelle von doppelter Höhe liegt. Das untere Stockwerk fungiert als Krypta. Das obere ist ein luftiger Saal, dessen parallel geripptes Gewölbe an die Moschee von Cordoba erinnert.

Die enge Beziehung zwischen der Stadt Alcantara und dem gleichnamigen Orden setzt natürlich voraus, dass einige Funktionsgebäude der Bruderschaft in der Stadt untergebracht sind, entsprechend der Größe und Bedeutung des Ordens. Seit seiner Ansiedlung in Alcantara nutzte der Orden die bestehende islamische Festung, die, soweit notwendig, ihrer neuen Verwendung entsprechend umgebaut wurde. Doch führte der im Laufe der Jahre fortschreitende Verfall schon in der Zeit der Katholischen Könige zu der Entscheidung, ein neues Kloster zu errichten, das nach einigen Planungen schließlich ab 1504 im Zentrum der Stadt unter der Leitung des Baumeisters Pedro Larrea gebaut wurde. Die gotischen Züge, die er dem Gebäude gab, wurden von 1544 an auf Veranlassung des neuen Hochmeisters des Ordens Pedro de Ybarra modifiziert.

Dieses Kloster war um einen Kreuzgang herum angeordnet, von dem die verschiedenen anderen Gebäude abgingen; der überdachte Teil des Hofes wurde für Beerdigungen genutzt. Unter den erhaltenen Resten ragt die1537 errichtete Kapelle des Komturs Santibañez Luis de Vilasayas heraus. Wegen ihres außergewöhnlichen Sterngewölbes wurde sie als Kapitelsaal benutzt.

Auf dem Gebiet der Extremadura ist auch auf die Burg Montanchez hinzuweisen. Ihre strategische Lage zwischen Trujillo und Merida ließen sie zu einem der bedeutendsten Verteidigungs- und Kontrollpunkte der Region werden. Sie wurde schließlich, nach mehreren Besitzerwechseln, 1230 durch Alfons IX. erobert und dem Jakobusorden übergeben. Sie wurde der Sitz einer gleichnamigen Komturei.

Die Burg stammt im Kern aus islamischer Zeit und bewahrt noch Zisternen und Mauern aus dieser Phase. Nach der Eroberung wurde sie jedoch erweitert und den neuen Notwendigkeiten entsprechend umgebaut. Gegenwärtig bietet sie, trotz des verfallenen Zustands vieler ihrer Nebengebäude, mit ihren Türmen, Barbakanen, Innenhöfen und Mauern noch immer ein idyllisches Bild ihrer vergangenen Bedeutung und vermag nach wie vor die sie umgebende Landschaft zu bestimmen.

Jerez de los Caballeros wurde nach seiner Eroberung durch Alfons IX. im Jahre 1240 dem Templerorden übergeben und damit zum Hauptsitz des Ordens in der Region. Wenn die Burg auch auf die islamische Besetzung zurückgeht, so wurde die Mauer, welche die Stadt umgibt, unmittelbar im Anschluss an die Eroberung errichtet und erzwang eine städtische Entwicklung innerhalb des Mauerrings. In einem der höher gelegenen Stadtteile erbaute der Templerorden auf der ursprünglichen islamischen Burg eine Festung, die später umgebaut werden sollte, als die Stadt in den Besitz des Jakobusordens überging. Unter den erhaltenen Bauwerken ist heute vor allem der *Homenaje*-Turm zu nennen: eine gewaltige rechteckige Masse mit festem Mauerwerk und Quadersteinen an den Ecken. In der Nähe des Turmes ist eine Kapelle auf quadratischem Grundriss erhalten. Ihre auf Trompen ruhende Kuppel erinnert an das islamische Konzept der *Qubba*.

Die Landschaft Spaniens ist voller Ruinen von Burgen und Palästen, die mit der Aktivität der Ritterorden in Zusammenhang stehen oder mit ihnen in Verbindung gebracht werden. Als letztes Beispiel sei die Burg von Ponferrada genannt. Sie wurde in verschiedenen Phasen errichtet und nach ihrer Eroberung durch Ferdinand II. im Jahre 1185 dem Templerorden zur erneuten Besiedlung übergeben; doch wurde dieser bereits 1312 wieder vertrieben. Seine kurzzeitige Präsenz spielte für die gleichsam romantische Vorstellungswelt des vom Rittertum geprägten Mittelalters dennoch eine bedeutende Rolle.

Wie bereits gezeigt fand der eigentliche Kreuzzug für die spanischen Reiche auf ihrem eigenen Boden statt, und dennoch war die Entwicklung der Kreuzzüge im Orient stets Anlass zur Sorge und weckte die Aufmerksamkeit der Monarchen.

Der repräsentativste Fall ist vielleicht der von Sancho IV., der eine Chronik der Kreuzzüge unter dem Titel *La Gran Conquista de Ultramar* (Die große Eroberung jenseits des Meeres, d.h. im Nahen Osten) in Auftrag gab. Vielleicht hat ihn der Verlust von Akkon im Jahre 1291 dazu veranlasst, das Manuskript schreiben zu lassen. Durch die hervorragende Studie von Fernando Gutierrez Baños *(Las empresas artis-*

Oben und folgende Seite: *Zwei Ansichten des Klosters von Ucles (Cuenca), ab 1174 Sitz des Ritterordens des heiligen Jakob, nachdem der Ort zwischen dem König von Kastilien und den Almoraviden, dann den Almohaden, mit wechselndem Glück Gegenstand heftiger Kämpfe gewesen war.*

Unten: *Die so genannte Alcantara-Brücke, mit ihrem mudejaren Turm aus dem 13. Jahrhundert, die den Übergang über den Tajo und den Zugang nach Toledo kontrollierte.*

ticas de Sancho IV el Bravo), der wir in den nächsten Absätzen folgen werden, wissen wir, dass die älteste der bekannten Abschriften wie folgt begann: „Dieses Buch der großen Geschichte von Ultramar, das über die Enkel und Urenkel des Ritters vom Schwan, Gottfried von Bouillon mit seinen Brüdern, gemacht wurde, der das große Heer von Antiochia anführte, befahl den Franzosen auf Kastilisch zu verfassen der sehr edle Don Sancho, König von Kastilien, Toledo, León, Galizien, Sevilla, Cordoba, Murcia, Jaén und der Algarve und Herr von Molina, und [unleserlich] Sohn des Königs Alfons XI. und der sehr edlen Königin Yolanda."

Nicht alle Gelehrten, die sich mit diesem Schriftstück befasst haben, sind der Ansicht, es sei das alleinige Werk Sanchos IV., sondern schreiben den Beginn Alfons X. zu und gehen davon aus, dass der Schlussteil nach Sanchos Tod abgefasst wurde. Für uns interessant ist jedenfalls die Sorge und das Interesse der Monarchen der Epoche an den Kreuzzügen in das Heilige Land.

Die Erstausgabe wurde im Jahre 1503 in Salamanca erstellt. Das bedeutendste erhaltene Manuskript trägt die Nummer 1187 der Nationalbibliothek in Madrid. Es umfasst 360 Folios mit römischer Seitenzählung auf Pergament von 410 mal 270 Millimetern, beschrieben in zwei Spalten mit roten Epigraphen und roten und blauen Initialen sowie Strichzeichnungen, auf denen sich zusammen mit Schmuckmotiven an den Rändern Köpfe von Wölfen und von Mönchen abwechseln. Dieses

Oben: *Die gründlich restaurierte Burg von Ponferrada (Bierzo), die den Templern übergeben worden war, diente der Verteidigung des Jakobsweges am Übergang über den Fluss Sil.*

Rechts: *Zwei Miniaturen mit Schlachtenszenen, die den Cantigas de Santa Maria Alfons' des Weisen entnommen sind. Biblioteca del Escorial, Madrid, 13. Jahrhundert*

Manuskript entspricht einem Drittel des Inhalts der gesamten Ausgabe. In dem Manuskript sind ebenso zwei Miniaturen erhalten geblieben, und es ist nicht bekannt, ob sich in dem nicht erhaltenen Teil des Manuskripts weitere befunden haben.

In dem einzigen erhaltenen von den drei Bänden, die vermutlich den Originaltext bildeten, sind zwei Miniaturen enthalten, die den Folios 1r und 2r entsprechen. Die Miniatur, die das Folio 4r und damit „Das Kapitel über die Männer des Herzogs Rogel von Apulien, die den Patriarchen von Antiochia auf dem Weg nach Rom gefangen genommen haben“ illustrieren sollte, konnte rekonstruiert werden. Von den übrigen 71 zeugen allein die dafür frei gehaltenen weißen Stellen.

Die beiden einzigen Miniaturen, die in dem erhalten gebliebenen Manuskript ausgeführt worden sind, behandeln Kriegsthemen. Sie illustrieren große Momente der Einnahme der Festung von Banyas, die im Jahre 1140 stattfand, während der Regierungszeit Fulkos in Jerusalem (1131–1143). Über sie wird in *La Gran Conquista de Ultramar* berichtet, nach dem Bericht des Wilhelm von Tyrus, der die Hauptquelle des Werks bildet. Der Mamluk Önür, in Wahrheit der starke Mann des türkischen Staates von Damaskus, erbat Hilfe bei König Fulko von Jerusalem, als er sich von dem mächtigen Imad ad-Din Zangi angegriffen sah. Er versprach Fulko finanzielle Entschädigung sowie die Rückgabe der Festung Banyas, die erst kurz zuvor von den Damaszenern erobert worden und deren Befehlshaber nun in das Lager Zangis übergelaufen war. Nachdem sich die Heere Önürs und Fulkos vereinigt hatten, scheute Zangi vor einer Schlacht zurück und hob die Belagerung von Damaskus auf. Die Verbündeten zogen daraufhin nach Banyas. Die Stadt kapitulierte vor dem mächtigen Heer der Belagerer, ohne dass der Sturm nötig gewesen war, dank der Vermittlung Önürs. Im Text Sanchos erscheint Banyas als Belinas, Damaskus ist Domas, Zangi heißt Seguin, Önür taucht als Aynart auf und Fulko als Folques. Die Miniatur auf dem Folio 1r, welche „Die Belagerung von Banyas“ betitelt werden könnte, zeigt den Augenblick, als sich der Druck der Belagerer auf Banyas durch die Ankunft weiterer christlicher Fürsten sowie durch die Errichtung einer großen *bastida* weiter erhöht, von welcher aus die Festung mit größerer Heftigkeit angegriffen wurde.

Oben und folgende Doppelseite: *Zwei Miniaturen, welche Episoden aus der Belagerung von Banyas darstellen. Aus dem Manuskript La Gran Conquista de Ultramar, das auf Anweisung Sanchos IV. „des Tapferen" angefertigt wurde. Biblioteca Nacional, Madrid*

Einige der Elemente, die hier in Erscheinung treten, haben ihre Vorbilder in dem Bilderreichtum der *Cantigas de Santa Maria* Alfons' X. Es gilt als sicher, dass weitere, zumindest französische Vorbilder von illustrierten Kreuzzugsgeschichten existieren, aber es scheint nicht so, als seien sie dem Urheber der Miniaturen bekannt gewesen: Es finden sich keinerlei Elemente, die nicht aus der Tradition der höfischen Miniatur Kastiliens zu erklären wären.

Wäre die Illustration des Werks vollendet worden, so handelte es sich um einen der bedeutendsten Korpora von Miniaturen des Spätmittelalters; aber sie wurden nie ausgeführt. Der Tod Sanchos IV. im Jahre 1295 mag die Ursache der Unterbrechung gewesen sein; ihm folgte der minderjährige Ferdinand IV., der sich einer Reihe politischer Probleme gegenüber sah, angesichts derer kulturelle Belange wenig Gewicht hatten. In jedem Fall enthüllen die beiden einzigen Miniaturen dieses Werks, die heute noch erhalten sind, die Fähigkeiten der Künstler Sanchos IV., aus dem imponierenden alfonsinischen Erbe Nutzen zu ziehen und, obwohl sie nicht die Qualität der Meister erreichen, die für Alfons X. arbeiteten, einige der interessantesten Arbeiten der gotischen spanischen Miniatur zu schaffen.

Die Künste in Spanien und Marokko zur Zeit der Almoraviden und Almohaden

Anna Contadini

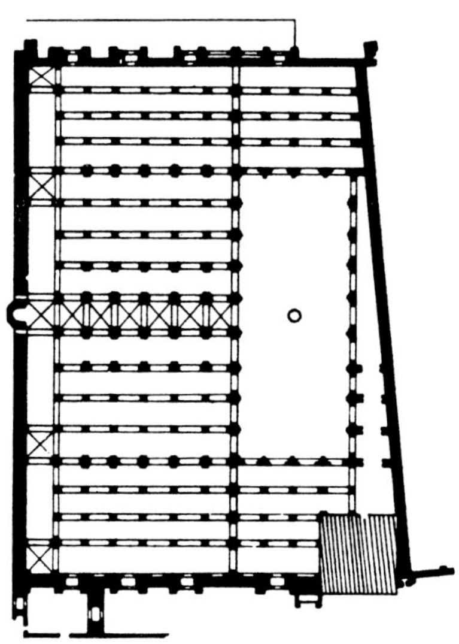

Minarett und Grundriss der Kutubiyya-Moschee in Marrakesch. Diese Moschee (Mitte 12. Jahrhundert) war für ihren Erbauer, den almohadischen Kalifen Abd al-Mu'minin, in seiner Hauptstadt nicht nur Gotteshaus, sondern vor allem ein Prestigebau. Der Gebetsraum mit dem größten, zentralen Schiff ist T-förmig. Das Minarett mit quadratischem Grundriss weist die meisten äußeren architektonischen Verzierungen dieses Bauwerks auf.

Historische Einführung

Die Geschichte der Almoraviden ist verbunden mit der Islamisierung der Sanhadja, eines Berberstammes aus der westlichen Sahara, der die Handelswege zwischen Nordafrika und den Regionen südlich der Sahara kontrollierte. Dieser Prozess erfolgte durch den Kontakt mit islamischen Händlern, die diese Routen benutzten. Um die Glaubensübernahme, die sonst oberflächlich geblieben wäre, zu stärken, wurde auf Verlangen eines der Führer der Sanhadja der marokkanische Intellektuelle aus der malikitischen Rechtsschule, Abdallah ibn Yasin, geschickt.

Die *Ribat* (islamische Grenzfestungen) dienten als Verbreitungszentren des neuen Glaubens, welcher durch die die „Glaubenskrieger" oder „al-murabitun" verbreitet wurde. Von ihnen leitet sich das spanische Wort „Almoravides" ab.

Die Almoraviden (483–541 der Hidjra/1090–1146 nach christlicher Zeitrechnung) bildeten alsbald eine Glaubensgemeinschaft, die schnell anwuchs. Einer der führenden Organisatoren und Begründer der Dynastie, Ibn Tashfin, vereinte unter seiner Ägide fast den gesamten islamischen Okzident, ausgenommen Ifriqiya. Nach einer raschen Eroberung Marokkos (wo Marrakesch 454/1062 gegründet wurde) und des zentralen Maghreb im dritten Viertel des 11. Jahrhunderts setzten die Almoraviden nach Spanien über.

Die *Reyes de Taifas* konnten dem Geist der Reconquista, die sich im Norden der Halbinsel entwickelte, nichts entgegensetzen, und als Toledo bezwungen worden war, baten sie Ibn Tashfin um Hilfe. Die Schlacht von Zallaqa (Sagrajas, 479/1086) rettete das islamische Spanien vor den Truppen Alfons VI., und die Almoraviden übernahmen die Kontrolle über Andalusien. Das bedeutete noch keinen unmittelbaren Anschluss an das almoravidische Reich, und verschiedene Fürstentümer bestanden weiterhin, etwa das von Valencia des Rodrigo Diaz, genannt der Cid, ein christlicher Feudalherr, der ein bikonfessionelles Fürstentum regierte. Dennoch anerkannte zu Beginn des 12. Jahrhunderts der gesamte islamische Teil der Halbinsel die Almoraviden.[1]

Wie die Almoraviden, so waren auch die Almohaden (542–630/1147–1232), die sich von dem Wort „al-muwahhidun", d. h. „die Bekenner des Einen", ableiten, berberische Krieger. Sie gehörten jedoch zu einem feindseligen Stamm aus dem Atlasgebirge.[2] Sie waren sowohl gegen den konservativen Legalismus der Malikiten, die in Nordafrika vorherrschten, als auch gegen die opulenten Sitten, die die Almoraviden allmählich angenommen hatten. Angeregt durch ihren politischen und religiösen Führer Ibn Tumart (1089–1128) begannen 1121 die Almohaden unter der Flagge des Puritanismus, der dem der Almoraviden zur Zeit ihrer Eroberungszüge ähnlich war, gegen diese einen heiligen Krieg. Nach und nach bezwangen die Almohaden Marokko, wo sie Marrakesch als Hauptstadt beibehielten, und ab 1163 verfestigte sich auch ihre Position in „al-Andalus", wo sie Sevilla als Hauptstadt wählten. Im dritten Viertel des 12. Jahrhunderts besaßen die Almohaden ein ausgedehntes und gefestigtes Reich: die nordafrikanischen Eroberungen waren bis nach Ifriqiya mit Tunis und Tripolis ausgeweitet worden; auf der spanischen Halbinsel wurde Alfons VIII. 1195 bei Alarcos besiegt, und die Balearen wurden 1202 bezwungen. Die Niederlage, die sie jedoch 1212 in Las Navas de Tolosa erlitten, war ein Schlag, von dem sich die Almohaden nicht mehr erholten. Die Halbinsel fiel fortgesetzten Aufständen und Kämpfen gegen die Christen, die immer weiter vorrückten, zum Opfer. Sevilla wurde 1248 eingenommen, und nur dem kleinen nasridischen Reich von Granada, das 1238 als Vasallenstaat Kastiliens gegründet worden war, war es vergönnt, noch lange weiter zu bestehen, nämlich bis zum Jahre 1492, als Ferdinand und Isabella in Granada einmarschierten und so der islamischen Herrschaft in Spanien ein Ende setzten.[3]

Diese Detailansichten der Minarette der Kutubiyya-Moschee und der Großen Moschee in Sevilla zeigen deutlich die sich überkreuzenden Bögen und das skulptierte Flechtwerk, beides charakteristische Elemente almohadischer Schmuckarchitektur.

Die Architektur

Am Beginn des 12. Jahrhunderts erlebten die Kultur, die Künste und die Architektur im Maghreb und im almoravidischen Andalusien eine glänzende Wiedergeburt, die sich auf die künstlerische Tradition der Kalifenzeit der Reyes de Taifas besann. Heute gibt es jedoch nur noch sehr spärliche Zeugnisse von der Architektur und dem Kunsthandwerk der Almoraviden.

Auch der almohadische Hof war ein herausragendes Zentrum von Kunst und Wissenschaft, etwa der Philosophie, die man vor allem mit so berühmten Persönlichkeiten wie Ibn Tufayl und Ibn Rushd (Averroes) verbindet, beide Leibärzte der almohadischen Sultane. Wie bei den Almoraviden stammen auch bei den Almohaden die bekanntesten künstlerischen Hinterlassenschaften aus dem Bereich der Architektur, die sich an die vorhergehende Tradition anzuschließen scheint. Die wenigen in al-Andalus entdeckten Reste weisen vielleicht eine sorgfältigere Ausführung auf als jene in Marokko, denn in Spanien treten zusammen mit dem Bruchstein auch Backsteine auf, was die berühmten Beispiele der Giralda, einige Teile des Alqazar und der Torre de Oro in Sevilla beweisen.[4]

Die wichtigsten religiösen Bauwerke dieser Epoche sind eng verbunden mit der Ausdehnung der Städte im westlichen Teil Nordafrikas und in Spanien. Algier (1096), Tlemcen (1136), Fes (insbesondere die Qarawiyyin-Moschee, 1135), Tinmal (ca. 1035), Marrakesch (1146–96), Rabat (1196–97) und Sevilla (1171) bekamen neue oder völlig rekonstruierte[5] Freitagsmoscheen unterschiedlichen Ausmaßes. Der Grundriss ist weiterhin eine T-förmige Säulenhalle wie in den vorhergehenden Moscheen, aber die T-Form wird zusätzlich betont durch eine Reihe von Kuppeln, die das Hauptschiff sowie die *Qibla* (Wand in Richtung Mekka) kennzeichnen. Dem Modell der Moschee in Cordoba folgend, sind die *Mihrab* (Gebetsnischen) vertieft angelegt und springen normalerweise aus der Außenmauer hervor. Die Minarette, von denen die berühmtesten in Sevilla, Rabat und Marrakesch stehen, sind traditionell Anlagen mit einem quadratischen Grundriss. Sie sind verkleidet mit Paneelen, die das charakteristische Netzwerk reliefierter Ranken aufweisen, über denen manchmal breite keramische Mosaikbänder angelegt sind, wie z. B. an dem Minarett der Kutubiyya-Moschee in Marrakesch.

Das Minarett von Sevilla, genannt „La Giralda" und zwischen 1184 und 1198 errichtet, war das letzte Bauwerk des Architekten Ahmad ibn Bass, der möglicherweise selbst aus Sevilla stammte.

Von den wenigen noch existierenden zivilen Gebäuden sei auf die militärischen Bauten hingewiesen. Verschiedene Festungen blieben in Teilen Marokkos und in Spanien erhalten,[6] und die beeindruckenden almohadischen Stadttore wie z. B. die Udaya in Rabat mit ihren weiten und wuchtigen hufeisenförmigen Bögen, legten die

architektonischen Grundideen für alle weiteren Stadttore fest, die von da an im islamischen Westen errichtet wurden.

Auf der Iberischen Halbinsel sei auf das Castillejo de Monteagudo im Gebiet von Murcia aufmerksam gemacht.[7] Das Kastell wurde lange Zeit als ein almoravidischer Bau angesehen, aber neuere Untersuchungen haben bestätigt, dass es in almohadischer Zeit erbaut worden ist.[8] Unter den Almoraviden schwang sich eine gewisse Zahl lokaler Regenten, denen es gelungen war, unabhängig zu bleiben, zu Schutzherren über die Künste auf. Zu ihnen gehörte auch der Statthalter von Murcia, Muhammad ibn Mardanish (1146–72). Dieser Status blieb auch in der almohadischen Epoche bestehen, denn ihm war es gelungen, seinen Machtanspruch in Valencia und Murcia durchzusetzen. Murcia war seine Hauptstadt und wurde damit zu einem politischen, ökonomischen und kulturellen Zentrum von beachtlichem Gewicht. Das Castillejo de Monteagudo, das sehr wahrscheinlich während seiner Regierungszeit errichtet wurde, ist von eleganter, rechteckiger Struktur, umgeben von einem Garten. Dieser wurde lange Zeit als der erste vierteilige Garten Andalusiens und des Maghreb betrachtet, aber Ausgrabungen in den Fünfzigerjahren haben gezeigt, dass einer der Gärten von Madinat az-Zahra ebenfalls in vier Teile untergliedert ist. Damit ist er zwei Jahrhunderte älter als derjenige im Castillejo von Murcia.[9] Die als Relief herausgearbeiteten Verzierungen umfassen vegetabilische Motive wie Blätter, Stammbäume, asymmetrische Halbpalmetten, die noch in der dekorativen Tradition der Reyes de Taifas stehen, während geometrische Ornamente auf bemaltem Stuck charakterisiert sind durch Elemente, die ihren Ursprung im Maghreb haben.[10] Diese Verzierungsmotive sowie die Struktur des Gartens stellen neue Entwicklungslinien dar, die diejenigen in den Palästen von Sevilla, Granada und in Marokko vorwegnehmen, auch wenn sie zugleich Elemente der Kalifenzeit des 10. Jahrhunderts wieder aufnehmen.

Die Bauten des islamischen Okzidents des 12. und 13. Jahrhunderts setzen in vieler Hinsicht die Traditionen der Vergangenheit fort. Stützen, Säulen und Pilaster sind deutlich auf die Kalifenzeit und die Reyes de Taifas bezogen. Von großem Interesse sind die einfachen oder hufeisenförmigen bzw. häufiger mehrfach gelappten Bögen mit bemerkenswerter dekorativer Wirkung. Sie sind viel komplexer als diejenigen in der Moschee von Cordoba.

Die beiden vielleicht wichtigsten Aspekte an den islamischen Monumenten im Westen sind die Entwicklung des *Muqarnas* (Stalaktitengewölbe) sowie die Vielfalt der Verzierungsmotive. Im 12. Jahrhundert beginnt die Rippenkuppel zu verschwinden[11] und wird in der Regel ersetzt durch eine Kuppel mit Muqarnas, das schon seit einiger Zeit in der östlichen islamischen Welt auftritt und auch in Nordafrika über quadratischen oder rechteckigen Grundformen verwendet wird. Es handelt sich

Die herrschaftlichen Alqazar von Sevilla, obgleich mehrfach umgebaut, sind die Überreste der Gebäude des Palastviertels, das die Almohaden im 12. Jahrhundert in ihrer Provinzhauptstadt auf almoravidischen, omayyadischen und römischen Vorgängerbauten errichteten.

Die Torre de Oro, 1221 am Ufer des Guadalquivir zur Verteidigung des Hafens und der Stadt erbaut, gehört in die letzte Bauphase der Almohaden in Sevilla. Sie ist eines der ersten Bauwerke Andalusiens, das mit Glaskeramik in Weiß und Grün verziert wurde.

dabei nicht um eine tragende Struktur des Gebäudes, sondern vielmehr um eine Art Schild aus Stuck zwischen Grundriss und Kuppel, wobei ein das Auge verwirrender, aber sehr dekorativer Effekt erreicht wird, so z. B. in der Qarawiyyin-Moschee von Fes (1135).[12]

Ein anderer bemerkenswerter dekorativer Aspekt findet sich an den Minaretten, speziell bei dem berühmten Trio von Sevilla, Rabat und Marrakesch, sowie an den Stadttoren. Er besteht aus dem so genannten *Sabka*-Muster, sich kreuzenden, über die Scheitelbögen hinausgehende Bogenlinien. Dieses Motiv hat sich im Laufe der Zeit gewandelt in eine Art Netzgewebe, das große Teile der Oberflächen bedeckt. Epigraphische Motive, geometrische und arabeske Kombinationen bleiben auch weiterhin die üblichsten Verzierungsarten. Gewöhnlich sind sie so angelegt, dass sie die Bogenzwickel oder die Seitenwände des Mihrab markieren bzw. am Muqarnas neue Dimensionen entfalten. Das Akanthusblatt, die Palmetten und das Rankenwerk, die typisch waren für das Dekor der omayyadischen Epoche, treten nach wie vor auf, auch wenn nun die Zeichnung weniger naturalistisch, dafür mehr linear und dekorativ ist.

Die Buchkunst

Nur wenige spanische Manuskripte des Korans aus dem 12. und 13. Jahrhundert sind erhalten geblieben, da viele vorsätzlich von den christlichen Eroberern zerstört wurden, und unter den zahlreichen nordafrikanischen Manuskripten gibt es nur wenige Beispiele, die sich dem Mittelalter zuordnen lassen.[13]

Bemerkenswert sind einige Exemplare aus Valencia, insbesondere wegen ihrer Kolophone. Sie sind in der Regel auf Pergament in den typischen Maghribi-Andalusi-Lettern geschrieben, eine Kalligraphie, die für die Iberische Halbinsel kennzeichnend ist. Das erlesenste Stück, datiert auf 538/1143, wurde in Cordoba unter den

Der Bau des grandiosen Vorplatzes der Hassan-Moschee in Rabat wurde vom Gründer der Stadt, Yaqub al-Mansur (gest. 1199), angeregt. Das Minarett, ebenso unvollendet wie der Rest der Moschee, zeugt von einem architektonischen Entwurf und einer Sensibilität in der Dekoration, die es in die Nähe der Kutubiyya und der Giralda rückt.

Gegenüber: *Die Synagoge Santa Maria la Blanca in Toledo weist in ihren Grundprinzipien eine starke Affinität zur almohadischen Architektur auf. Erbaut im 12. Jahrhundert, als Toledo schon längst wieder unter christlicher Herrschaft war, ist sie ein großartiges Beispiel für die architektonische und künstlerische Tradition im Mudejar-Stil.*

Übernächste Seite:

Die Dekoration des Mihrab in der Moschee Sidi ben Hassan in Tlemcen (Algerien) stammt aus dem späten 13. Jahrhundert. Der zentrale und östliche Maghreb und die Iberische Halbinsel waren unter verschiedenster Herrschaft. Dennoch findet sich die Vorliebe für solch fein gearbeitete Dekoration in allen diesen Gebieten.

Almoraviden hergestellt und ist in dem vorliegenden Band abgebildet.[14] Der kalligrafische Stil ist ein schönes Andalusi, und die Handschrift ist glänzend mit Miniaturen in Gold, Rot, Blau und Grün ausgeschmückt. Es handelt sich dabei um eine farbliche Zusammensetzung, die an die Mosaiken des Mihrab in der Moschee von Cordoba erinnert.

Unter den erhaltenen illustrierten Manuskripten sei insbesondere an *Das Buch von Bayad und Riyad* erinnert,[15] eine bewegende Liebeserzählung mit glücklichem Ausgang, die auf eine antike literarische Gattung zurückgreift. Die beiden Liebenden werden, nachdem sie sich ihre Liebe gestanden haben, durch ein widriges Schicksal voneinander getrennt und müssen eine unendliche Reihe von Schwierigkeiten durchleiden, bevor sie endlich wieder vereint werden, üblicherweise, wie auch im vorliegenden Fall, mit Hilfe einer alten und listigen Kupplerin, die für eine entsprechende Geldsumme bereit ist, den beiden jungen Menschen zu helfen. Das Manuskript ist in Maghribi-Schrift gehalten, so dass es auf jeden Fall dem islamischen Westen angehört, jedoch eine Zuschreibung speziell nach Spanien auch begründet ist durch die beeindruckenden Architekturdarstellungen in den Miniaturen. Die schrägen Dächer, die häufig auftauchenden *Miradores* (Aussichtstürmchen), die mehrfach gelappten Bögen und die Gebäude mit Steinlagen, die in wechselnden Richtungen angeordnet sind, sind alles typische Charakteristika der islamischen Architektur des Mittelalters in Spanien. Dennoch verrät die Komposition der Miniaturen enge Verbindung zum Stil der Kernbereiche des Islam. Wie bei der fatimidischen Malerei ist auch hier der „klassische" Einfluss bedeutend, also Elemente der späthellenistischen Kunst, wie z. B. die Form der Kleider. Aber auch an die zentralasiatische Kunst, wie sie in den Wandmalereien von Samarra zum Ausdruck kommt, wird angeknüpft, in erster Linie bei den Gesichtern mit den bis zu den Ohren herabhängenden Stirnlocken und den großen, schmalen Augen.[16] Die architektonischen und paläographischen Details legen nahe, dass das Manuskript in der almohadischen Zeit bebildert worden ist, und zwar am Ende des 12. oder zu Beginn des 13. Jahrhunderts in einem der großen kulturellen Zentren der damaligen Zeit, wahrscheinlich sogar in Sevilla, der spanischen Hauptstadt der almoravidischen und almohadischen Reiche.

Vorhergehende Seite:

Kaum jünger als die almoravidische Herrschaft, zeigt die kleine oktogonale Moschee der Aldjaferia in Saragossa, von Djafar al-Muqtadir (1046–1081) erbaut, neue Elemente wie die obere Bogenkonstruktion, die übereinander lappenden Bögen und die Stuckverzierungen.

Grundriss und Ansicht von Norden des Castillejo von Monteagudo (Qasr ibn Saad, Murcia): Im Hintergrund die Burg, vorne die befestigte Stadt, die von Muhammad ibn Mardanish als geeigneter Stützpunkt genutzt wurde, dem Emir, der die unsichere Übergangszeit zwischen Almoraviden und Almohaden für sich nutzte und selbständig über Murcia, Valencia und Almeria herrschte (1147–1172). Die Raumaufteilung hat Ähnlichkeiten mit der der Zisa in Palermo und des ziridischen Palastes von Ashir in Qal'a Banu Hammad in Algerien.

Die dekorativen Künste

Nach den in der Geniza von Kairo aufgefundenen Handelsdokumenten war Spanien zur Zeit der Almoraviden und Almohaden die führende Region bei der Herstellung von Textilwaren. Dies konnten sowohl Stoffe als auch die fertigen Textilien sein. Insbesondere sei auf Almeria hingewiesen, wo den Quellen zufolge die besten Brokate der gesamten Halbinsel hergestellt wurden. Die Stadt hatte deswegen nicht nur die ausgedehntesten Handelsbeziehungen mit der restlichen islamischen Welt, sondern auch wesentliche Verbindungen zum christlichen Erdkreis. Es wird berichtet, dass es dort nicht weniger als achthundert Webstühle für Seidenkleider, tausend für Brokatstoffe und weitere tausend für verschiedene andere Arten von Textilien gab. Weitere wichtige Zentren waren Murcia, Malaga, Granada, Baeza und Sevilla.[17]

Eine der bekanntesten Sammlungen umfasst verschiedene Fragmente eines Medaillonstoffes aus Seidenstücken, deren Inschriften den almoravidischen Fürsten Ali ibn Yusuf ibn Tashfin nennen, den Begründer der Dynastie, der zwischen 1107 und 1143 regierte.[18] Aufgrund der charakteristischen Bearbeitungstechnik sowie der farblichen Zusammensetzung, bei der Orangerot mit dunklem Blau-Grün auf elfenbeinfarbigem Grund kombiniert sind mit goldenem Brokat, kann man diese Seide mit verschiedenen anderen Stücken in Verbindung bringen und die gesamte Gruppe ins 12. Jahrhundert datieren.

Die Verzierung des Stoffes besteht aus großen Medaillons, die zwei einander den Rücken zukehrende Löwen mit einem stilisierten Baum in der Mitte umschließen.

Gesamtansicht und Detail der inneren Portalfront, die gegen Ende des 12. Jahrhunderts von Yaqub al-Mansur in der Qasba der Udaya in Rabat geöffnet wurde. Die Qasba war bereits in der Mitte des Jahrhunderts als Burg erbaut worden. In ihrer geometrischen Dekoration und mit ihren schlichten Inschrift-Friesen in Kufi erscheint sie wie ein Höhepunkt almohadischer Kunst.

Zu Füßen der Löwen befinden sich zwei weitere kleine Tiere, während einige von vegetabilischen Motiven umrahmte Sphingen rund um die Einrahmungen der Medaillons angeordnet sind. Diese Zusammensetzung von Medaillons, die symmetrisch gruppierte Tiere umfassen, greift zurück auf eine antike Tradition der Textilzeichnung, die für den Vorderen Orient typisch ist.

Ein wunderschönes Fragment, ebenfalls aus dem 12. Jahrhundert, das im Victoria and Albert Museum in London aufbewahrt wird,[19] stellt zwei einander gegenüberstehende Pfauen mit einer Palmette dazwischen sowie eine sich wiederholende arabische Inschrift in kufischen Lettern dar: „Vollkommene Segnung“. Das Fragment war Teil eines Medaillonstoffes, der sich heute in der Basilika Saint-Sernin von Toulouse befindet und den dokumentarischen Zeugnissen zufolge dazu diente, die Reliquien des heiligen Exuperius (Bischof von Toulouse im 5. Jahrhundert) einzuhüllen. Er ist auch bekannt als „der Mantel von König Robert“ von Neapel (1309–43), und aus diesem Grund wurde er von einigen Wissenschaftlern Sizilien zugeschrieben. In Wirklichkeit ist dieser Stoff sowohl aufgrund der stilistischen Details der Verzierung als auch wegen der epigraphischen Ähnlichkeiten verschiedenen anderen Produkten der almoravidischen Epoche in al-Andalus zur Seite zu stellen.

Almeria blieb auch in almohadischer Zeit ein aktives Zentrum, als hier Stücke von großer Schönheit unter häufiger Verwendung von Gold hergestellt wurden. Die Verzierungen der Stoffe sind immer weniger figurativ und machen geometrischem Flechtwerk sowie Inschriften von manchmal bemerkenswerter Länge Platz, die entweder in Kufi oder, häufiger, in Naskhi geschrieben sind. Die so genannte Flagge von Las Navas de Tolosa, von der traditionell angenommen wurde, dass sie aus dem Zelt des almohadischen Sultans an-Nasir stamme, der von Alfons VIII. in der berühmten Schlacht des Jahres 1212 besiegt wurde, scheint in Wirklichkeit eine der Trophäen von Ferdinand III. zu sein, die er während seiner Feldzüge im Rahmen der Reconquista eroberte. Nachfolgend übergab er sie dann zwischen 1212 und 1250 dem Kloster von Santa Maria la Real de las Huelgas.[20] Dekoration und Farbe machen zusammen mit den Inschriften in Naskhi-Lettern, die das Mittelviereck umgeben, aus dieser Flagge eines der interessantesten almohadischen Stücke.

Kacheln und glasierte keramische Gegenstände wurden in Nordafrika mit der Islamisierung eingeführt. Die Technik, monochrome Kacheln in kleinere Stücke zu zerschneiden, um so Mosaikplatten aus unterschiedlichen Farben herzustellen, scheint in das 12. Jahrhundert datierbar zu sein. Diese Technik taucht tatsächlich in der genannten Zeit in Nordafrika sowie im islamischen Spanien auf, wo sie sich wahrscheinlich zu einer Alternative gegenüber den kostenaufwendigeren Glas- und Marmormosaiken entwickelte. Das Mosaik aus Kachelstücken ist in Marokko unter

Koran aus Pergament, verfasst unter den Almohaden. Dieses Frontispiz steht am Übergang zu einem neuen Dekorationsstil, der die bisher verteilten geometrischen Motive nun an einen bestimmten Ort stellt, meist in Form eines Kreises inmitten eines Quadrats. Das vermittelt beim Betrachten der Blattaufteilung eine gewisse Monumentalität. Universitätsbibliothek Istanbul, A. 6754 f. 1r, datiert 1182

dem Namen *Zillidj* bekannt, was glasiert oder verglast bedeutet.[21] Diese aus Kacheln gearbeiteten Mosaikpaneele wurden als architektonische Verzierungen sowohl bei zivilen Bauten wie Häusern und Palästen als auch bei religiösen Anlagen wie Moscheen verwendet. Einige dieser Paneele sind immer noch vorhanden, wie z. B. in Fußböden und Wandsockeln von Gebäuden in Fes sowie im oberen Streifen des Minaretts der Kutubiyya-Moschee in Marrakesch.[22] Die vielleicht berühmtesten Beispiele hierfür sind aus der Alhambra in Granada. Normalerweise ist die hier dargestellte komplexe Geometrie gegründet auf die Zeichnung eines achtzackigen Sterns, der sich ad infinitum wiederholt.

Die unter den Almoraviden und Almohaden hergestellte Keramik ist grundsätzlich durch eine überwiegend geometrische Dekoration charakterisiert (jedoch fehlen auch nicht Keramiken mit einer figurativen Verzierung), die gemalt,[23] geritzt und gestempelt (*estampillada*) sein kann. Bei dem zuletzt genannten Dekor werden die Motive mit reliefierten Stempeln eingedrückt. Auch wenn die eingeritzten und gestempelten Verzierungen schon vorher Verwendung fanden, so erreichten doch diese beiden Techniken insbesondere unter den Almohaden eine große Perfektion. Die Stempeltechnik verlangt in Anbetracht des Druckes, der beim Eindrücken des Stempels ausgeübt werden muss, eine große Oberfläche, weswegen sie ausgezeichnet für große Behälter geeignet ist, wie z. B. die almohadischen Vorratskrüge, die im Museum der Alhambra aufbewahrt werden.[24]

Einige der besten Beispiele für eingeritzte Keramik kommen aus Spanien. Diese Art der Dekoration wird nun auf der gesamten Oberfläche des Gegenstandes aufgetragen, und zwar häufig auf noch frischem Manganoxid, und die Präzision der feinsten Details erinnert an Metallarbeiten. Ein wunderschönes Beispiel unter den zahlreichen Stücken, die während der Ausgrabungen von Murcia zu Tage gekommen sind, ist ein kleiner Vorratskrug mit zwei verlängerten Henkeln, der auf die

Koran aus vellum aus Cordoba in almoravidischer Zeit. Es ist vielleicht der am feinsten gearbeitete Koran des mittelalterlichen Spanien, der mit seiner harmonischen Kalligrafie in Andalusi und mit seiner Farbgebung an die Mosaiken der Omayyadenmoschee in Cordoba erinnert. Universitätsbibliothek Istanbul, A. 6755 ff. 146r und 3r, datiert 1143

فنزلن على النهر واشرن اليه ان اقبل فعبرت ما نظرن اليّ ساعة فمشيت اليهن
فعمدن اليّ وكشفن عن وجوههن وقالت اخراهن اما تعرفيني قلت لا والله ومن
انتن قالت التي اخرجت منها الكتاب فعرفتهما وسلمت عليهما ثم قلت ومن معكن قالت
معي من قد خلتنا وليس علينا منها باس قلت ومن الاخرى قالت جاريتها قلت
واين مسكنكن من المزاة طاعنا الله قالت بالقرب منا ولكن انتن معنا حتى
تاتي الدار ... وتعرفه والدار خير من الجص واستر لامورنا فمضيت معهن الى الدار
بعد ان ... القرب من النهر في موضع مليح فدخلت معهن واخبرتني باخبار رياض ودفعن
اليّ هذا الكتاب والله ما اعلم ما فيه

صورة بياض مع النسوة في الدار وقد
دفعن اليه كتاب رياض

22

almohadische Spätphase zurückgeht. Er besitzt eine auf Mangan eingeritzte Verzierung ohne Glasierung.[25]

Eine andere Verzierungstechnik, die sich während der almoravidischen und almohadischen Zeit entwickelt, ist jene der *Cuerda seca*, die darin besteht, auf dem noch nicht gebrannten Tonobjekt die Umrisse des gewünschten Dekors mit Mangan vorzuzeichnen.[26] Die inneren Flächen werden mit verschiedenfarbigen Glasuren verziert. Während des Brennvorgangs fungiert dann das Mangan als Begrenzung zwischen den unterschiedlichen Farben, so dass diese sich nicht miteinander vermischen. Der Ursprung dieser Technik ist sehr umstritten. Einige Forscher nehmen an, dass sie aus Andalusien stammt. Es muss jedoch darauf hingewiesen werden, dass Fragmente, die in dieser Technik verziert zu sein scheinen, in der abbasidischen Residenzstadt Samarra ausgegraben wurden, wo sie auf das 9. Jahrhundert zurückgehen.[27]

Die Produktion der bemalten Glanzkeramik mit florealen Motiven setzt sich fort. Das Dekor wird häufig ergänzt durch Segenswünsche in Naskhi-Schrift wie z. B. auf einem Teller, der sich in Palma de Mallorca befindet.[28] Unter den so genannten Schalen, die in den Außenmauern italienischer Kirchen eingelassen sind – verblüffend ist das Beispiel der Kirchen in Pisa[29] –, gibt es viele mit figurativen Motiven bemalte Stücke, die der nordafrikanischen Produktion des 12. bis 13. Jahrhunderts zugeordnet werden. Sie werden überwiegend im Nationalmuseum San Matteo von Pisa aufbewahrt, wie auch das abgebildete Beispiel mit der Darstellung eines Schiffes, menschlicher Figuren und von Fischen.[30]

Unter den Almoraviden und den Almohaden erreicht die Holzschnitzerei ihre höchste Ausdruckskraft, insbesondere bei der Ausführung der *Minbar* (Kanzeln für die Freitagspredigt). Dank einer Reihe von äußerst bemerkenswerten bereits datierten oder zumindest datierbaren Beispielen, lässt sich detailliert die Entwicklung der holzgeschnitzten Minbar verfolgen.[31] Das älteste Stück in der Großen Moschee von Algier datiert in das Jahr 1097. Nach einem im Maghreb üblichen Brauch steht die Kanzel auf Rädern, so dass man sie für die Freitagspredigt herausfahren kann, um sie danach für den Rest der Woche in einen eigens dafür bestimmten Raum zurückzubringen. Ihre Zusammensetzung aus quadratischen Platten ist jener der weitaus älteren Minbar in der Großen Moschee von Kairouan ähnlich, aber die vegetabilischen und geometrischen Motive folgen hier einer vollständigeren Vorlage.

Im Gegensatz dazu besteht der Minbar aus der almoravidischen Spätphase in der Qarawiyyin-Moschee von Fes (ca. 1143) aus einem sich überkreuzenden Gitterwerk, wobei an den Überschneidungspunkten Quadrate mit achtzackigen Sternen entstehen. Eine Neuerung stellen die Intarsien aus Elfenbein sowie aus verschiedenfarbigen Edelhölzern dar.

Der Höhepunkt dieses Stils findet sich am Minbar der Kutubiyya-Moschee in Marrakesch, der in der ersten Hälfte des 12. Jahrhunderts in Cordoba gefertigt wurde. Die geometrische Verzierung von vier Sechsecken, die einen achtzackigen Stern umgeben, sowie die Intarsienarbeit und die Schnitzerei der Paneele ist komplexer, aber gleichzeitig auch ausgeglichener als bei den vorhergehenden Beispielen. Die Datierung ist heute verloren, jedoch wurde sie der Inschrift in auserlesener kufischer Schrift zufolge von einem Angehörigen der almoravidischen Familie in Auftrag gegeben und in Cordoba gefertigt. Dabei handelt es sich um eine außerordentlich wichtige Information, da der Minbar in der Moschee von Cordoba nicht erhalten geblieben ist.

Von der Form her ähnlich ist der Minbar in der Moschee der Qasba in Marrakesch, der von dem Almohaden Abu Yusuf Yaqub al-Mansur um 1195 in Auftrag gegeben wurde. Hier ist jedoch das geometrische Flechtwerk umfangreicher, und die Intarsien treten sowohl in den geometrischen Bändern als auch bei den Innenverzierungen auf, so dass der Gesamteindruck sehr prächtig ist.

Die Elfenbeinbearbeitung setzt die große Tradition der Kalifenzeit fort, wenn auch in anderen Stilen und Formen. Die Schnitzereien sind weniger gewöhnlich,

Vorhergehende Seite:
Diese Miniatur aus dem Buch von Bayad und Riyad *zeugt von dem zweifachen Einfluss, dem der Künstler ausgesetzt war: Die Architektur ist andalusisch, während die Bildkomposition und die einzelnen Details an syrische oder irakische Vorbilder der Zeit erinnern. Das Manuskript wurde vermutlich in al-Andalus zu Beginn des 13. Jahrhunderts verfasst. Bibliothek des Vatikan, Vat. Ar. 368 f. 23r*

Das almohadische Banner von Las Navas de Tolosa (etwa 1212–1250), dem Schlachtenort, der die Ursache war für „den Untergang von al-Andalus", trägt Koraninschriften, das Glaubensbekenntnis und Mahnsprüche. Museum für mittelalterliche Stoffe im Real Monastero de las Huelgas, Burgos

Übernächste Seite:
Seidenstoff mit zwei einander gegenüber stehenden Pfauen und einer Inschrift in Kufi, die die Worte „Vollkommene Segnung" laufend wiederholt. Das Motiv ähnelt einigen anderen in al-Andalus produzierten Stoffen aus almoravidischer Zeit, sowohl in den stilistischen Details als auch in der Inschrift. Victoria and Albert Museum, London, 12. Jahrhundert

Daneben: *Zentralmedaillon im Kissen der Königin von Kastilien und León, Berenguela. Museum für mittelalterliche Stoffe im Real Monastero de las Huelgas, Burgos, 1180–1246*

während die Pyxis als charakteristische Form der Kalifenzeit verschwindet, um den mit Elfenbeinplättchen verkleideten Schatullen mit pyramidalem Deckel und einem Holzkern Platz zu machen. Das Dekor wird dann in Gold und verschiedenen anderen Farben aufgemalt, oder die Verzierung ist, wie im Fall der wunderschönen Schatulle von Tortosa, in Form von Tieren intarsiert, die sich von dem dunklen Hintergrund der Medaillons abheben. Darüber hinaus gibt die Goldbemalung den Tieren sowie den Schriftbändern weiteres Gewicht.[32]

Es ist zwar richtig, dass für die Künste dieser Epoche in Spanien und im Maghreb ganz allgemein noch viele Fragen offen sind und noch umfangreiches Material zu untersuchen ist, aber ebenso beginnt sich auch ein etwas deutlicheres Bild hinsichtlich der Textilkunst sowie der Keramik abzuzeichnen. Andererseits muss für das Metallhandwerk noch ein konsequenter Forschungsansatz gefunden werden. Das liegt daran, dass nur relativ wenig Material mit Sicherheit der infrage stehenden Zeit und Region zugeordnet werden kann, weshalb es manchmal extrem schwierig ist, zwischen fatimidischen, spanischen, maghrebinischen oder gar iranischen Werkstücken zu unterscheiden. Trotzdem kann mit einiger Sicherheit eine bestimmte Anzahl von Metallobjekten als aus Spanien sowie aus dem Zeitraum des späten 10. bis zum Beginn des 13. Jahrhunderts stammend angesehen werden. Unter ihnen ist eine Gruppe von Bronzemörsern zu nennen, die im Allgemeinen im Spanien des 12. Jahrhunderts angesiedelt werden und die auch in Nordafrika in Gebrauch waren.

Nächste Seite: *In einigen Grotten auf Mallorca, wo die Muslime Schutz suchten vor den bewaffneten Truppen von Jakob von Aragon (1229), wurden bei archäologischen Grabungen neben allgemein gebräuchlichen Gegenständen auch Schmuckstücke wie diese gefunden, die den Geschmack almohadischer Zeit spiegeln. Halsband in Gold- und Silberlegierung mit Glasperlen, Ohrgehänge aus Gold und Halskette aus Gold und Münzen. Cova del Tresor, Museum Palma de Mallorca, 12. bis Anfang 13. Jahrhundert*

Übernächste Doppelseite:

Ein besonders eindrucksvolles Beispiel für den Mudejar-Stil, der den starken Einfluss der almohadischen Kunst verdeutlicht, ist diese Kassettendecke aus Holz, die mit rein ornamentalen Motiven, aber auch mit Hofleuten und Jagdszenen bemalt wurde. Kathedrale von Teruel, Ende 13. Jahrhundert

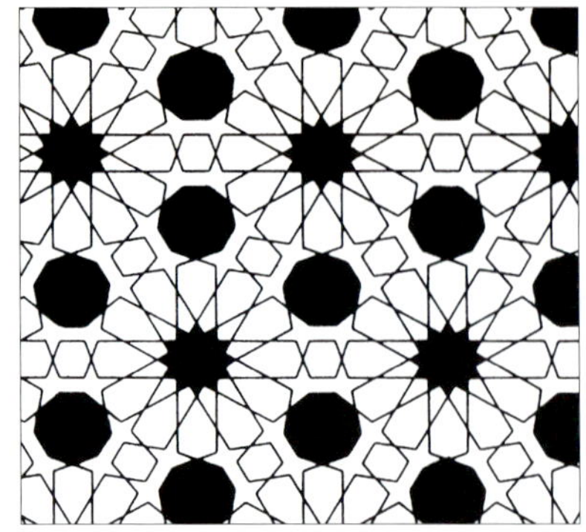
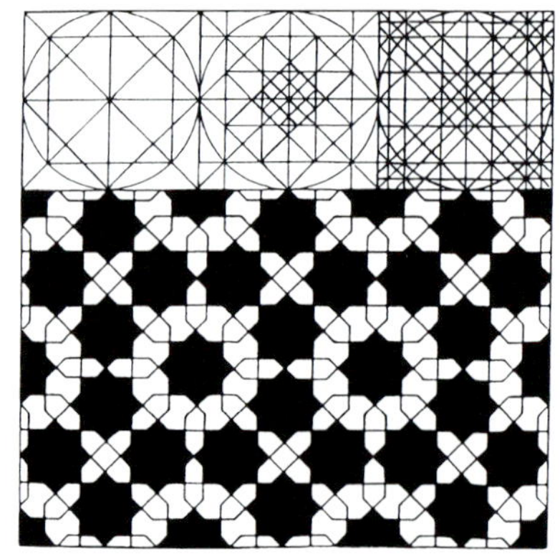

Das geometrische Motiv des achteckigen Sterns, sowohl in der Architektur als auch in der Keramik vielfach verwendet, erlaubt die unendliche Wiederholung immer desselben Sterns.

Sie weisen eine zylindrische Form auf und besitzen zwei Griffe sowie eine Reihe dreieckiger, flügelförmiger Auskragungen. Elf Mörser dieses Typs wurden in der Ladung eines Schiffes, das in der Nähe der Küste von Oran in Algerien untergegangen ist, entdeckt. Das Schiff hatte wahrscheinlich Kurs auf einen der algerischen Häfen genommen.[33] Weitere Beispiele befinden sich in verschiedenen öffentlichen und privaten Sammlungen,[34] jedoch wurde eine große Anzahl von Mörsern dieses Typs in Spanien und Portugal gefunden und die für die Inschriften verwendete Kalligrafie mit dem 11. bis 12. Jahrhundert in Andalusien in Verbindung gebracht.

Andere berühmte Metallobjekte haben die Form von Tieren, unter ihnen der Löwe von Monzon. Datierbar in das 12. bis 13. Jahrhundert, wurde das Stück in den Ruinen einer islamischen Festung in der Nähe von Palencia gefunden. Am Ende des 19. Jahrhunderts erwarb es der Sammler Fortuny, so dass es jetzt im Louvre aufbewahrt wird.[35] Das Tier trägt auf dem Rücken eine Verzierung, die an jene auf den Stoffen erinnert. Außerdem zeichnet es sich durch Stilisierung und Starrheit der Formen aus. Da es im Bauch sowie im Maul eine Öffnung aufweist, hat es vermutlich als Wasserspeier eines Brunnens gedient. Die Anordnung der Verzierung auf der Oberfläche in Sektoren, die durch Inschriften und Dekorbänder begrenzt werden, ist nicht nur dem Löwen von Monzon gemein, sondern tritt auch auf bei dem Greifen von Pisa,[36] beim Aquamanile in Form eines Vogels von Cagliari[37] sowie bei jenem in Form eines Pfaus im Louvre[38] auf. Alle genannten Gegenstände können dem 12. bis 13. Jahrhundert in Spanien zugeschrieben werden. Wie bei dem Greifen von Pisa treten auch bei dem Löwen schildförmige Verzierungen auf, die den Ansatz der Beine an den Körper wiedergeben. Wenn es auch zutrifft, dass diese Stücke hinsichtlich der Einfachheit und der Stilisierung der Formen Beziehungen haben zu den persi-

Der Bronzelöwe, nach seinem Fundort „von Monzon“ genannt, diente wahrscheinlich als Brunnenspeier. Aus Palencia (Spanien), heute im Louvre, Paris. 12.-13. Jahrhundet, almohadisch.

Weihrauchgefäß aus Messing, bestehend aus drei Teilen. Der Deckel trägt eine gravierte Inschrift in Kufi: „Vollkommene Segnung, Reichtum und Ruhm. Vollständige Segnung und Ruhm. Segnung.“ Diese Kalligrafie ermöglicht eine Datierung des Gefäßes an den Anfang des 12. Jahrhunderts. Museum der Alhambra, Granada, almoravidisch

schen Tierskulpturen der entsprechenden Epoche, so hat es sich jedoch ebenso als wahr erwiesen, dass die generelle Ausführung des Objektes eine andere ist. Darüber hinaus scheint die Technik der Durchbrechung, die so häufig bei den persischen Tierfiguren angewendet wird, in Spanien nicht vorzukommen.

Weitere Beispiele umfassen Räucherfässer, darunter auch jenes aus der Zeit der Almoraviden, das sich im Museum der Alhambra[39] befindet und zu einer ganzen Gruppe von Metallgegenständen dieser Epoche gehört, oder der beeindruckende almohadische Leuchter in der Qarawiyyin-Moschee von Fes.[40]

Berühmt sind auch die spanischen Marmorkapitelle der Kalifenzeit, insbesondere diejenigen aus Madinat az-Zahra.[41] Sie scheinen hinsichtlich der Form sowie der dichteren und weniger naturalistischen Verzierung eher byzantinisch als klassisch beeinflusst zu sein. Im Laufe der Zeit verändern sich dann die Formen der Kapitelle, wobei die tragende Elemente weniger verborgen sind und der oft polygonale Marmorblock in den Vordergrund tritt. Die Verzierung wird nun in einem sehr stilisierten Basrelief anstatt in Durchbrechung angelegt. Eine Entwicklung der Formen und der Verzierung in diese Richtung beginnt mit der Periode der Reyes de Taifas (11. Jahrhundert), mit Beispielen, die aus der Aldjaferia in Saragossa stammen.[42] Sie erreicht jedoch ihren Höhepunkt mit sehr eindrucksvollen Stücken in der almohadischen Epoche (12. bis 13. Jahrhundert). Beispiele hierfür finden sich im Alqazar von Sevilla und in der Alhambra von Granada.[43] Der almohadische Stil setzt sich in der nasridischen Zeit (14. Jahrhundert) fort, was ebenfalls Beispiele aus der Alhambra in Granada belegen. Bei ihnen treten jedoch zusätzlich Inschriftenbänder auf mit dem für die Alhambra typischen Motto „Gott ist der einzige Sieger".

Das Schiff und die Fische auf der Schale links waren typisch für Alltagsszenen, die von nordafrikanischen Keramikkünstlern seit der Mitte des 11. Jahrhunderts häufig dargestellt wurden. In Italien wurden Schalen wie diese gelegentlich in die Außenmauern von Kirchen zum Zwecke der Dekoration eingelassen. Pisa, Museo Nazionale San Matteo, spätes 12., Anfang 13. Jahrhundert

Teller mit Metalllüster. Cova dels Amagatalls, Museum Palma de Mallorca, spätes 12., Anfang 13. Jahrhundert

Kleine Truhe mit zoomorphen Motiven aus Tortosa. Kathedrale von Tortosa, spätes 12., Anfang 13. Jahrhundert

Kleine almohadische Truhe aus Elfenbein mit Verzierungen aus Tusche und Gold. Das Motiv der großen Kreise mit achteckigen Sternen und Rosetten im Inneren findet man auch auf almohadischen Stoffen derselben Zeit, so etwa das Banner von Las Navas de Tolosa. Institut Don Juan, Valencia, spätes 12., Anfang 13. Jahrhundert

Die Architektur zur Zeit der Kreuzzüge

*Luigi Marino und Cinzia Nenci**

„Sic describendo venerabilia loca in sancta civitate Jerusalem, incipiendo ab ecclesia santi sepulcri, ... plures omittendo capellas et inferiores ecclesias, quas habent ibi diversarum nationum et linguarum homines. Sunt namque ibi graeci, bulgari, latini, alemanni, hungari, scoti, navarri, britanni, angli, franci, rutheni, bohemi, georgiani, armeni, jacobitae, suriani, nestoriani, indi, aegyptii, copti, capheturici, maroni et alii quamplures, quos longum esset enumerare, sed in his finem huius opusculi faciemus Amen."

(Johannes von Würzburg, 1170)

Die Verteidigung von Chastel Blanc (Safita, Syrien) oblag den Templern. Zu dieser Anlage gehört der imposante rechteckige Turm, dessen unterer Raum eine dem heiligen Michael geweihte Kirche ist.

Die Kapelle der Kreuzfahrerfestung Margat (Qal'at Marqab in Syrien, seit 1186 in der Hand der Hospitaliter) ist von typischer romanischer Architektur im Heiligen Land: einschiffig, sehr groß und durch Rundbögen in drei Teile gegliedert.

Wisset ganz sicher, dass wir für den Herren zweihundert Städte ... und Kastelle erobert haben": Der Enthusiasmus, mit dem Anselm von Ribemont dem Erzbischof von Reims gegen Ende des Jahres 1097 die militärischen Erfolge übermittelt, offenbart das Erstaunen über die ersten Triumphe während des Unternehmens „Kreuzzug". Bedingt waren sie größtenteils durch die Desorganisation der islamischen Verteidigung. Die Einnahme Jerusalems stürzt einen großen Teil der islamischen Welt in Mutlosigkeit, denn erstmalig ist nun wirklich eine Okkupation auf breiter Ebene zu befürchten: „Sobald die Franken eine Festung erobert haben, greifen sie sofort eine weitere an. Ihre Stärke wird weiter anwachsen, bis sie ganz Syrien besetzt und die Muslime dieses Landes ins Exil geschickt haben." Die Strategie der Kreuzzüge ins Heilige Land hat, vom militärischen Standpunkt aus gesehen, verschiedene Zielsetzungen, die anfangs nur begrenzt vorherzusehen waren: die ‚Rückgewinnung' Jerusalems für die Christenheit, die Notwendigkeit, Brückenköpfe in den Häfen der Küstenstädte einzurichten, um so regelmäßigen Nachschub aus dem Westen zu ermöglichen, die Gewährleistung sicherer Grenzen gegen mögliche feindliche Zusammenschlüsse von der Wüste her und schließlich die Kontrolle des Landabschnitts zwischen den beiden islamischen Machtzentren, dem Emirat von Damaskus und dem Kalifat von Ägypten. Die relativ leichte Eroberung wird im Verlauf weniger Jahre nicht nur mit der Reorganisation der arabischen Armee bezahlt werden müssen, sondern vor allen Dingen mit den örtlichen Schwierigkeiten, die im ersten Moment grob unterschätzt worden waren. Die Kreuzritter sind während der zwei Jahrhunderte ihres Aufenthaltes im Heiligen Land dazu gezwungen, ein Verteidigungssystem aufzubauen und zu verwalten, das in vielerlei Hinsicht ungewöhnlich ist im Vergleich zu den Erfahrungen, die sie in ihren Herkunftsländern gesammelt hatten: anders aufgrund der Bauweise sowie der Verwendung von regionalen Materialien und Rohstoffen, anders aufgrund der Umweltbedingungen in einem natürlich feindlichen und nahezu unbekannten Land. Eine der größten Schwierigkeiten besteht darin, die komplexe Kriegsmaschinerie in dramatisch kurzer Zeit an die tatsächlich vorhandenen Mittel einer begrenzten Anzahl von Kämpfern anzupassen. Diese sind viel mehr an einen Sturmangriff mit einer starken Kavallerie gewöhnt als

Die Burg Shobaq (Castrum Saboach, Mont Real), die 1189 von Saladin besetzt wurde.

Ruinen der Kirche der heiligen Maria von al-Bira, das Magna Mahomeria der Kreuzfahrer, wo die Chorherren des Heiligen Grabes ihre Messen zelebrierten. Stich aus Terre Sainte, *1896*

an kurze Scharmützel, die auf einem schnellen Wechsel der Fronten basieren, unter Einsatz einer großen Zahl überflüssiger, wenn nicht sogar kontraproduktiver Menschen. Der Gegensatz zwischen den an den Expeditionen teilnehmenden Menschenmassen und der einheimischen Bevölkerung, der schon in der ersten Phase der Besatzung offensichtlich wird, wird sich im Laufe der Zeit noch zuspitzen, wenn sich nämlich immer deutlicher die Verschiedenheit zwischen der europäischen und islamischen Gesellschaft herausstellt und gleichzeitig der feudale sowie „koloniale“ Charakter des Kreuzzugunternehmens in den Vordergrund tritt. Die Gegensätze in der fränkischen und der islamischen Architektur unterstreichen die kulturellen Unterschiede und Kontraste. Die späteren Versuche, Verbindungen untereinander herzustellen bis hin zur Annahme architektonischer Lösungen, können, selbstverständlich mit aller notwendigen Vorsicht, als das Ergebnis eines Erfahrungsaustausches und als das Resultat einer gemeinsamen Arbeit angesehen werden, wenn auch gekennzeichnet durch eine unterschiedliche architektonische Kultur mit unterschiedlichen Bauprogrammen und abweichender Organisation auf den Bauplätzen.

Das Territorium

Die Bauten der Kreuzfahrer der ersten Generation, und nicht nur diejenigen mit einem im engeren Sinne militärischen Charakter, liegen überwiegend in einem schmalen Küstenstreifen zwischen Antiochia und Gaza im Schutze des Jordan. In diesem Bereich ist die Ansiedlung und die Versorgung besonders leicht, so dass die Wüstengebiete, die die neuen Siedler nicht kennen und deren große Reichtümer sie auch noch nicht zu nutzen wissen, gemieden werden. In den nachfolgenden Phasen dagegen (insbesondere nach der Niederlage von Hattin) werden auch Kastelle auf den Gipfeln der Gebirgskämme sowie auf den Hochebenen angelegt. Sie dienen dem passiven Schutz vor den Feinden sowie der aktiven Verteidigung von Fluchtwegen und berittener Truppen. Häufig bedingen auch landwirtschaftliche Nutzflächen, natürliche Rohstoffvorkommen oder bereits existierende, ausbeutbare

Im Schmuck der Apsiden der Kathedralen von Beirut („Große Moschee") und von Biblos wurden Vorbilder aus dem Westen wieder aufgegriffen, im Wechselspiel mit eher byzantinischen Details, die von Konstantinopel inspiriert waren.

Werkstätten die Errichtung einer Festungsanlage, die manchmal zum Kern einer ausgedehnteren Wohnsiedlung wird. Im Verlauf einer gründlichen Erkundung jenseits des Toten Meeres beginnt Balduin I. im Jahre 1115 mit der Erbauung des Kastells von Shobaq, zum Schutz eines fruchtbaren und wasserreichen Gebietes entlang des antiken Königsweges.

Abgesehen von den älteren Häfen am Mittelmeer, die in ihren Verteidigungsstrukturen und in ihrer Größe modernisiert wurden, sowie den Häfen am Roten Meer, kontrollieren die Kreuzritter auch im Norden der Halbinsel al-Lisan einen Anlegeplatz am Toten Meer für die Handelsschiffe vom gegenüberliegenden Jordanufer. Die Mühle von Ain Afeq aus dem 12. Jahrhundert weist einerseits westliche Architektur auf, andererseits hat sie sanitäre Einrichtungen und ein Wasserleitungssystem, die für die arabische Technologie typisch sind. Ein besonderes Gewicht hatten die Kontrolle und die Ausbeutung der natürlichen Rohstoffquellen wie etwa Bausteine, Salz und Bitumen. Insbesonder die Baumeister der Kreuzzüge lassen sich in Gebieten nieder, die schon vorher besiedelt waren, und führten dort Neuerungen und Anpassungen an Vorhandenes ein. In al-Qubeiba (Emmaus) ist östlich der Basilika noch die römische Pflasterstraße mit Gebäuderesten der Kreuzzügler sichtbar. Es handelt sich dabei um Häuser und Werkstätten, die über der arabischen Vorgängersiedlung liegen, während zwischen 1114 und 1164 die Chorherren vom Heiligen Grab das Dorf von Parva Mahomeria gründeten. Es besitzt eine Kirche sowie eine kleine Burg, um der Landwirtschaft dieses Gebietes einen entsprechenden Auftrieb zu geben. Zwar fehlt der Siedlungs- und Befestigungspolitik der Kreuzritter die „große Strategie", statt dessen basiert sie offensichtlich auf der Fähigkeit, die jeweils vorgefundene Situation bestens zu nutzen.

Die sakrale Architektur

Die Quellen berichten, dass die Kreuzfahrer bei der Besiedlung der gerade erst eroberten Territorien die Architektur in einem absolut desolaten Zustand vorfanden. Nur wenige christliche Kultbauten hatten die periodischen Plünderungen der Muslime überstanden. Zu ihnen gehören die justinianische Geburtskirche in Bethlehem sowie die Grabeskirche in Jerusalem. Die zuletzt genannte war im 4. Jahrhundert von Konstantin dem Großen errichtet und in den Vierzigerjahren des 11. Jahrhunderts durch den byzantinischen Kaiser Konstantin IX. Monomachus restauriert worden. Vom ersten Moment an nahmen die Kreuzritter deswegen eine intensive Bautätigkeit auf. In den zwei Jahrhunderten seines Bestehens wurden alleine im Königreich Jerusalem mehr als vierhundert Kirchen gebaut oder in Stand gesetzt. Jedoch nur von etwa der Hälfte von ihnen gibt es noch mehr oder weniger bedeutende Reste, seien es Kathedralkirchen und Heiligtümer an biblischen Orten, seien es Pfarr- und Klosterkirchen sowie Kapellen, die im Inneren von Kastellen liegen. Einige dieser Gebäude sind fast vollständig erhalten geblieben, da sie in späterer Zeit als Moscheen wieder verwendet wurden. Das Bild, das sich aus der Gesamtheit dieser Zeugnisse ergibt, ist ziemlich komplex und ursprünglich, und einige von ihnen gehören wohl tatsächlich zur religiösen Architektur der Kreuzzügler im Heiligen Land. In ihren Grundrissen und den darauf basierenden Mauerbauten, in den Bautechniken und den bildhauerischen Verzierungen ergeben sich nicht nur Übereinstimmungen mit der gleichzeitigen europäischen, sondern auch mit der älteren islamischen und byzantinischen Architektur.

Beispielhaft ist in diesem Zusammenhang die Kathedrale von Beirut, eine der ersten Kirchen, die von den Kreuzrittern errichtet wurde, die aber schon jene Merkmale zeigt, die dann für den größten Teil der sakralen Bauten zur Zeit der Kreuzzüge üblich werden: Die dreischiffige Anlage mit zusammengesetzten Pilastern sowie mit einem Tonnengewölbe über dem Hauptschiff und einem Kreuzgewölbe über den Seitenschiffen hat Analogien in zahlreichen westlichen, nicht nur französischen Kirchen; westlichen Vorbildern scheint auch die äußere Bekrönung der Apsiden in Form von Konsolen verpflichtet zu sein, während viele der sowohl im inneren als auch im äußeren Bereich des Gebäudes vorhandenen Kapitelle byzantinische Spolien sind. Rein islamischer Tradition sind dagegen einige Verzierungsmotive, die an Bogenrücken und Konsolen auftreten, die sechsteiligen Spitzbögen, die den Innenraum gliedern, die terrassenförmig angeordneten Flachdächer, das dicke Mauerwerk. Dieser architektonische Synkretismus ist wahrscheinlich das Ergebnis des Zusammenwirkens am nämlichen Bauplatz von einheimischen Arbeitern und denen, die im Gefolge der Kreuzfahrer ins Heilige Land kamen.

A
B
C
D

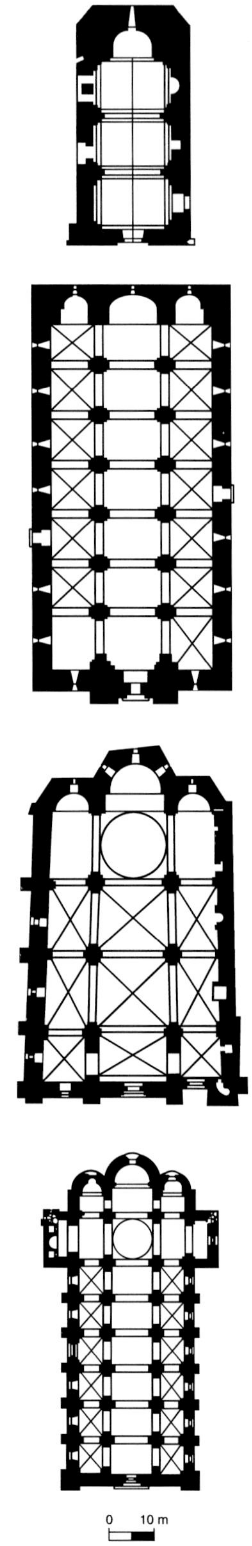

Beispiele für Kreuzfahrerkirchen:
A: Kapelle von Crac des Chevaliers
B: Kathedrale von Ramla
C: Kirche der heiligen Anna in Jerusalem
D: Kathedrale von Tyrus Rekonstruktion von Boase und Deschamps

Die Wahl einer äußerst einfachen planimetrischen Anlage ist ein weiteres Charakteristikum der Sakralarchitektur in den neuen lateinischen Staaten. Über die Kathedrale in Beirut hinaus ist der dreischiffige Grundriss mit drei innen halbkreisförmigen und außen rechteckigen Apsiden sehr verbreitet. Dieses Schema, das von byzantinischen Kirchen abgeleitet wurde, findet man in den ersten Kreuzfahrerkirchen wieder wie etwa im Kloster auf dem Berg Tabor und in Magna Mahomeria. Mit der Variante einer geraden Ostmauer tritt es auch bei einigen späteren Bauwerken wie an der Auferstehungskirche in Abu Gosh sowie an St. Johannes in Ramla auf. Typisch für die innerhalb von Burgen errichteten Kapellen ist außerdem der einschiffige Grundriss mit nur einer Apsis. So sehen die Kapellen sowohl der Festungen wie Crac des Chevaliers oder Marqab (in denen auch noch die außergewöhnlichen Gewölbedecken aus dem letzten Viertel des 12. Jahrhunderts erhalten sind) als auch jene der kleineren und weniger bedeutenden Kastelle aus wie Shobaq und Wu'eira. Dieser Grundriss tritt jedoch auch bei den Kirchen einiger Klöster auf; ein einziges, sehr langes Kirchenschiff besitzt z. B. die Kapelle des Zisterzienserklosters von Belmont. Selten ist dagegen die dreischiffige Anlage mit einem vorspringenden Transept. Dieses kennzeichnet eines der wichtigsten Gebäude im lateinischen Reich von Jerusalem, die Kathedrale in Tyrus: Von den Kreuzrittern nach der Eroberung der Stadt im Jahre 1214 an der Stelle der älteren Kirche wieder aufgebaut, die durch Eusebius von Caesarea geweiht und in der Origenes bestattet wurde, war St. Maria zum Grab Unserer Frau in Tyrus ein imposantes kreuzförmiges Gebäude mit drei Apsiden sowie mit Kirchenschiffen, die durch Pfeiler voneinander getrennt waren und die untergliedert wurden durch quer stehende sechsteilige Spitzbögen. Das Hauptschiff, das Querhaus und der Chor waren mit einem Tonnengewölbe eingedeckt, die Seitenschiffe überspannte dagegen ein Kreuzgewölbe.

Schließlich erhob sich eine weite Kuppel über dem Schnittpunkt der Querhausarme mit den Längsschiffen. Dieses letzte Element mit deutlich byzantinischen Bezügen, das aber genauso typisch ist für islamische Bauten, tritt auch bei der St.-Anna-Kirche in Jerusalem (zweites Drittel des 12. Jahrhunderts) sowie bei der St.-Georgs-Kathedrale in Lydda (Mitte des 12. Jahrhundets) auf. Diese beiden Gebäude zeigen u. a. die gleiche Gestaltungsart des östlichen Baukörpers auf, nämlich in Form von innen halbkreisförmigen und außen polygonalen Apsiden, eine Ausstattung, die Beziehung hat zur örtlichen byzantinischen Architektur.

Eine Kuppel kennzeichnet auch die berühmteste und wichtigste Kirche aus der Zeit der Kreuzzüge, nämlich die Grabeskirche. Bei diesem Bau, zunächst an der Ostseite der Anastasis errichtet und heute mit dieser direkt verbunden, handelt es sich um eine dreischiffige Basilika. Die Kirchenschiffe werden durch vielsäulige Pfeiler voneinander getrennt. Die Kirche besitzt ferner ein rechteckiges Querhaus und einen halbrunden Chor mit strahlenförmig angeordneten Kapellen, einen Umgang sowie eine obere Galerie. Die beiden Joche, die das Hauptschiff bilden, sind jeweils mit einem Kreuzrippengewölbe und von der Kuppel überspannt. Letztere, die über der Stelle errichtet wurde, die als das Zentrum der Welt (Omphalos) angesehen wurde, ist das Pendant zu der Kuppel über der konstantinischen Rotunde. Die Kirche weist starke französische Einflüsse auf (der Chor mit den radial angeordneten Kapellen erinnert an Beispiele wie Saint-Sernin in Toulouse und Sainte-Foi in Conques), unterscheidet sich jedoch stark in einigen architektonischen und dekorativen Details. Einige Besonderheiten in der Struktur sowie eine Reihe von Unterschieden

Auf der vorhergehenden Seite:

Die bebilderten Kapitelle aus der Basilika der Verkündigungskirche in Nazareth, die 1263 dem Erdboden gleichgemacht wurde, gehörten zu den schönsten, die die romanische Kunst je hervorgebracht hat - zumindest unter denen, die wiedergefunden wurden. Sie sind das Werk eines französischen Künstlers, der zur Arbeit an dieser Basilika hergerufen worden war. Von oben nach unten: großes so genanntes Kapitell A, der Glaube bewahrt den Apostel vor den Dämonen; Kapitell E, der heilige Matthäus auferweckt den Sohn des äthiopischen Königs, nach einer apokryphen Erzählung; Kapitell C, der heilige Petrus auferweckt Tabita; Kapitell B, Christus zeigt Thomas die Wunde in der Seite. Museum der Basilika in Nazareth

Kathedrale des heiligen Nikolaus in Famagusta, Zypern. Als die Insel zur Zeit des Niedergangs der lateinischen Staaten im Heiligen Land einen Entwicklungsschub erfuhr, war ihre Architektur bereits gotisch wie diejenige in Europa.

Links: *Aus dem frühchristlichen Gebäudekomplex des Berges Zion konnte nach den Zerstörungen der Perser und Araber nur der zweigliedrige Abendmahlssaal geborgen werden, in dem gemäß der Überlieferung das Letzte Abendmahl gefeiert wurde. Es waren die Kreuzfahrer, die dem Saal die heutige Form gaben, mit skulptierten Kapitellen und gekreuzten Bögen.*

Mitte: *Luftaufnahme des Berges Zion auf der westlichen Anhöhe von Jerusalem mit den Gebäuden des Abendmahlssaales und der Basilika der Entschlafung Mariä. Sie steht auf dem Areal einer Kreuzfahrerkirche des 12. Jahrhunderts, welche ihrerseits auf den Ruinen einer byzantinischen Kirche errichtet worden war.*

Rechts: *Nach einer anderen Tradition identifizierten die Benediktiner während der Kreuzfahrerzeit im Kidron-Tal, am Fuße des Ölbergs, den Ort, an dem das Grab Marias gewesen sein soll. Sie errichteten dort eine Kirche, die ein Beispiel für Kreuzfahrerkunst darstellt. In dieselbe Zeit gehören auch die Stufen, die in die Krypta mit dem Grab hinunterführen.*

in der Formensprache der skulptierten Verzierung verraten eine Entstehung in mehreren Bauphasen, unter Beteiligung von Baumeistern sowohl westlicher als auch östlicher Herkunft. Das wahrscheinlich noch unfertige, jedoch bereits in Mosaiken erstrahlende Gebäude wurde jedenfalls durch den Patriarchen Fulko am 15. Juli 1149 geweiht. An diesem Tag gedachte man feierlich der Einnahme Jerusalems durch die Kreuzritter. Später wurde das Doppelportal, das sich auf der Südseite des südlichen Querhausarmes öffnet, errichtet. Es zeigt mit den typisch islamischen Riefelungen verzierte Bogenleisten sowie Säulchen mit Kapitellen und Säulendeckplatten, die mit vegetabilen Motiven byzantinischer Herkunft dekoriert sind. Von diesen Portalen stammen zwei Architrave, die sich jetzt im Rockefeller Museum von Jerusalem befinden. Sie stammen sicher von verschiedenen Handwerkern, aber beide weisen eine Nähe zu italienischen und französischen Bildhauerwerken auf: Auf einem sind einige Szenen aus dem Leben Christi dargestellt, während der andere aus wieder verwendetem Gestein der fatimidischen Epoche gearbeitet ist, eine Rankenverzierung mit Tieren sowie menschlichen Figuren zwischen den Voluten zeigt. Äußerst bedeutsam sind dabei figürliche Elemente auf diesen Stützbalken, die einem genauen ikonographischen Programm entsprechen, das noch nicht ganz verständlich ist, das aber sicherlich die Heiligkeit des wichtigsten Ortes der Christenheit preisen sollte. Solche Elemente, die in den Vorgängerbauten nur sporadisch auftreten, werden dann in den anderen gleichzeitigen und den der Grabeskirche nachfolgenden Kirchen des lateinischen Reiches häufiger verwendet. An der Archivolte des Nordportals von St. Maria Latina im Muristan von Jerusalem gibt es z. B. Monatsdarstel-

Darstellung der Geburtskirche und des Franziskanerklosters in Bethlehem aus dem 19. Jahrhundert. Die Basilika stammt aus der Zeit Kaiser Justinians, der sie auf der früheren, konstantinschen Kirche errichten ließ. Stich von Fenn in Guerin, 1881

lungen, wohingegen auf einigen Kapitellen, die sich heute im Archäologischen Museum von Istanbul befinden, Szenen aus dem Leben des heiligen Johannes des Täufers dargestellt sind. Ursprünglich bildeten diese Kapitelle den Abschluss einer Reihe von Säulchen, die an den Seiten des Westportals der Kathedrale von Sebastopolis aufgestellt waren. Mit Menschenköpfen sind darüber hinaus einige architektonische Fragmente aus dem Kastell von Belvoir ornamentiert. Derartige gemeißelte Bilder ersetzen in vielen Fällen die traditionelleren gemalten Darstellungen bzw. die Mosaiken. Diese beiden Kunsthandwerke verlieren aber dennoch nicht an Bedeutung, was der große Mosaikzyklus an den Wänden der Geburtskirche in Bethlehem beweist. Diese Mosaiken wurden im Auftrag von König Amalrich I., des byzantinischen Kaisers Manuel Komnenos und des Bischofs Raffael im Jahre 1169 ausgeführt. In diesem Zusammenhang sind auch die Freskenreste in der Kirche der Hospitaliter in Abu Gosh zu nennen, die auf die Siebzigerjahre des 12. Jahrhunderts zurückgehen.

Das ausgedehnteste ikonographische Skulpturenprogramm sollte dagegen in der Verkündigungskirche von Nazareth ausgeführt werden, bei der es sich um die zweitgrößte Kirche des Reiches nach der Grabeskirche handelt. Das Projekt wurde jedoch, wahrscheinlich aufgrund der Eroberung der Stadt durch Saladin 1187, nicht vollendet. Die an der Stelle des Kreuzfahrerbaues durchgeführten Ausgrabungen haben zahlreiche Stücke, die zu einem solchen Skulpturenprogramm gehören, ans Licht gebracht. Unter ihnen erscheinen auch fünf wunderschöne Kapitelle mit Szenen aus dem Leben der Apostel zwischen architektonischen Umrahmungen, die heute im Inneren der modernen Basilika zu sehen sind. Diese Beispiele sind das Werk eines außergewöhnlich expressiven Künstlers, und sie zeigen Übereinstimmungen sowohl mit Skulpturen aus der Provence, aus Burgund und aus Berry als auch mit byzantinischen Vorbildern. Daher kennzeichnet sie ein ausgesprochen origineller Stil, der das Ergebnis einer lokalen Bearbeitung von Elementen unterschiedlicher Herkunft ist. Zu einem anderen Resultat kamen die Kunsthandwerker der so genannten „Tempelwerkstatt", obwohl auch sie von französischen, insbesondere provenzalischen Vorbildern ausgingen. Von der beachtlichen Produktion dieser Werkstatt sind zahlreiche Bauplastiken mit überwiegend vegetabilen Verzierungen

Mons Gaudi, von wo aus die mittelalterlichen Pilger, aus Emmaus kommend, zum ersten Mal die Mauern Jerusalems erblickten.

Folgende Doppelseite:

Gesamtansicht von Crac des Chevaliers (Homs, Syrien). Die Festung ist „eines der wichtigsten, charakteristischsten und am besten erhaltenen Zeugnisse französischer Militärkunst im 12. und 13. Jahrhundert" (Deschamps). Sie war die größte Grenzfestung der Franken, die sie von 1110 bis 1271 hielten, als Sultan Baybars sie einnahm.

(Friesen, Kapitellen, Reliefplatten) erhalten geblieben. Sie wurden zum großen Teil bei islamischen Gebäuden in Jerusalem (al-Aqsa-Moschee, Felsendom) wieder verwendet. Hauptwerk der Werkstatt muss das Grab Balduins V. gewesen sein, von dem nur einige Bruchstücke erhalten geblieben sind. Unter den anderen Arbeiten aus der gleichen Produktionsstätte seien einige Kapitelle aus Latrun hervorgehoben, die jetzt im Archäologischen Museum von Istanbul sind. Bemerkenswert sind die Übereinstimmungen, die sich zwischen den Arbeiten aus der „Tempelwerkstatt" sowie der Bauskulptur einiger Kathedralen an der adriatischen Küste (Barletta, Termoli) ergeben. Sie sind zwischen das Ende des 12. und den Beginn des 13. Jahrhunderts zu datieren. Das lässt vermuten, dass nach der Schlacht von Hattin einige Bildhauer aus dieser Werkstatt nach Süditalien ausgewandert sind. In mehr typisch gotischen Formen ist der letzte große in Jerusalem vor 1187 errichtete Bau gehalten, der Saal des Letzten Abendmahls. Erbaut durch die Augustinerchorherren an der Stelle eines Vorgängerbaues, erstreckte sich das Gebäude ursprünglich über zwei Stockwerke, wobei der Hauptsaal oberhalb einer weiten Loggia gelegen war.

Einen ausgesprochen gotischen Charakter haben schließlich die Kirchen, die von den Kreuzrittern in den vom Ende des 12. Jahrhunderts an eroberten Städten gebaut wurden sowie jene, die im 13. und 14. Jahrhundert auf dem Peleponnes, im Fürstentum von Achaia und auf Zypern errichtet wurden. Bei ihnen trifft man auf bedeutende Neuerungen hinsichtlich der Bautechnik, insbesondere bei der Einrichtung der Gewölbestrukturen: Spitzbogegewölbe (und allgemeiner jene mit einem mehr-

fachen Zentrum), wobei nur ein begrenzter Gebrauch von der Wölbung gemacht wird; flache Gewölbe und/oder überstiegene Gewölbe. Dabei denke man auch an die Lösungen beim Auffangen des Drucks auf die Gewölberücken, an die Verwendung von Ecktrompen und Pendentiven, an die Koexistenz von Bögen und Sturzbögen, an die Wandbögen, an die Gewölbe mit unregelmäßigem Fußpunkt sowie an den Gebrauch vorgefertigter Strukturelemente.

Die Militärarchitektur

Nachdem sich ihre ursprüngliche Funktion, nämlich einen anhaltenden militärischen Schutz zu bieten, als nicht mehr adäquat durchführbar erwiesen hatte, wurden die befestigten Wehranlagen häufig verlassen. Sie erlitten dabei keine weiteren als die durch den natürlichen Verfall oder durch gelegentliche Abtragung von Baumaterial für die Errichtung fester Dörfer bedingten Schäden. Dies ist zumindest aus dem Blickwinkel der Forschung eine günstige Voraussetzung, denn der verbliebene Teil der Kunstbauten kann fast immer Informationen aus erster Hand liefern. Diese sind noch bedeutender, zieht man die große Seltenheit der Schriftquellen bezüglich der Bauvorgänge mit in Betracht. Unter den wenigen, auf die zurückgegriffen werden kann, sei erinnert an die Abhandlung von Oliver de Cologne über Chastel-Pélerin, jene vielleicht von Benoît d'Alignan über Safed sowie an die Angaben des Wilhelm von Tyrus. Aus ihnen können Informationen über die Ausmaße und die allgemeinen Merkmale der Gebäudeteile gezogen werden, aber nur selten enthalten sie Hinweise über die Beschaffung und die Bearbeitung der Baumaterialien, über die Bautechniken sowie über die Verfahren der Instandhaltung und Ausbesserung, die die Kreuzritter selbst fortwährend durchführten.

Zum dauerhaft hohen Niveau der militärischen Anlagen der Kreuzfahrer tragen gleichzeitig mehrere Faktoren bei. Eine ständige Herausforderung waren die Verteidigungsanlagen und die einheimischen Bautraditionen, mit denen sich die fränkischen Erbauer zwangsläufig auseinander setzen mussten, sowie der heftige Ansturm, dem ihre eigenen Festen ausgesetzt waren. Die in das Heilige Land mitgebrachten Baupläne entsprachen denjenigen, die sich im Abendland am meisten bewährt hatten. Die im gesamten Westen verbreiteten Einfriedungen bestehen im Wesentlichen aus einer verdichteten Geländeerhebung, manchmal mit einer Bewehrung aus Stein sowie zusätzlichen Aufbauten wie Palisaden; den Verteidigungsturm stellt anfänglich ein hölzerner Hauptturm dar, der häufig auf einer künstlich angelegten Anhöhe steht. Die auf einer Anhöhe gelegene Burg ist vielleicht die ursprünglichste Schöpfung, die das Mittelalter im Okzident hervorgebracht hat. Der spätere Niedergang der Zentralmacht wird indes begleitet von einer vermehrten Bautätigkeit bei privaten Befestigungsanlagen an abgelegenen, sicheren Orten, die in klarem Gegensatz stehen zu dem typischen fortlaufenden Befestigungssystem des Limes aus der römischen Epoche. Der *Donjon* mit viereckigem, rundem oder seltener polygonalem Grundriss, der von karolingischen Vorbildern abgeleitet ist, ist eine echte Neuerung unter den Befestigungsanlagen (das erste Beispiel scheint das von Langeais zu sein, datiert in das letzte Jahrzehnt des 11. Jahrhunderts). Er ist zweifellos besonders zur Verteidigung auf kurze Distanz geeignet, aber gleichzeitig ein Kern, um den herum sich nachfolgende Festungen entwickeln werden. Für den Vorderen Orient stellen solche Bollwerke vom Typ des Donjon in Wirklichkeit keine Neuerung dar, wenn man bedenkt, dass die Vorgängerbauten gerade in der Militärarchitektur der römischen Kolonien sowie in den byzantinischen Castra zu suchen sind.

Gewöhnlich liegt er in isolierter Position innerhalb des Mauerringes oder dicht an der Mauer selbst, so wie es für den deutschen *Bergfried*, der nicht als Wohnturm dient, üblich ist, oder er steht neben einem Tor. Oft ist es gerade der Torturm, der sich weiterentwickelt und dabei in einen Donjon umgewandelt wird. Diese Befestigungsart, die auch von karolingischen Vorbildern abgeleitet ist, wurde in das Heili-

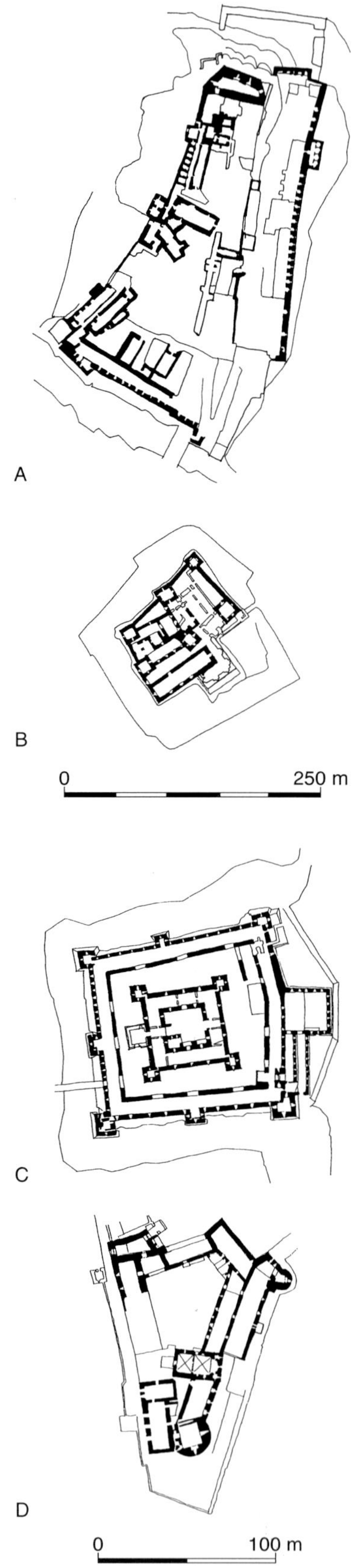

Beispiele für einige Mauerringe und Kreuzfahrerzitadellen: A Tortosa, B Atlit, C Caesarea, D Arsuf

Der Donjon von Kolossi auf Zypern, Sitz zunächst der Templer, später der Hospitaliter.
Graben und geböschte Mauern von Caesarea, rekonstruiert unter König Ludwig IX

ge Land exportiert (Ludwig Philipp verwendete Einfriedungen mit viereckigem Grundriss und flankierenden Türmen bei der Befestigung des Louvre, bevor er zum Kreuzzug aufbrach) und von dort mit entwickelteren und wirkungsvolleren Formen reimportiert; das Château-Gaillard ist das erste Kastell, das von Richard Löwenherz nach seiner Rückkehr aus dem Heiligen Land erbaut wurde. Dabei ist dieser Bau nun im Grundriss und im darauf aufbauenden Mauerwerk komplexer geworden, in seiner Wehrhaftigkeit effektiver und in seiner Wohnqualität und bei den sanitären Anlagen besser. Einige Unterscheidungsmerkmale zwischen den Befestigungsbauten der Kreuzzügler und denen im Westen werden durch die Zwischenwälle zwischen zwei Türmen (im Heiligen Land sowohl feststehend als auch aus den Wandabschnitten hervorspringend) sowie durch den Hauptturm gebildet. Im Westen ist der Donjon im geschütztesten Bereich der Festung angesiedelt, da er eine Rolle als Zufluchtsstätte bei der Verteidigung innehatte. Im Heiligen Land besetzt er dagegen die Schwachstelle der Feste und verdient es deswegen umso mehr, geschützt zu werden.

Es besteht kein Zweifel, dass die Bauherren der Kreuzzüge, nach einer ersten Phase der Desorientierung aufgrund der geringen Effizienz ihrer Kriegsstrategie (während der Eroberung Jerusalems wurde der Import genuesischer und englischer Schiffszimmerleute wichtig für die Fertigung von Treppen und Gerüsthölzern beim Bau von „lignea castra, macinae et macinamenta") die baulichen Lösungen, die im Westen entweder nur wenig bekannt waren oder aber nicht mehr angewendet wurden, bestens zu nutzen wussten.

In der gesamten Region des Vorderen Orients, der ein wichtiges Bindeglied darstellt, gab es eine annähernd ununterbrochene Entwicklung der militärischen Wissenschaften. Diese wurden schon mehr als dreitausend Jahre vor den Kreuzzügen laufend den Umweltbedingungen angepasst. Habouba Kabira kann in die Zeit zwischen 3000 und 2900 v. Chr. datiert werden (man denke jedoch auch an den Wachturm von Jericho aus dem 7. Jahrtausend v. Chr.). Es besitzt ein Verteidigungssystem, bestehend aus einer Mauer, die in gewissen Abständen durch Türme durchbrochen wird, sowie einer Vormauer. Der Mauerring von Uruk ist 9,5 km lang mit Türmen etwa alle 9 Meter. Abgesehen von der enormen Mauerdicke, den Schanzenmauern und den aus den Zwischenwällen vorspringenden Türmen, sind auch die Böschungsmauern wiederkehrende Elemente in den Festungswerken der in Frage stehenden Zeit. Die Anböschungen sollen die Erosion am Mauerfuß sowie das Anstellen von Belagerungsmaschinen verhindern. In Belvoir und Caesarea werden die Befestigungsanlagen von den Kreuzrittern durch stark geböschte Mauern gestützt. Etwa zwei Jahrtausende v. Chr. taucht auf syro-palästinensischem Gebiet eine neue Art von Festungswerk auf, insbesondere bei städtischen Niederlassungen, um so den ältesten Tell sowie die Unterstadt gemeinsam zu umfassen. Es besteht aus Erdaufschüttungen, Kastenmauern und hohen Terrassierungen. Der aus einer Doppelmauer und einem Graben bestehenden Anlage werden viereckige oder (wahrscheinlich ältere) runde Flankentürme hinzugefügt, die verbunden sind mit Schanzenmauern und leicht ansteigenden Mauerabschnitten. Die Belagerungstechniken für ummauerte Städte sowie für die Angriffe an den Seiten des Bollwerkes, die als die ungeschütztesten angesehen wurden, basieren auf dem Einsatz von Kriegsmaschinen, für die eigens dafür bestimmte Belagerungsrampen errichtet wurden – ein Verfahren, das auch von den Römern zur Eroberung der herodianischen Festungen von Masada und Macheronte angewendet werden wird. Bei den Festungsanlagen werden immer ausgefeiltere und effizientere Verteidigungslösungen aufgenommen, indem die Hindernisse vervielfacht werden und so die Belagerer, die ständig unter Beschuss stehen, zu Umwegen gezwungen werden: Vorbauten, Gräben und Erdaufschüttungen, Vervielfältigung der Mauerringe, die Einrichtung von isolierbaren Festungspunkten sowie Verteidigungstürme. Die parallele Entwicklung von Verteidigungs- und Angriffssystemen erlebt eine plötzliche Umwandlung mit der Erfindung der Katapulte sowie anderen Geschossmaschinen im 4. Jahrhundert v. Chr. (von denen dann viele auch in der Zeit der Kreuzzüge verwendet werden), jedoch wird ein Großteil der Techniken noch bis ins Mittelalter und sogar bis zur Einführung des Schießpulvers weiterhin genutzt. Weitere Elemente, die die Erbauung von Festungswerken zur Zeit der Kreuzzüge beeinflussten, sind in der griechischen Militärarchitektur zu suchen. Die Aneignung von Steinelementen unter Verwendung von Vorbauten, die teils unregelmäßig, teils geglättet erscheinen, wird vom 4. Jahrhundert an fast systematisch, so dass sie eine so weite Verbreitung in der gesamten hellenisierten Welt der Antike fanden, dass sie als sicherer chronologischer Indikator gelten können. Für die Bauten aus der fränkischen Zeit z. B. beruht die Zuschreibung einiger Kastelle zu den Kreuzrittern oder den Arabern als Bauherren eben genau auf der Beobachtung der Konstruktionsmerkmale sowie der Oberflächenbearbeitung der Steine mit Kragsteinen. Die Mauern mit rechteckiger Grundlinie bestehen häufig aus zwei Wandflächen aus Trockenmauerwerk oder mit Mörtelverfüllungen, in denen mehr oder weniger regelmäßig verbindende Steinbarren eingelagert sind. Bei vielen Bauten aus der Zeit der Kreuzzüge wird diese Verbindung zwischen zwei Wandabschnitten durch wieder verwendete monolithische Säulen hergestellt. Der wiederkehrende Wechsel von längs und quer ausgerichteten Steinelementen verleiht dem Mauerwerk eine gute Regelmäßigkeit, die ebenfalls in der Mauerung in Samaria und, wenn auch weniger systematisch, in den byzantinischen Mauerwerken der Region auftritt. Der Einsatz pyramidenstumpfförmiger Tür-

Eingang zur Festung von Belvoir (Coquet)

Château-Gaillard in der Normandie, von Richard Löwenherz nach der Rückkehr von einer Kreuzfahrt erbaut, war die erste „normannische Burg in sarazenischer Form".

me, die zweistöckigen, von Befestigungsanlagen überlagerten Türme, die Tore mit vorspringenden Türmen, die Türme mit Barbakanen, die Schlupfpforten, die Gräben und die Palisaden sind alles Elemente, die systematisch, manchmal nur mit geringfügigen Veränderungen bis zur Zeit der Kreuzzüge und darüber hinaus verwendet werden.

Die römische Präsenz sowie die der einheimischen Verbündeten ist gut belegt durch zahlreiche und erkennbare Spuren, die vielfältig im gesamten Gebiet verteilt sind. Sie sind entlang eines wirkungsvollen Straßennetzes organisiert, das manchmal bereits vorher bestand, häufiger aber eigens dafür ausgebaut wurde. Die Merkmale der römischen Festungswerke sind bis zum 3. Jahrhundert gut bekannt, ebenso wie die nachfolgenden, bei denen der generelle Gebrauch von Steinmaterialien einige wichtige Veränderungen hervorruft. Jedoch neigen die Römer, trotz einer fortschreitenden Zersplitterung der Kriegsmaschinerie, eher dazu, weiter ihre eigenen Pläne zur Festungsarchitektur zu verwenden (mit Unterschieden hinsichtlich der Chronologie, des Ortes, der Größe und der Funktionen), als auf die orientalischen oder hellenistischen zurückzugreifen.

Das Gebiet des Vorderen Orients ist besetzt von umfriedeten Wachtürmen, deren Aufgabe die eines vorgeschobenen Wachtpostens ist (Qasr Burqu), von Militärbauten zur Truppeneinquartierung (Basra, Leyyun, Udruh, Palmyra), von viereckigen Forts ohne Türme (Umm al-Quttain, Humaima, Bir Haidar, Quraiyya, Tell as-Seba), von quadratischen Festungen mit vorspringenden Türmen (Avdat, Da'adjaniya, Qasr Bashir, Qasr al-Azraq, Umm al-Djemal, Umm ar-Rasas), von Forts vom Typ eines *Quadriburgium* (Khirbet as-Samra, Qasr al-Hallabat, Upper Zoar,

Khanel-Hallabat, Khan al-Qattar), von Kasernen (die fast immer mit Festungen verbunden sind) sowie ferner von temporären Feldlagern für die Verlagerung der Legionen und von Belagerungsplätzen. Einige der römischen Festungen sind wiederaufgebaute Verteidigungsareale aus nabatäischer Zeit wie z. B. in Muhattat al-Hayy im Wadi Mudjib. Die vorspringenden oder entlang der Mauer aufgereihten Türme können einen vierseitigen, gerundeten (*orbiculata*), runden (im Westen gebräuchlicher) oder polygonalen Grundriss aufweisen.

Es sind besonders die byzantinischen Traditionen, auf die sich die Baumeister der Kreuzzüge beziehen. Sie setzen sich mit den zahlreichen Festungsbauten und Mauerringen auseinander, die während der Kreuzzüge noch vorhanden und manchmal auch recht effizient nutzbar sind. Auf ihrem Marsch in Richtung Heiliges Land treffen die Kreuzritter auf bedeutende Festungsanlagen wie Konstantinopel, Antiochia und Edessa, befestigte Städte des 5. und 6. Jahrhunderts, und sie erproben dort die Verlässlichkeit des Mauerwerkes bei der Verteidigung. Die Verteidigung des arabischen Limes in der byzantinischen Epoche (noch unter der Beobachtung der Lehren des Vegezius) basiert auf dem römischen Siedlungs- und Verteidigungsmuster, das wiederum bedingt ist durch die Traditionen eines Heeres, das sich zu Beginn auf den Einsatz von Infanterieabteilungen gründete und dann zu einem stärkeren Aufgebot der Kavallerie entwickelte. Das geschah auch in der Folge von Kontakten mit den Steppenvölkern, die daran gewöhnt waren, auf Pferden zu kämpfen. Eines der am häufigsten wiederkehrenden Elemente bei den byzantinischen Festungsanlagen sind die Zitadellen auf viereckiger Basis, die das *Castrum* und das *Castellum* der römischen Epoche nachahmen. Sie sind dabei jedoch stärker gegliedert, um so besser den Besonderheiten der Landschaft angepasst zu sein. In den Verteidigungsstrategien des Abendlandes waren sie schon fast vollständig überwunden, aber im Vorderen Orient wurden sie noch vielfach und wirksam bei Bauten mit ausgesprochen militärischem Charakter sowie bei einigen Residenzen der omayyadischen Kalifen angewendet (Qasr al-Hallabat, Qasr al-Kharaneh, Qasr at-Tuba, Qasr al-Mushatta). Die so genannten „Wüstenburgen“ stehen für ein ambitioniertes politisches Projekt und die Kontrolle des Reichsgebietes (das mit dem Fall der Dynastie scheiterte), wobei hier die Architektur, auch als Symbol der Macht, eine wichtige Rolle spielte. Bei einigen der Festungen aus der Kreuzzugsepoche ist einer der vier eckigen Türme, seltener zwei, größer als die übrigen und übernimmt damit die Rolle eines Donjon. Darum, die Garnison an der südlichen Grenze, ist von „formae quadrae, quatuor turres habens angulares, quarum una grossior et munitior erat aliis“.

Die antike Hafenstadt St. Johannes von Akkon, 1104 erobert, wurde in einzelne Viertel für die Ritterorden und die italienischen Händler eingeteilt. Bis 1191 war sie Hauptstadt des Kreuzfahrerstaates, 1291 wurde sie von den Mamluken erobert. Erst in der Mitte des 18. Jahrhunderts wurden die Zerstörungen von den Osmanen wieder beseitigt.

Entsprechend dem allgemeinem Brauch, bereits existierende Grundrisse und Materialien wiederzuverwenden, wurde das römische Theater in Bosra von den Ayyubiden als Zitadelle verwendet, indem sie die Maueröffnungen verschlossen und mächtige, viereckige Verteidigungstürme anbauten.

Oben:

Zwei Beispiele für die Architektur der Kreuzfahrer: die Burg von Marqab (Südansicht des Turms und Westfront) und die Zitadelle von Kerak in Moab, eine der ältesten Festungsanlagen der Franken.

Unten:

Zwei Beispiel für omayyadischen Festungsbau: das omayyadische Qasr al-Mushatta, ein Quadrat von 144 Metern Seitenlänge mit 123 halbrunden Türmen, und Qasr al-Haraneh mit viereckigem Grundriss, Ecktürmen und Türmen an den Flanken.

Bei den Festungsbauten der Kreuzritter mit römisch-byzantinischem Vorbild (man denke nur an Belvoir), handelten die Bauherren nach den vom Geschichtsschreiber Prokop und von dem anonymen „Traktat über die Taktik" (6. Jahrhundert) überlieferten Prinzipien, die den Einsatz von Ringmauern mit viereckigen Flankentürmen vorsehen, außerdem niedrigere Vormauern, die durch die Zwischenwälle geschützt werden können, sowie noch weiter vorgeschoben der Graben. Vorab wurde jedoch immer überprüft, ob es im vorgesehenen Areal wiederverwendbaren und gut zu bearbeitenden Stein gab. Manchmal wurden ganze Monumente übernommen und den neuen Verteidigungsaufgaben angepasst, etwa beim römischen Theater in Djebele und unter den Ayyubiden in Basra. Die Grenzbefestigungen dienten als saisonale Truppenquartiere und als gelegentliche Haltepunkte. Dadurch sollten die Risiken während der Truppenbewegungen verringert werden. Diese Risikofaktoren wurden bereits von Vegezius als gefährlicher beschrieben als diejenigen, die auf dem Schlachtfeld auftreten können. Das Castrum wird auch von arabischen Heerführern über lange Zeit als Vorbild genommen, wobei sie die Elemente zur Verteidigung mittels Geschossen ausbauen, wie in Qal'at ar-Rabadh, das gegenüber der Kreuzfahrerfestung von Kerak errichtet wurde.

Bei den Befestigungsanlagen im Gebirge scheinen dagegen die Grundriss-Pläne sowie die Verteidigungsmerkmale an westliche Festungswerke zu erinnern, natürlich an die neuen strategischen Bedürfnisse und morphologischen Gegebenheiten des Territoriums angepasst. Die „auf einem Sporn" gelegenen Kastelle zeugen fast immer von einer gelungenen Synthese zwischen oberirdischen Baumaßnahmen und solchen direkt im Fels, auf dem gesiedelt wurde, um Gräben ausheben zu können (in Sahyun wird ein monolithischer Pfeiler von über 28 Metern Länge, der beim Ausheben des Grabens gefunden wurde und einst als Schlagbrücke diente, die Begeisterung des zukünftigen Oberst Lawrence entfachen: „Ich glaube, das ist das Außergewöhnlichste, was ich je bezüglich einer Burg gesehen habe") sowie gedeckte Wandelgänge, Galerien und Bunker anzulegen. Die Errichtung von Mauern in Schützengräben mit Felsfundament, auf halber Höhe des Abhanges ausgehoben, war sehr wirksam gegenüber Sprengsätzen und diente als Basis für die Ausrichtung der Maueraufbauten. In einigen Fällen wurden die Kreuzfahrerburgen in Gebieten angesiedelt, die schon vorher besetzt waren, wobei die natürlichen Gegebenheiten und die bereits existierenden Strukturen bestens genutzt wurden. Kanäle und Zisternen wurden dabei sowohl für hydraulische Zwecke als auch zur Errichtung von Kasematten und Scharwachtürmen wieder verwendet. Die bauliche Qualität ist bei den Kastellen fast immer hoch. Manchmal haben die Erbauer jedoch aufgrund sich überstürzender Ereignisse Mauern errichtet, die sie effekthaschend „Mauern der Angst" bezeichneten und die, obwohl technisch nicht eben vertrauenerweckend, auf den Gegner den Eindruck machen sollten, als seien sie nach allen Regeln der Kunst erbaut worden. Die Zeit zwischen dem Ende des 12. und dem Beginn des nachfolgenden Jahrhunderts, der Epoche, in der die Bauareale der großen Festungswerke eingerichtet wurden, wird Zeugin einer tiefgreifenden Erneuerung bei den Verteidigungssystemen und einer sich schnell entwickelnden, flexibleren Bautechnik. Die aus großen Steinblöcken mit wenig Mörtel bestehenden Mauern werden nun ersetzt durch Elemente kleineren Zuschnitts, die mit reichlich Mörtel aufgemauert werden. Der dritte Kreuzzug bietet Gelegenheit für eine ausgedehnte und sorgfältige Restaurierung der durch die islamische Rückeroberung beschädigten Befestigungsanlagen. Die Eingriffe zeugen von gewachsenen Fertigkeiten sowohl bei der Auswahl der Materialien als auch bei den baulichen Lösungen. Die Arbeiter der Kreuzzugepoche legten ausreichend Zeugnis darüber ab, dass sie in der Lage waren, in der Kunst des Bauens beachtliche Leistungen zu erbringen, in manchen Fällen sogar sehr hohes Niveau. Erinnert sei nur an die Gewölbestrukturen (variable Stichgewölbe, bei denen der Qualität des Mörtels eine bedeutende Rolle zukommt) oder solche Mauern, die fundierte Kenntnisse der Stereotomie erforderten, um Gehrungsschnitte verwirklichen zu können, etwa Treppen und Ecken, vor allen Dingen aber die runden Wachtürme, die aus den geböschten Zwischenwällen vorspringen, wie in Marqab und in Crac des Chevaliers.

Die Erneuerung der kreuzritterlichen Bauweise hängt sicherlich von der natürlichen Fortentwicklung der westlichen Techniken ab. Sie ist aber auch eine Antwort auf die Begegnung mit baulichen Erfahrungen vor Ort und auf den Technologietransfer, der durch die Anwesenheit von einheimischen Arbeitern und von Kriegsgefangenen begünstigt wurde. Wissenschaftliche Erkenntnisse und technische Fertigkeiten der Araber nehmen gerade in den zwei Jahrhunderten der fränkischen Besatzung enorm zu, insbesondere auf den Gebieten der Ausbeutung von Rohstoffen sowie der Kriegskunst. Diese besseren Kenntnisse werden hervorgerufen durch zahlreiche Abhandlungen über Befestigungsanlagen und Belagerungstechniken, wobei einer mobilen Verteidigung der Vorzug gegeben wird gegenüber jener statischen, die das fränkische Heer immer noch vorzieht; ferner ist dort auch die Rede von Kriegslisten und von der Bedeutung der Spionage.

Die abwechselnde Inbesitznahme der Burgen durch Kreuzritter und Araber, insbesondere derjenigen auf Bergen, ist deutlich ablesbar, etwa an der Glättung der Oberfläche durch einen diagonalen Schliff, an den unterschiedlichen Kragsteinen, an den Dekorationen, am Gebrauch von Mörtel, an den Stempeln der Steinmetze und an den Inschriften, aber manchmal sind Mauern, Materialien und Bearbeitung derartig ähnlich, dass eine Zuordnung sehr schwierig wird.

Die vielfältigen Erfahrungen der Kreuzfahrer begünstigten im Verlauf von nur wenigen Generationen die Entwicklung von Neuerungen in der Verteidigungskunst (Bajonetttore zwischen den Türmen, die Kombination einzelner mit in Reihen ange-

Von der Brüstung der nördlichen Stützmauer in Crac des Chevaliers konnte man Pfeile abschießen und Steine auf einen Feind werfen, der sich nahe genug herangewagt hatte.

Verschiedene Ansichten von Crac des Chevaliers: der Große Saal, der Repräsentationszwecken diente, war gedeckt von Spitzbögen der Kreuzfahrer; das Innere des Umgangs, der den Großen Saal mit dem Hof verbindet, spiegelt auf harmonische Weise die französische Gotik des 13. Jahrhunderts wider; die Zugangsrampen, aus Verteidigungsgründen in Zick-Zack-Form gehalten, sind von Gewölben bedeckt und haben niedrige Stufen, die mit Pferden begangen werden konnten.

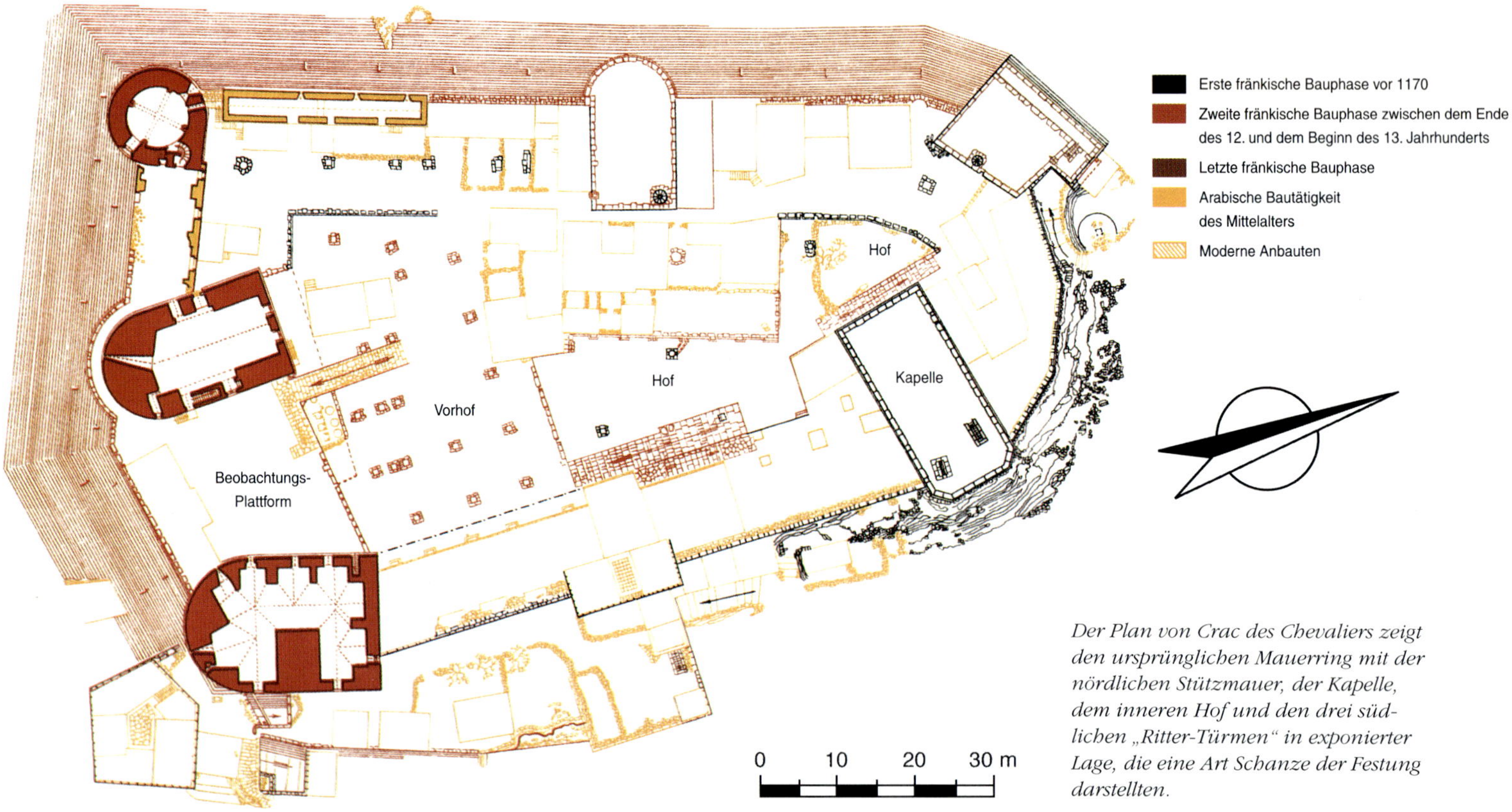

Der Plan von Crac des Chevaliers zeigt den ursprünglichen Mauerring mit der nördlichen Stützmauer, der Kapelle, dem inneren Hof und den drei südlichen „Ritter-Türmen" in exponierter Lage, die eine Art Schanze der Festung darstellten.

ordneten Elementen zur Verteidigung mittels Geschossen und fortschrittlichen Systemen für die Flankensicherung, schnelles Fortkommen durch Wehrgänge, auf mehrere Stockwerke verteilte Wohn- und Verteidigungsbereiche, runde Türme mit polygonalen Kasematten im Inneren …), von Fertigkeiten bei der Nutzung bereits existierender Bauten sowie von baulicher Künstlerschaft (Kastenmauerwerk, Gewölbestrukturen, Rittertürme, Systeme für das Auffangen und Verteilen von Wasser) – alles Dinge, die ihrerseits die Festungsanlagen beeinflussten, welche die nachfolgenden christlichen und arabischen Generationen errichteten, bevor daraus die besten aller Strategien und Bauvorgänge herausgefiltert wurden, um in den Westen transferiert zu werden. Dort fanden sie schließlich auch in ganz anderen Gebieten und unter ganz anderen Bedingungen eine neue Verwendung.

Die Burg von Tiberias. Stich von Guerin, 1881

Anmerkung

** Dieser Beitrag ist das Ergebnis einer übergreifenden Zusammenarbeit. L. Marino redigierte die Abschnitte über das Territorium und die Militärarchitektur, C. Nenci denjenigen über die Sakralarchitektur.*

Das geräumige Refektorium des Hospitaliter-Ordens, auch als Krypta des heiligen Johannes in Akkon bekannt, weist etliche charakteristische Züge von Kreuzfahrerarchitektur auf. Ca. 1148

Das Heilige Grab von Jerusalem: Entwicklung und Umwandlung eines Modells

Massimiliano David

Sie wuschen sich Hände und Füße, sie vertauschten ihre blutigen Gewänder mit neuen Kleidern und gingen barfüßig zu den heiligen Stätten."[1]

Für die Kreuzritter, die ersten Soldatenpilger, war die Eroberung Jerusalems gleichzeitig die Rückeroberung und die erneute Aneignung des Heiligen Grabes,[2] hatten sich doch in den Jahrhunderten der islamischen Besetzung alle Erinnerungen an das irdische Leben Christi in diesem außergewöhnlichen architektonischen Komplex konzentriert.

Vom 4. Jahrhundert n. Chr. an wurden die Veränderungen an diesem Ort festgehalten durch eine einzigartige und bunte Reihe von Zeugnissen, deren Gewicht auch heute noch, sowohl quantitativ als auch qualitativ, höher eingeschätzt werden muss als die unzureichenden archäologischen Untersuchungen (leider nicht flächendeckend und nicht stratigraphisch), die zusammen mit Restaurierungsmaßnahmen von den Sechziger- bis in die Achtzigerjahre des 20. Jahrhunderts durchgeführt wurden.[3]

Die Identifizierung von manchen Stellen in diesem Komplex ist noch immer umstritten, insbesondere liegt noch im Dunkeln, wie die einzelnen Kreuzwegstationen ursprünglich aussahen, als sie noch nicht innerhalb der Stadtmauern lagen. Nach Virgilio Corbo[4] wurde hier im 1. Jahrhundert v. Chr. intensiver Bergbau betrieben, und Golgatha, wo später die drei Kreuze aufgerichtet werden sollten, war nichts anderes als eine kleine Felsnase, die von den Bergleuten ausgespart worden war. Folgt man dieser Interpretation, so hätten die Römer einen aufgegebenen Steinbruch zum Ort der Hinrichtung bestimmt, der zu dieser Zeit mehr und mehr mit Gärten und in den Fels geschlagenen Gräbern bedeckt war. Unter diesen Gräbern befanden sich auch das des Josef von Arimatäa und jenes mutmaßliche von Jesus.[5]

Tatsächlich geht die erste zuverlässige Beschreibung, mit deren Hilfe das Aussehen des Ortes rekonstruiert werden kann, auf das 7. Jahrhundert zurück. Wir verdanken sie Adamnanus, der die Beschreibungen des heldenhaften Pilgers Arkulf sammelte. Dieser hatte das erste islamische Jerusalem besucht. Angesichts des großen Erfolges, den diese illustrierte Handschrift hatte, näherten sich die Kreuzritter Jerusalem wahrscheinlich mit den dadurch entstandenen Bildern im Herzen.[6] Arkulf hatte die *Anastasis* gesehen, die sich als eine große Kirche auf einem vollkommen runden Grundriss mit Umgang und drei Nischen präsentierte. Außerdem besaß sie einen zugehörigen Hof oder Garten, in dem Tag und Nacht zwölf große Öllampen brannten. Dieser offene Platz umschloß den Hügel von Golgatha,

Frontansicht und Glockenturm des Heiligen Grabes, von den Kreuzfahrern nach der Eroberung Jerusalems erbaut unter Mitwirkung französischer Handwerker. Das doppelte Eingangsportal erinnert an andere große lateinische Kirchen, so die in Santiago de Compostela. Die Kapitelle, die Abachi und die Zierleiste mit den Ovalen spiegeln byzantinischen Einfluss. Ein Teil der ursprünglichen Verzierungen ist verloren gegangen.

Topografie der Stationen der Passion Christi:
1. Grab von Jesus Christus
2. Grab von Josef von Arimatäa
3. Kreuzweg
4. Grotte, wo das Kreuz entdeckt wurde

Dieser Gebäudeplan zeigt den Komplex des Heiligen Grabes in seiner ersten Bauphase zur Zeit Konstantins (4. Jahrhundert): die Rotunde der Anastasis links umschließt das Grab Christi, rechts daneben befindet sich die Basilika für die liturgischen Zeremonien (das sog. Martyrion), ein überdachter Innenhof verbindet die beiden Gebäudeteile. Von Vincent-Abel

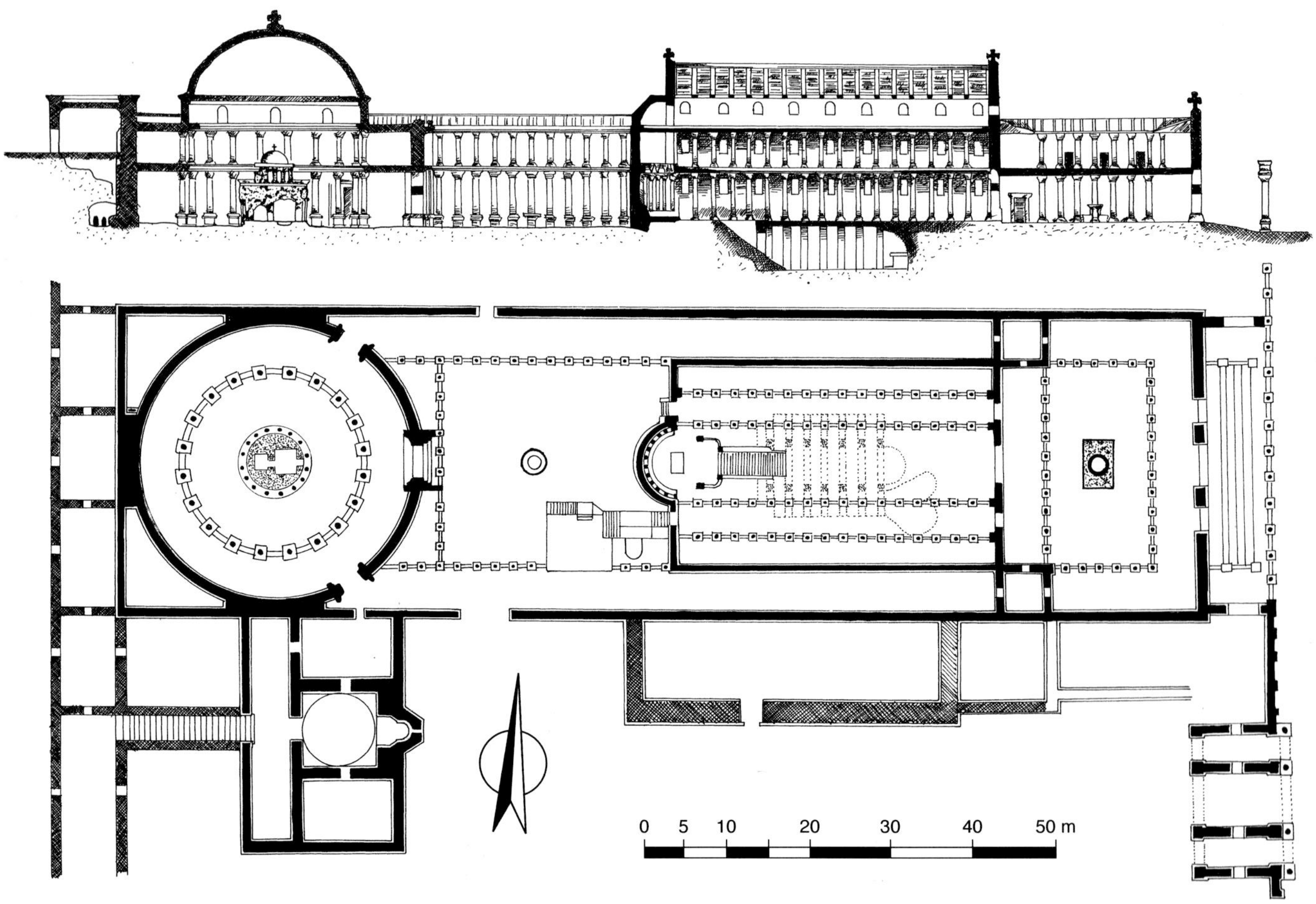

In der Darstellung von Szenen aus dem Leben Christi auf diesem spätantiken Sarkophag ist das Heilige Grab als ein rundes Gebäude abgebildet.

der wahrscheinlich von einer Einfriedung umgeben war.[7] Es gab dort auch eine kleine Kirche, die der heiligen Maria geweiht war, sowie eine weitere, die den Abendmahlskelch Christi bewahrte, während der Holztisch des letzten Abendmahls einen eigenen Platz hatte.[8] Aber abgesehen von den eindrucksvollen Reliquien der Passion Christi erreichte man vom Hof aus durch zwei Türen eine Art Abbild des *Martyrions*, jene berühmte Basilika an dem Punkt, an dem Helena, die Mutter Konstantins, die drei Holzkreuze aus dem Evangelium wieder gefunden hatte.

Dieser Beschreibung kann man leicht entnehmen, dass das Heiligtum bereits nicht mehr so aussah wie zur Zeit seines Begründers. Während der Katastrophe der persischen Eroberung im Jahre 614 wurde es schwer beschädigt und danach durch den Mönch Modestus, jedoch nicht mehr in der ursprünglichen Form, wieder hergestellt.

Die Architekten von Konstantin[9] hatten einen sehr viel ehrgeizigeren Komplex konzipiert, ein Gebäudesystem, das fast im Zentrum des Hadriansviertels Aelia Capitolina lag.[10] In erster Linie handelt es sich dabei um das bereits zitierte Martyrion, die große, fünfschiffige Basilika, die an einer der säulenbestandenen Hauptstraßen lag; hinter der Apsis des Martyrions (nach Westen ausgerichtet wie andere konstantinische Basiliken) befanden sich der so genannte *Triportikus* (ein Hof, der nur an drei Seiten mit Säulen ausgestattet war), und schließlich die Anastasis, ein beeindruckender runder Schrein, der die Nische mit dem leeren Grab des Erlösers bewahrte. Das heutige Aussehen der Grabkapelle ist sicherlich das Ergebnis bedeutender Veränderungen und Modifizierungen. Die ursprüngliche Gestalt wird vielleicht in dem kleinen Marmormodell von Narbonne[11] widergespiegelt, das nicht mit anderen Modellen der Anastasis verwechselt werden darf, wie jenes allseits

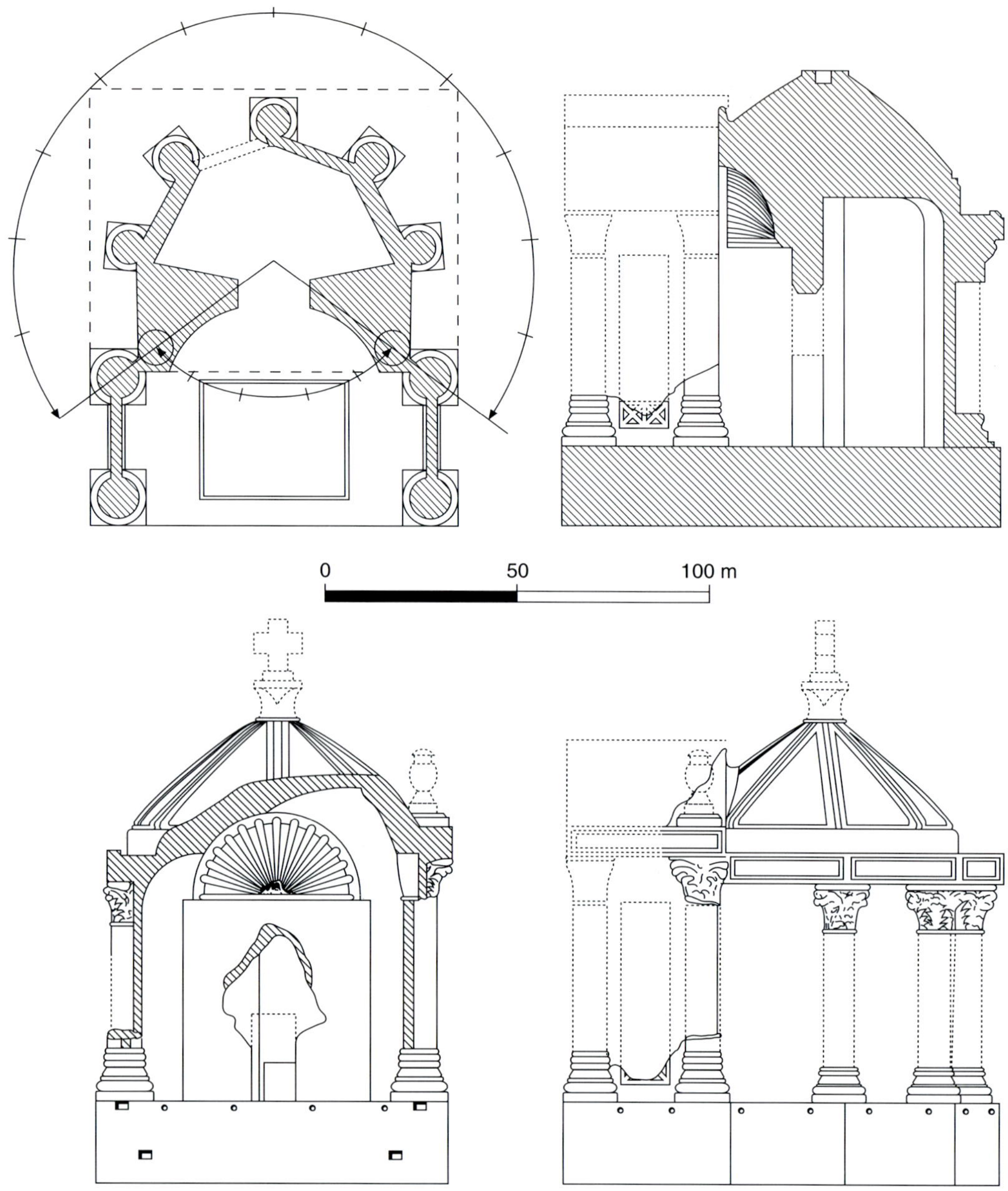

Architektonische Skizzen eines Marmormodells des Grabes Christi in der Anastasis. Musée d'Art et d'Histoire, Narbonne

Oben und gegenüber: *Flaschen aus dem Heiligen Land mit Darstellung des Heiligen Grabes; man beachte den Effekt der „russischen Puppe" des Christusgrabes in der Anastasis. Dommuseum, Monza*

bekannte von Aquileia.[12] Nahe den Kultbauten befand sich der Patriarchensitz, die bischöfliche Residenz von Jerusalem. In dem von Konstantin festgelegten Kanon der christlichen Heiligtümer war damit eine einzigartige Neuerung entstanden: Der Kaiser hatte die zentralen Orte der christlichen Botschaft wieder entstehen lassen und zugleich den Kern eines neuen, christlichen Jerusalems geschaffen.[13]

Ohne wirklich ein Grabbau zu sein, bildete die Anastasis in der christlichen Architektur die Vorlage für große, runde Mausoleen mit Umgang (wie später die Rotunde der heiligen Konstanze). Sie führte auch das Thema des Gebäudes im Gebäude ein, das mit der Zeit charakteristisch für christliche Heiligtümer werden sollte, wie jenes der heiligen Maria in Loreto, das das „heilige Haus von Nazareth"[14] bewahrt oder jene „Porziuncola" in der Basilika von Santa Maria degli Angeli in Assisi.[15]

Das System der „Russischen Puppe" der Anastasis wird – wenn auch nur schemenhaft – in den bekannten „Eulogien" von Monza und Bobbio erwähnt.[16] Bei neueren Grabungen in Jerusalem wurde ein Goldring gefunden, der glücklicherweise (wenn auch nur in Miniaturform) die architektonische Idee Konstantins

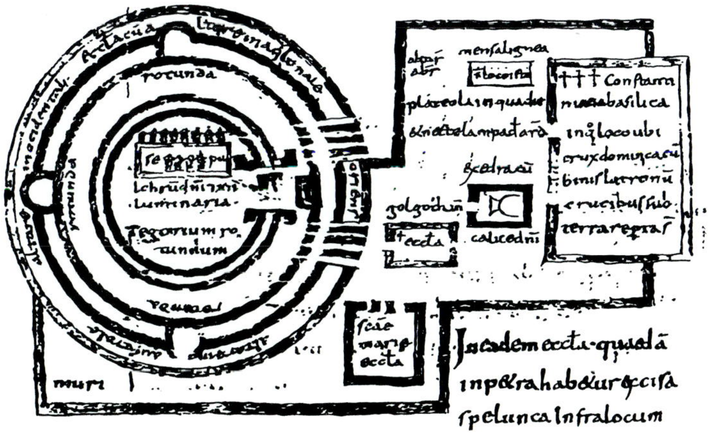

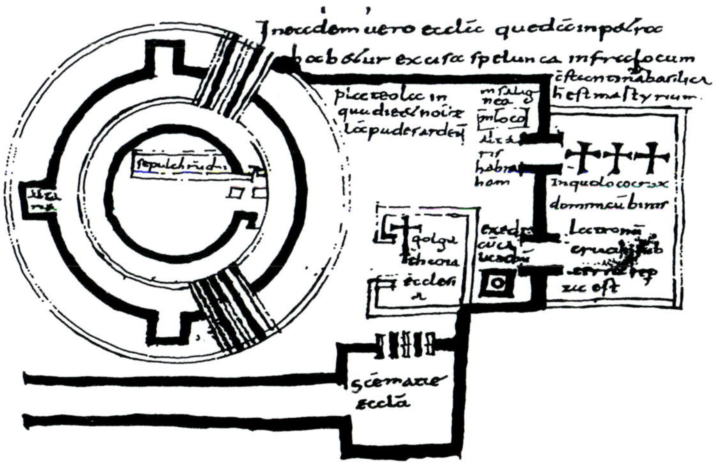

So wurden im 7. Jahrhundert die Örtlichkeiten des Heiligen Grabes in zwei Kodizes des Itinerarium von Adamnanus dargestellt, der im fernen Schottland den Reisebericht des Bischofs Arkulf niederschrieb. Arkulf hatte sein Kloster als Schiffbrüchiger erreicht.

Auf der folgenden Doppelseite:

Fußbodenmosaik der byzantinischen Kirche von Madaba in Jordanien mit der Darstellung des Heiligen Landes: Im Zentrum liegt Jerusalem mit seinen Stadtmauern und seiner monumentalen Verkehrsachse, die von Säulenportalen verschönt wird. Von dieser Straße aus erreichte man über eine Freitreppe das Martyrion im Heiligen Grab.

wiedergibt. Darüber hinaus liefern uns die geläufigsten zeitgenössischen Darstellungen des Heiligen Grabes das Bild eines runden Gebäudes.[17]

Eusebius von Caesarea[18] besteht auf der Feststellung, dass bis zur gelungenen Restaurierung durch Kaiser Konstantin die ältesten christlichen Heiligtümer nicht sichtbar waren, da sie durch den genau darüber erbauten Aphrodite-Tempel des Hadrian verborgen wurden.[19] Nicht einmal die Zeugnisse der westlichen Pilger (insbesondere Egeria,[20] auch der Anonymus von Piacenza[21] oder der Anonymus von Bordeaux) illustrieren so gut wie die Mosaik-Karte von Madaba die herausragende Lage des Heiligtums im Gesamtbild der römischen Stadt.[22]

In Verlauf dreier Jahrhunderte – denn so viel Zeit liegt zwischen der Gründung des Komplexes und der persischen Zerstörung – konnten Restaurierungsarbeiten und Verschönerungen nicht ausbleiben. Zwischen dem 4. und 6. Jahrhundert waren die baulichen Aktivitäten in Jerusalem, sehr gefördert durch die Wallfahrten,[23] äußerst lebhaft: Die Anzahl der christlichen Kirchen hatte sich vervielfacht, so dass fast jeder in den Evangelien genannte Ort durch einen Kultbau geehrt wurde.[24]

Die Eroberung der Stadt durch die Araber veränderte das städtische Gesamtbild ebenso wie die zuvor begünstigte Lage des Heiligen Grabes. Bereits wenig mehr als 50 Jahre nach der arabischen Übernahme erscheint das konstantinische Stadtgefüge nach den Beschreibungen des Arkulf grundlegend verändert: Der Zugang zum Heiligtum erfolgt nicht mehr von Osten, also durch den Säulgengang, sondern von Süden, demselben kleinen Platz wie heute, und das veränderte Martyrion ist nur noch von Westen zugänglich.

Der Höhepunkt islamischer Zerstörungen am Heiligtum kam 1009, als der fatimidische Kalif al-Hakim die Kirche abreißen und sogar das Felsengrab fast vollständig abbrechen ließ. Nur durch das Einschreiten Kaiser Konstantins IX. Monomachus wurde eine Rekonstruktion möglich, die um 1045 vollendet wurde.

Im Jahre 1099 sahen die Kreuzfahrer die Monumente also in einer zweiten (und gerade erst vollendeten) byzantinischen Neubildung. Jedoch beschränkte sich die Andacht der Kreuzzügler nicht nur auf jenen ganz besonderen Tag der Eroberung Jerusalems, als „jeder noch glaubte, den gekreuzigten Körper Jesu Christi vor sich zu sehen und den Eindruck hatte, vor der Himmelspforte zu stehen". Sie verliehen den heiligen Stätten neuen Glanz, indem sie das Grab zum Heiligtum des neuen fränkischen Staates im Orient erhoben.

1149 wurden die Restaurierungen fertig gestellt.[25] Die Stelle des ehemaligen antiken Triportikus erschien ihnen, so leer wie sie jetzt war, als unwürdig, und genau dort wurde ein neues, großes Kuppelgebäude erbaut, das den Kirchenbereich erweiterte. Der Denkmalcharakter des Areals erreichte so seine Vollendung, wurde doch nun auch der so genannte „Chorus Dominorum" gebaut, eine Art riesiges Presbyterium mit Apsis und Umgang, das sich an die antike Anastasis anlehnte und die-

ΡΕΜΜΩΝ
ΓΟΦΝΑ
ΚΛΗΡ
ΒΕΝΙΑΜΙΝ
ΡΑΜΑ
ΤΩΝΟΡΙΩΝ
ΤΕΤΑΡΤΟΝ
ΑΓΡΑCΤΙΙC

ΒΗΘΛΕΕΜ
ΕΦΡΑΘΑ
ΡΑΜΑ ΦΩΝΗ
ΕΝ ΡΑΜΑ
ΗΚΟΥΣΘΗ
ΣΩΧΩ
ΑΚΕΛ
ΔΑΜΑ
ΝΙΚΟΠΟΛΙΣ
ΒΑΤΑ

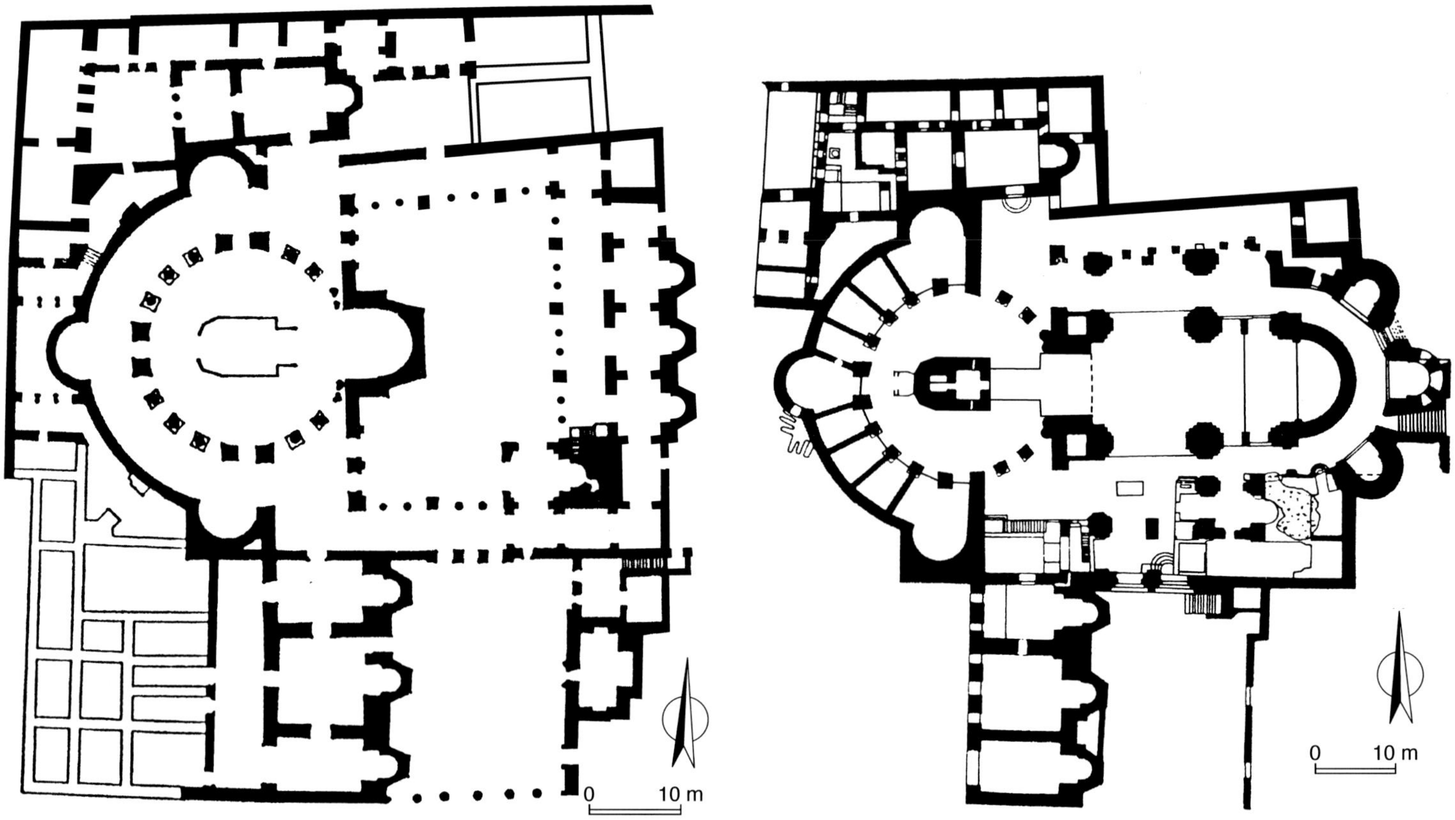

se vergrößerte. Über dem Stadtbild erhob sich die neue Kuppel des *Katholikon* neben jener der Anastasis. Im Boden an der Ostseite wurde die dreischiffige Krypta der heiligen Helena freigelegt. Der Eingang erfuhr durch ein neues Doppelportal, das sich noch heute auf den kleinen Platz öffnet und den Besucher empfängt, die gebührende Aufwertung.

Zwei Grundrisse des Grabkomplexes aus den beiden mittelalterlichen Bauphasen vor und nach 1099. Der erste zeigt die von Kaiser Konstantin Monomachus im 11. Jahrhundert restaurierte Kirche, der zweite dieselbe Kirche, wie sie von den Kreuzfahrern im 12. Jahrhundert verändert wurde, die sich an romanischen Vorbildern orientiert hatten. Von Couasnon und Corbo

Der von den Kreuzrittern gezündete Funke griff über auf das ganze Abendland und war ein Grundstein für eine neue, intensive Betrachtung des Heiligen Grabes als architektonisches Vorbild.[26] Die damit geweckten Emotionen sind auch an den Nachahmungen des Heiligen Grabes erkennbar, selbst wenn sie von seiner Architektur unabhängig bleiben: Man denke etwa an das Heilige Grab in Mailand. Richard Krautheimer hat sich in das Thema „Nachahmung“ des Jerusalemer Gebäudekomplexes eingearbeitet und auf die Vielschichtigkeit und Verschiedenheit der Nachfolgemodelle hingewiesen.[27]

Im Jahr 1170 wurde der Glockenturm fertiggestellt. Kaum siebzehn Jahre später verloren die Christen Jerusalem wieder und damit auch das kostbarste Schmuckstück ihres Glaubens. Alle folgenden Kreuzzüge waren damit ihres ureigensten Zieles beraubt. Es musste erst der Zerfall des osmanischen Reiches abgewartet werden, um gut acht Jahrhunderte später die erneute Aneignung Jerusalems durch den Westen zu erleben, doch schon die Nachkriegszeit hat wiederum ein verändertes Szenario für die tausende Jahre alte Vielvölkerstadt entworfen.

Karte des heutigen Jerusalem mit den wichtigsten historischen Bauwerken

RockefellerMuseum
Stefanskirche
Herodestor
Damaskustor
Verurteilungskapelle
St.-Anna-Kirche
Löwentor (Stefanstor)
Via Dolorosa
Ecce Homo Basilika
Burg Antonia
Salvatorkloster
Neues Tor
Goldenes Tor
Felsendom
Grabeskirche
Kirche der Nationen
Lateinisches Patriarchat
Griechisch-orthodoxes Patriarchat
Tempelbezirk
M. Moria
ALTSTADT
Klagemauer
al-Aqsa-Moschee
Ringmauer des Tempels
Jaffator
Davidsturm an der Zitadelle
Hurva-Synagoge
Misttor
Armenisch-orthodoxes Patriarchat
KIDRONTAL
Ofel
Zionstor
Dormitiokirche
Siloahteich
Abendmahlssaal
Berg Zion
St. Peter in Gallicantu
HINNOMTAL

Das Innere der Rotunde des Heiligen Grabes, unten das heutige Grabmal Christi

Die Luftaufnahme des Heiligen Grabes ermöglicht ein Gewahrwerden der Komplexität des Bauwerks: Die Kuppel der Rotunde links überragt alles, die kleinere Kuppel rechts daneben gehört zum sogenannten Katholikon, und ganz rechts sieht man die Apsis.

Die „Kopien“ der Grabeskirche im romanischen Abendland

Überlegungen zu einer problematischen Beziehung

Paolo Piva

Außenansicht von Santo Sepulcro oder Vera Cruz vor den Toren Segovias. Die Konstruktion der Kirche, an deren Errichtung die Chorherren vom Heiligen Grab und die Templer mitgewirkt haben müssen, verweist auf das Vorhandensein mehr als nur eines Vorbilds.

Seit der wegweisenden Arbeit von Krautheimer über die „Ikonografie der mittelalterlichen Architektur“,[1] in welcher er die Probleme des formal-semantischen Austauschs zwischen Mausoleen, Taufkapellen und Kopien der Grabeskirche dargelegt, ist das Thema „Kopien“ der Rotunde der Auferstehungskirche in Jerusalem – im Vergleich zu anderen typologischen Verkettungen wie jener mit der Aachener Pfalzkapelle – nicht wieder in wünschenswerter Tiefe untersucht worden. Man könnte sogar behaupten, dass Krautheimers Vorstellung der mittelalterlichen Kopie als einer Beziehung der Annäherung viele dazu verleitet hat (selten mit der Neigung zu philologischer Exaktheit), Kopien auf der Grundlage äußerst fragwürdiger Zusammenhänge zu entdecken: etwa die bloße Widmung eines Bauwerks, allein das Vorhandensein eines kreisförmigen Grundrisses oder das Zeugnis einer nicht einmal zeitgenössischen mittelalterlichen Quelle.[2] Die ersten Irrtümer gehen, wie wir sehen werden, auf Krautheimer selbst zurück. Aber die Möglichkeiten einer formalen Annäherung gingen auch im Mittelalter nicht über genau festgelegte Grenzen hinaus. Das Problem liegt im Grad der Kenntnis, die man von dem Vorbild besaß, und in der mehr oder weniger willentlichen „Kontamination“ mit anderen Vorbildern. Letzten Endes ist es eine philologische Frage. Es gilt den Schleier einer zweifachen „Unwissenheit“ zu lüften: den etwaigen der Bauherren und Baumeister und den unserer unvollkommenen archäologischen Kenntnis über Vorbilder und ihre mutmaßlichen Ableitungen.

Die These über die Nachahmungen der Grabeskirche, die Geneviève Bresc-Bautier in der École des Chartes vorgelegt hat und die nach meinem Kenntnisstand nicht veröffentlicht wurde, mündete schließlich 1974 in einen Beitrag mit interessanten Ergebnissen, jedoch in allzu knapper Form.[3] Andere Veröffentlichungen gingen ebenfalls nicht über eine Verbreitung der bereits bekannten Ergebnisse hinaus.[4] Von größtem Interesse, auch weit jenseits des hier behandelten Themas, ist die Auflistung der mittelalterlichen Bauwerke mit kreisförmigem Grundriss von Matthias Untermann,[5] der uns die Vielfalt und Überlagerung der Funktionen und Bedeutungen vor Augen führt. Das Verzeichnis ist ebenfalls eine Quelle der Anregungen zum Thema der Heiliggrabkirchen.

Entschieden besser ist die historiographische Situation bezüglich der Kopien (12. und Anfang 13. Jahrhundert), die mit den Ritterorden und den Hospitalitern im Heiligen Land zusammenhängen (Chorherren vom Heiligen Grab, Templer, Johanniter) und die im Zentrum einer weit entwickelten Forschung stehen. Zu diesem

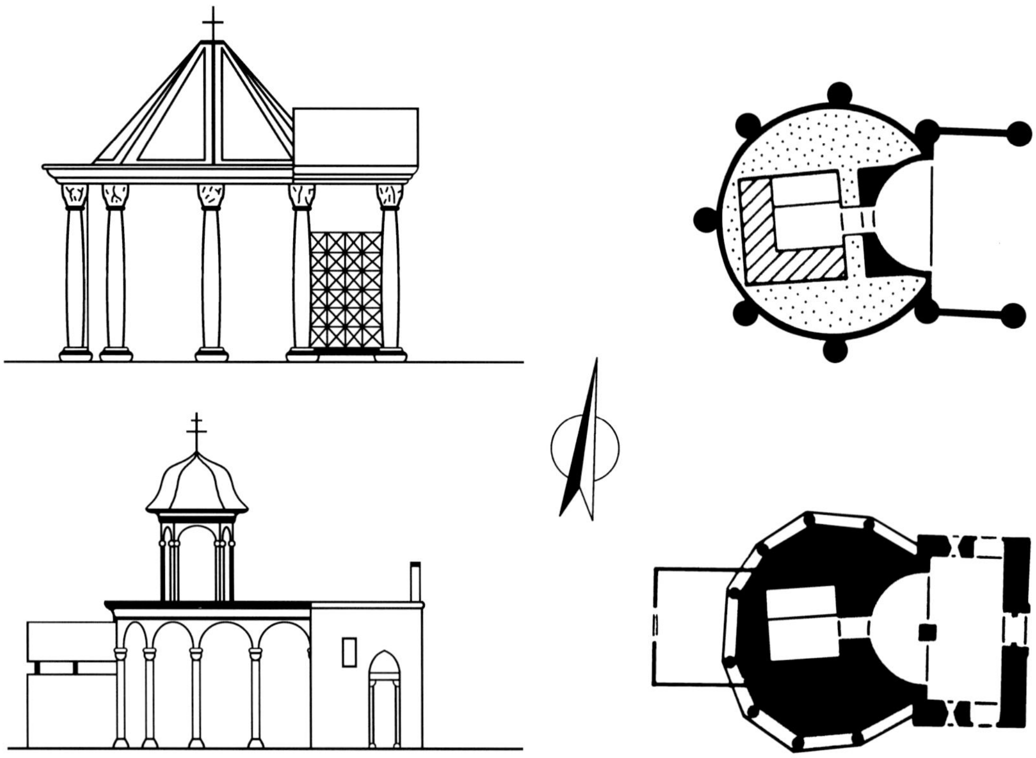

Rekonstruktion der Grabkapelle über dem Grab Christi in der Auferstehungskirche in Jerusalem, von Martin Biddle. Oben: Querschnitt und Grundriss der ursprünglichen Kapelle aus dem Zeitalter Konstantins (4. Jahrhundert); unten der „byzantinische" Neubau um 1012–1040. Erst seit dieser letzten Phase war die Grabkapelle für die Pilger zugänglich, die das Gebäude durch eine der beiden Seitentüren des Vorraumes betraten und durch die gegenüberliegende wieder verließen. Im Vorraum stand der Altar, hier hielten sich auch die Wachen auf; über dem Eingang zur Grabkammer befand sich ein Mosaik mit der Depositio und den heiligen Frauen am Grab. Die acht Säulen außen an der Grabkapelle sind vielleicht in zahlreichen architektonischen Kopien zitiert worden. Das Gleiche kann in anderen Fällen von den sechs Säulen des die Grabkapelle krönenden Tegurium gesagt werden.

Thema verfügen wir über neueste philologische Analysen von höchster Qualität,[6] weshalb dieser, keineswegs zweitrangige, Aspekt des Themas hier nicht weiter vertieft werden soll. Ebenfalls möchte ich die Kopien der frühchristlichen sowie der spätmittelalterlichen Zeit ausgeklammert wissen (sie sind an anderer Stelle zu behandeln), um mich hier anhand von Beispielen, nicht systematisch, der Schlüsselphase etwa von 1040 bis 1170 zuzuwenden. Die zeitlichen Eckdaten sind nicht zufällig gewählt. Sie entsprechen einerseits der Wiedererrichtung der Auferstehungskirche nach der Zerstörung durch den Kalifen al-Hakim im Jahre 1009, die durch die endgültige Entfernung des Martyrion isoliert stand, und andererseits dem neuerlichen Autonomieverlust der Rotunde zu dem Zeitpunkt, als die Kreuzritter sie in eine doppelköpfige Struktur einbanden, indem sie den Chorus dominorum anfügten.[7]

Ein polyedrisches Vorbild

Die Verifizierung und Zuordnung von Kopien schließt eine möglichst detailgetreue Rekonstruktion des Vorbilds oder Prototyps mit ein. Leider können wir nicht behaupten, dass wir die Auferstehungskirche genau kennen, doch über den Nachbau aus der ersten Hälfte des 11. Jahrhunderts wissen wir wesentlich mehr. Das Heiligtum des Grabes Christi bestand aus mehreren ineinander verschachtelten Gebäuden: Im Inneren einer großen halbrunden Umfassung, von der drei Apsiskapellen nach Norden, Süden und Westen zeigten (nur diese letzte war an der Rückseite verstärkt) und die von Osten kommend durch ein Seitenschiff betreten werden konnte, befand sich ein kompletter Ring von Stützpfeilern, welche die von einem *Opaion* durchbrochene Decke des Zentralbaus trugen. Nicht genau im Zentrum des Rings, sondern etwas nach Westen verschoben befand sich die Grabkapelle mit dem Felsengrab, das seinerseits den Begräbnisschrein umschloss und vor dem sich ein kleines Atrium mit Altar befand. Die bedeutsamste Abweichung (von den chronologischen

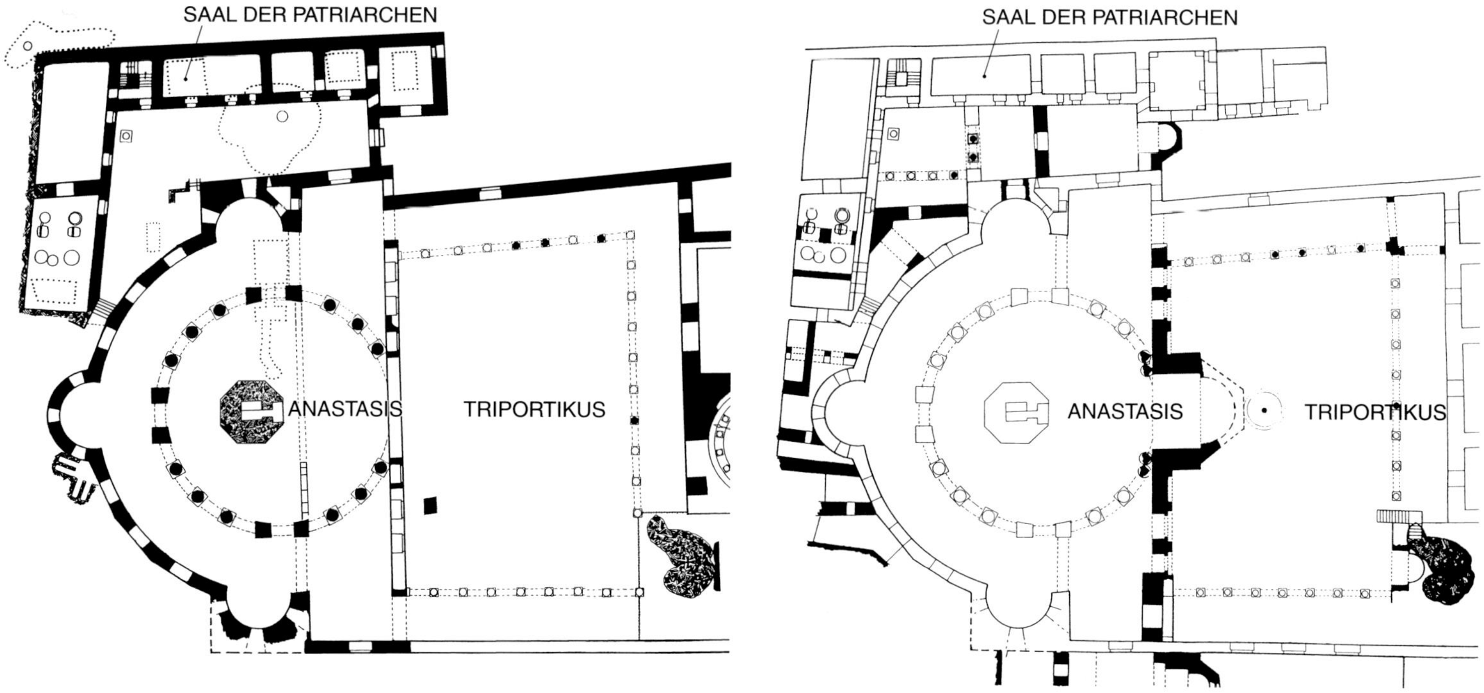

Grundriss der Auferstehungs- oder Grabeskirche in Jerusalem im 4. bis 11. Jahrhundert. Das Gebäude war nur in seinem Inneren kreisförmig (der Ring der Stützpfeiler) und war nach außen hin Teil einer großen Halbkonche mit drei verschieden ausgerichteten Apsiskapellen. Über dem Umgang lief eine Galerie. Mit dem Anbau einer vierten, tieferen Apsis im 11. Jahrhundert änderte sich die Ausrichtung der Kirche. Als sie nach der Zerstörung des konstantinischen Martyrion isoliert zurück geblieben war, wurde sie Gegenstand zahlloser Imitationen für die Dauer eines Jahrhunderts, etwa von 1050 bis 1150. In der zweiten Hälfte des 12. Jahrhunderts bauten die Kreuzfahrer die Kirche zu einem Gebäude mit doppeltem Schwerpunkt um, und die Kopien nahmen ein Ende. Nach Corbo

abgesehen) zwischen den beiden anerkanntesten Rekonstruktionsversuchen der Jerusalemer Rotunde, denen von Couasnon und von Corbo,[8] besteht in einer Empore über dem Umgang, die durch Mauerdurchbrüche zum Zentralbau hin geöffnet war. Nach Couasnon wurde sie erst nach der Wiedererrichtung von 1009 hinzugefügt, während sie nach Corbo bereits seit Ende des 4. Jahrhunderts bestand.[9] Das Ergebnis ist jedenfalls seit dem 16. Jahrhundert an einer Reihe von Gesamtansichten und Darstellungen abzulesen. Kein Zweifel besteht hinsichtlich der Anfügung einer vierten und größeren Apsis nach Osten hin, womit ein vierblättriger Grundriss entsteht, welcher den Ring der Stützpfeiler umschließt, beziehungsweise eine Rotunde mit Apsis nach Osten hin innerhalb eines dreiblättrigen Grundrisses.[10] Im 11. Jahrhundert wurde auch die zerstörte Grabkapelle über dem Grab wieder aufgebaut, deren diachrone Philologie eine ganze Reihe gewichtiger Probleme enthält.[11] Vielleicht war sie von dieser Zeit ab mit einer Decke in Form einer kleinen Kuppel versehen, die von sechs Säulen in einer polygonalen Struktur getragen wurde, umgeben von acht Säulen, vor denen sich das Atrium mit dem Altar befand.[12]

Die zahlreichen Möglichkeiten, das Bauwerk zu interpretieren, werden hier nur kurz aufgeführt. Es scheint geradezu in der Absicht der Erbauer zu liegen, eine schlüssige und einheitliche Bestimmung und Deutung zu erschweren. Von außen, aus östlicher Richtung gesehen, schien es eine gerade Fassade aufzuweisen (seit dem 11. Jahrhundert mit einer polygonalen vierten Apsis); von Westen her erschien es wie eine große Muschel mit einer rückwärtig verstärkten Apsiskapelle und zwei Seitenapsiden, die in rechteckige Mauerblöcke eingelassen waren. Im Inneren erschloss sich vom Umgang her ein dreigliedriger Grundriss, doch von der Mitte her gesehen dominierte die runde Form, mit einer weiteren Apsis im Osten seit dem 11. Jahrhundert. Für eine etwaige Kopie bestand die Schwierigkeit also zunächst darin, eine Auswahl zu treffen, zumal die Kenntnis des Bauwerks selten auf eigenem Augenschein oder auf verlässlichen Quellen beruhte. Zudem musste aus dem System der ineinander verschachtelten Bauteile die Anzahl der am ehesten unverwechselbaren Elemente ausgewählt werden: eine, drei oder vier Apsiden? Zwölf Säulen, sechs oder acht Stützpfeiler (die paarweise und in Kreuzform angeordnet waren), oder die achtzehn oder zwanzig Säulen des inneren Rings? Oder aber von der Ebene der Empore ausgehend, zehn kleine Pfeiler, sechs oder acht Säulen oder sechzehn beziehungsweise achtzehn Elemente?[13] Das Zahlenproblem war bedeutend

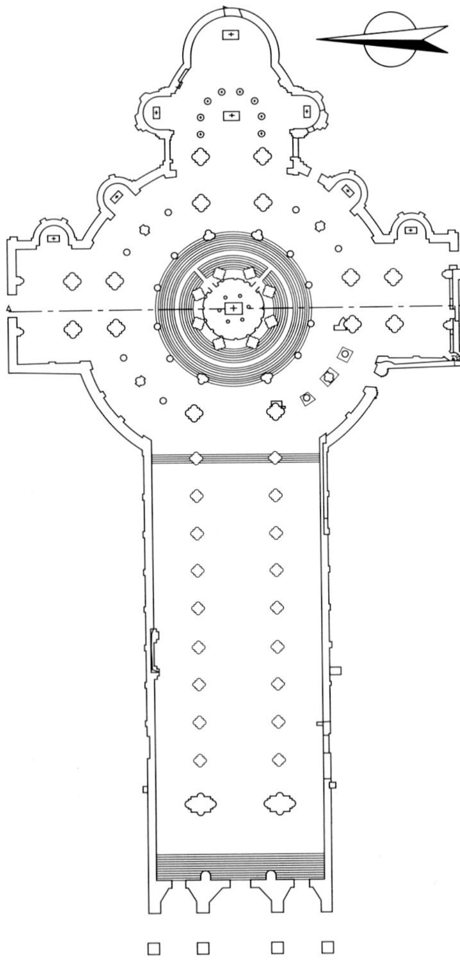

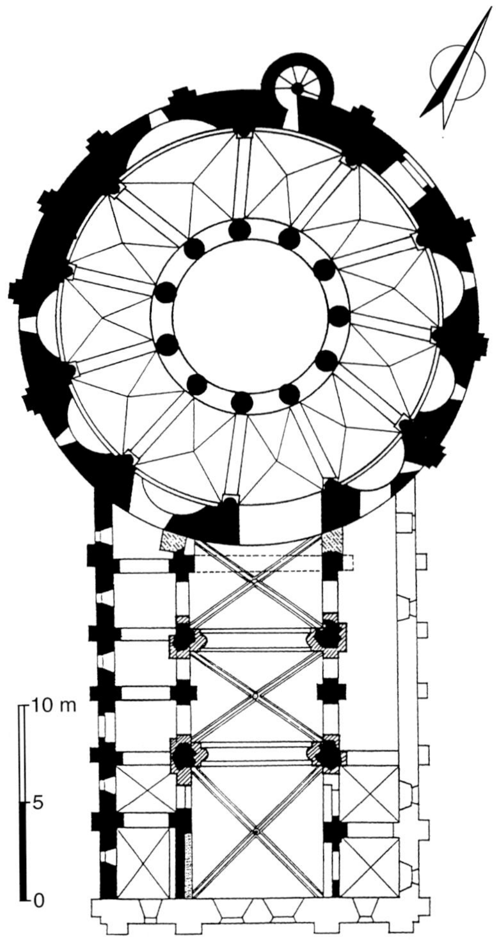

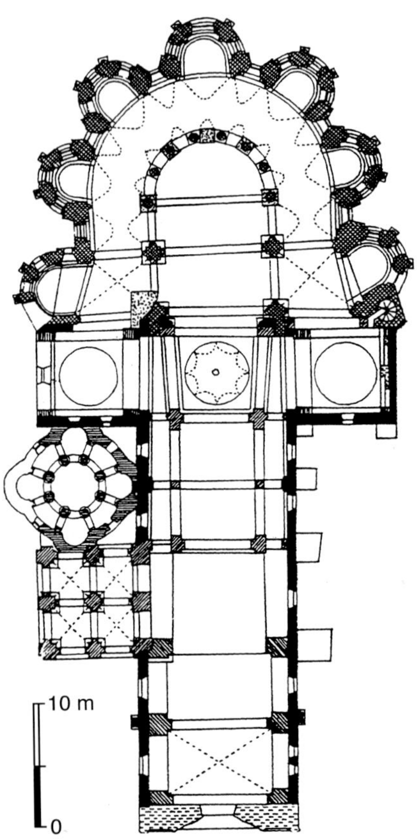

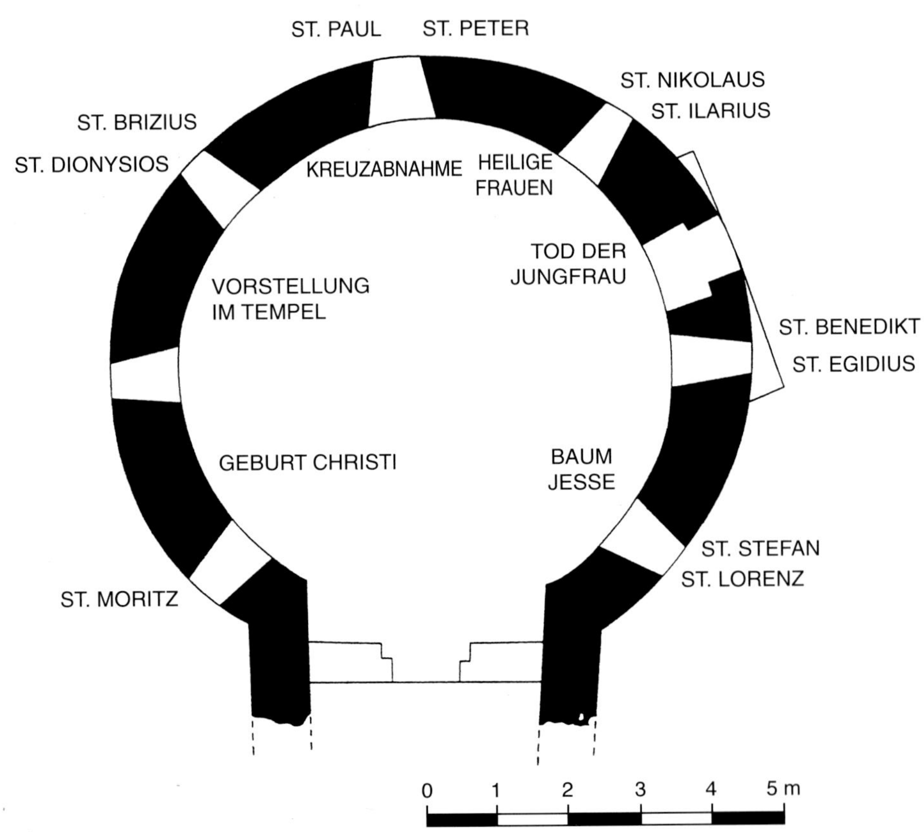

Grundrisse von vier romanischen Bauwerken in Frankreich, die mit dem Heiligen Grab in Verbindung gebracht werden können: die Klosterkirche von Saint-Sauveur in Charroux, die Kirche von Neuvy-Saint-Sépulcre, 11. und 12. Jahrhundert, der Rundbau des Sepulchrum neben Saint-Léonard-de-Noblat und schließlich der Grundriss der Kapelle von Saint-Jean in Le Liget mit Nennung der Motive der Wandgemälde. Nach Schwering-Illert, Michel-Dansac und Favière, J. Maury, Touraine Romane

Außenansicht der westlichen Turris der Heiligen Dreifaltigkeit in Essen, 11. Jahrhundert. Die innere Empore, die polygonal aufgeteilt ist, wurde noch im 14. Jahrhundert für die österlichen Riten der Depositio in sepulchrum und der Visitatio genutzt. Sie wurde nach dem Vorbild der Aachener Pfalzkapelle errichtet. Es handelt sich also um ein Beispiel für eine „misslungene Kopie" des Heiligen Grabes.

vielschichtiger, als Krautheimer es in seinem Aufsatz von 1942 dargestellt hat: Wenn die wirkliche „Rotunde" nicht die äußere Muschelform gewesen ist, sondern der Zentralbau mit mehr als zwanzig Metern im Durchmesser, der die Grabkapelle mit dem Felsengrab umschloss, so ist es möglich und wahrscheinlich, dass bei dem Versuch, eine Kopie in verkleinertem Maßstab, aber mit Umgang zu erstellen, der innere Kern der Auferstehungskirche als äußere Umfassung wahrgenommen wurde und dass für den inneren Ring die geringere, aber größere Anzahl der Stützpfeiler unmittelbar an der Grabkapelle übernommen wurde (möglicherweise acht seit dem 11. Jahrhundert).[14] Es darf nicht vergessen werden, dass der Blickwinkel stark von der Zugänglichkeit von Rotunde und Grab abhängig gewesen sein muss. Im 4. Jahrhundert durfte sie nur der Bischof betreten, die Gläubigen blieben in dem davor liegenden Seitenschiff. Im 11. Jahrhundert hingegen konnten die Pilger sogar das Grab selbst betreten, nur im Atrium standen die Wachposten.[15] Ist es allein dem Zufall zu verdanken, dass die vor dem 11. Jahrhundert entstandenen Kopien dazu neigen, die Kreisform mit der Form des Kreuzes zu verbinden,was vor allem von außen sichtbar wird, und dass jene aus dem 11. und 12. Jahrhundert sich dagegen durch die Rotunde und das Vorhandensein von Emporen oberhalb des Umgangs auszeichnen?[16]

Das Gebäude der Auferstehungskirche entzieht sich auch hinsichtlich seiner Funktionen einer einfachen Deutung. Bis zum 11. Jahrhundert war sie *Teil* einer Kathedrale und eines Sanktuariums von vielgliedrigem und komplexem Chrarakter. Sie war *Denkmal* und zugleich ein Ort des Gottesdienstes, Kirche des *Domus episcopalis* und die zweite Kirche innerhalb des Kathedralverbunds (für den Gottesdienst an Arbeitstagen); durch die Nachbarschaft zum Taufbecken war sie Taufkapelle, hierher wurden die Neugetauften geführt und hier wurden sie in der Osterwoche „erleuchtet".[17]

Erst nach der endgültigen Zerstörung der Hauptkirche, des fünfschiffigen so genannten Martyrion, wurde die Auferstehungskirche mit der Wiedererrichtung im 11. Jahrhundert zum wichtigsten Heiligtum der Christenheit, und es ist kein Zufall, dass die zahlenmäßig bedeutsame Verbreitung der Kopien nach dem Jahr 1000 einsetzt.

Grundrisse französischer Kapellen, die dem Heiligen Grab gewidmet sind, in unterschiedlichem Maßstab. Von oben nach unten: die Friedhofskapelle von Cluny, nach einer um 1700 entstandenen Zeichnung; die Militärkapelle des Sepulchro von Montmoreau in Daras und die Heiliggrabkirche La-Baume-de-Transit in Roquette

Die funktionale Vielseitigkeit der architektonischen Kopien

Wir können also nach unserem jetzigen Kenntnisstand festhalten, dass die Bestimmung einer mittelalterlichen Kopie der Grabeskirche nicht so sehr von den Zahlen (von denen einige in der Heiligen Schrift von alters her einen hohen Symbolwert besitzen) oder den Funktionen abhängt als vielmehr von der Summe einiger Indizien, die von bedeutsamen formalen Elementen bis zur Namensgebung und Widmung der Kirche reichen. Letztere reicht für sich genommen noch nicht aus, denn es gibt Heiliggrabkirchen, deren Name lediglich auf das Vorhandensein einer Kopie der Grabkapelle in ihrem Innern verweist und nicht auf die architektonische Form. So besitzt zum Beispiel die Kirche Santo Sepolcro de San Lanfranco in Pavia den für die vallombrosanischen Kirchen typischen kreuzförmigen Grundriss.[18] Nicht einmal ein direktes schriftliches Zeugnis, umso weniger, wenn es nicht aus derselben Zeit stammt wie die Kopie, kann für sich genommen ein ausreichendes Unterscheidungsmerkmal darstellen. Wir kennen zu viele Beispiele einer Deutung *a posteriori* in beschreibender Absicht, die trotz großer formaler Widersprüche als ursprüngliche Motivation verstanden worden waren. Es genügt, an die fälschliche Aufnahme der Theodulf-Kapelle in Germigny-des-Prés in die Reihe der Kopien der Aachener Pfalzkapelle zu denken.[19] Die Bestimmung einer Kopie ist ein philologisches Problem, das auch zur Aufspaltung eines formalen Ergebnisses führen kann bis zu dem Punkt, an dem man in ihm eine Vielzahl vermischter Vorbilder erkennt, in reiner oder verfälschter Form. Es bleibt der Zweifel bestehen, dass es sich häufig nicht um eine direkte Beziehung zwischen Vorbild und Ableitung handelt, sondern nur um eine

Die Rotunde von San Giusto mit vier Apsiden ist mit verschiedenen Vorbildern in Zusammenhang gebracht worden, nicht jedoch mit dem Heiligen Grab, obgleich sie offensichtlich eine Kopie davon ist. Die vier Apsiden beziehen sich auf die Auferstehungskirche nach dem byzantinischen Neubau von 1012–1040. San Maroto (Marken), 12. Jahrhundert

Folge unzähliger Varianten, aus denen die Tradition dann eine angeblich passende herausgreift. Es ist auch möglich, dass uns lediglich unsere philologische Unsicherheit und unsere Wissenslücken davon abhalten, das wirkliche Vorbild zu erkennen und uns zu unwahrscheinlichen Hypothesen formaler Annäherung oder der Vermischung von Vorbildern führen. Hinsichtlich der Grabeskirche müsste der Untersuchende in jedem Fall die Frage beantworten können: Gab es bei Bauherr und Baumeister das Bewusstsein eines direkten oder mittelbaren Bezugs, einer vollständigen oder teilweisen Anlehnung an das Vorbild? Die Antwort wird durch eine weitere Problemstellung erschwert, die noch nicht genügend hervorgehoben worden ist: die mögliche Verwechslung mit mindestens vier weiteren Sakralbauten in Jerusalem, die im Abendland mehr oder weniger bekannt waren und die ihrerseits freie Kopien der Auferstehungskirche darstellen oder vielmehr sich in einigen Elementen davon ableiten. Diese sind das Sanktuarium der Himmelfahrt oder *Inbomon* (376), das Martyrion Johannes des Täufers (vor 451), die rätselhafte „Rotunde“ des Grabes der Jungfrau im Josafat-Tal (aus dem 5. Jahrhundert oder aus der Regierungszeit von Kaiser Maurikios (582–602) und auch die Kuppel des Felsendomes aus der Zeit des Kalifen Abd al-Malik (678–691), der in Konkurrenz zur Grabeskirche errichtet und später durch Kreuzritter und Templer als *Templum domini*[20] zu einer Kirche umgeweiht wurde. Die Himmelfahrtskirche, die bei den Ausgrabungen unter Virgilio Corbo entdeckt wurde, war eine Rotunde, die ebenso wie die Grabeskirche eine zentrale Grabkapelle aufwies (mit den Fußabdrücken des Heilands).[21] Das Martyrion des Täufers hatte einen dreiblättrigen Grundriss und wurde später zur Kirche der Hospitaliter vom heiligen Johannes; sie besaß drei Apsiden wie die Auferstehungskirche, aber eine sehr verschiedene Struktur.[22] Ob die verschwundene „Rotunde“ des Grabes der Jungfrau wirklich kreisförmig gewesen ist, ist nicht einmal sicher. In den Quellen wird sie jedoch als rund und wie die Auferstehungskirche als mit einem Opaion versehen dargestellt.[23] Die Kuppel des Felsendoms schließlich ist ein Oktokon mit doppeltem inneren Umgang, aber ohne Empore; der äußere Säulenring ist ebenfalls achteckig, der innere kreisförmig. Bei beiden stehen wie in der Auferstehungskirche abwechselnd Säulen und Stützpfeiler.[24] Die Gefahr von Ver-

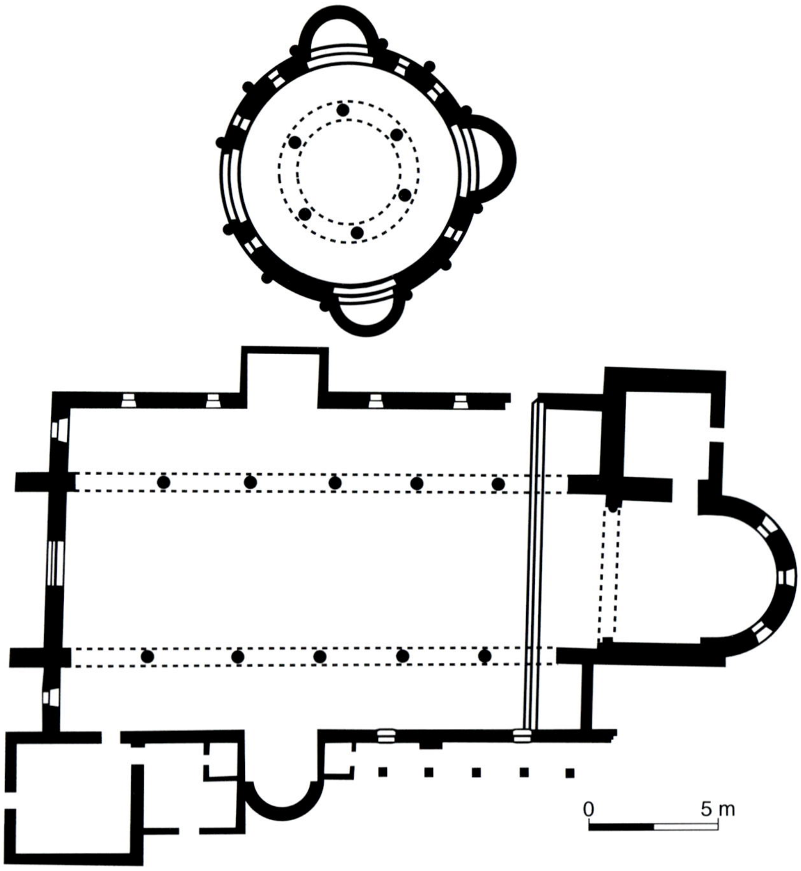

wechslungen ist umso größer, als es bereits in der Antike Überlagerungen und Irrtümer gab, die sich folglich auch unter den heutigen Gelehrten fortsetzen. Viele Autoren haben die Meinung vertreten, die Kopien von Auferstehungskirche und Grabkapelle seien ein Ersatz für jene gewesen, die nicht nach Jerusalem pilgern konnten, aber diese Motivation findet sich vor allem nach dem ersten Kreuzzug, im 12. Jahrhundert. Die in ihren Funktionen wie auch in ihrem perspektivischen Erscheinungsbild vieldeutige Auferstehungskirche ließ Kopien zu jedem Zweck und jeder Funktion zu, häufig waren es vielseitige Ableitungen. Unter ihnen gab es Mausoleen und Reliquienschreine, Memoria und Martyria, Friedhofskapellen und Beinhäuser, Sanktuarien und Taufkapellen, klösterliche und bischöfliche Kapellen sowie private Bethäuser, Kapellen von Hospitälern und von Ritterorden.

Grundriss der Klosterkirche von San Giovanni Battista in Vigolo Marchese (Piacenza) und der benachbarten Rotunde mit Umgang, 11. Jahrhundert. Die drei verschieden ausgerichteten Apsiden des Rundbaus folgen dem Vorbild des Heiligen Grabes vor dem byzantinischen Neubau.

Außenansicht der Rotunde mit zwölf Halbsäulen, die möglicherweise die Säulen im Inneren der Auferstehungskirche zitieren.

Falsche oder misslungene Kopien

Offensichtlich waren nicht alle kreisförmigen, vieleckigen, drei- oder vierblättrigen Kirchen Kopien der Grabeskirche. Manchmal beinhalten sie eine vage und möglicherweise unbewusste Anspielung. Ohne einen strengen und exakten Sprachgebrauch ergeben sich leicht Verwirrungen, besonders mit anderen Sequenzen und Abstammungsreihen, wie der von Sancta Maria rotunda[25] ausgehenden oder den Ableitungen der Aachener Pfalzkapelle,[26] aber vielleicht auch mit Kapellen, die dem Heiligen Kreuz oder der Heiligen Dreieinigkeit gewidmet sind (auch diese konnten drei Apsiden auf rechtwinkligen Achsen aufweisen, auf drei- oder vierblättrigem Grundriss). Hierzu einige Beispiele:

Die bretonische Rotunde von Lanleff wird traditionell zu den Kopien der Grabeskirche gezählt, allein aufgrund der drei verschieden ausgerichteten Apsiska-

Innenansicht der Rotunde von Vigolo Marchese. Der Umgang ist nicht wie in der Auferstehungskirche von einer Empore gekrönt, doch die sechs zylindrischen Pfeiler könnten sich auf die dortigen drei Pfeilerpaare beziehen oder auf das Tegurium der Grabkapelle in Jerusalem. Das Gebäude war möglicherweise für die Aufbewahrung der Reliquien des heiligen Hippolyt vorgesehen oder, was wahrscheinlicher ist, als Standort des österlichen Sepulchrum als Schauplatz der Depositio und vielleicht der Visitatio der heiligen Frauen.

pellen, von denen nur eine erhalten ist. Untermann hat sie kürzlich nicht dazugezählt,[28] meiner Ansicht nach mit gutem Grund, da Lanleff zu der Abstammungsreihe von Sancta Maria rotunda gehört.

Tatsächlich wird die Widmung an die heilige Maria bereits im 11. Jahrhundert erwähnt, als die Rotunde den Benediktinern von Lhéon zugewiesen wurde.[29] Die zwölf Pfeiler des Zentralbaus beziehen sich möglicherweise nicht auf die zwölf Säulen der Auferstehungskirche, sondern auf die Apostel, die seit der karolingischen Sancta Maria von Centula (mit zwölf Nischen für die Altäre der Apostel) traditionell mit den Maria geweihten Rotunden in Verbindung gebracht werden.[30] Lanleff hatte keine Empore über dem Umgang, wie sie für die Auferstehungskirche typisch ist, und die drei Apsiskapellen (aus der ersten Bauphase?) lagen nicht auf rechtwinkligen Achsen.[31] Auch die Rotunde von Santa Maria in Brescia (die Nebenkirche der Kathedrale), die manchmal mit der Grabeskirche in Verbindung gebracht wird,[32] ist sicherlich eine Kreuzung des Typus der Sancta Maria rotunda und der Pfalzkapelle in Aachen.[33]

Manchmal erweist sich auch die Widmung als irreführend. Wenn auch die Heiliggrabkirchen von Pavia (ein vallombrosianisches Kreuz) und von Barletta nichts mit der Jerusalemer Rotunde zu tun haben, außer dem ursprünglichen Vorhandensein eines Sepulchrum in ihrem Inneren, so bildet die Heiliggrabkirche von Mailand immerhin die drei Apsiden nach,[34] allerdings im Kontext einer zweistöckigen Wallfahrtsbasilika in der Tradition von Saint-Bénigne in Dijon und San Fermo Maggiore in Verona und in Vorwegnahme der Typologie der Hospitaliter des Heiligen Johannes.

Zeichnung der abgegangenen Rotunde der Heiliggrabkirche in Mantua aus dem 17. Jahrhundert; rechts Außenansicht der Rotunde von San Lorenzo, deren Tambour restauriert wurde. Beide Gebäude waren abhängig von der städtischen Abtei San Andrés, in der die Reliquie des Blutes Christi aufbewahrt wurde.

Es fehlt auch nicht an Situationen, die sich für eine Kopie der Heiliggrabkirche geradezu anboten und in denen sie nicht einmal teilweise realisiert wurde, wie etwa im Falle der westlichen Turris in Essen, in deren Obergeschoss zumindest seit dem 14. Jahrhundert die Depositio in sepulchrum und die österliche Visitatio zelebriert wurden, für deren Gestaltung jedoch Elemente des Aachener Polygons zum Vorbild genommen wurden.[35] Demselben Gebrauch muss die Ecclesia vocata Sepulchrum bei Sacra de San Miguel im Val de Susa gedient haben: eine Kapelle aus dem 12. Jahrhundert mit abwechselnd rechteckigen und halbrunden Nischen, gemäß einer spätantiken Typologie, die in Mausoleen und Grabkapellen Verwendung fand, die aber in keinem spezifischen Zusammenhang zur Auferstehungskirche zu stehen scheint.[36]

Nachweisliche oder wahrscheinliche Kopien in Frankreich

Eine Kopie muss nicht vollkommen sein, um als solche zu gelten, sie muss jedoch offensichtlich und als Kopie deklariert worden sein und sie muss vor allen Dingen bewusst entstanden sein. Aber sie kann mehr oder weniger frei oder in Teilen erfolgen, auch als eine Interpretation oder ein Bruchstück des Vorbilds. Die Erlöserkirche in Charroux,[37] der außergewöhnlichste Nachbau, der jemals verwirklicht worden ist, war mehr als sein Vorbild, eine komplexe Rotunde, die in den basilikalen Grundriss eines großen Gotteshauses integriert wurde, das einem kreuzförmigen Schema folgte (gebildet durch die sich in der Vierung kreuzenden Schiffe und durch den dreigliedrigen östlichen Abschluss mit Umgang) und das nur zu einem sehr

Innenansicht des Rundbaus von San Lorenzo in Mantua mit Umgang und Empore, Anfang 12. Jahrhundert. Im 16. Jahrhundert standen im Innenraum eine Kapelle und ein Altar, die dem Heiligen Grab gewidmet waren. Der Zyklus romanischer Fresken schließt mit Tod und Auferstehung Christi.

geringen Teil erhalten ist, aber zu Beginn des 19. Jahrhunderts noch existierte. Die Fragen der genauen Rekonstruktion, jedenfalls was die drei Schiffe und den westlichen Baukörper anbelangt, der Chronologie und der einzelnen Phasen der Errichtung dieses außergewöhnlichen Bauwerks sind nach wie vor größtenteils offen.[38] Für die französischen Gelehrten gehört sie zum 11. Jahrhundert, wofür die Tatsache spricht, dass der Hauptaltar 1096 von dem auf der Durchreise befindlichen Papst Urban II. geweiht wurde.[39] Die Rotunde bildet den Mittelpunkt der Kirche und gliedert sich in drei Umgänge um eine zentrale Turris, die als einzige erhalten ist und in deren Inneren in der Neuzeit der Hauptaltar stand, erhöht über einer Krypta. Noch aus dem 17. Jahrhundert gibt es Beschreibungen der großen Treppe, die zum Altar des Erlösers führte, und einer wundertätigen Quelle in der unteren Krypta, die durch einen weiteren Ring von sechs Säulen gekennzeichnet war, die wohl nicht aus der ersten Bauphase stammten.[40] Im Jahre 1045 besaßen die Mönche von Charroux 51 Reliquien, davon zehn im Zusammenhang mit dem Leben Christi und Marias sowie eine Kreuzreliquie. Somit ergibt sich die Frage nach dem ursprünglichen Aufbewahrungsort der genannten Reliquien und danach, ob die Gläubigen Zugang zu den Reliquien hatten oder sie wenigstens betrachten konnten. Die Rekonstruktion der Rotunde anhand archäologischer Befunde bestätigt die Überlieferung, wonach die Kirche „auf dem Grundriss und nach der Form des Tempels in Jerusalem" errichtet worden ist sowie die alte Bezeichnung einer nach Charroux überführten „Heiligen Stadt".[41] Die drei Ringe der Stützpfeiler setzten sich, von außen nach innen gesehen, aus zwanzig, zwölf und acht Pfeilern zusammen; hinzu kommen die sechs (vielleicht zum Tegurium gehörigen?) Säulen der Krypta. Der erste, äußere Ring ist der einzige bekannte Fall einer originalgetreuen Nachbildung der Säulen der Auferstehungskirche, wenn man die Fälle ausnimmt, in denen sich die Ähnlichkeit erst aus der Summe der Säulen ergibt, wie in Mantua: zehn plus zehn, und Bologna: zwölf plus sieben plus eins. Aber auch die zwölf und die acht würden nach Krautheimer das Vorhandensein von zwölf Säulen und acht Pfeilern in der Auferstehungskirche bestätigen, vorausgesetzt, es handelt sich nicht um bloße Anspielungen auf die Apostel und auf die Auferstehung. Es ist auch möglich, dass die Acht sich auf die Pfeiler bezieht, die sich in Jerusalem im 11. Jahrhundert außen an die Grabkapelle lehnen, und dass die sechs Säulen der Krypta auf das Tegurium verweisen, welches die Grabkapelle krönte.[42] Der aus zwanzig Stützpfeilern bestehende Ring ist ein unmissverständliches Zitat der Auferstehungskirche, denn es gibt acht verstärkte Stützpfeiler, die je paarweise auf rechtwinkligen Achsen in Nord-Süd- beziehungsweise Ost-West-Richtung liegen.

Will man einigen Aufzeichnungen weit späterer Chronisten Glauben schenken, so wurde die Heiliggrabkirche von Neuvy (Berry) zwischen 1042 und 1045 errichtet, *ad formam Sancti Sepulcri Jerosolimitani.*[43] Die Urkunden bestätigen, dass sie 1079 bereits existierte, in Abhängigkeit von der Kirche in Jerusalem.[44] Die Reliquien des Grabes und des Blutes Christi gelangten nicht vor 1246 hierher. Die Bauzeit der Rotunde und der an sie anschließenden dreischiffigen Kirche, mit der sie ursprünglich nicht verbunden war, hat sich möglicherweise in die Länge gezogen: Der untere Teil könnte aus dem 11. Jahrhundert stammen, während die Gewölbe des Umgangs und der Empore mit Sicherheit dem 12. Jahrhundert zuzuordnen sind.[45] Die bekannteste Besonderheit der Rotunde besteht darin, dass sie einen inneren Ring von elf Stützpfeilern aufweist, möglicherweise mit Bezug auf die Zahl der Apostel zwischen Passion und Auferstehung, Judas also nicht mitgerechnet.[46] Andere, konkretere Übereinstimmungen mit der Rotunde in Jerusalem gibt es nicht, mit Ausnahme des Umgangs und der später entstandenen Empore, nicht einmal die drei rückwärtig verstärkten Apsiskapellen. Dagegen finden sich sieben Nischen, die in die Mauertiefe eingelassen sind, die gleiche Anzahl von Nischen, die in den italienischen Rotunden von San Lorenzo in Mantua (in der Empore) und von San Tomé in Almenno. Handelte es sich vielleicht um ein uns unbekanntes Zitat der Auferstehungskirche, oder um eine symbolische Anzahl von Reliquienschreinen?[47]

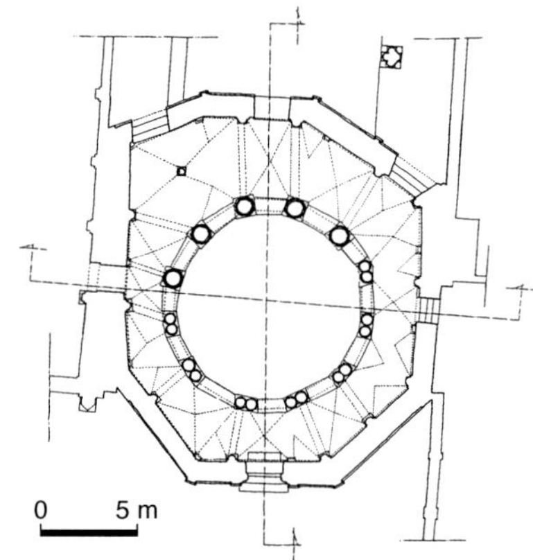

Grundriss der Heiliggrabkirche im Sanktuarium von Santo Stefano in Bologna mit Umgang und Galerie, 12. Jahrhundert. Die Kirche enthält bis heute die steinerne Grabkapelle des Sepulchrum. Nach Osterhout
Dieses Bauwerk zitiert ebenso wie die auf der vorigen Seite abgebildete Kapelle in Mantua die zwanzig Stützpfeiler der unteren Etage des Heiligen Grabes in Jerusalem, wenn auch nur nach der Summe der Pfeiler (10 plus 10 in Mantua, 12 plus 7 plus 1 in Bologna).

Wenn man die Grundrisse der Klosterkirchen von Saint-Sépulcre in Villeneuve d'Aveyron (Rouergue)[48] und von Sainte-Croix in Quimperlé (Bretagne)[49] betrachtet, so erscheinen sie von ein und derselben Hand geschaffen: Sie erscheinen als Rotunden, denen in der Form eines Kreuzes drei apsidiale Seitenschiffe und ein Atrium am Eingang angefügt wurden, gemäß dem vorherrschenden Typus der Kopie vor dem 11. Jahrhundert. Wenn man sie jedoch betritt, entdeckt man nach der Enttäuschung über die Verstümmelung der ersten und den Umbau des 19. Jahrhunderts in der zweiten Kirche, dass Saint-Sépulcre in jedem Falle einen kreuzförmigen Grundriss aufweist, trotz der Widmung und obwohl sie möglicherweise als Ausgangspunkt einer Pilgerfahrt nach Jerusalem errichtet wurde, während Sainte-Croix im Wesentlichen eine Rotunde ist. Es ist möglich, dass die Auferstehungskirche beiden Kirchen zugrunde liegt (wenn auch bei beiden der quadratische Zentralbau mit von groben Pfeilern getragenem Gewölbe verwundert, eine Anspielung auf die Grabkapelle?), doch während der Erbauer der ersten Kirche den Umgang fast gänzlich der Kreuzform geopfert hat, hat der Baumeister der zweiten Kirche das Kreuz nur für jene sichtbar werden lassen, die Zugang zum erhöhten Zentralgebäude hatten.[50] (Handelt es sich nicht vielleicht um Kopien von Charroux, Kreuz plus zentrale Grabkapelle?)

Aus der Reihe der französischen Rotunden, die möglicherweise mit der Auferstehungskirche in Zusammenhang stehen, sind zuletzt unbedingt noch zwei Beispiele zu nennen: die Rotunde von Saint-Léonard in Noblat (Limousin) und die von Saint-Jean in Liget (Touraine). Die erste, die vielleicht noch vom Ende des 11. Jahrhunderts herrührt, ist ein kleines Gebäude, das sich an das nördliche Seitenschiff der großen Kirche von Saint-Léonard anschließt, und es wird durch einen Umgang mit

Außen- und Innenansicht der Rotunde von San Tomé in Almenno (Bergamo). Die ursprüngliche Bestimmung des Gebäudes aus dem 12. Jahrhundert ist nach wie vor rätselhaft, aber das Vorbild des Heiligen Grabes ist wahrscheinlich.

acht Stützpfeilern und vier leicht verstärkten Apsiskapellen auf rechtwinkligen Achsen bestimmt. Der überlieferte Bezug zur Auferstehungskirche ist korrekt, denn die Kapelle war durch eine Inschrift als Sepulchrum[51] definiert. Zieht man ihre Lage in Betracht, so scheint mir nur eine Hypothese möglich, dass sie nämlich der Ort der österlichen Depositio in Sepulchrum gewesen ist, in der Art einer unabhängigen Kapelle, wie sie auch im nördlichen Italien häufig anzutreffen ist.[52] Die Anzahl der Stützpfeiler (acht) kann sich wie in anderen Fällen auf die acht Pfeiler der Auferstehungskirche beziehen, oder auf die acht Pfeiler, die seit dem 11. Jahrhundert unmittelbar an der Grabkapelle standen.[53]

Die Versuchung, dieselbe Funktion für die runde Kapelle ohne Umgang von Saint-Jean in Liget anzunehmen, die bereits als Kopie der Auferstehungskirche identifiziert ist,[54] ist sehr groß, zumal in diesem Fall auch die beiden Fresken an der Stirnseite des Eingangs die Kreuzabnahme und die Visitatio der heiligen Frauen am Grab abbilden. Doch ist die Geschichte dieses Bauwerks vielschichtiger. Die Kapelle könnte der Andachtsraum der Kartäuser gewesen sein (drittes Viertel des 12. Jahrhunderts) als Vorgängerin der 1176–1183 gegründeten Kartause der heiligen Maria und des heiligen Johannes.[55] Da der berühmte Freskenzyklus die Jungfrau Maria im gleichen Maße wie Christus zum Thema hat, könnte es sich bei der Kapelle um eine Kreuzung zwischen dem Typus der Sancta Maria rotunda und dem der Heiliggrabkirche handeln. Vielleicht war sie der ursprüngliche Chorraum der Mönche, bis zur

Errichtung der neuen Hauptkirche.[56] Wenn die Fresken aus der darauf folgenden Zeitspanne um 1200 stammen, wie Demus behauptet,[57] so kann die Verwendung der Kapelle als Sepulchrum in einer zweiten Phase nicht ausgeschlossen werden, was mit der „österlichen“ Widmung an Johannes den Täufer durchaus vereinbar wäre.

Kann es sein, dass das Vorbild der Auferstehungskirche nur in einzelnen Elementen zitiert wird, durch ein *pars pro toto* wie etwa dem alleinigen Vorhandensein von drei beziehungsweise vier Apsiskapellen auf rechtwinkligen Achsen? In der Provence und in Frankreich insgesamt finden sich zahlreiche drei- oder vierblättrige Kapellen,[58] von denen einige diese Frage aufwerfen. Damit sind offensichtlich nicht jene gemeint, die leicht dem Symbolismus der Kreuzform zugeordnet werden können, oder jene, deren Zuordnung durch das Vorhandensein von Reliquien erleichtert wird, wie im Falle von Saint-Martin-de-Londres oder Sainte-Croix de Montmajour.[59] Gemeint sind auch nicht solche Kirchen, welche sich in die spätantike Tradition der dreichorigen Begräbnis- und Friedhofskapellen einreihen (wie etwa Sain-Jean Baptiste in Venasque, Saint-Saturnin in Saint-Wandrille, Saint-Germain in Querqueville),[60] sondern jene, die durch ihre Widmung (Heiliges Grab) und einige weitere Kennzeichen in spezifischerer Form auf die Auferstehungskirche verweisen könnten. Mehr noch als an die vierblättrigen Kapellen von Peyrolles und Graveson denke ich dabei an jene in La-Baume-du-Transit und in Montmoreau. Die erste gehörte dem Bischof von Saint-Paul, dem Herrn der Burg von Baume, und befindet sich heute auf dem Friedhofsgelände;[61] die zweite liegt an der Zufahrtsstraße zur Burg von Montmoreau und besitzt Nischen für Reliquien. Im 12. Jahrhundert war sie als die Kapelle De Sepulchro bekannt.[62] Die viergliedrige Kapelle von La-Baume-du-Transit, deren nördliche Apsis heute nicht mehr vorhanden ist, weist im Osten eine Apsis auf, die tiefer ist als die übrigen. Dies könnte mit der Auferstehungskirche in Verbindung gebracht werden, nach der Anfügung der östlichen Apsis im 11. Jahrhundert, doch wäre auch eine andere Erklärung denkbar. Die Kapelle von Montmoreau kann nicht wirklich als dreiblättrig bezeichnet werden, es handelt sich in Wahrheit eher um eine Rotunde mit drei Apsiskapellen auf rechtwinkligen Achsen. Diese Elemente legen ebenso wie die ursprünglichen Widmungen eine Verbindung zu der Rotunde in Jerusalem nahe, wenn sie auch keinen hinreichenden Beweis dafür darstellen. Im Gegensatz dazu ist eine fünfte Kapelle zu erwähnen, die erst seit kurzem als Heiliggrabkirche anerkannt ist und niemals mit den anderen genannten Kapellen in Verbindung gebracht wurde, aber möglicherweise Vorbild für sie alle gewesen ist. Es handelt sich um die dreiblättrige Kapelle mit einem Atrium, die im Grundriss des Klosters von Cluny gegen 1700 entdeckt wurde (Musée Ochier). Mabillon und Conant haben sie irrtümlich als eine Marienkapelle katalogisiert, während Neil Stratford und der Verfasser dieser Zeilen sie als Ecclesia de Sancto Sepulchro identifiziert haben, die nach den Regeln Bernhards (etwa 1084–1086) im Bereich des Friedhofs der Mönche gestanden hat.[63] Erklärt nun allein die Tatsache, dass es sich um die Friefhofskapelle handelte, bereits die Widmung der Kapelle oder spielt hier auch der kleeblattförmige Grundriss eine Rolle? Oder hat sich ein symbolisches Sepulchrum in ihrem Inneren befunden, wie im Falle der karolingischen Sankt Michaelskirche in Fulda, das möglicherweise im österlichen Ritus Verwendung fand? Eine Antwort auf diese Fragen kann aus heutiger Sicht nicht gegeben werden.

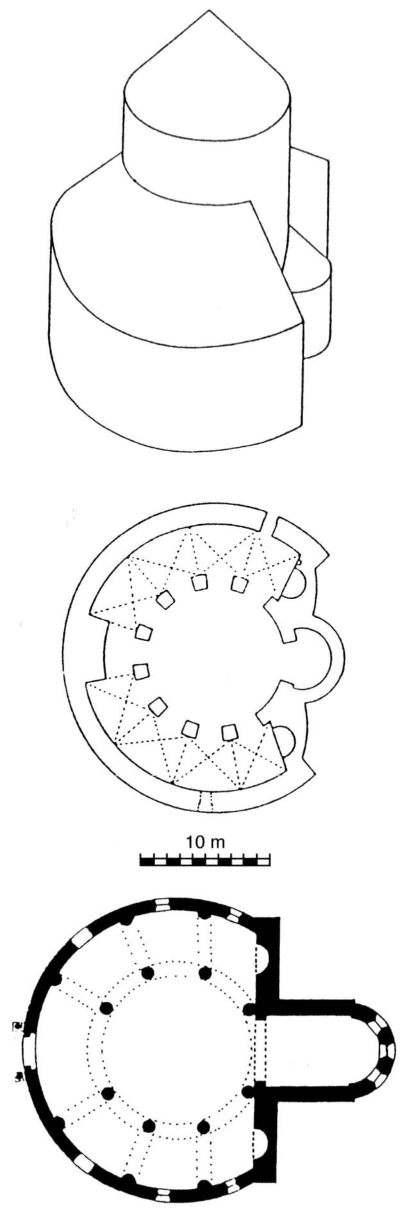

Schematische Rekonstruktion und Grundriss von Sankt Michael in Schleswig; unten Grundriss der Heiliggrabkirche in Brindisi, nach Untermann. Die beiden Kirchen aus dem 12. Jahrhundert zeigen eine gleichlautende Interpretation der Auferstehungskirche.

Nachweisliche oder wahrscheinliche Kopien in Italien

Wenigstens zwei kreisförmige Bauwerke ohne Umgang lassen in Mittelitalien auf einen mehr oder weniger direkten Zusammenhang mit der Auferstehungskirche schließen: aufgrund ihrer Widmung[64] die Rotunde von San Salvatore in Terni, deren zeitliche Einordnung und ursprüngliches Erscheinungsbild noch nicht geklärt sind, und aufgrund ihrer vier Apsiden auf rechtwinkligen Achsen die Rotunde von San

Giusto in San Maroto (in den Marken). Letzteres Gebäude stammt aus dem frühen 12. Jahrhundert[65] und besteht aus einem rosafarbenen Kalkstein. Es wird von einer schönen, etwas flachen Kuppel bedeckt, die byzantinischen Einfluss verrät, mit konzentrischen steinernen Bändern und einem von außen gesehen kegelförmigen Abschluss.[66] Ihr Ursprung ist rätselhaft. Man hat die Kapelle für ein herrschaftliches oder militärisches Gebäude gehalten,[67] doch scheinen mehrere Anzeichen auf eine Kirche hinzudeuten, die Denkmalcharakter hatte oder einem bestimmten Märtyrer zugeordnet war. Sie wurde in einer landschaftlich außergewöhnlich schönen Umgebung auf einem Hügel oberhalb des Chienti-Tales erbaut. Die Vermutungen hinsichtlich eines Rückgriffs auf die römische Architektur, vor allem auf den Typus des Pantheon, oder auf die romanische Bauweise in Ravenna entbehren jeder Grundlage. Die vier Apsiden enthüllen einen Zusammenhang mit der Auferstehungskirche nach ihrer Wiedererrichtung im 11. Jahrhundert.

In Norditalien finden sich einige Rotunden mit Umgang, fast alle klösterlichen Ursprungs. Nahe der Kirche San Giovanni Battista in Vigolo Marchese (bei Piacenza) erhebt sich eine kleine Rotunde von acht Metern Durchmesser. Beide Gebäude stammen aus dem 11. Jahrhundert. Die Rotunde, die in der Vergangenheit unsinnigerweise als eine Taufkapelle angesehen wurde (vielleicht hat sie viel später diese Funktion gehabt), ist mit einem Umgang versehen, der von einem Tonnengewölbe überspannt wird, aber keine Galerie aufweist, und besitzt vier Apsiskapellen, die nach Norden, Süden und Osten ausgerichtet sind. Diese Apsiskapellen lassen entschieden an den Bezug auf die Auferstehungskirche denken,[68] obwohl die nördliche und die südliche zu einer späteren Bauphase gehören.[69] Auch die sechs zylindrischen Stützpfeiler des inneren Rings scheinen das zu bestätigen, als eine Anspielung auf das Tegurium der zentralen Grabkapelle in Jerusalem, sollte diese schon existiert haben, als die Kirche in Vigolo gebaut wurde; oder sie könnten sich einfach auf die sechs Pfeiler beziehen, die in der Auferstehungskirche in nördlicher, südlicher und westlicher Richtung stehen. Die zwölf äußeren halben Säulen des Umgangs und die sechzehn kleinen Bögen des Tambour auf Lesinen (zwölf in Sant'Angelo in Perugia) beinhalten die verschiedenen Zahlen mit Symbolwert.[70] Die Originalurkunde der Gründung des Klosters ist nicht überliefert. Campi schreibt sie dem Marquis Oberto zu, im Jahre 1008, zeitgleich mit der Errichtung der Kirche San Giovanni und eines anschließenden Hospiz für die Pilger. Später soll Oberto dem Kloster den Leichnam des Märtyrers Hippolyt übergeben haben, „der sich noch immer in der Kirche befindet".[71] Welchem Zweck diente damals die Rotunde? War sie die Kapelle des Hospitals, das Martyrion Hippolyts oder ein unabhängiger Raum zur Aufbewahrung des Sepulchrum für den österlichen Ritus? Es gibt nicht genügend Hinweise, um die Untersuchung weiter fortzuführen. Die letzte Hypothese ist vielleicht die wahrscheinlichste, doch sie schließt die anderen Möglichkeiten nicht aus.

Die Heiliggrabkirche von Mantua (Santo Sepolcro) stand außerhalb der Stadt, und in der Mitte des 12. Jahrhunderts war sie abhängig von der mächtigen städtischen Abtei Sant'Andrea.[72] Im Plan der Stadt Mantua von Gabriele Bertazzolo aus dem Jahre 1628 hat Marani die einzige kleine Darstellung entdeckt, die erhalten geblieben ist. Sie zeigt eine Rotunde mit Umgang, aber ohne Empore.[73] Es ist nicht möglich, weitere Einzelheiten daran zu erkennen, außer dass der Tambour durch eine Reihe von Fenstern erhellt wurde und dass der äußere Umgang kleine Fensteröffnungen im Wechsel mit Lisenen oder Halbsäulen aufwies. Die Rotunde von San Lorenzo hingegen ist trotz der rücksichtslosen Restauration zu Beginn des 20. Jahrhunderts[74] erhalten geblieben. Sie steht südlich der Fassade der Kirche Sant'Andrea und befand sich ursprünglich auf dem Friedhofsareal.[75] In der Mitte des 12. Jahrhunderts war sie von Sant'Andrea abhängig. Im Gegensatz zu der abgegangenen Rotunde von Santo Sepolcro verfügt der Umgang hier über eine Empore, die über zwei in die Wand eingelassene Treppen zugänglich war und die sich zum Zentralbau hin durch eine Reihe von Arkaden öffnete. Die Kirche besitzt eine einzige Apsis, aber in der Empore sind sechs Nischen aus der Mauer herausgeschlagen wor-

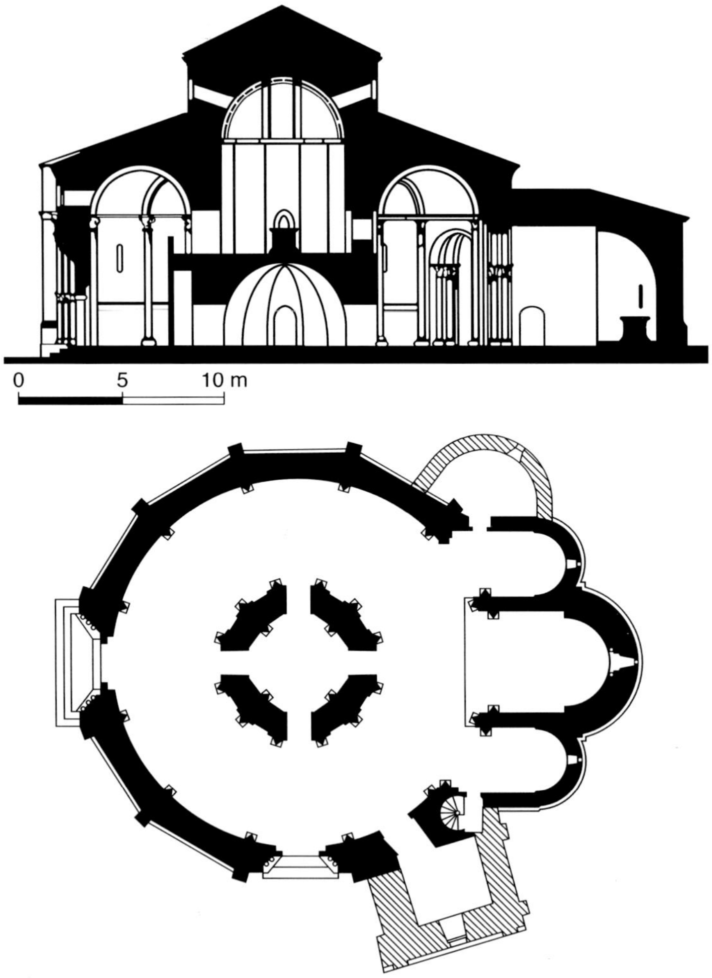

Längsschnitt und Grundriss von Santo Sepulcro oder Vera Cruz in Segovia. Von den verschiedenen architektonischen Vorbildern scheint sich jenes des Felsendoms im polygonalen Duktus und in der relativen Breite des Umgangs im Verhältnis zum Zentralbau widerzuspiegeln. Nach V. Lamperez und F. J. Caballo Dodero

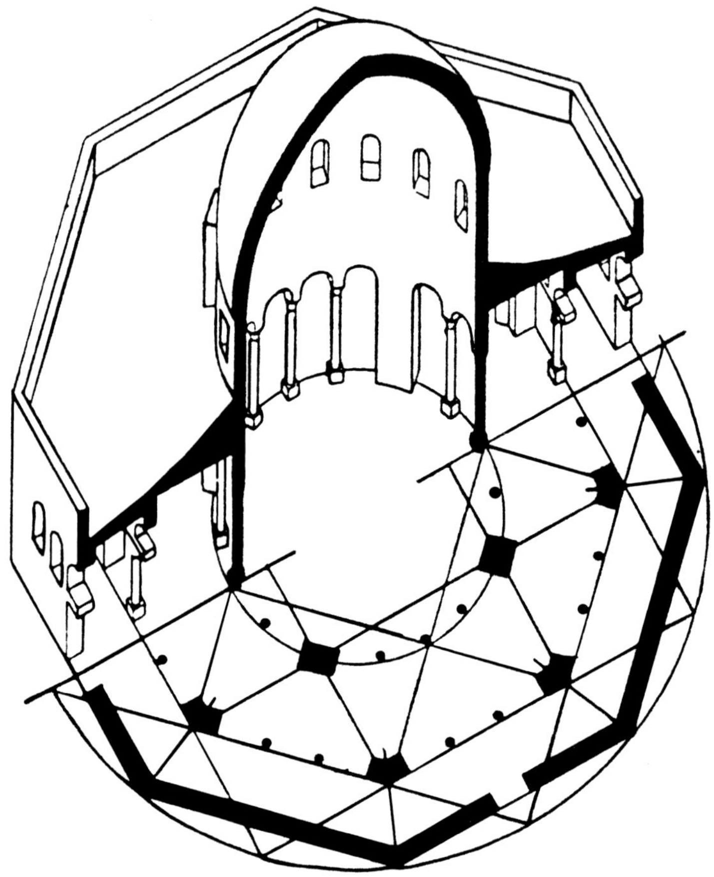

Zentralbau von Santo Sepulcro oder Vera Cruz in Segovia vom Umgang aus gesehen. Die beiden in ihm enthaltenen, übereinander liegenden Kapellen beziehen sich nach Heribert Suttner auf die Kreuzkapelle, die in der Jerusalemer Heiliggrabkirche auf der Golgotha- oder Adamskapelle errichtet wurde.

den; die gleiche Anzahl, die auch in den Umgängen von Neuvy-Saint-Sépulcre und San Tomè in Almenno (Galerie) zu finden ist und deren Sinn unklar bleibt (besteht ein Zusammenhang zur Auferstehungskirche?). Drei Elemente machen die Rotunde von San Lorenzo zu einem außergewöhnlichen Beispiel einer Kopie der Auferstehungskirche: Den zehn Stützpfeilern des Umgangs entsprechen zehn Pfeiler auf der Ebene der Empore; ihre Summe ergibt die gleiche Anzahl von Stützpfeilern wie in der Auferstehungskirche. Im Zentralbau sind Teile von fünf romanischen Fresken zu erkennen, die Szenen aus dem Leben Christi bis hin zu Kreuzigung und Auferstehung enthalten sowie eines mit einer Darstellung des Martyrions des heiligen Lorenz. Im Jahre 1535 enthielt die Kirche im Erdgeschoss eine Capella Santi Sepulchri mit dem dazugehörigen Altar,[76] die vielleicht als Grabkapelle des Sepulchrum interpretiert werden kann, falls die einzige Apsis der Rotunde den Altar des heiligen Lorenz aufgenommen hat. Die Kirche wurde nicht dem Heiligen Grab gewidmet, weil es vor der Stadt bereits eine Kirche dieses Namens gab.[77] Aber zu ihren Funktionen müssen vielleicht auch die einer Friedhofskapelle und eines Ortes für die außerliturgischen österlichen Riten der Abtei von Sant'Andrea gezählt werden.

Ein aus mehreren Kirchen bestehender Klosterbereich, der Inspirationen aus Jerusalem aufgenommen hat und der ebenfalls den Höhepunkt seiner liturgischen Bedeutung in der Osterzeit erreicht haben muss, war Santo Stefano in Bologna. Abgesehen von einer reichen lokalen Literatur, auf die hier nicht eingegangen werden soll, besitzen wir heute dank Robert G. Ousterhout einen Schlüssel zum korrekten Verständnis des Gebäudekomplexes,[78] der im 12. Jahrhundert nach einer Inventio von Reliquien im Jahre 1141 in Nachahmung der Gebäude um das Heilige Grab in Jerusalem neu errichtet wurde. Die Heiliggrabkirche von Bologna ist ein unregelmäßiges Vieleck (von außen acht-, von innen zwölfeckig), das in freier Form von der Auferstehungskirche inspiriert worden ist. Hierauf verweisen die zwanzig Pfeiler (hier wie in Mantua ergibt sich die Ähnlichkeit aus der Summe: fünf einzelne

Folgende Seite:

Der Felsendom, ein islamisches Heiligtum aus der Zeit des Kalifen Abd al-Malik (685–705), wurde in Konkurrenz zum Heiligen Grab der Christen errichtet und teilweise von diesem abgeleitet. Das von Kreuzfahrern und Templern als Templum Domini bezeichnete Gebäude stellte im 12. Jahrhundert ein neues architektonisches Modell dar. Nach Cresswell

Pfeiler, sieben mit älteren Säulen paarweise angeordnete und eine einzelne nach Nordosten hin) und das Vorhandensein einer Empore über dem Umgang, die sich zum Zentralbau hin öffnet.[79] Auch das Bologneser Kirchengebäude war von Osten her durch ein Atrium mit Säulen an drei Seiten zugänglich, während die Empore vielleicht vom oberen Stockwerk des Klosters aus betreten werden konnte.[80] Im Zentrum des Gebäudes, wenn auch außermittig wie in Jerusalem, erhebt sich eine polygonale Grabkapelle oder ein Sepulchrum in einer Version des 14. Jahrhunderts, die möglicherweise die ursprüngliche Grabkapelle umschließt.[81] Die Quellen erwähnen auch die Existenz eines Altars gegenüber dem Grab (1235) und eines „Engelsteins“, wie sie beide auch aus Jerusalem bekannt sind.[82] Auf der Vorderseite der Grabkapelle finden sich drei Flachreliefs, die in drei Teilen (die heiligen Frauen, der auf dem Sarkophag sitzende Engel, schlafende Soldaten) die Visitatio Sepulchri darstellen. Obwohl sie auf das 14. Jahrhundert zurückgehen, hat Ousterhout anhand dieser Flachreliefs mit gutem Grund vermutet, dass in der Kirche von Beginn an außerliturgische österliche Riten abgehalten wurden (Depositio, Elevatio und Visitatio).[83] Somit wäre das Sanktuarium von Santo Stefano im 12. Jahrhundert nicht nur ein Wallfahrtsort gewesen, im Sinne eines Ersatzes für Jerusalem und ein reich mit Reliquien ausgestatteter Ort, sondern auch eine Kirche, die im städtischen Kontext auf die Osterfeierlichkeiten spezialisiert war.[84]

Die steinerne Rotunde von Santo Tomè in Almenno San Salvatore bei Bergamo aus der Mitte des 12. Jahrhunderts ist nicht zuletzt wegen des Skulpturenschmucks an den Kapitellen ebenso schön wie rätselhaft. Mit der Auferstehungskirche hat sie die Form und den Umgang mit Empore, die über eine in die Wand eingelassene Treppe zu erreichen ist, gemeinsam, dann den Ring aus acht Stützpfeilern, die an die Säulen an der Grabkapelle oder an die Pfeiler der Auferstehungskirche erinnern. Im Obergeschoss findet sich noch einmal die gleiche Anzahl von Säulen, die offene Bögen tragen. Schließlich ist auch die Widmung der Kirche an den Apostel, der die Wunde Christi berühren wollte, ein Hinweis auf eine Verbindung mit dem Heiligen Grab. Der Tambour wird durch zwei kreuzförmige und zwei runde Fenster illuminiert und scheint außen durch einen kreisförmigen Aufsatz mit Fenstern abgeschlossen gewesen zu sein, der möglicherweise einen kleinen Glockenturm darstellte,[85] eine Art *clocheton cylindrique*, sehr ähnlich dem über der Vierung der Kirche Sainte-Marie de Cruas (Vivarais).[86] Diese Erhöhung zum Tristegum scheint an die Abbildungen des Grabes Christi in Marmor und auf Miniaturen zu erinnern,[87] doch ist dies nur ein vager Eindruck. Entschieden einzigartig ist hingegen der tiefe Chor beziehungsweise die östliche Apsiskapelle, deren stilistische Merkmale (nicht jedoch ihre bautechnische Situation) auf eine etwas spätere Anfügung an die Rotunde hinzuweisen scheinen. Im oberen Stockwerk entspricht dem Chor eine in die Mauerstärke eingelassene Apsiskapelle, während im Umgang die bereits erwähnten sieben Nischen in die Wand eingelassen sind. Das Hauptportal befindet sich im Westen, zwei weitere Türen im Süden führen in den Chor. Eine davon besitzt eine Lünette mit der Darstellung einer Figur, die eine Lanze in der rechten Hand hält, während die linke Hand an der Körperflanke ruht. Möglicherweise handelt es sich hierbei um den Apostel Thomas mit der Lanze seines Martyriums[88] und der Anspielung auf die Wunde Christi, derer sich der Apostel selbst vergewissern wollte.

Die Urkunden aus den Jahren 1180 und 1185 nennen lediglich einen Sanctus Tomeus oder Thomeus, sicherlich dieselbe Ecclesia Sancti Tomei, die 1200 erneut erwähnt wird (sowie später 1202, 1206 und 1230). In den Jahren 1203 und 1260 wird hingegen ein Monasterium Sancti Thomei genannt, das von der Kirche San Salvatore abhing.[89] Offensichtlich handelt es sich stets um dieselbe Institution, aber um welche? Historiker identifizieren sie automatisch mit dem Frauenkloster, welches in der Kirche viel später seine Gottesdienste abhielt, nämlich ab 1339.[90] Es ist keineswegs ausgeschlossen, dass das Kloster zuvor in anderer Weise genutzt und erst in der Folge von den demütigen Schwestern übernommen wurde, die seit dem 13. Jahrhundert ihren Sitz in Lemine hatten.[91]

Die hohe Kapelle in der Gebäudemitte der Kirche Vera Cruz in Segovia, die über zwei Treppen als Auf- und Abgang zugänglich ist, diente der Aufbewahrung einer Kreuzesreliquie und war wahrscheinlich Schauplatz der Adoratio Crucis am Karfreitag. Es ist nicht auszuschließen, dass die untere, hier nicht abgebildete Kapelle sich auch auf die Kapelle des Grabes Christi bezieht und für die auf die Adoratio folgende Depositio in Sepulchrum genutzt wurde.

Aufriss in West-Ost-Richtung der Heiliggrabkirche von Torres del Rio, um 1160–1170. Der Aufriss nach Heribert Suttner rekonstruiert das Opaion, das sich zwischen Kuppel und Laterne öffnet, und stellt die Hypothese einer Sepulchrum-Grabkapelle in der Apsis auf, in welcher sich auf zwei Kapitellen Abbildungen der Kreuzabnahme und der heiligen Frauen am Grab finden. Der Gelehrte bringt die oktogonale Kirche wegen des Vorhandenseins des Opaion und aufgrund der Tatsache, dass die Zahl Acht für die Kirchenväter die Auferstehung symbolisierte, mit der Auferstehungskirche in Verbindung.

Die Urkunden lassen sicherlich wenig Spielraum für Hypothesen, dennoch soll hier eine aufgestellt werden: Es könnte sich um eine Klostergemeinschaft oder ein Kapitel handeln (Monasterium steht für beides) welches zu dem Domus hospitalis gehörte, das in Almenno seit einem frühen Zeitpunkt bestanden hat, dessen Gründungsdatum und Lage jedoch unbekannt sind.[92] Die Hypothese steht meines Erachtens mit einigen Indizien in Einklang: der kreisförmige Grundriss der Kirche, wie er häufig in Hospizen zu beobachten ist aufgrund der Verbreitung der Ritterorden vom Heiligen Land aus; die Widmung an den Apostel, der die Wunde Christi untersucht hat, möglicherweise ein Hinweis auf ein Hospital, und die Tatsache, dass auf dem Gebiet der Stadt Bergamo ein weiteres Hospitalis Sancti Thome de loco Parzano genannt wird.[93]

In jedem Fall wird der erste Versuch einer Annäherung an einen „Nachbau" der Auferstehungskirche nicht in Oberitalien unternommen, sondern im 12. Jahrhundert in der Toskana, mit der Taufkapelle von Pisa, und in Apulien mit Santo Sepolcro in Brindisi, in Städten also, die bekanntermaßen sehr offen für Einflüsse aus dem Heiligen Land gewesen sind. Die Beziehung zwischen der Taufkapelle in Pisa und der Rotunde in Jerusalem (konkret besteht sie in dem identischen Durchmesser, in den zwanzig Stützpfeilern der Bögen, die hier aus der Gebäudemitte heraus weiter nach außen gerückt sind, in Umgang und Empore und in einem konischen Deckenabschluss mit Opaion) ist seit Krautheimer umfassend analysiert worden, weshalb hier nicht weiter darauf eingegangen werden soll.[94] Im Falle des Santo Sepolcro in Brindisi, das gemeinsam mit dem angeschlossenen Hospital, das nur teilweise rekonstruiert werden kann, den Chorherren vom Heiligen Grab gehörte, ist festzustellen, dass der Umgang keine Empore besitzt und im Osten durch eine gerade Wand regelrecht abgeschnitten ist, im Anklang an das „Seitenschiff" am Eingang zu dem

Sainte-Croix in Montmajour und die Allerheiligenkirche in Regensburg, 12. Jahrhundert. Bauwerke mit drei oder vier Apsiden zitieren nicht notwendigerweise die Heiliggrabkirche in Jerusalem, oder jedenfalls kann dies nur in wenigen Fällen nachgewiesen werden. Oft sind sie lediglich Reminiszenzen frühchristlicher Grabesüberlieferungen oder auch symbolische Übertragungen der Kreuzform oder der Dreieinigkeit.

Vorbild in Jerusalem.[95] Das Ergebnis ist eine einzigartige Analogie zu der Kirche des Klosters Sankt Michael in Schleswig (Mitte 12. Jahrhundert?), dessen Umgang sich möglicherweise über zwei Stockwerke erstreckte, aber ebenfalls im Osten abgeschnitten ist und mit zwei in die Wand eingelassenen Apsiskapellen abschloss.[96]

Polygonale Kirchen: hin zu neuen Vorbildern

Zum Ende dieses Beitrags, der vielleicht mehr durch Annahmen als durch Beweisführung gekennzeichnet ist, möchte ich einen dreifachen Vergleich vorschlagen, und zwar zwischen den Heiliggrabkirchen (Santo Sepulcro) in Asti (Hospitaliter, vor 1169), Pisa (vielleicht Hospitaliter, zweite Hälfte 12. Jahrhundert) und Segovia (Vera Cruz; Chorherren vom Heiligen Grab und/oder Templer, gegen 1208).[97] Von außen betrachtet besitzen die drei Bauwerke zweifellos gemeinsame Merkmale: die Polygonalität (Vera Cruz ist zwölfeckig, die beiden anderen achteckig), das Fehlen einer Empore und die typische relative Breite des Umgangs im Verhältnis zum Zentralbau, wobei der Tambour fast völlig verdeckt wird. Abgesehen von der Widmung gibt es nicht ein einziges Indiz dafür, dass die drei Kirchen von der Auferstehungskirche abgeleitet wären. Es gibt im Gegenteil mehrere Indizien für einen Zusammenhang mit dem Felsendom, dem islamischen Heiligtum des Kalifen Abd al-Malik (685–705), der in Konkurrenz zum Heiligen Grab der Christen errichtet wurde,[98] dem Templum Domini der Kreuzfahrer und besonders der Templer und als solcher auf ihrem Siegel sowie (neben dem Heiligen Grab) auf dem Siegel der Könige von Jerusalem abgebildet.[99] Die Kuppel des Felsendoms besitzt alle beschriebenen Merkmale der drei Kirchen: Von außen gesehen ist sie achteckig, sie hat einen Umgang ohne Galerie, und der Tambour wird zum großen Teil durch den doppelt so breiten Umgang verdeckt. Die Pfeiler des äußeren Rings bilden auf dem Grundriss einen stumpfen Winkel, indem sie dem polygonalen Duktus folgen. Das gleiche Phänomen liegt bei den

Pfeilern von Santo Sepolcro in Pisa[100] vor sowie bei denen des Polygons von Rieux-Minervois, einer abgewandelten Sancta Maria rotunda,[101] und ist auch bei den halben Säulen des Zentralbaus der Kirche Vera Cruz sowie der Templerkirche in Tomar zu beobachten.[102] Vergleichbare Pfeiler finden sich auch in der Taufkirche in Pisa, die sich vor allem von der Auferstehungskirche ableitet, bei der Boeck jedoch darauf hingewiesen hat, dass sich die Stützpfeiler abwechseln (jeweils ein Pfeiler, zwei Säulen) ähnlich wie bei dem äußeren Ring des Felsendoms.[103] Dennoch hat die übermäßige Breite des Umgangs im Verhältnis zum Zentalbau wie bereits gesagt auch einen anderen Ursprung: Sie leitet sich von dem Versuch her, die Grabkapelle des Sepulchrum, das durch den Zentralbau repräsentiert wird, mit der Auferstehungskirche, für die das Gesamtgebäude steht, architektonisch in Einklang zu bringen.[104] All das findet sich nur teilweise in Santo Sepulcro (Vera Cruz) in Segovia. Ihr Kern teilt sich in zwei übereinander liegende Räume auf, was indirekt mit der Anordnung der Kreuzkapelle über der Golgotha- oder Adamskapelle neben der Heiliggrabkirche in Jerusalem sowie mit dem Ritus der Adoratio Crucis am Karfreitag in Zusammenhang gebracht worden ist.[105] Andererseits lassen die zwölf Seitenwände (zwölf ist auch die Anzahl der Säulen in der Auferstehungskirche sowie die der Apostel), die drei Apsiden, die parallel liegen, und vor allem das Relief der heiligen Frauen am Grab am Südportal auch einen Bezug zur Auferstehungskirche plausibel erscheinen sowie das Abhalten eines Ritus der Depositio nach dem der Adoratio. Die Hypothese von Cadei, wonach zwischen den Chorherren vom Heiligen Grab und den Templern eine Zusammenarbeit beim Entwurf des Sanktuariums, das zur Aufnahme einer Kreuzesreliquie bestimmt war,[106] bestanden habe, könnte die doppelte Anspielung auf das Heilige Grab (das im 12. Jahrhundert die Kapelle von Golgatha mit einschließt) und auf den Kuppelbau des Felsendoms oder Templum Domini erklären.

Zu den nur teilweise zitierten polygonalen Bauwerken können auch einige weitere mit einfachem achteckigen Grundriss gezählt werden: Die Templerkapellen von Laon und Metz, die Hospitaliterkapelle Santa Maria in Montmorillon,[107] die Heiliggrabkirche von Torres del Rio (die vielleicht auf die Chorherren vom Heiligen Grab zurückgeht),[108] Santa Maria de Eunate[109] und die Kapelle Santa Agata im Kloster San Pablo in Ripa d'Arno bei Pisa.[110] Renzo Pardi hat für die wenigen Templerkirchen mit kreisförmigem Grundriss ein doppeltes Vorbild propagiert: für die Rotunden (das sind außer dem Templo de Paris vor allem englische Kirchen) die Auferstehungskirche und für die Oktogone den Kuppelbau des Felsendoms (Laon und Metz).[111] Die Hospitaliter haben ebenfalls sowohl die Rotunde (England) als auch das Oktogon verwendet (Asti und Pisa); das Gleiche lässt sich von den Chorherren vom Heiligen Grab sagen (Brindisi und Cambridge sind Rotunden, Torre del Rio ist ein Oktogon). Die Vorstellung von einem „doppelten Vorbild" hat eine weite Verbreitung gefunden, und will man die Oktogone nicht einfach mit einer älteren Tradition oder mit der Wiedererrichtung der Himmelfahrtskirche in Jerusalem durch die Kreuzfahrer in Verbindung bringen (von der nur der Zentralbau erhalten ist),[112] so muss man daraus ableiten, dass der Felsendom oder Templum Domini als Vorbild selbst dort an Boden gewann, wo die Widmung an das Heilige Grab beibehalten wurde.

Zusammenfassend gesagt hat sich also im Laufe des 12. Jahrhunderts die Tendenz zum Polygon gegenüber der kreislinigen Option, die hingegen vor allem in England gewahrt wurde,[113] durchgesetzt, und zwar besonders in den Kirchen der Orden aus dem Heiligen Land. Das Vorbild der Auferstehungskirche, die in der ersten Hälfte des 12. Jahrhunderts mit der Einfügung des Chorus dominorum der Kreuzfahrer ihre Selbständigkeit verloren hatte, war in eine Krise geraten.[114]

Kunst und Kunsthandwerk in der Zeit der Fatimiden

Anna Contadini

Der historische Kontext

Die Fatimiden waren ein Zweig der ismailitischen schiitischen Bewegung, deren Ursprünge ins 8. Jahrhundert zurückreichen.[1] Als Abkömmlinge der Linie Alis, des Vetters des Propheten Muhammad, führten sie ihren Namen auf Fatima, die Tochter Muhammads unf Ehefrau Alis, zurück. Im Gegensatz zur sunnitischen Mehrheit der Bevölkerung waren die Schiiten in ein auf sakralem und sozialem Gebiet hierarchisch gegliedertes System eingebunden, an dessen Spitze die durch erbliche Nachfolge bestimmte Führerfigur des Imam stand, der ein direkter Nachfahr Alis sein musste. Als Leiter der Gemeinschaft hatte der Imam die Autorität, die religiöse Doktrin in ihren beiden Bedeutungen auszulegen, der „ausdrücklichen" universellen und der „versteckten" esoterischen, die nur wenigen Initiierten zugänglich war.

Die Fatimiden wurden von den orthodoxen (sunnitischen) Abbasiden in Bagdad als Häretiker betrachtet, außerdem wurde ihre Lehre von den Omayyaden-Emiren in Spanien als Bedrohung des orthodoxen Glaubens angesehen. Einer der Hauptgründe für die Einsetzung eines unabhängigen Omayyaden-Kalifats in Andalusien war offensichtlich die Absicht, die wachsende Macht der Fatimiden in Nordafrika und ihre drohende Expansion auf der iberischen Halbinsel zu verhindern.[2] Dadurch entstand eine außergewöhnliche Situation: Als 972 der Fatimide al-Mu'izz siegreich in Kairo einzog, beanspruchten gleich drei Herrscher den Titel des Kalifen: al-Mu'izz, der Abbaside al-Muti in Bagdad und der Omayyade al-Hakam II. in Cordoba. Aber während das abbasidische Kalifat schon in jener Zeit nurmehr rein nominell bestand und im spanischen Kalifat jene Krise einsetzte, die 1031 zu seinem Fall führte, begann das fatimidische Kalifat damit, seine Macht in Ägypten zu konsolidieren.

Aus historischer und kultureller Sicht waren die Fatimiden eine der Hauptmächte im Mittelmeerraum. In der ersten Hälfte des 11. Jahrhunderts waren sie das ausgedehnteste und mächtigste Imperium, das durch die Kontrolle über die Handelsrouten am Mittelmeer seinen Reichtum noch vergrößern konnte.[3]

Nach der Eroberung Ägyptens 969 führten die Fatimiden, um sich dynastisch zu legitimieren, ein kompliziertes öffentliches Zeremoniell ein, das deutlich byzantinischen Einfluss zeigte.[4] Sichtbar gemacht im Glanz neuer Moscheen, Paläste und weiterer öffentlicher und privater Gebäude, gewann die Hauptstadt Kairo an Ansehen; sie wurde eine der reichsten Städte des Mittelalters und trat in Konkurrenz zu Byzanz und Bagdad.

Die keramische Technik des „Metallglanzes" bewirkt einen glänzenden Effekt und ist typisch für die islamische Welt. Sie wurde zu verschiedenen Zeiten in Mesopotamien, Syrien, Ägypten und Iran benutzt. Die fatimidischen Künstler waren hervorragend in der Glanzkeramik, um Szenen aus dem Hofleben darzustellen, wie diese Gestalt mit einem Becher in der Hand vor dem Hintergrund einer wertvollen Blumendekoration. Pisa, Museo Nazionale San Matteo.

Die Dynastie der Fatimiden geht auf das Jahr 909 (297 nach islamischer Zeitrechnung) zurück, als der erste Herrscher, Ubaidallah al-Mahdi, Ifriqiya (heute Tunesien) von den Aghlabiden eroberte und eine neue Hauptstadt, Mahdiyya, gründete.[5] Nachdem die fatimidische Macht in Tunesien konsolidiert war, dehnte sie sich rasch nach Sizilien[6] aus, doch das eigentliche Ziel der Expansion blieb Ägypten, das unter dem vierten fatimidischen Kalifen, al-Mu'izz, eingenommen wurde. Djauhar, Befehlshaber unter al-Mu'izz und führende Kraft bei der Eroberung, betrat al-Fustat (heute Alt-Kairo) 969/358[7] und gründete ein Jahr später die neue Hauptstadt Kairo (al-Qahira, die Siegreiche) mit einer neuen Moschee, der al-Azhar.

Die Fatimiden drangen in der Folgezeit weiter nach Osten vor und erreichten unter dem Kalifat von al-Aziz im späten 10. Jahrhundert ihre größte territoriale Ausdehnung. Sie übernahmen die Herrschaft über die beiden heiligen Städte Mekka und Medina und über den Jemen und beherrschten zwischenzeitlich Jerusalem, Damaskus und Aleppo (sowie für kurze Zeit das am Tigris gelegene Mossul). Syrien und Palästina jedoch waren nie fest in fatimidischer Hand.[8] Nach und nach jedoch wurde die von den Missionaren betriebene Verbreitung der Botschaft, die die Ausdehnung über die Grenzen und die Eroberung vorbereiten sollte, zu leeren Formeln, was letztendlich zum Untergang der Dynastie führte. Die starken Spannungen, die sich aus dem Gegensatz zwischen ideologischen und religiösen Erwartungen[9] und der Realität entwickelt hatten, führten zu Schismen innerhalb der ismailitischen Gemeinschaft. Ab der zweiten Hälfte des 11. Jahrhunderts verlor die Dynastie der Fatimiden allmählich an Macht.

1071 hatten die Normannen Sizilien erobert, und in den folgenden Konflikten mit den Byzantinern, Seldschuken und Kreuzfahrern wurde der fatimidische Druck auf die Städte Syriens und Palästinas immer schwächer. Die letzte Festung, Askalon, fiel 1153 in die Hände der Kreuzritter. Damit setzte der Zusammenbruch des fatimidischen Reichs ein, und Saladin, dem ersten ayyubidischen Herrscher, gelang es 1171, das Kalifat aus Ägypten zu verdrängen.[10]

Zeitgleich mit der Herrschaft über Ägypten erfolgte eine außergewöhnliche Zunahme des Mittelmeerhandels, für den ebendieses nordafrikanische Land eine zentrale Rolle spielte.[11] So berichtet der Geograf al-Muqaddasi (spätes 10. Jahrhundert), dass die Städte Fustat und Kairo kosmopolitische Zentren des Welthandels waren.[12] Einer der Hauptgründe für diese Entwicklung liegt sicher in der Tatsache, dass die Fatimiden wichtige Handelsrouten kontrollierten. Der Transsahara-Handel brachte nicht nur Sklaven, sondern auch Gold aus den Minen des Sudan.[13] Gleichzeitig beherrschten die Fatimiden die Handelsroute durch das Rote Meer nach Indien und erweiterten sie,[14] wodurch eine enge Verbindung zwischen Fatimiden und Sulaihiden im Jemen entstand. Im Mittelmeerraum knüpften die Fatimiden Beziehungen zu italienischen Städten wie Amalfi, Pisa, Genua und Venedig, deren Kaufleute zu häufigen Besuchern der Häfen von Damiette und Alexandria und der wichtigsten syrischen Häfen wurden.[15] Waren unterschiedlichster Art bezog der Mittelmeerhandel ein: kostbare Stoffe ebenso wie indische Gewürze.[16]

Architektur

Obwohl nur wenig von ihnen erhalten ist, lässt sich nachweisen, dass die Dynastie in Nordafrika bemerkenswerte architektonische Projekte, auch in städtebaulicher Hinsicht, durchgeführt hat.[17] Quellen berichten über viele Paläste, Häuser, Bäder und Karawansereien in der Hauptstadt Mahdiyya.[18] Archäologische Zeugnisse sind jedoch selten, und nur die Große Moschee vermittelt eine Vorstellung von der Bauweise.[19] Der Grundriss lehnte sich eindeutig an die Große Moschee von Kairouan an, eine T-förmige Säulenhalle. Hier wurde sie jedoch mit einem vorgelegten, bewehrten Haupteingang kombiniert, der sich von den römischen Triumphbögen und der omayyadischen Palastarchitektur ableitete.

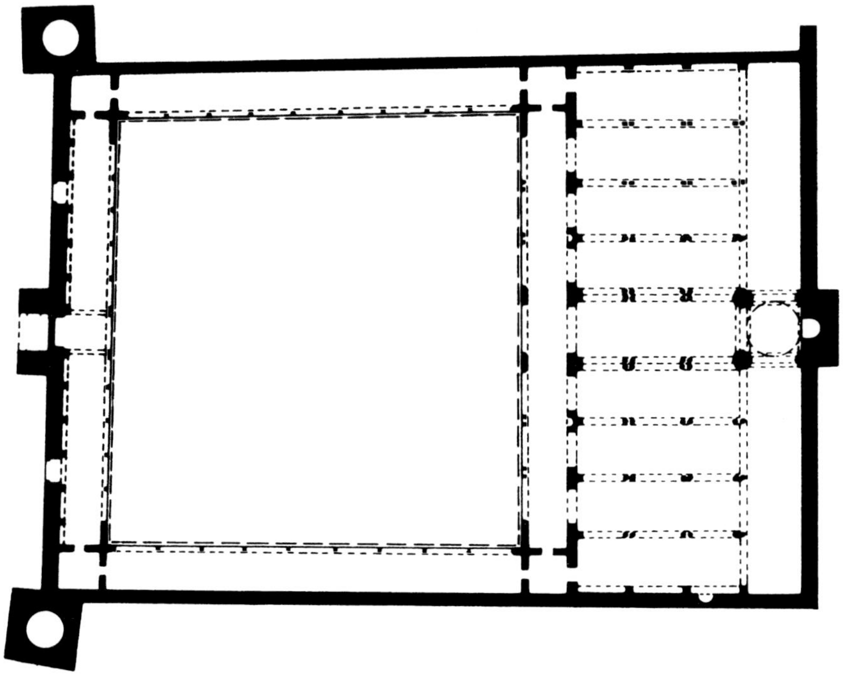

Grundriss und Monumentaltor der Großen Moschee von Mahdiyya (Tunesien), die in fatimidischer Zeit um 916 gebaut wurde. Im Gebetssaal werden nach dem Vorbild der Moschee von Kairouan das Hauptschiff und das Schiff des Mihrab mit einer Kuppel an ihrem Schnittpunkt betont. Das mehrfach erneuerte Tor erinnert an die römischen Triumphbögen und an die Tore der omayyadischen Burgen und der Burgen Samarras, ein Zeichen für den imperialen Ehrgeiz, der die Fatimidien von Ifriqiya bis zur Eroberung Ägyptens antrieb.

947 gründete der dritte in Nordafrika herrschende Kalif, al-Mansur, eine neue Metropole: Sabra Mansuriyya[20] südöstlich von Kairouan. Sie blieb die fatimidische Hauptstadt bis 972. Da die Ausgrabung nicht vollständig durchgeführt wurde, stützen sich weitere Kenntnisse auf schriftliche Quellen: al-Muqaddasi erläutert, dass die kreisförmige Stadt mit dem in der Mitte liegenden Sultanspalast Bagdad nachgebildet wurde.[21]

Zwei weitere Gebäude, die in diesem Zusammenhang von Bedeutung sind, befinden sich in Zentralalgerien. Beide wurden von kleineren Herrscherfamilien errichtet, die den Fatimiden unterstanden. Es handelt sich um den Palast von Ashir, um 947 erbaut, als die Ziriden ihre Hauptstadt gründeten,[22] und um Qal'at Banu Hammad,[23] eine Stadt mit einem großen Palastgebäude, die um 1010 entstand. Die Bauzeit des Palasts ist nicht nachgewiesen, aber Ähnlichkeiten mit Bauten wie La Cuba (um 1180) und vor allem La Zisa (1154–66), zwei Palästen in Palermo,[24] lassen darauf schließen, dass sie die normannische Architektur im Sizilien des 12. Jahrhunderts beeinflusste.

Der mit der Eroberung Ägyptens einhergehende wirtschaftliche Aufschwung zog eine Blütezeit der künstlerischen Produktion und die Errichtung von Gebäuden in großem Umfang nach sich. Wenige der Bauten haben sich erhalten. Umfangreicher sind die Zeugnisse der Historiker und Geografen, etwa die Aufzeichnungen von Nasir-i-Khusraw (1047). Demnach war der Königspalast in der Mitte der Stadtmauer von Kairo errichtet, und die einzelnen Teile dieses Gebäudekomplexes, in dem sich Küchen und Empfangssäle befanden, waren durch unterirdische Gänge miteinander verbunden.[25] Die Weiträumigkeit des Palastes wird auch durch die Berichte zweier Unterhändler der Kreuzritter belegt, die 1167 vom letzten fatimidischen Kalifen, al-Adid, empfangen wurden. Sie erzählen, dass sie viele schöne Höfe durchschritten, bevor sie den eindrucksvollen Saal erreichten, in dem der Kalif sie, auf einem goldenen Thron sitzend, empfing.[26]

Wesentlich mehr ist von der Sakralarchitektur erhalten. Typische Moscheen der frühen fatimidischen Zeit sind die al-Azhar (ab 970) und die von al-Hakim (ab 990) in Kairo.[27] Ihre Dekoration geht auf den älteren Stil von Samarra[28] zurück und besteht aus Reliefs aus Stuck, Stein und Holz mit geometrischen, vegetabilischen und Schrift-Motiven. Ein Teil der geschnitzten Holzreliefarbeiten von al-Hakim blieb erhalten, einige sogar noch in situ.[29] Beide Moscheen besaßen den für die Freitagsmoscheen typischen Grundriss einer Säulenhalle, während sich die Moschee-Grundrisse der spätfatimidischen Zeit zu kleinen Kulträumen veränderten, was wahrscheinlich mit der Verehrung von Heiligen zusammenhing.

Auch eine große Anzahl von ägyptischen Grab- und Gedenkstätten aus fatimidischer Zeit ist erhalten. Es handelt sich um Mausoleen wie zum Beispiel das von Sayyida Nafisa (1089/482) und um Kultstätten wie die von Umm Kulthum (1122/516) und Sayyida Ruqayya (1133/527).[30]

Die möglicherweise eindrucksvollsten Bauwerke aber sind die massiven Stadtmauern und die drei turmbesetzten Stadttore von Kairo: Bab an-Nasr (Siegestor, um 1087), Bab al-Futuh (Tor der Eroberung, um 1087) und Bab az-Zuwayla (um 1092).[31]

Buchmalerei und Malerei

Die Bibliothek der Fatimiden war eine der größten und bestausgestatteten des Mittelalters. Sie enthielt Bücher (darunter viele mit Illustrationen) in verschiedenen Sprachen und zu unterschiedlichen Themen: Wissenschaft, Literatur, Philosophie, Religion. Die Bibliothek wurde aufgelöst und zerstört, als die Dynastie im 12. Jahrhundert von den Ayyubiden gestürzt wurde.[32] Koranmanuskripte aus dieser Zeit sind äußerst selten; ein Exemplar jedoch, das aus dem Jahr 1037/428 stammt, befindet sich in der Chester Beatty Library in Dublin.[33]

Das bedeutendste Beispiel ist wohl der so genannte blaue Koran, der in Goldbuchstaben auf ein indigo gefärbtes Pergament kopiert wurde und dem fatimidischen Nordafrika des 10. Jahrhunderts zugeschrieben werden kann.[34] Eines von weiteren Koranblättern aus der fatimidischen Zeit liegt im Victoria and Albert Museum in London.[35]

Nur wenige Manuskipte finden sich, die nicht dem sakralen Bereich zuzuordnen sind. Eine Ausnahme bildet ein vollständig erhaltenes Manuskript aus dem 11. Jahrhundert: Es handelt sich um das Kompendium eines Musikers vom fatimidischen Hof, Ibn al-Tahhan,[36] der unter dem Kalifen az-Zahir (1021–1036/411–427) wirkte.

Was die Malerei betrifft, so vermitteln Fragmente, die in Fustat gefunden wurden und Skizzen, Zeichnungen und Miniaturen umfassen, einen Eindruck vom Stil der fatimidischen Zeit.[37] Zum größten Teil befinden sie sich heute in der Sammlung Keir in London.[38] Einige sind einfache Skizzen in schwarzer Tinte, andere sind in zarten Farben gemalt, während bei weiteren Ähnlichkeiten mit den Wandmalereien aus der klassischen Periode festgestellt werden können.[39]

Ein Blatt, das sich derzeit im Metropolitan Museum of Art in New York befindet,[40] ist von besonderem Interesse. Das Fragment ist auf den Beginn des 12. Jahrhunderts zu datieren und trägt die Miniaturen eines Hasen und eines Löwen: Wahrscheinlich handelt es sich um eines der ersten Beispiele aus der später blühenden Tradition der illustrierten Bestiarien.[41]

Da entsprechende Objekte nur in geringem Umfang zur Verfügung stehen, ist es nicht möglich, eine kohärente Entwicklung in der Buchmalerei festzustellen. Zumindest aber lässt sich die Stilentwicklung anhand der zitierten Fragmente, der Fresken und der Malereien auf Holz und anderen Materialien wie Keramik umreißen.[42] Aufschlüsse über den „fatimidischen Stil" gibt der Gemäldezyklus der Holzdecke der Cappella Palatina in Palermo, die 1143 fertig gestellt wurde.[43] Ähnliche Malereien finden sich an der Holzdecke des Doms von Cefalù (1. Hälfte des 12. Jahrhunderts).[44] Die Hypothese, dass es sich hier um Werke von Künstlern handelt, die aus dem fatimidischen Reich stammten oder zumindest im Rahmen einer etablierten fatimidischen Tradition arbeiteten, wird durch die kürzliche Entdeckung einer Deckenmalerei des 10. Jahrhunderts in Kairo bestätigt, die Blumen und Tiere aufweist und stilistisch den Malereien der Palastkapelle ähnelt.[45]

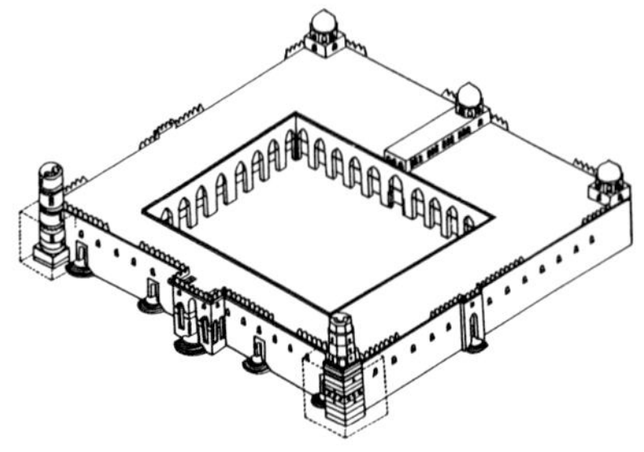

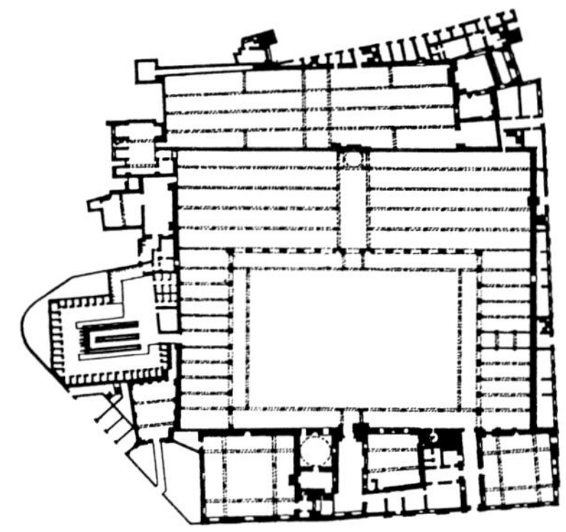

Rekonstruktion der Moschee von al-Hakim in Kairo, die in den ersten Jahren des 11. Jahrhunderts vollendet wurde: Die Architektur ist ägyptisch, aber das monumentale Eingangstor zum Hof nimmt das von Mahdiyya wieder auf, das auf der vorhergehenden Seite abgebildet ist. Auch die beiden Minarette der Fassade sind innovativ und nehmen die Entwicklungen der mamlukischen Zeit vorweg.

Grundriss der Moschee al-Azhar, die 970-72 in Kairo gebaut und sofort ein wichtiges Zentrum der Lehre wurde. Die Säulengänge des Hofes (Sahn) wurden in der Zeit des Kalifen al-Hafiz (1130-1149) hinzugefügt, während die Madrasa und der Säulengang jenseits der Qibla-Wand später hinzukamen.

Der Gebetssaal von oben und der Hof. Das Hauptschiff führt zum Schiff des Mihrab und wird durch das Monumentaltor hervorgehoben. Eine Brüstung schließt es oben ab und erinnert an die omayyadischen Vorgänger. Sie versteckt die zweite Kuppel, die ebenfalls unter dem Kalifen al-Hafiz errichtet wurde. Die Verdoppelung der Kuppel ist in Nordafrika üblich und wurde möglicherweise von den Fatimiden nach Ägypten gebracht.

Anhand der Fragmente aus Papier, der Holzmalereien und der Keramik lässt sich die fatimidische Malerei dem so genannten „klassischen Stil" zuordnen.[46] Mit diesem Begriff werden hier sowohl die griechisch-römische Tradition als auch Stilmittel der zentralasiatischen Malerei aus Miran im 3. Jahrhundert bezeichnet,[47] etwa bei der Ausführung der Gesichter. Die Betrachtung dieser Kunstgattung muss also in einem größeren historisch-künstlerischen Zusammenhang erfolgen, der gleichermaßen Verbindungen herstellt zu ihren beiden „klassischen" Vorgängern (späthellenistischer und zentralasiatischer Prägung) wie auch zu den Nachfolgern jenseits des fatimidischen Ägypten: so etwa die erwähnten Malereien der Cappella Palatina des 12. Jahrhunderts oder die nordafrikanischen Miniaturen des 13. Jahrhunderts, wie im *Buch von Bayad und Riyad*.[48]

Kunsthandwerk

Auch auf dem Gebiet des Kunstgewerbes finden sich nur wenige Zeugnisse der fatimidischen Dynastie aus Nordafrika. Als ältestes fatimidisches Gewebe gilt ein auf 965/354 datierter *tiraz* (Ehrengewand; auf den Begriff wird später näher eingegangen) aus der Zeit des Kalifen al-Mu'izz.[49] Die Inschrift beinhaltet eine schiitische Formel, die die Zugehörigkeit von al-Mu'izz zur Linie der Aliden heraushebt und die später Teil des offiziellen fatimidischen Formelrepertoires wurde. Ein in Mansuriyya angefertigtes, rechteckiges Elfenbeinkästchen nennt in seiner Widmungsinschrift ebenfalls al-Mu'izz: Es lässt sich daher auf einen Zeitraum zwischen 952/341 und 972/362 datieren; in jenen Jahren wandte sich al-Mu'izz nach Ägypten.[50] Die Seiten tragen Malereien einer grünen und roten Volutenbordüre, die an spätere sizilianisch-arabische Elfenbeinarbeiten erinnern.

Neben den Kacheln mit Lüstermalerei aus Qal'at Banu Hammad[51] existiert eine beträchtliche Anzahl fatimidischer Keramiken, die in Nordafrika hergestellt wurden, darunter sehr unterschiedliches, farbiges Geschirr.[52] Die Darstellungen umfassen menschliche Gestalten, die verschiedenen Tätigkeiten nachgehen (vor allem bei der Jagd und im Krieg), Tiere und Schriftbänder. Ähnliche Arbeiten stammen aus einer älteren lokalen Tradition, die die Fatimiden nach der Eroberung Ägyptens fortsetzten; allerdings entstand auch ein völlig anders gearteter Typ der Keramik und wurde weiterentwickelt.

Selbst wenn die fatimidische Keramik aus Ägypten mit einem übergreifenden mediterranen Stil in Verbindung gesetzt werden kann, der auch byzantinische Elemente aufweist, so hat sie doch mehr Gemeinsamkeiten mit der Keramik aus Persien und Mesopotamien als mit der aus Ifriqiya. Sie zeigt verschiedene Schmuckformen und -motive: Die geometrischen und vegetabilischen Motive gehören wie in den Stuckarbeiten, Holzschnitzereien und Stoffen einem in Ägypten verbreiteten Repertoire an, während die Figurendarstellungen in einem Stil gehalten sind, der sich – manchmal mit humoristischen Elementen durchsetzt – von der klassischen Tradition ableitet.

Die zeitliche Einordnung basiert im Wesentlichen auf den Inschriften, wobei drei bemalte Objekte aus der Regierungszeit des Kalifen al-Hakim (996–1021/386–411) als Bezugspunkte dienen.[53] Außer der fatimidischen Keramik, die in den Ruinen von Fustat gefunden wurde, existiert noch eine weitere Quelle:[54] Die Keramikbecken mancher Kirchen Italiens, die zwischen dem Anfang des 11. und dem 15. Jahrhundert entstanden sind, wurden meist bei der Errichtung in die Mauern eingefügt. Da die Baugeschichte einiger dieser Sakralbauten dokumentiert ist, können daraus wertvolle Hinweise auf die Datierung gewonnen werden, da davon auszugehen ist, dass viele dieser Keramiken zeitgenössisch sind.

Der für die Herstellung der Keramik genutzte Brennofen, der mit direkter Flamme arbeitete, war in der gesamten islamischen Welt verbreitet. Er bestand aus einer flachen runden oder ovalen Konstruktion, die in zwei Kammern unterteilt war. Eine

In der abbasidischen Moschee von Ibn Tulun in Kairo ließ der Wesir des fatimidischen Kalifen al-Mustansir, al-Afdal, einen Mihrab aus reich mit kufischen Inschriften verziertem Stuck anbringen. Der Stil und die Ausführung – ein Rahmen ist in den anderen eingelassen – lassen an persischen Einfluss denken. Museum für Islamische Kunst, Kairo, 1094

perforierte Abdeckung sorgte für einen aufsteigenden Luftstrom. Für die Lüsterkeramik wurde der zweite Brennvorgang in einem Reduktionsofen vorgenommen, der den nach dem ersten Brand auf die kalte Oberfläche aufgetragenen Silber- und Kupferoxyden den Sauerstoff entzog und sie als Metallüberzug fixierte. Dieses zweite Brennen war ein ausgesprochen empfindliches Verfahren, denn für eine gleichmäßige Färbung musste im gesamten Brennraum dieselbe Temperatur beibehalten werden.[55] Das übliche Farbspektrum umfasste bräunliche, rötliche und goldgelbe Metallreflexe, die wie Goldmalerei erscheinen.

Das Schmuck- und Figurenrepertoire bezog verschiedene Sujets ein: Szenen mit Vergnügungen bei Hofe (sitzende Fürsten mit einem Kelch in der Hand oder bereit zur Falkenjagd, Musiker, Tänzerinnen) ebenso wie Szenen aus dem Alltagsleben (Sklaven führen Tiere in ihre Umzäunungen, Kämpfer, Hahnenkämpfe, landwirtschaftliche Tätigkeiten). Dadurch wurde der Begriff des „Realismus" auf die fatimidische Kunst übertragen.[56] Der Stil setzt jedoch eher den fließenden späthellenistischen Stil fort, und die meisten Themen, einschließlich der Alltagszenen, sind Themen des herrscherlichen Lebens, das in allen Facetten wiedergegeben wird.[57] Dies stärkt die Hypothese, dass der größte Teil dieser Keramik für den Hof hergestellt wurde. Quellenbelege, mit deren Hilfe die Entwicklung der Keramikproduktion rekonstruiert werden könnte, fehlen.

Zwischen 1965 und 1981 führte das Amerikanische Forschungszentrum in Ägypten Grabungen in Fustat durch, die nicht nur grundlegend für Erkenntnisse auf dem Gebiet der Keramik waren, sondern auch wichtige Aufschlüsse über die Geschichte des fatimidischen Glases gaben. Zahlreiche Fundstücke wurden freigelegt, zu denen sowohl Gebrauchs- als auch Luxusgüter gehörten.[58] Gleichfalls von großer Bedeutung war die Entdeckung einer Wracks mit Ladung vor der türkischen Küste bei Serçe Limanı nahe Bodrum. Es wurden mehr als 80 Glasgefäße gefunden, und aus den zehntausenden von Scherben konnte eine überraschende Anzahl von Objekten mehr oder weniger vollständig wiederhergestellt werden. Das Schiff lief vermutlich im zweiten Viertel des 11. Jahrhunderts auf Grund, mit einer Ladung, die zweifellos aus der jüngsten Produktion stammte. Somit liefert dieser Fund authentische Zeugnisse über die fatimidische Glasherstellung.[59] Dies bezieht sich auf die Form und auf die Technik; neben den traditionellen Formen wie der Karaffe, die mit klassischen und sassanidischen Traditionen und Techniken (Gravur und Stempelglasbläserei) verknüpft werden können, wurden neue Formen entdeckt wie hammer- oder glockenförmige Flaschen mit langem Hals.

Eine der verbreitetsten Schmucktechniken war die Stempelglasbläserei, denn diese Methode erlaubte es, Motive plastisch hervorzuheben; die Gravur blieb seltenen und kostbaren Gegenständen vorbehalten und bedurfte besonderer Fertigkeiten. Diese Technik ermöglichte eine Serienproduktion, und die gestempelten Objekte waren ein preiswerter Ersatz für das gravierte Glas. Es sind auch Glasgegenstände mit Lüstermalerei gefunden worden – die Technik ist nahezu identisch mit der, die auf die Keramik angewendet wurde –, und es ist davon auszugehen, dass dieselben Handwerker sie herstellten und dabei dieselben Brennöfen benutzten. Der Lüsterdekor auf Glas entstand vermutlich im 4. oder 5. Jahrhundert in Ägypten, während die Keramik eine Erfindung aus islamischer Zeit zu sein scheint, auf mesopotamischem Gebiet (Samarra) im 11. Jahrhundert entwickelt.[60]

Von großer künstlerischer Qualität sind die aus fatimidischer Zeit stammenden Gegenstände aus Bergkristall.[61] Für al-Biruni, den großen Universalgelehrten aus der ersten Hälfte des 11. Jahrhunderts, war Bergkristall, eine Art lupenreiner Quarz, „der kostbarste aller Steine. Sein Wert liegt in seiner Durchsichtigkeit und darin, dass er zwei der vier Elemente verschmilzt: Luft und Wasser".[62] Die im Schatz von San Marco in Venedig aufbewahrte Karaffe von al-Aziz (10. Jahrhundert) bildet, zusammen mit vier weiteren erhaltenen Karaffen,[63] den Höhepunkt dieser Produktion: Die Meisterschaft der ägyptischen Handwerker war mit Sicherheit die Frucht einer langen Tradition.

In Kairouan in Tunesien wurde ein Koran in goldenen kufischen Buchstaben mit silbernen Ornamenten auf blaugefärbtem Pergament kopiert. Das im Orient und in Byzanz bekannte Verfahren zur Färbung des Pergaments lässt vermuten, dass versucht wurde, mit den wertvollsten Dokumenten der byzantinischen Kaiser zu konkurrieren. Die Seiten, aus denen dieser Koran bestand, befinden sich heute in verschiedenen Sammlungen. Paris, Institut du Monde Arabe, Al 84-9

Das Fragment mit der Darstellung eines Hahns in Tinte und Aquarell auf Papier belegt das Überleben der Tradition der klassischen Malerei im Ägypten der islamischen Zeit. In Pinselstrich und Farbschema lehnt sich das Bild an römische und spätantike Wandgemälde an. Aus Fustat (Ägypten) stammend. Institut du Monde Arabe, Paris, Al 87-31, 11.–12. Jahrhundert

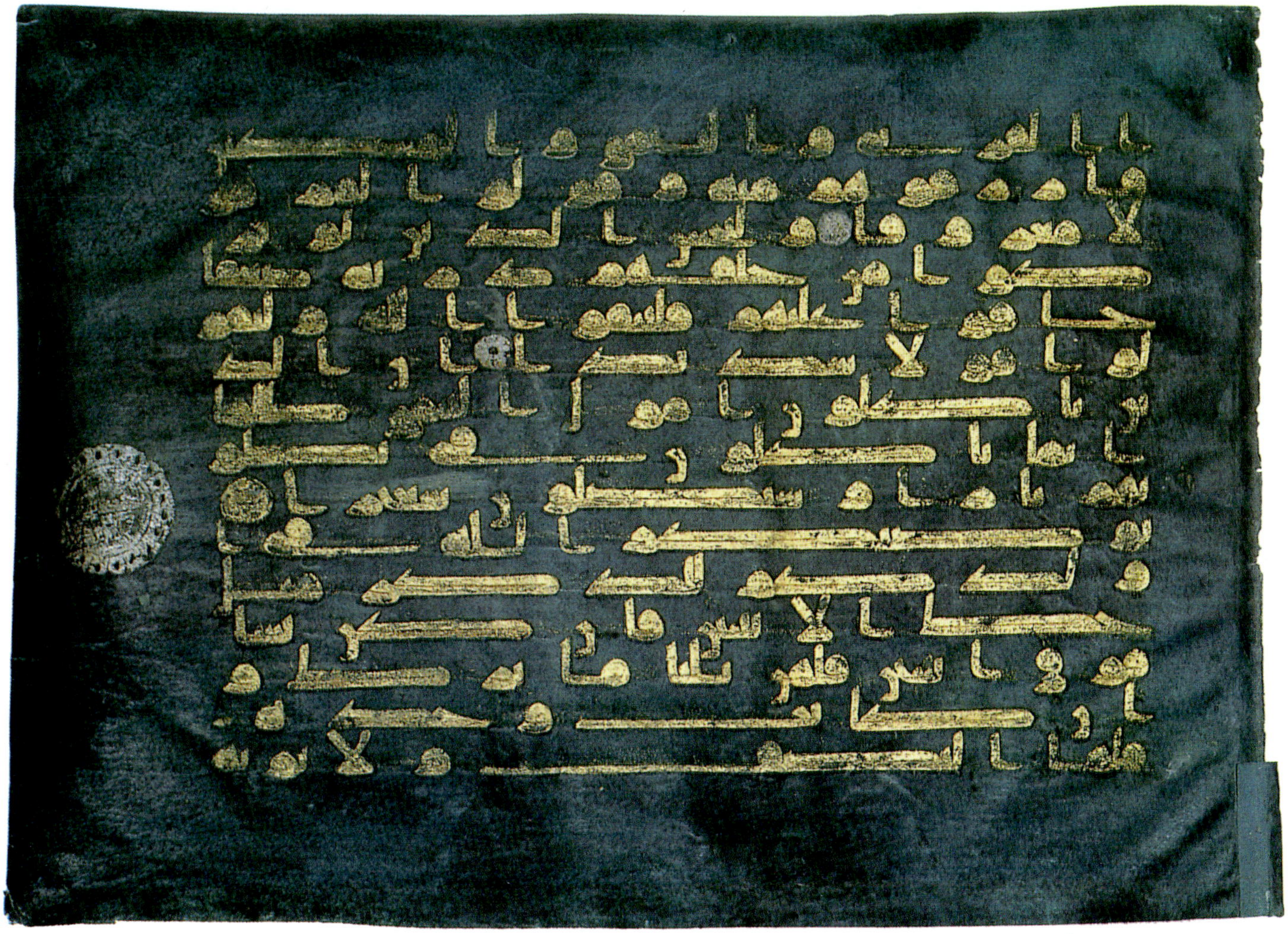

Weder über die Entwicklung dieser Technik noch über ihren ökonomischen und sozialen Status in fatimidischer Zeit sind Dokumente überliefert. Al-Biruni berichtet in Bezug auf die Produktion in Basra, dass das rohe Kristallstück zuerst von einem Experten begutachtet wurde, der festlegte, welches Objekt daraus hergestellt werden könne; dann erst erhielt es der Handwerker. Damit ist ein Hinweis auf die Vorbereitungsphase in der Herstellung gegeben. Des Weiteren erlauben die Betrachtungen Nasir-i-Khusraws über die Bearbeitung und den Verkauf von Bergkristall im Basar von Kairo zumindest den Schluss, dass neben einer Palastwerkstatt, die die feinsten und kostbarsten Gegenstände herstellte, sicher auch Werkstätten existierten, die Ware für den Markt produzierten.[64]

Ein interessanter und viel diskutierter Aspekt ist der Bezug zwischen graviertem Glas und graviertem Bergkristall. Eine Produktion ist aus dem mesopotamischen Gebiet und aus dem Iran bekannt, die bis in die Sassanidenzeit zurückreicht. Aber spätestens seit dem 11. Jahrhundert wurde beides offensichtlich sowohl in den genannten Gebieten als auch in Ägypten hergestellt. Aus der ägyptischen Produktion gibt es eine gewisse Anzahl an Stücken, die zeitgleich mit den fatimidischen Bergkristallgegenständen entstanden sein könnten. Es findet sich hier ein gemeinsames Repertoire an Techniken und Formen, das die Hypothese stärkt, wonach beide Materialien zur selben Zeit in denselben Werkstätten von denselben Spezialisten hergestellt wurden.[65]

Für die Gravur hat der Steinmetz vermutlich eine Drehbank mit Drillbogen benutzt, um die Details auf der Außenseite des Bergkristalls herauszuarbeiten. Sie bestand aus einem unbeweglichen Metallstück, an dessen Ende ein Bohrer oder ein kleines Rad angebracht war.

Das Schleifmittel war wahrscheinlich mit Wasser gemischter Sand oder eine Paste aus Diamantstaub. Mit einer Hand wurde das Metallstück in Drehung versetzt, indem der Bogen nach vorne und hinten gezogen wurde, während die andere Hand das Kristallobjekt gegen den Bohrer oder die Scheibe drückte. So zumindest wird dieser Vorgang auf dem Rand eines Albumblattes für den Mogulherrscher Djahangir dargestellt, das um 1620 entstand.[66]

Viele der fatimidischen Bergkristallobjekte finden sich heute in europäischen Sammlungen. Einmal nach Europa gelangt, wurden sie zum Bestandteil fürstlicher oder kirchlicher Schatzkammern und in den meisten Fällen mit Gold- und Silberfassungen versehen.[67] Die im Schatz von Santa Chiara in Assisi aufbewahrte Kristallampulle zum Beispiel wurde durch Hinzufügung einer vergoldeten Silberfassung mit Edelsteinen in einen Reliquienbehälter verwandelt, in dem die Nägel der heiligen Klara aufbewahrt werden.[68] Eines der interessantesten Objekte ist das Reliquiar des »Köstlichsten Blutes« in San Marco in Venedig. Die Fassung wurde im 13. Jahrhundert in Venedig aus Dukatengold gefertigt und trägt eine arabische Inschrift mit einem Segensspruch. Auf einem der Goldringe der Fassung jedoch besagt eine weitere lateinische Inschrift: *hic est sanguis Christi*[69] (dies ist das Blut Christi).

Die Produktion von Stoffen und der Handel mit ihnen war im Mittelmeerraum des Mittelalters ein lebenswichtiger Faktor für die ägyptische Wirtschaft. Die Herstellung und Bearbeitung von Leinen trug erheblich zum Wohlstand des fatimidischen Ägypten bei und diente als Basis für ein ganzes Handels- und Produktionsnetzwerk. Der Tiraz ist ein Gewebetyp, von dem sich beträchtliche Mengen aus fatimidischer Zeit erhalten haben. Es handelt sich um einen Stoff, der mit gestickten, gewebten, gemalten oder gedruckten Schrift- oder Schmuckbändern verziert ist. Ursprünglich bezeichnete das Wort Tiraz anscheinend ein reich besticktes Gewand für einen Sultan und den Hofstaat, oder ein Ehrengewand, das als Auszeichnung verliehen oder einem Würdenträger überreicht wurde. Da aber zahlreiche Tiraz-

Der Reliefschnitt auf dieser Holztafel stellt einen Fürsten im Schneidersitz beim Trankopfer zwischen Arabesken dar. Die Ausführung der Schnitzerei und die Themen aus dem Fürstenzyklus ähneln stark einigen Tafeln, die ursprünglich zum Schmuck des fatimidischen Herrscherpalastes gehörten. Fatimidisches Ägypten, Victoria and Albert Museum, London, 11. Jahrhundert

Gegenüber:

Zwei Beispiele für afrikanische fatimidische Keramik aus dem 11. Jahrhundert. Großer Teller mit Darstellung einer Antilope, die den Kopf nach hinten dreht, vor einem mit Blumen geschmückten Hintergrund, einem stilisierten Baum und Buchstaben, die den Namen Allahs bilden. Museo del Bardo, Tunis

Becken mit Bild eines großen Segelschiffes, in Tunis oder Mallorca produziert. Die Ikonographie erinnert an die fatimidische Malerei der Zeit. Aus San Pietro in Grado stammend, Museo Nazionale di San Matteo, Pisa

Inschriften den Namen des Kalifen tragen und erläutern, ob sie *khassa* oder *amma* sind – die Begriffe unterscheiden in etwa zwischen „privat" und „öffentlich" –, bezeichnet das Wort Tiraz auch für einen größeren Markt produzierte Stoffe.[70] Zahlreiche ähnliche Gewebe weisen einfache Formeln als Inschrift auf, manchmal sogar ohne konkrete Bedeutung, und so kann Tiraz auch als allgemeinere Bezeichnung für Gewänder verstanden werden, die mit einem, wie auch immer gestalteten, Schmuckband versehen sind.

Der größte Teil der Tiraz aus fatimidischer Zeit stammt aus Ägypten, wo sich Sonne und Klima besonders günstig auf die Konservierung organischer Materialien auswirken. Häufig tragen sie Inschriften, die ihre Herkunft angeben. Die dort erwähnten Orte – Misr, Damiette, Shatta, Bura, Tuna, Tunis und Dabiq – werden durch die Schriftquellen bestätigt. Sie lagen, mit Ausnahme von Misr, nordöstlich des Nildeltas und profitierten in dieser Zeit des zunehmenden Handels von der Nähe zu einem Hafen.[71] Vom Ende des 10. bis zum 11. Jahrhundert war die allgemeine Wirtschaftslage, bedingt durch die Expansion der europäischen Märkte und den technischen Fortschritt in der Schifffahrt, besonders günstig für die Entwicklung der Stoffindustrie in den Küstenstädten. Die bekannten Stoffe der Deltaregion zeigen eine breite Qualitätsspanne, die einer vielseitig spezialisierten Industrie zu entsprechen scheinen.

Die fatimidischen Stoffe sind meist aus S-förmig gesponnenem Leinen gefertigt; dies bedeutet, dass die Haspel die Fäden nach rechts gedreht hat und so ihrer natürlichen Drehung gefolgt ist. Diese Gleichförmigkeit macht es unmöglich, Werkstätten zu unterscheiden und eine Datierung vorzunehmen, da dieselbe Art des Spinnens für das ägyptische Leinen aus pharaonischer Zeit charakteristisch war. Jedoch stehen diese Gewebe im Kontrast zu verschiedenen abbasidischen, tulunidischen und ikhshididischen Stoffen, die meist Z-förmig gesponnen wurden.

Das Material der Schrift- oder Schmuckbänder der Tiraz ist Wolle oder Seide. Wolle wurde zur Verzierung koptischer Gewebe benutzt. Die Schrift- und Materialquellen zeigen, dass zu Beginn der islamischen Zeit in Ägypten Wolle auch für die islamische Bevölkerung hergestellt wurde. Sie wurde jedoch nach und nach durch Seide ersetzt, die in der gesamten fatimidischen Dynastie Verwendung fand, obwohl sie ein teures Importprodukt war.

Der Seide wurden manchmal Silber- oder Goldfäden beigegeben (die um einen Seidenfaden geschlungen waren). Der „Schleier der heiligen Anna" aus der Regierungszeit des Kalifen al-Musta'li (1094–1101/487–495) ist ein interessantes Beispiel für einen Stoff, der mit gewebten Schmuckbändern aus Seide und Goldfäden durchsetzt wurde.[72]

Das für die islamischen Luxusprodukte verwendete Elfenbein stammte von Elefanten und wahrscheinlich aus Ostafrika. Walross-Elfenbein wurde für Dolchgriffe benutzt und Bein für die Einlegearbeiten. Objekte aus Flusspferdstoßzähnen wurden noch nicht nachgewiesen, obwohl vor kurzem in Gao (Mali) eine große Anzahl Stoßzähne entdeckt wurde, die wahrscheinlich für den Transsahara-Handel mit Nordafrika bestimmt waren.

Im fatimidischen Ägypten erreichte das Schnitzen von Bergkristall seinen Höhepunkt. Es wurden wertvolle Gegenstände hergestellt, die dann im ganzen Mittelmeerraum Verbreitung fanden. Eines der schönsten Stücke ist dieser Krug mit äußerst dünnen Wänden und einer sehr komplizierten erhabenen Dekoration – ein Raubvogel, der eine Gazelle angreift zwischen Ästen und Blattwerk –, die die verschiedenen Schnittarten ausnutzt. Victoria and Albert Museum, London 11. Jahrhundert

Nur wenige geschnitzte fatimidische Elfenbeinarbeiten mit bildlichen Darstellungen sind überliefert. Zu den berühmtesten Stücken zählen die sechs geschnitzten und durchbrochenen Platten des Bargello-Museums in Florenz mit einem Gehrungsschnitt, der den Gestalten Volumen gibt. Weitere vergleichbare Platten finden sich in Paris und Berlin. Es gibt große Ähnlichkeiten zwischen fatimidischen Gegenständen aus Elfenbein und aus Holz und eine enge Verwandtschaft zwischen den erwähnten Platten aus Florenz, Paris und Berlin[73] und den Holzplatten aus dem Fatimidenpalast. Letztere gehen auf das 11. Jahrhundert zurück und wurden später im *Maristan*, dem Krankenhaus von Qala'un, wieder verwendet.[74] Ihre Ikonographie zeigt das herrschaftliche Leben mit Szenen vom Hofe, den Beschäftigungen nachgehenden Dienern und dem Herrscher selbst, der umgeben ist von seinem Gefolge, Musikern und Tänzerinnen. Wie bei der Keramik lässt sich der Realismus in der Darstellung bestimmter Elemente mit dem Überleben der klassischen und hellenistischen Tradition im fatimidischen Ägypten in Verbindung setzen, die die Quelle einer Ikonographie war, an die das Kunsthandwerk teilweise unmittelbar anknüpfte.

Die Holzschnitzerei erlebte im fatimidischen Ägypten eine Blüte. Infolge der Vermischung des koptischen und des tulunidischen Stils sind die Schnitzereien der Täfelungen komplexer und durch ein größeres ikonographisches Repertoire charakterisiert. Diese Komplexität verstärkt sich in den geometrischen Mustern und in dem Flechtwerk der beiden Mihrab der oben erwähnten Moscheen Sayyida Nafisa und Sayyida Ruqayya.[75] Figürliche Motive treten häufiger auf und sind abwechslungsreicher gestaltet.

Auch die Schnitztechniken sind sehr unterschiedlich. Obwohl nicht mehr die Effekte zu finden sind, die sich vom Gehrungsschnitt der abbasidischen und tulunidischen Skulptur ableiten, wird dieser weiterhin verwendet, wie zum Beispiel in der Tafel mit zwei Gazellen zwischen Pflanzenvoluten im Nationalmuseum von Kuwait. Die Tiefe des Schnitts kann, wie beim Elfenbein, variieren, um eine zusätzliche Ebene im Relief zu schaffen. Einige der wieder verwendeten Friese im Maristan von Qala'un veranschaulichen dies: Die figürliche Darstellung hebt sich von einem Hintergrund aus Rankenwerk ab. Die Qualität der Ausführung ist jeweils unterschiedlich. Auffallend aber ist die Sorgfalt und Exaktheit in der Ausarbeitung der Details, die an der Täfelung des Königspalastes ablesbar ist – so zum Beispiel bei den Kostümen und Tieren einer sich heute im Louvre befindenden Tafel.[76]

Parallelen in Thematik und technischer Ausarbeitung lassen darauf schließen, dass dieselben Handwerker Holz und Elfenbein bearbeiteten. Auch in diesem Zusammenhang fehlen Belege: Obwohl bekannt ist, dass die Verwertung der Akazie in Oberägypten den Fatimiden oblag, sind keine Dokumente über die Organisation und Wirtschaft der Holznutzung überliefert. Pinie, Akazie, Zypresse, Buchs, Ebenholz und Teak sind einige der einheimischen und importierten Hölzer, die in fatimidischer Zeit genutzt wurden. In jener Epoche war Ägypten wesentlich waldreicher; dennoch wurde der Hauptanteil der Hölzer importiert, sicherlich unter hohem Kostenaufwand.

Einige auf die iberische Halbinsel importierte Schachfiguren aus Bergkristall. Aus der Collegiatskirche Sent Pere d'Ager stammend, Lerida, Diözesanmuseum von Urgell

Folgende Doppelseite:

Vier Elfenbeinplättchen zeigen deutlich die Vorliebe für die Darstellung des Hoflebens. Sowohl die Musiker als auch die Tänzerinnen entsprechen Motiven, die in der späten fatimidischen Kunst berühmt geworden sind. Die benutzte Technik des Reliefs und der Durchbohrung lässt ein äußerst feines Ergebnis bei der Modellierung der Körper und dem Fließen der Bewegungen zu. Museo Nazionale del Bargello, Florenz

Diese goldenen Beschläge gehören zu den schönsten Beispielen fatimidischer Filigranarbeiten. Ursprünglich wurden sie noch von Perlen und Edelsteinen aufgewertet, die an den Rändern befestigt waren. Aus dem fatimidischen Ägypten und Syrien stammend, Metropolitan Museum of Art, New York, 11. Jahrhundert

Auch in Bezug auf die fatimidische Metallbearbeitung ist die Quellenlage dürftig; wenige Gegenstände haben überdauert. Die vollplastischen Tierfiguren werden häufig dem fatimidischen Ägypten zugeordnet, auch wenn viele im Iran, in Spanien und Sizilien hergestellt wurden. Das Wassergefäß in Löwenform aus dem Museum für Islamische Kunst in Kairo wird allgemein als fatimidisch eingestuft, ebenso das Gefäß in der Gestalt eines Hirsches aus dem 11. Jahrhundert aus dem Museum Capodimonte in Neapel.[77] Der Ursprung des Greifen von Pisa, eine Bronze, heute auf dem Campo Santo, bleibt unsicher, nichtsdestoweniger scheint die fatimidische Zuordnung wenig überzeugend.[78]

Eines der wichtigen Stücke, das die Kenntnis über fatimidische Metallarbeiten erweitert, ist ein vergoldetes und nielliertes Schmuckkästchen aus Silber mit einem feinen Spiralmuster, das die gesamte Oberfläche überzieht. An den Deckelrändern bestätigt eine niellierte kufische Inschrift, das es für den Schatz von Sadaqa ibn Yusuf angefertigt wurde, eine Persönlichkeit, die vor kurzem als Wesir des Kalifen al-Mustansir (zwischen 1044 und 1047) identifiziert wurde.[79]

Für die fatimidische Zeit ist auch eine beträchtliche Juwelenproduktion nachgewiesen, die vor allem aus den Grabungen von Fustat stammt, aber auch aus syrischen und nordafrikanischen Fundorten.[80] Sie zeigen eine verfeinerte Bearbeitung vor allem durch Granulation und Goldfiligran, wie zum Beispiel Ohrgehänge in Schiffchen- oder Sichelform. Ein Goldfaden, durch den oberen Ring gezogen, wurde durch das Ohrläppchen geführt.

Gegenüber: *Dieses hirschförmige Wassergefäß zeigt die Eleganz und Grazie der fatimidischen Metallarbeiten. Die Gegenstände unterscheiden sich von ähnlichen persischen Produkten durch ihre naturalistischere Konzeption und die fließendere Zeichnung. Sie dienten als Prototyp für ähnliche romanische Bronzen.*
Museo di Capodimonte, Neapel

Christliche Einflüsse auf die Kunst in Syrien und Ägypten

Giovanni Curatola

Geburt Jesu, Evangeliar aus der Gegend von Mossul, 1216-1220. Die heute im nördlichen Iraq liegende Region hat innerhalb der künstlerischen islamischen Produktion einen eigenen Charakter. Die Handschriftenminiatur wurde hier oft auch in christlichen Klöstern ausgeübt. Eine bedeutende Schule des metallverarbeitenden Handwerks arbeitete hier mit etwa zwanzig Meistern. Stilistisch zeichnen sich die Miniaturen und Metallgegenstände durch verlängte Gestalten aus, deren Kopf durch eine Aureole betont wird und deren Körper und Bekleidung an die byzantinische Produktion erinnern. British Museum, London, Add 7170, Blatt 21

Die islamische Welt war in allen ihren kulturellen Ausdrucksweisen dynamisch, sie hat sogar auf dieser Dynamik einen Großteil ihrer eigenen Identität aufgebaut. Der im Koran niedergelegte Aufruf zur Pilgerreise nach Mekka, eine Pflicht für den gläubigen Moslem, hatte – zeitlich und räumlich gesehen – eine mobilisierende Funktion mit wichtigen Konsequenzen in fast allen Bereichen, die menschliches Leben betrafen. Die Kunst machte dabei keine Ausnahme.

Die spezifische künstlerische Sprache des Islam wurzelt geografisch in weit auseinander liegenden Gebieten. Sie neigte nach der Anfangsphase[1] dazu, eine eigenständige Schmuckkonzeption auszuarbeiten, die in zweifacher Hinsicht charakterisiert werden kann: Einerseits entspricht die theoretische Grundlage in Kohärenz zur politischen Ideologie, die seit der abbasidischen Zeit (Mitte des 8. Jahrhunderts) zu immer präziseren Formulierungen fand, einer Gesinnung, die auf wenigen, aber genau festgelegten Konzepten basierte: Vermeidung jeglichen Skandals in der Öffentlichkeit; absolute Freiheit des Künstlers, solange er nicht versuchte, in Konkurrenz zu Gottes Schöpfung zu treten; prinzipiell austauschbare Darstellungen in der Weise, dass bewusst mit dem Gleichgewicht zwischen einem vegetabilischen Naturalismus (Akanthus, Weinreben, Rosette, Palmette) und abstrakten geometrischen Ableitungen gespielt wurde sowie mit deren ins Unendliche führenden Wiederholungen. Andererseits wurden die lokalen Gegebenheiten wie im Iran, aber auch in Indien und der syrisch-ägyptischen Region, nicht geleugnet, sondern eher in ihrer Individualität übersteigert; und über allem lag ein einigender und deckender Schleier, fast wie eine „Tünche", der in der Schrift bestand, der wahren stilistischen Chiffre des siegreichen Islam.

Die Schrift, die des Koran vor allem, ist in einer Gemeinschaft, die in ihren Ursprüngen auf mündlicher Überlieferung basierte, nicht nur Mittel der Kommunikation. Vielmehr kann sie als der ureigene, einigende Wesenszug der islamischen Kunst und als deren bedeutendstes und einziges dominierendes arabisches und damit semitisches Element angesehen werden, das in einem Kontext unterschiedlicher Einflüsse bestimmend ist. Dieser Aspekt ist keineswegs zweitrangig: Vor kurzem stellte G. Scarcia[2] die These auf, dass die islamische Ästhetik nichts anderes sei als die Fortsetzung der wahren klassischen Tradition, dass sie auf diese zurückgehe und deren zwangsläufige Ableitung darstelle, wenn auch die originellste. Dies ist keine neue Auffassung, ist sie doch schon in anderen Forschungsgebieten belegt;[3] doch sie wurde noch nicht für den Bereich der Kunst formuliert.

Die Zitadelle von Aleppo wurde am Anfang des 13. Jahrhunderts errichtet und stellt eines der bedeutendsten Beispiele islamischer Militärarchitektur dar, in das auch Kreuzfahrereinflüsse einfließen. Die Mächtigkeit der Mauern beeindruckt auch heute noch, und die formale Klarheit der architektonischen Linien, die die beträchtliche Mauermasse leichter scheinen lassen, ist unübertroffen. Die Zitadelle ist in Stil und Funktionalität ein Meisterwerk.

In diesem Beitrag nun sollen die künstlerische Blütezeit des Islam zwischen dem 11. und 13. Jahrhundert und jene Elemente betrachtet werden, die eher von abendländischer Prägung sind – die Bezeichnung „mediterran" erscheint passend – und die in der Kunst Syriens und Ägyptens (wieder) auftreten. Es mag ungewöhnlich erscheinen, diese beiden geografisch getrennten Gebiete gemeinsam zu behandeln, aber beim aktuellen Stand der Kenntnisse und vor dem Hintergrund fehlender angemessener archäologischer Nachweise besteht keine Möglichkeit, die vorhandenen Werke der einen oder der anderen Werkstatt zuzuweisen (Damaskus oder Kairo). Dies betrifft vor allem das für den Islam so bedeutende Kunsthandwerk. Allerdings dürfte diese Tatsache nicht überraschen: Oben wurde bereits auf die für die islamische Welt typische Mobilität hingewiesen, aber es sei daran erinnert, dass dieses Phänomen beinahe in der gesamten mittelalterlichen Welt verbreitet war. Künstler, aber auch spezialisierte Handwerker zogen umher und traten ohne Gewissensbisse in die Dienste des Meistbietenden; insgesamt herrschte auf dem künstlerischen Arbeitsmarkt eine Fluktuation, die ohne Schwierigkeiten dem Vergleich mit dem 21. Jahrhundert standhält: In der Auffassung von der heutigen Welt als „globalem Dorf" wird dies gerne als Zeichen von Modernität angesehen.

In Bezug auf die künstlerischen Wurzeln ist Syrien mit seinen klassischen Strukturen, die auch in der Stadtentwicklung etwa in Aleppo oder Bosra ablesbar sind,[4] eine wichtige Quelle für die Entwicklung der islamische Kunst. Die Mosaiken in der Kuppel des Felsendoms von Jerusalem (685–705)[5] und der Großen Moschee in Damaskus (706–715)[6] stehen in enger Verwandtschaft zur Spätantike mit ihrer „künstlerischen Industrie",[7] und ihre Themen erscheinen in einer weniger ausgeglichenen und präzisen Sprache später wieder, so in Damaskus bei den Mosaiken der Madrasa Zahiriyya (13. Jahrhundert),[8] die als bewusste Wiederaufnahme der großen omayyadischen Tradition als ein „neoklassisches" Beispiel betrachtet werden können.

Anders in der Großen Moschee in Cordoba und in der Zisa (1154–66) in Palermo, denn hier handelt es sich nicht um eine Wiederaufnahme (ein „neo" oder ein „post" je nach Einschätzung), sondern eher um eine Legitimierung unter dem über-

Gegenüber: *1296 begann der Mamluk al-Adil Kitbuga in Kairo mit dem Bau dieses außerordentlichen Madrasa-Komplexes und Mausoleums, das von seinem Nachfolger, dem Sultan an-Nasir Muhammad, vollendet wurde. Das gotische Portal stammt aus der Eroberung von Sankt Johannes in Akkon, dem letzten Hafen der Kreuzfahrer im Heiligen Land, durch den Bruder an-Nasirs, an-Ashraf Khalil. Das Minarett über dem Portal (S. 143) zeigt einen völlig anderen Stil und ist im Panorama von Kairo einzigartig.*

geordneten Ziel der Kontinuität. Auch in Kairo sind häufig spätantike und also syrische Mosaiken zu finden, so zum Beispiel in der Madrasa des Sultans al-Mansur Qala'un (1284–85),[9] die offenbaren, wie ein byzantinischer Beitrag (im weitesten Sinn dieses Begriffes) aus der syrischen Erfahrung hervorgeht. Aus weiter östlich gelegenen Gebieten (Samarra in Mesopotamien) kommen hingegen andere Anregungen als jene, die in Kairo in der Ibn-Tulun-Moschee (876–879)[10] wiederkehren, und zwar sowohl in der architektonischen Anlage, zum Beispiel der *Ziyada* als auch in den dekorativen Elementen, wie zum Beispiel den Holz- und Stuckarbeiten, die offensichtlich unter iranischem Einfluss stehen; ausgenommen davon ist das Minarett der Moschee, das sicherlich erneuert wurde.

Nicht nur wegen seiner Dimensionen und seiner Bedeutung ist Kairo der interessanteste Ort, sondern auch als Ergebnis einer neuen Bauweise (die im Übrigen schon in Samarra zu finden ist). Unterschiedliche Einflüsse, die jedoch leicht zu unterscheiden sind, lassen sich hier nachweisen. Der vielleicht bemerkenswerteste Wesenszug ist das Christlich-Koptische, das entscheidend zum Verständnis für die künstlerischen Tendenzen beiträgt, die sich im islamischen Ägypten entfalteten. Der Islam hat auf der künstlerischen Ebene Bewegungen aufgegriffen und interpretiert, die in den nach und nach besetzten Gebieten schon verbreitet waren.[11] Natürlich besteht das Risiko der Historiker darin, zwischen den beiden Extremen zu schwanken, das heißt die Bedeutung der vorhergehenden oder gleichzeitigen künstlerischen Erfahrungen überzubewerten – oder auch zu leugnen.[12] Aber das koptische Ägypten spielt auch deshalb eine entscheidende Rolle, weil seine Kultur weder verdrängt noch absorbiert, sondern weiterhin gepflegt wurde, wenn auch als Kultur von Minderheiten meist in Randgebieten (wie in den Klöstern).

Auf die Aufbereitung der islamischen Architekturgeschichte wirkt sich der vollständige Umbau von Gebäuden wie der Moschee von Amr (641–642) in Fustat[13] negativ aus, denn damit ist keine kritische Bewertung möglich. Interessanterweise ist ihr Standort mit dem der wichtigsten in Kairo erhaltenen christlichen Bauten vergleichbar. Nach literarischen Quellen war der hölzerne Minbar (Kanzel für das Freitagsgebet), den Amr ibn al-As benutzte, aus einer Kirche entnommen worden oder war ein Geschenk eines christlichen Königs aus Nubien. (Auf die Holzgegenstände wird später näher eingegangen.) Auch das wichtigste Bauwerk aus fatimidischer Zeit, die al-Azhar-Moschee (970) im Zentrum der neuen Stadt al-Qahira (Kairo), ist in der Struktur und im Schmuck stark verändert worden. Schon unter der Regentschaft der Kalifen, die auf den Gründer al-Mu'izz folgten, wurde mit den Veränderungen begonnen. Die Nische des Mihrab ist mit Stuck verziert,[14] jedoch „nicht im reinen Stil von Samarra, sondern vermischt mit für den byzantinischen Schmuck typischen Palmetten".[15] Hier sind die Holzeinbauten von besonderem Interesse, wenn man sich vor Augen hält, dass in ayyubidischer Zeit (1171–1250) Saladin für das Freitagsgebet die Moschee von al-Hakim (990–1003)[16] vorzog, die heute allerdings größtenteils modern ist.

Die kleine Moschee von al-Aqmar (1125)[17] ist unter städtebaulichen Aspekten sehr interessant, da die Fassade dem Verlauf der Straße folgt, während der Betsaal nach Mekka ausgerichtet ist. An der Außenfassade findet sich eine besondere Schmuckform: eine große Nische in Form einer stilisierten Muschel mit zentraler Rosette, ein Element, das die kleinen Nischen über dem Muqarnas des Eingangstors wieder aufnehmen. Zwar lässt es sich schon für die Architektur des Islam nachweisen, wie zum Beispiel in Qasr al-Khair ash-Sharqi in Syrien (Anfang des 8. Jahrhunderts).[18] Einige Nischen des Weißen Klosters (Mitte des 5. Jahrhunderts)[19] belegen jedoch, dass diese Form „in der koptischen Kunst häufig ist".[20]

Klassisch im Konzept, gehen die Blendnischen der Moschee des Wesirs as-Salih Tala'i (1160) ebenfalls auf das Vorbild der Nische von al-Aqmar zurück. Jedoch tragen sie eine Inschrift in dem runden Medaillon anstelle eines Kreuzes. Im Zentrum erscheint der Name Alis, um den der Name Muhammads angeordnet ist. Auch der mit Stuck versehene Mihrab des Heiligtums der Sayyida Ruqayya[22] (*Mashad ru'ya*

Das Steinminarett der Moschee Zakariyya in Aleppo hat einen quadratischen Grundriss. Es hat wahrscheinlich seine strenge architektonische Unterteilung von den antiken Bauwerken in dieser Region übernommen. Die gelappten Bögen erinnern an das mesopotamische Samarra und der obere Muqarnas-Rahmen spiegelt türkische Einflüsse. Es wurde 1090 unter der Seldschukenherrschaft von dem Architekten Hassan ibn Mufarrag as-Sarmani erbaut. Das Minarett beeinflusste die Architekten der Kreuzfahrer.

Links: *Das Minarett des Mausoleums und der Madrasa des Sultans türkischer Herkunft Qala'un besteht aus drei übereinandergestellten Baukörpern mit quadratischem Grundriss. Der runde Hufeisenbogen der Fenster, der sich im Innern öfter wiederholt, erinnert an einen häufigen Gebrauch im omayyadischen Cordovba. Kairo, 1283*

Rechts: *Das Minarett der Madrasa an-Nasir Muhammads ist wahrscheinlich das Werk nordafrikanischer Künstler. Sein Stuckschmuck ist wunderbar fein und detailliert. Kairo, Ende 13. Jahrhundert*

bedeutet „sichtbares Denkmal"), eines der herausragenden Beispiele für Stuckschmuck in Kairo, orientiert sich an al-Aqmar.

Die fatimidische Dynastie hatte ihren Ursprung im westlichen Teil der arabisch-islamischen Welt, im Maghreb. Sie verlegte den Sitz des Kalifats nach Kairo,[23] doch trotz eines Herrschaftszeitraums von 200 Jahren gelang es ihr nicht, eine vollständige Integration zu erreichen. Möglicherweise lag die Ursache darin, dass die Fatimiden sich als Nachkommen Alis, als Schiiten sahen, die Mehrheit der Bevölkerung aber sunnitisch blieb.

Vom Künstlerischen her gesehen bildete die Epoche einen Höhepunkt in der islamischen Kunst.[24] Es trafen koptische und byzantinische Elemente mit Einflüssen aus Samarra aufeinander. Sie fügten sich zu einem Ganzen, in dem jede künstlerische Herkunft noch erkennbar war und sich darin mit Stolz präsentierte.

Die politische Macht der Fatimiden erstreckte sich von Nordafrika bis zur arabischen Halbinsel, und sie übten damit die Kontrolle über die beiden wichtigsten Handelswege der Antike aus: den in Zentralafrika ansetzenden und den aus Indien. Zwei weitere Routen, der innerasiatische Landweg und der iranische über den Persischen Golf, waren hingegen Unsicherheitsfaktoren. Die Macht erstreckte sich zudem auf Syrien und Palästina und beschränkte sich in den Randregionen wie Sizilien auf eine gewisse Einflussnahme. Die Beherrschung der Handesrouten war von äußerster Wichtigkeit und spielte eine entscheidende Rolle insbesondere bei der

Fatimidischer Teller mit Glanzschmuck, auf dem zwei Männer dargestellt sind, die Hähne in den Händen halten. Die Gelöstheit der Bewegung und der Realismus der Details zeugen von einer neuen darstellerischen Sensibilität, die sich von der hellenistischen Tradition herleitet. The Keir Collection, London, 11. bis 12. Jahrhundert

Verbreitung von Stoffen. Mit den Gewürzen bildeten diese nicht nur die wichtigsten Handelsgüter, sondern sie trugen auch zum Austausch der Ikonographie zwischen Ost und West bei. Zudem sei darauf hingewiesen, dass der fatimidische Hof das byzantinische Hofzeremoniell in veränderter Form übernommen hatte.[25]

Die fatimidischen Stoffe[26] zeigen ohne jeden Zweifel, dass die jahrhundertealte koptische Tradition nicht nur in Ägypten präsent und den Muslimen wohl bekannt war, sondern dass sich die islamischen Werke später auch nach der Anfangszeit auf diese Schule gründeten. Ein Vergleich zwischen den Materialien christlicher Herstellung, die in den Nekropolen von Akhmim, einer Stadt am Nil, und Antinoé (Antinoöpolis) ausgegraben wurden und von denen sich eine bedeutende Sammlung in Lyon im Musée Historique des Tissues[27] befindet, und den späteren von der Anfangszeit des Islam bis zum 11. und 12. Jahrhundert, führt zu der Hypothese, dass eine umfangreiche Integration der Handwerker existierte, sowohl in technischer wie in ikonographischer Hinsicht. Die Manufakturen der berühmten Tiraz unterstanden zwar dem Herrscher, aber die Tatsache, dass sich in einigen Exemplaren eingewebte Pseudoinschriften[28] finden, bestätigt, dass in hoch spezialisierten Bereichen wie dem der Stoffherstellung der Wert der christlichen Handarbeit nicht unterbewertet werden darf. Auch für die Holzschnitzerei sind ähnliche Annahmen festzustellen.

Im Übrigen wurde häufig in der Forschung[29] darauf hingewiesen, dass die künstlerische Entwicklung in der fatimidischen Zeit außergewöhnlich war, nicht nur wegen der Quantität und Qualität der ausgeführten Werke, sondern auch aufgrund der Tatsache, dass figürliche Schmuckelemente in einer Häufigkeit verwendet werden, wie sie sich in anderen islamischen Epochen nicht findet. Diese Blütezeit eines beinahe naturalistischen Stils wird häufig mit einer religiösen Ideologie[30] in Verbindung gesetzt. Im Gegensatz dazu ist anzunehmen, dass politische und religiöse Umstände eine künstlerische Sprache begünstigten, in der eine überlieferte figurative Komponente wieder erscheinen konnte. Ihr Aufkommen im syrisch-ägyptischen Islam steht

Gegenüber: *In dieser Zeit existieren auch Dekorationen mit explizit christlichen Themen. Der Künstler Saad hat die Rückseite des gemalten Glanztellers signiert, auf dem ein koptischer Mönch dargestellt ist, der in der rechten Hand ein Weihrauchfass oder eine Lampe hält. Rechts von ihm befindet sich ein stilisierter Baum oder ein koptisches Kreuz. Victoria and Albert Museum, London. Ein Tellerfragment zeigt den segnenden Christus. Museum für Islamische Kunst, Kairo*

im Zusammenhang mit den Kontakten zu den christlichen Kopten und dem Fortbestehen dieser künstlerischen Strömung, die in manchen Produkten dem Islam sehr nahe steht, bis zum Ende des 12. Jahrhunderts.

In der Keramikproduktion findet sich offensichtlich eine Bestätigung dieser Meinung. Der berühmte Becher mit Lüsterdekor aus dem Victoria and Albert Museum in London[31] zeigt einen „koptischen Priester", bei dem es sich wahrscheinlich um einen Mönch handelt und der mit einem Weihrauchfass (oder einer Lampe) in der Hand dargestellt ist. Auch die Darstellungen von Fischen, wie zum Beispiel auf einer Vase (ebenfalls im Victoria and Albert Museum; 11./12. Jahrhundert)[32] oder einem Kelch, der an der Außenfassade einer pisanischen Kirche[33] angebracht ist, können als Übernahmen einer christlichen Ikonographie angesehen werden. Noch beweiskräftiger erscheint der Stil der Figuren[34] im Allgemeinen, die mutatis mutandis an die berühmten und eleganten Malereien von Fayyum denken lassen.

Schon zu Beginn der Zwanzigerjahre des 20. Jahrhunderts widmete Ugo Monneret de Villard ein Kapitel seines Buches über die Kirche der heiligen Barbara in Kairo[35] den Holzschnitzereien, die bei der Restaurierung des Gebäudes gefunden worden waren. In seiner vergleichenden Studie untersuchte er nicht nur die Kirchenportale, sondern auch die Struktur in der Nähe der Kirche, den *Hidjab*. Er kam zu dem Schluss, dass „wir uns vor einem von islamischen Modellen abgeleiteten Werk befinden, das vielleicht von einem Moslem ausgeführt wurde".[36] Es ist offensichtlich, dass ein ständiger wechselseitiger Austausch erfolgte. Darüber hinaus vollzog sich die Integration vermutlich in beträchtlichem Ausmaß, sodass die Arbeit unabhängig vom Auftraggeber, sei er christlich oder islamisch, im gleichen Stil ausgeführt wurde.

Zwangsläufig haben die Kreuzzüge[37] dieses Gesamtbild verändert. Denn die Kriege hatten, nicht nur, weil die Auseinandersetzungen mit Christen stattfanden, eine veränderte Politik zur Folge. Ein Wandel im inneren Gefüge hatte, in Verbindung mit äußeren Faktoren, zum Niedergang der fatimidischen Dynastie geführt und zur Stärkung der Herrscher syrischer Herkunft: den Ayyubiden (1171–1250). Diese Phase sollte nicht als kurze Zwischenphase vor der ausgedehnten mamlukischen Epoche (1250–1517) abgetan werden. Es handelt sich zwar um eine Übergangszeit, aber in ihr wurde eine Basis für die kommende Entwicklung geschaffen; vor allem in den 15 Jahren, die eine der ungewöhnlichsten Gestalten des islamischen Mittelalters beherrschte: Salah ad-Din al-Ayyubi (Saladin) (1169–1183).[38]

Saladin, ein sunnitischer Moslem und Sultan von Syrien und Ägypten (ab 1175), stützte seine Macht auf ein hauptsächlich von Türken und Kurden gestelltes Heer. In der Geschichtsschreibung wird er als derjenige genannt, der 1187 Jerusalem zurückeroberte, und somit als der stärkste Gegner der Kreuzritter. Die *Ahl al-kitab* („Leute des Buches"), die Christen und Juden, ließ er jedoch nicht verfolgen. Cahen zum Beispiel betont, „die ayyubidische Zeit in Ägypten war für die koptische Kirche von großer Vitalität geprägt".[39] Außerdem lebten die christlichen und jüdischen Gemeinden in Syrien in der ayyubidischen Zeit, auch in so unterschiedlichen großen Städten wie Aleppo und Damaskus, keineswegs isoliert oder an den Rand gedrängt, sondern setzten ein verhältnismäßig „normales" Leben fort: „Im Allgemeinen wurden Christen und Juden unter den Ayyubiden gut behandelt, und die Christen wurden häufig in der ägyptischen Verwaltung angestellt."[40] In Krisenzeiten jedoch wurde dieses „Fairplay" nicht immer durchgehalten.

Mit den Ayyubiden übernahm in Syrien auch in den nördlichen Gebieten wieder eine einzige Dynastie die Herrschaft. Die fatimidische Zeit war von Rebellionen geprägt gewesen, und ganze Regionen wie Mossul im heutigen Iraq, ein wichtiges Kultur- und Manufakturzentrum und Heimat von Nur ad-Din, Sultan von Damaskus, waren unabhängig und wurden von lokal ansässigen, kurdischen Familien beherrscht. Architektonisch zeichnete sich das von ununterbrochenen Gefechten mit den Kreuzrittern geprägte Ayyubidenreich durch die Errichtung großer Festungen aus: Es wurde die Zitadelle von Kairo (1183-84)[41] gebaut, und auch ein großer Teil

Auf den beiden vorhergehenden Seiten:

Verschiedene Metallgegenstände aus syrischen Werkstätten belegen, dass im 13. Jahrhundert die christliche Ikonographie zum Bestandteil des islamischen Schmuckrepertoires wurde. Feldflaschen in dieser damals in Syrien und Mesopotamien üblichen Form erinnern an die Flaschen, die die Pilger seit Beginn der ersten christlichen Zeiten benutzten (zwei Beispiele finden sich auf S. 88 und 89). Diese hier aus mit Gold intarsierter Bronze vereint islamische und christliche Ikonographie. Links ein Detail der Rückseite: Im mittleren Fries führen die Lanzen und Banner der Ritter im Galopp einen ungewohnten fränkischen Geschmack in die ikonographische Tradition der Hof- und Kriegsspiele ein. Auf dem äußeren Band folgen einander Gestalten von Heiligen und Mönchen. Rechts sind christliche Szenen dargestellt: Im Zentrum die Gottesmutter mit Kind, auf dem äußeren Band die Geburt Jesu, die Darstellung im Tempel und der Eintritt in Jerusalem. Der byzantinische Einfluss ist stark, aber einige Details der Kleidung verweisen auf den arabisch-islamischen Kontext. Freer Gallery of Art. Smithsonian Institution, Washington

Auf den folgenden beiden Seiten:

Das als „von Arenberg" bekannte Becken in traditioneller Form wurde für den ayyubidischen Sultan as-Salih Nadjm ad-Din Ayyub hergestellt. Es zeigt auf dem zentralen Register eine Szene mit Polospielern und auf dem oberen Register Medaillons mit Szenen aus dem Leben Christi, hier die Auferweckung des Lazarus. Im Inneren reihen sich auf der gesamten Oberfläche christliche Persönlichkeiten. British Museum, London

Das als „Taufbecken des heiligen Ludwig" bekannte Becken ist wohl das größte Meisterwerk der islamischen Metallverarbeitung. Der Meister Muhammad ibn az-Zain stellte es zwischen 1290 und 1310 her und schmückte es im klassischen Stil mit Gold und Silberverzierungen innen und außen. Heiligenfiguren wechseln mit Medaillons ab, die ebenfalls figürliche Darstellungen tragen und deren Detailgenauigkeit und Sorgfalt verblüffend sind – man könnte sogar annehmen, dass sie Portraits darstellen. Themen sind Kampf-, Jagd- und Hofszenen, darüber hinaus schreitende Tiere und wunderbare Blumenmotive. Louvre, Paris

der Verteidigungsanlagen von Damaskus und Aleppo wie die Zugangstore in den Mauern geht auf diese Zeit zurück. Die Zitadelle von Aleppo[42] kann dem Beginn des 13. Jahrhunderts zugeschrieben werden und gilt als eine der bemerkenswertesten Militärarchitekturen. In einigen Komponenten wie den Strebemauern verraten diese Befestigungen eine beträchtliche Nähe zur christlichen Architektur. Der Crac des Chevaliers[43] ist im Übrigen nicht nur exemplarisch für die gotische Architektur im Orient, sondern auch ein Beispiel für ein mit Sachverstand geplantes Militärgebäude. Der häufig zweifarbig (schwarz und weiß) gehaltene architektonische Schmuck vor allem in Syrien, etwa in Aleppo, erinnert an die polychromen Partien der kurz nach 1000 errichteten toskanischen Kirchen. In Kairo ist der Gebrauch von farbigen Bändern im Wechsel zum ersten Mal in der Moschee des Sultans az-Zahir Baibars (1266–69) angewandt. Später folgte unter anderem das Portal der Madrasa der Sultansmutter Sha'ban von 1368-69 mit diesem Dekor.

Unter den Ayyubiden wurden als sunnitische Reaktion auf die fatimidische Propaganda (unter den ersten offiziell schiitischen Universitätsgebäuden war die al-Azhar) die ersten Madrasas, Koranschulen, gegründet. Der heilige Text wurde immer schon in den Moscheen gelehrt, aber die Ayyubiden schufen so eigene öffentliche Institutionen für das Studium von Gesetz und Theologie nach einem offiziell anerkannten „Studiengang".

Zur gleichen Zeit entstand und festigte sich ein anderer architektonischer Typ: der *Khanqah*,[44] eine Art Kloster oder Hospiz für die Sufis (Mystiker). Der erste Rückzugsort dieser Art wurde im Zentrum von Kairo gegründet, während die erste Madrasa nahe dem Grab des Imam Shafi'i errichtet wurde, dem Begründer einer der vier wichtigsten islamischen Rechtsschulen.

Das Verhältnis zu den christlichen Kreuzfahrern und ihren Werken war konfliktreich, aber auch gegründet auf Austausch und Bewunderung. Das Portal der Madrasa des Sultans an-Nasir Muhammad ibn Qala'un (datiert auf 1295–1303)[45] spiegelt diesen Dualismus: Aus Marmor und gotische Stilmerkmale aufweisend, ist es eine „Trophäe" aus einer Kirche Palästinas nach dem siegreichen Feldzug von al-Malik - al-Ashraf Khalil; durch den darüber angebrachten Namen Allahs wurde es islamisiert. Der Historiker und Topograph al-Maqrizi (1363–1442), eine unverzichtbare Quelle für die Geschichte Ägyptens, spricht in seinen *Khitat* von diesem Portal als einem der schönsten von ganz Kairo.

Beim Kunsthandwerk, einer begehrten Handelsware zwischen Orient und Okzident, spielte neben den Stoffen die Metallverarbeitung eine herausragende Rolle. Davon zeugt der Bericht des florentinischen Reisenden Simone Sigoli, der sich 1384 in Damaskus aufhielt: „Hier werden in großer Anzahl Seidentücher jeder Farbe und für jeden Zweck hergestellt, die schönsten und unter den besten der Welt [...] Außerdem werden hier große Mengen von Messingschalen und Schankbechern hergestellt, die geradezu aus Gold zu sein scheinen, und in diesen Schalen und Schankbechern werden silberne Gestalten, Blätter und andere feine Arbeiten ausgeführt, die wunderschön anzuschauen sind."[46]

Betrachter zeigten sich damals wie heute weniger durch das kostbare Material (nur wenige Stücke sind aus massivem Gold oder Silber) beeindruckt als vielmehr durch die hohe Qualität der Bearbeitung. Insbesondere fallen die figürlichen und vegetabilischen Elemente (a-rabesco) und jene Goldintarsienarbeiten auf,[47] die in den Quellen als „azzimina" (gravierte Bronze- oder Messingarbeiten) oder „damasziert" bezeichnet werden. Der Begriff „damaszenisch" bezieht sich nicht auf die Dekoration, sondern auf ein Verfahren, Stahl zu härten, wie bei den Damaszenerklingen, die im Mittelalter und auch später verbreitet waren.

Eine der wichtigsten islamischen Schulen für Metallbearbeitung befand sich am Hof des Emirs Badr ad-Din Lulu (1210–1259) in Mossul. Dort wurden Gegenstände hergestellt, die nach einer Schriftquelle des zeitgenössischen iberischen Geografen Ibn Suhaid hoch geschätzt und weit über die Grenzen exportiert wurden. Die mit figürlichen Darstellungen versehenen Medaillons auf Gegenständen aus Mossul wie der so genannte Blacas-Krug im British Museum[48] weisen eine besondere Ikonographie auf: Jagd- und Kampfszenen und Szenen aus dem Alltagsleben sowie astrologische Themen. Ähnlichkeiten mit Miniaturen und Keramiken lassen sich feststellen. Sie bestätigen, dass starke spätantike, klassische und byzantinische Einflüsse gleichzeitig wirksam waren. Der Name eines Auftraggebers einer Messingvase aus Florenz[49] von 1259 war ein gewisser Qusta ibn Tudra (Konstantin, Sohn des Theoderich?) und weist möglicherweise auf einen Christen hin. 1261–1262 wurde Mossul von den Mongolen erobert (sie hatten es 1244 verschont, als der Emir sich ihrer Herrschaft unterworfen hatte), und das künstlerische Erbe ging auf Täbris und Damaskus über. Der Rufname al-Mausili (aus Mossul stammend) findet sich in den Namen verschiedener Meister und bestätigt das unbestrittene Ansehen, das diese Schule gewonnen hat, eine wichtige Voraussetzung für die späteren Entwicklungen.

Für die islamische Metallverarbeitung bedeutet die ayyubidische Zeit nicht nur einen Moment des Übergangs. Viele der in dieser Epoche aufgekommenen Charakteristika wurden in der Folgezeit unter den Mamluken (1250 eroberten sie Kairo) verfeinert und weiterentwickelt.

Die künstlerische Qualität der Metallgegenstände, vor allem getriebenes Messing, das mit Silber, Gold und Niello inkrustiert wurde, ist sehr hoch. Unter ihnen ragt eine Gruppe von Gegenständen hervor, deren Verzierungen unübersehbar christlicher Abstammung und Thematik sind. Ein großes Becken (Randdurchmesser: 50 cm) aus Messing mit Silbereinlagen und Niello wurde für den Sultan Nadjm ad-Din Ayyub, den letzten seiner Dynastie,[50] gefertigt. Es gehört zusammen mit einer Flasche nicht zuletzt wegen seiner christlichen Darstellungen zu den interessantesten Werken (beide Washington, Freer Gallery). Medaillons mit Szenen aus dem Leben Christi stehen auf dem Becken im Wechsel mit Inschriften (Huldigungsformeln): „Verkündigung“, „Anbetung“, „Auferweckung des Lazarus“, „Einzug in Jerusalem“, „Letztes Abendmahl“.

Die leicht zu lesenden und unverwechselbaren Themen legen die Vermutung nahe, dass der Gegenstand eine Gabe Nadjm ad-Dins aus dem Jahre 1240 ist, als er einen Freundschaftsvertrag mit Theobald aus der Champagne, dem König von Navarra, abschloss.[51] Dies ist möglich, aber nicht schlüssig, denn unter den Inschriften taucht auch der Titel *khalil amir al-mu'minin* („der geliebteste unter den Beherrschern der Gläubigen“, das heißt: der Kalif) auf, den der Herrscher erst im Jahre 1247 erhielt.

Die Pilgerflasche, eines der wertvollsten erhaltenen islamischen Metallobjekte,[52] zieren Einlegearbeiten in Niello und Silber. Das Dekor auf beiden Seiten des birnenförmigen, flachen Gefäßes bezieht sich, abgesehen von der Darstellung eines Ritterturniers, auf die christliche Ikonographie: Die Heiligengestalten, vielleicht eine „Verkündigung“, und sehr detailliert die „Geburt“, die „Vorstellung im Tempel“ und der „Einzug in Jerusalem“, sind mit malerischer Genauigkeit und Ausdrucksstärke wiedergegeben.

Die Fragen nach Auftraggeber und Werkstatt dieses Meisterwerks[53] sind noch offen. Wahrscheinlich handelt es sich bei dem Ort der Herstellung um Damaskus, doch die Vorstellung, dass es sich um ein luxuriöses mittelalterliches „Souvenir“ aus dem Orient handelt, mag faszinieren, ist aber doch nur eine Hypothese. Nachgewiesen ist hingegen, dass sich dieses Werk bis 1845 in der Sammlung des Fürsten Filippo Andrea Doria befand.

Die Steinigung des heiligen Stephan in einer kleinen klassischen Miniatur auf einem syrischen Evangeliar zeigt eine lebhafte Szene auf wunderschönem roten Hintergrund. Die Gestalten in weiten Gewändern und vor allem in versuchtem landschaftlichem Kontext mit Bergen beeinflussen auch die gleichzeitigen islamischen Meister. Vatikanische Bibliothek, Syr 559 Blatt 20v

ܡܛܠܬ ܚܘܝ. ܡܬܩܪܐ ܕܚܘܒܐ

ܕܐܘܪܝܢ ܕܕܡܒܪܢܐ ܕܐܣܛܦܢܘܣ: ܟܠܡ ܠܝ

ܡܢ ܠܚܡ: ܗܘܦܪܝܐ.
ܗܘܪܝܫܗ ܢܗܘܟܠ
ܟܟܘܒܐ. ܕܢܚܡ
ܕܫܠܡܐ ܡܕܝܢܬܐ
ܕܢܟܠܗ. ܘܡܢܝܚܠܝ
ܫܠܡܐ ܢܫܗ
ܡܘܗܒܬܐ ܕܐܘܕܢܟܠܐ.
ܘܐܬܚܙܝ [illegible]
ܕܟܠܗ ܗܘܘܢ

ܣܘܓܝ. ܕܢܩܘܡ [illegible]
ܠܗ ܢܗܘܐ ܗܘܘܢ
ܠܚܡܐ ܢܟܘܦܐ
ܬܢܕܟܠ ܕܝܩܝܢ
ܚܘܒ ܕܢܚܘܢܗܘܢ
ܫܠܡܐ ܚܠ
ܢܦܫܗ. ܕܩܝܡܐ
ܫܠܡܐ ܕܗܘܢܐ.
ܕܩܠܠ ܠܢܩܝܐ. ܘܟܠܡܐ

Miniatur aus den Maqamat (Versammlungen) *von al-Hariri. Es handelt sich um ein berühmtes Manuskript von 1111, das die pikaresken Novellen von Abu Zayd illustriert, einem unterhaltsamen, aber nicht empfehlenswerten Mann und großen Redner. Diese Novellen dienten mit den entsprechenden Illustrationen als Entwurf für die Geschichtenerzähler in den Dörfern oder auf den übervollen Märkten der Städte. Stilistisch ist diese Miniatur noch stark mit den byzantinischen Mustern verbunden, vor allem bei der Farbpalette und der Drappierung der Kleider. Nationalbibliothek, Paris, Arabe 3929, Blatt 122*

Das künstlerische und kulturelle Ambiente, in dem diese Werke reiften, und die Schule sind dieselben, in denen Miniaturen hergestellt wurden. Letztere sind zwar von islamischer Ausführung, aber sie stehen unter deutlich byzantinischem Einfluss, wie in den Exemplaren der *De materia medica*,[54] einer Handschrift (um 1229) aus dem nördlichen Iran über Dioskorides.

Zusammenfassend ist festzuhalten, dass mit den Ayyubiden zum einen eine größere Nähe zu den Christen möglich war (mit den „Lieblingsfeinden", den Kreuzrittern, wurden über den Abschluss von Waffenstillständen hinaus auch gemeinsame Herrschaftsformen entwickelt), zum anderen aber die byzantinischen/koptischen Themen aufgegeben wurden beziehungsweise eine bewusste Emanziaption stattfand. Anlehnung an christliche Kunst erfolgte also in einem bewussten Zitat, einer Kopie oder einer deutlichen Anleihe. Dieser ikonographische und thematische Schritt hat seine Wurzeln in fatimidischer Zeit, doch erst die Ayyubiden entwickeln aus den verschiedenen Einflüssen eigene Formen, die in mamlukischer Zeit die volle Reife erreichen sollten.

Gegenüber: *In dieser Miniatur der* Hochzeit zu Kanaan *aus einem koptischen Evangeliar überrascht der architektonische Aufbau mit den auf zwei Register verteilten Personen und der großen Fähigkeit, den Raum zu organisieren. In der Tat sind die Personen, obwohl sie nicht miteinander verbunden sind (der architektonische Hintergrund könnte vielleicht sogar ausgelassen werden), so angeordnet, dass sie perfekt interagieren. Die sicher beiderseitigen Einflüsse belegen, dass christliche und islamische Künstler untereinander ihre Werke kannten. Nationalbibliothek, Paris, 1180*

ⲙⲱⲟⲩ ⲛ̀ϫⲉ ⲡⲓⲁⲣⲭⲏⲧⲣⲓⲕⲗⲓ
ⲛⲟⲥ ⲉ̀ⲁϥⲉⲣϯⲣⲡ · ⲛⲁϥⲉ̀ⲙⲓ ⲁⲛ
ⲡⲉ ϫⲉ ⲟⲩⲉ̀ⲃⲟⲗ ⲑⲱⲛ ⲡⲉ ·
ⲛⲓⲇⲓⲁⲕⲱⲛ ⲇⲉ ⲛⲁⲩⲉ̀ⲙⲓ · ⲡⲉ
ⲛⲏⲉ̀ⲧⲁⲩⲙⲁϩ ⲡⲓⲙⲱⲟⲩ

Ⲁ ⲡⲓⲁⲣⲭⲏⲧⲣⲓⲕⲗⲓⲛⲟⲥ ⲙⲟⲩ
ϯ ⲉ̀ⲡⲓⲡⲁⲧϣⲉⲗⲉⲧ ⲡⲉϫⲁϥ
ⲛⲁϥ ϫⲉ ⲣⲱⲙⲓ ⲛⲓⲃⲉⲛ ϣⲁⲩ
ⲭⲱ ⲙ̀ⲡⲏⲣⲡ ⲉⲑⲛⲁⲛⲉϥ ⲛ̀
ϣⲟⲣⲡ · ⲉ̀ϣⲱⲡ ⲁⲩϣⲁⲛⲑⲓ:

Leben und Wirken der Kreuzfahrer in den östlichen Regionen der byzantinischen Welt und die Folgen für die Malerei im 12. und 13. Jahrhundert

Tania Velmans

Als die Kreuzfahrer im Vorderen Orient ankamen, trafen sie auf reich geschmückte Moscheen und byzantinische Kirchen in zwei unterschiedlichen Bauformen. Die Kirchen örtlicher Baumeister unterschieden sich klar von den Kirchen konstantinopolitanischer Prägung vor allem durch die Bilder in ihren Apsiden, durch ihre Kuppel und in einigen Fällen durch die Bauweise ihrer Gewölbe – darüber hinaus aber auch durch die Bedeutung, die den heiligen Reiterkriegern und ihren Viten beigemessen wurde.[1] Bei der zweiten Gruppe dieser Stätten der Andacht, die hauptsächlich in den größeren Städten des Heiligen Landes lagen, handelte es sich um kaiserliche Schenkungen, die von der Pracht Konstantinopels zeugten und die Bewunderung der Kreuzfahrer erregten. Die meisten von ihnen sind heute zerstört, aber noch durch frühere Beschreibungen bekannt. Da zwischen der islamischen Kunst und der Malerei der Kreuzfahrer sozusagen keinerlei Berührung bestand, werden wir uns hier allein auf die beiden oben bereits erwähnten Quellen byzantinischer Inspiration beziehen müssen. Die Vorbilder, die diese Kunstwerke zusammen mit den Ikonen und den prachtvoll ausgemalten Handschriften darstellen, die in diesen Kirchen aufbewahrt wurden, unterlagen einem häufigen Wandel und verdrängten sogar die abendländische Tradition aus den Bildern lateinischer Auftraggeber.

In der Kirche des Mar Elian, des heiligen Elias in Homs in Syrien (12. Jahrhundert),[2] sind allein die Fresken in der Apsis vollständig erhalten, während Reste vereinzelter Heiligenfiguren die Wände verzieren. Die Inschriften sind in Arabisch und einige wenige auch in Griechisch gehalten. Die wie eine Muschelschale geformte Decke der Apsis zeigt eine Deesis. Dieses Bild der Fürsprache, in dem Christus zwischen Maria und Johannes dem Täufer thront, die ihn beide demütig bitten, kommt in abendländischen Kirchen selten vor, und wenn es dort einmal auftaucht, dann wurde seine Entstehung im Allgemeinen byzantinisch beeinflusst. Sein Platz in der Apsis der Sankt Elias-Kirche muss im Zusammenhang mit den herrschenden Bauformen in den östlichen Regionen des Byzantinischen Reiches gesehen werden. Deesis-Bilder kamen in der Apsis ostbyzantinischer Kirchen[3] relativ oft vor, während ihnen die in Konstantinopel geltenden Bauvorschriften den bevorzugten Platz wie in der Sankt-Elias-Kirche nur in Grabkirchen gestatteten.[4] Die Apsiden in anderen Gotteshäusern bedeckten deshalb eher Bilder aus den Themenkreisen der Menschwerdung Christi und der Eucharistie.

Obwohl das Bildthema und seine Platzierung in der Apsis von Homs aus dem Vorderen Orient entlehnt sind, stammt die künstlerische Ausführung aus dem

Dieser Kopf eines Engels, eindeutig von Byzanz beeinflusst, dokumentiert in besonderem Maße die eindrucksvolle Reife, die von den im Jerusalem der Kreuzzüge arbeitenden Künstlern erreicht wurde.
Ausschnitt aus dem Fragment des Freskos von S. 158

Abendland, denn hinter der Jungfrau und dem heiligen Johannes erscheinen zwei reich gekleidete und betende, aber durch keine Inschrift identifizierte Personen im Heiligenschein. Höchstwahrscheinlich handelt es sich um einen Mann und eine Frau,[5] die nur die Stifter dieser Deesis-Abbildung sein können. Dass sie sich in der Apsis befinden, leitet sich aus einer frühchristlichen Tradition her, die man im 6. Jahrhundert manchmal noch in Byzanz sieht. Im Mittelalter erscheinen die Stifter eines Kirchenbildes selten und dann auch nur stark verkleinert zu Füßen Christi oder der Heiligen Jungfrau, wie das Beispiel der aus dem 13. Jahrhundert stammenden Kirche Panaghia Mavriotissa[6] in Kastoria zeigt. In einigen kappadokischen Kirchen im byzantinischen Osten tauchen die Bildstifter entweder zu Füßen Christi,[7] in den unteren Registern der Apsis oder, zwar noch in aufrechter Haltung, aber sehr klein, im Bild auf.[8] In beiden Fällen erreichen sie die Bedeutung der abgebildeten heiligen Personen nicht. Im Abendland ist die bildliche Darstellung des heiligen Elias geläufig, wie sich unter anderem in der Halbkuppel der Apsis am Dom von Aquileia (um 1031)[9] und anderswo[10] zeigt.

Die Bedeutung des Sternenhimmels in Homs lässt auch an erhaltene Kirchen im Ostteil des byzantinischen Machtbereichs, z. B. im koptischen Ägypten,[11] oder an romanische und gotische Schmuckmotive[12] denken. Das Gleiche gilt für Sonne und Mond, die in ägyptischen und kappadokischen Kirchen zu beiden Seiten Christi abgebildet sind.[13] Unter der Deesis sind drei Nischen als zweites Register angebracht. Die mittlere ist von Schmuckmotiven bedeckt, was in Byzanz allerdings nicht vorkam, während in den beiden anderen Nischen die vier Evangelisten je zu zweit in segnender Haltung stehen. Eine derartige Platzierung ist, wenn wir von der einzigen Ausnahme in der Panaghia Mavriotissa (13. Jahrhundert) in Kastoria[14] absehen, für Byzanz so ungewöhnlich wie für den gesamten Vorderen Orient. Auch in Westeuropa kommt sie selten vor, wie wir zugeben müssen, aber die Form der Darstellung gehört trotzdem in die lateinische Tradition, wie wir beispielsweise in der Kirche San Jacopo in Tremeno (Anfang 13. Jahrhundert)[15] sehen können.

An der Ostmauer stehen zu beiden Seiten der Apsis sechs Apostel, und die vier Medaillons über ihnen zeigen die Brustbilder der Propheten David, Salomon, Jesaia und Jeremia, die kleine Tafeln mit Auszügen aus ihren Weissagungen in griechischer und arabischer Schrift halten. Um die Medaillons schweben kleine Engel von deutlich abendländischem Aussehen. In den byzantinischen Kirchen, ob nun konstantinopolitanischer oder orientalischer Bauweise, kommen einzelne Propheten in der Apsis niemals und noch viel weniger über den Aposteln vor. Aus theologischer Sicht hätte man eine solche Anordnung als schweren Fehler betrachtet, weil sie die

Dieses Fragment einer Wandmalerei zeigt den Engel, der Christus in Gethsemane Trost spendet. Es vertieft unsere Kenntnis der Malerei im Jerusalem der Kreuzzugszeit, von der nur spärliche und fragmentarische Zeugnisse erhalten geblieben sind. Dabei ist bekannt, dass es durchaus eine ansehnliche Anzahl von Kunstwerken dieser Art gegeben haben muss. Aus den Ausgrabungen der Erlöserbasilika in Gethsemane, Museum Studium Biblicum Franciscanum, Jerusalem, ca. 1170

In der syrischen Kirche des heiligen Elias vereinigen sich die ikonographischen Muster des Westens mit charakteristischen Themen und Bildanordnungen des byzantinischen Orients, etwa bei der Christusfigur vor dem besternten Himmel und bei den Medaillons mit den Brustbildern der Evangelisten. Homs, 13. Jahrhundert

Propheten gegenüber den Aposteln bevorzugt behandelt hätte, mithin also das Alte Testament über das Neue Testament gestellt hätte. Einzelne Propheten erscheinen deshalb höchstens in den Mauerbögen, an den Mauern oder an den Pfeilern vor der Apsis. Innerhalb der Apsis tauchen im Vorderen Orient höchstens manchmal die Propheten Ezechiel und Jesaia auf, aber dann auch nur in einem bestimmten Kontext, der sich aus ihren Gottesvisionen ergab. So Ezechiel, als ihm Gott erschienen war und er auf Sein Geheiß die Buchrolle aß, oder Jesaia, als er sich von einem Engel die Lippen reinigen ließ.[16] Nicht so aber im Abendland, wo sie zum Beispiel in der Apsis der Kirche San Silvestro in Tivoli (Anfang 13. Jahrhundert)[17] zusammen mit der Jungfrau und ihrem Kind oder in der Apsis der Kirche von Niederzell (Reichenau) zusammen mit Christus in seiner Herrlichkeit gezeigt werden, und die zwölf Apostel im zweiten und ebenso viele Propheten im dritten Register erscheinen.[18]

Die Bildsprache unserer Fresken entspricht der der ausgehenden Romanik. Trotz der vermutlich für die Bevölkerung bestimmten griechischen und arabischen Inschriften erlauben die vorangehenden Beobachtungen die Behauptung, dass es sich um einen Künstler aus dem lateinischen Kulturkreis handelte, der bezüglich der Ikonographie durch seine neue Umgebung beeinflusst wurde. Deshalb spiegeln die Fresken von Sankt Elias die kulturelle Vermischung im Orient zur Zeit der Kreuzzüge sehr gut wider.

Ein anderes Gotteshaus in Syrien, die Kirche der heiligen Sergius und Bacchus im Kloster Mar Yakub (heiliger Jakobus) in Qara (13. Jahrhundert) liegt an der Straße von Damaskus nach Aleppo; sie hat einen Teil ihrer Ausstattung und der griechischen oder syrischen Inschriften[19] bewahrt. Diese Fresken gehören zu einer zweiten Schicht des Mauerputzes (die erste besteht aus Mosaiken); ihre Ikonographie und ihr Stil sind eindeutig byzantinisch, was die griechischen, syrischen und sogar slavischen Inschriften übrigens bestätigen.

An der nördlichen Mauer ziehen zwei Kreuzritter die Blicke auf sich und beeindrucken durch einige ungewohnte Details. Der untere Teil der Fresken ist zwar nicht mehr vorhanden, aber man erkennt trotzdem, dass die beiden Ritter zur Apsis blicken. Die heiligen Sergius und Theodorus reiten in prachtvollen Kleidern auf ihren Pferden, aber sie werden im Brustbild von vorn gezeigt. Der heilige Sergius hält eine Lanze mit einem Wimpel, auf dem das Zeichen des Templerordens erscheint (ein rotes Kreuz auf weißem Grund). Neben ihm der heilige Theodorus, den in der rechten oberen Bildecke die auf abendländische Weise aus dem Himmel herausragende Hand Gottes segnet. Sein mit Schmuckornamenten bedeckter Schild erscheint im Bild rechts hinter ihm.

Trotz des Templerwappens, das der heilige Sergius trägt, erinnern die Kreuzritter von Qara nicht an die Ritter in den romanischen Kirchen des Abendlandes, hauptsächlich in San Clemente in Rom (um 1100), in der Taufkapelle in Saint-Jean in Poitiers (Ende 11. Jahrhundert), in der Kirche Saint-Agnan (12. Jahrhundert) in Brinay-sur-Cher oder in der Krypta der Kathedrale von Auxerre (2. Hälfte des 12. Jahrhunderts).[20] Auf diesen Bildern erscheinen die Ritter entweder im Profil oder in Drei-Viertel-Größe und reiten in ziemlich realitätsgetreuer Haltung auf ihren Pferden. Selbst wenn sie wie in anderen Wandmalereien von vorne gezeigt werden, beschreiben ihre beiden Schultern nicht die symmetrisch horizontale Linie wie in Qara. Sie sind häufig in antike Gewänder gekleidet; auf ihrem Mantel und auf dem Harnisch der Pferde sind keine Perlen oder Stickereien eingenäht wie in unserer Kirche, und ihr Schild lässt das schmückende Beiwerk vermissen, während diese Merkmale dem byzantinischen Kreuzritter eignen, der im Orient, wie wir bereits beobachtet haben, einen besonders wichtigen Raum einnimmt.

Neben den heiligen Rittern zeigt ein anderes Bild die stillende Jungfrau Maria unter einer Arkade. Der untere Teil der Freske ist zerstört, aber nach ihrer Körperhaltung und der Größe ihres Kindes zu schließen wurde sie einst in aufrechter Haltung gezeigt. Eine syrische Inschrift „MRTY MRYM (LDT) LHA" könnte nach Meinung von J. Leroy[21] dem französischen „Madame Marie, Mère de Dieu" („Gnädige Maria, Mutter Gottes") entsprechen, wobei „Marty" die weibliche Form von „Mary" („Gnädiger Herr") ist. Die Jungfrau trägt das Kind auf ihrem linken Arm, das in abendländischer Manier segnet, und reicht ihm die Brust, die J. Leroy für ein Milchfläschchen mit Schnuller hielt.[22] Das Bild der stillenden Jungfrau kam in Byzanz schon sehr früh vor und taucht bereits im 6. und 7. Jahrhundert im koptischen Teil Ägyptens in den Fresken von Saqqara auf. Diese Form der Präsentation von Maria stammt aus dem Orient und überträgt Mythos und Bild der Göttin Isis, die ihren Sohn Harpocrates stillt, in einen christlichen Rahmen. Die erste christliche Fassung der ihr Kind stillenden Maria taucht als eine in einen Kalksteinbrocken gemeißelte Skulptur auf, die im 6. Jahrhundert in Madinat al-Fayyum gefunden wurde und heute in den Staatlichen Museen von Berlin aufbewahrt wird.[23] Ebenfalls zu sehen ist das Bild in Zelle 1725 des im 7. Jahrhundert errichteten Klosters zum heiligen Jeremias in Saqqara,[24] das gegenwärtig im koptischen Museum von Kairo gezeigt wird. Diese bildliche Darstellung Marias wurde erst spät und dann auch nur sehr selten in das Schmuckinventar balkanischer Kirchen[25] im Gefolge der griechisch-orthodoxen Kirche in Konstantinopel aufgenommen. Die Brust Marias erscheint auf allen christlichen Bildern nur klein, länglich und wie auf ihrem Kleid haftend; eine zu naturgetreue Darstellung hätte wahrscheinlich schockiert. Im Übrigen verfuhr der Maler genau so wie bei den Kreuzrittern. Er fügte nämlich in den byzantinisch-orientalischen Bildzusammenhang ein winziges neues Detail (die Segnung des Kindes) ein.[26] Angesichts dieser Merkmale lässt sich seine Nationalität nur sehr schwer einschätzen. Nach unserer Meinung handelte es sich um einen Griechen oder Syrer, der für einen lateinischen Auftraggeber, vielleicht einen Templer, arbeitete, woraus sich die Wimpel und die segnende Geste des Jesuskindes erklären ließen.

Dennoch sprechen die Wimpel der Kreuzritter nicht in letzter Konsequenz für einen lateinischen Bildstifter, denn sie sind auch in einer zweiten syrischen Kirche, in Mar Musa al-Habashi, der Kirche des heiligen Moses von Äthiopien (1058–1192) nahe bei Nebek[27] zu finden, die einst syrischen Mönchen gehört hatte. Obwohl

Das Thema der stillenden Mutter Gottes in byzantinischer Tradition übernimmt antikes und vorchristliches Erbe aus Ägypten, wo es schon sehr früh in der koptischen Kunst in Erscheinung tritt. Das hier gezeigte Fresko aus dem Kloster des heiligen Jeremias in Saqqara befindet sich heute im Koptischen Museum in Kairo.

Das Fresko aus dem Kloster der heiligen Sergius und Bacchus in Qara erneuert das Thema in syrischem Umfeld mit einer kleinen stilistischen Änderung: Die Finger an der Hand des segnenden Kindes sind nach lateinischem Ritus abgebildet, was deutlich den abendländischen Einfluss beweist.

ΜΡ
ΘΥ
IC ΧC

schwer beschädigt, ist ihr Freskenschmuck zum großen Teil noch erhalten. Das genauere Studium hat das ikonographische Programm, die verwendete Bildtechnik und den Stil der Wandmalereien in der Kirche eindeutig als byzantinisch und sogar typisch für die östlichen Landstriche des Reiches nachgewiesen.[28] Wie in diesen Gegenden häufig, erfreuten sich die Kreuzritter (Fragmente), die oft als Sechsergruppe auftraten, als Bildmotiv großer Beliebtheit. Immer wieder trägt der heilige Sergius an der Spitze seiner Lanze den Wimpel mit rotem Kreuz auf weißem Grund und der heilige Bacchus eine kleine Fahne in den umgekehrten Farben. Es versteht sich von selbst, dass dafür kein lateinischer Auftraggeber in Frage kommt.

Die Vorbilder, nach denen die verschiedenen ortsansässigen Maler die Fahnen der Kreuzritter arbeiteten, stammten wahrscheinlich aus tragbaren Kunstwerken wie Ikonen oder kostbar ausgemalten Handschriften, die französische oder italienische Künstler im Heiligen Land herstellten. Eine derartige Ikone wird im Sankt Katharinen-Kloster am Berg Sinai aufbewahrt und zeigt den heiligen Sergius mit dem Wimpel der Templer hoch zu Ross. Sie wird einem venezianischen Maler zugeschrieben, der um 1244 in einem von den Kreuzfahrern finanziell unterstützten Atelier in Akkon arbeitete. Ohne uns allzu lang an diesem Bild aufzuhalten, mit dem sich im Übrigen K. Weitzmann eingehend befasst hat,[29] verdienen doch zwei ikonographische Eigenheiten zumindest eine Erwähnung. So kann der Köcher des Heiligen seinen persischen Ursprung[30] nicht verleugnen, während das Kleid der Bildstifterin, die zu Füßen des Ritters kniet, der abendländischen Mode im 13. Jahrhundert entspricht. Wie wir aus anderen Dokumenten schließen dürfen, bedeutet der schwarze Schleier im Haar der adligen Dame, dass sie wegen der Eroberung Jerusalems im Jahr 1244[31] Trauer trägt.

Unter den Ikonen der Kreuzritter, die am Berg Sinai gefunden wurden und aus französischen Werkstätten in Akkon stammen, tragen die Bilder der heiligen Theodorus und Georg (nach 1261) griechische Inschriften, genau wie die übrigens schon erwähnte Ikone. Die Gesichtszüge der beiden Heiligen, die Verarbeitung ihrer Waffen und ihre fein gefältelten Mäntel, die der Wind hoch bläst, rücken diese Ikone in die Nähe der byzantinischen Malerei. Trotzdem handelt es sich wahrscheinlich um das Werk eines französischen Malers, denn die Pferde erinnern mit einem gewissen Nachdruck an die gotische Maltechnik, und die Lanzen der Ritter sind mit den Wappenwimpeln des Templerordens – rotes Kreuz auf weißem Grund – geschmückt. Schließlich und vor allem lassen die kleine Figur des Bildgebers, der zu Füßen des heiligen Georg kniet, und die griechische Inschrift, die ihn als aus Paris kommend (ein Pilger?) bezeichnet,[32] keinerlei Zweifel an der Nationalität des Malers aufkommen, der sich um die Nachahmung der byzantinischen Maltechnik bemühte.

Die besondere Aufmerksamkeit der Maler für die Templer erklärt sich aus der militärischen Macht und dem Reichtum dieses Ordens sowie aus seiner herausragenden Rolle, die er bei den Kreuzzügen spielte. Seine beachtlichen finanziellen Mittel erlaubten ihm, als Unternehmer großer Werke und in einem besonderen Sinn als Stifter auf künstlerischem Gebiet aufzutreten. Was die beiden Ikonen betrifft, die wir soeben näher betrachteten, so sind sie zwar zu einem späteren Zeitpunkt entstanden als die Fresken an den Mauern von Qara und Mar Musa, aber im 12. Jahrhundert müssen bereits die gleichen Bildmuster existiert haben. Selbst unsere Ikonen leiten sich übrigens von einer anderen Darstellungskategorie ab. In französischen Kirchen wie beispielsweise in der ehemaligen Templerkapelle in Cressac-sur-Charente[33] (13. Jahrhundert) und in französischen Handschriften sieht man tatsächlich Kreuzritter, die die Fahne der Templer tragen.

Wenden wir uns nun aber wieder den Fresken von Mar Musa zu. Unter den Kreuzrittern taucht auch ein Bild des heiligen Georg auf, wie seine Inschrift beweist, dessen oberer Teil nicht mehr existiert. Zwischen den Hufen seines Pferdes erscheint eine Art See mit Fischen, die den Bildinhalt leicht erraten lassen. Es handelt sich um eine Legende aus dem Osten des Byzantinischen Reichs, die ein Wunder des Heiligen beschreibt: Der heilige Georg hatte einmal einen jungen christlichen

Dieses Fragment mit der Vorstellung Jesu im Tempel, das ursprünglich von der nördlichen Außenmauer der Kapelle von Crac des Chevaliers stammt, erinnert aus der Nähe betrachtet an ein kretisches Fresko, jedoch ist die Figur des knienden Gabenbringers eine Neuerung aus dem Westen. Museum von Tartus, Libanon

Die Darstellung in byzantinischem Stil zeigt das Banner mit dem Abzeichen des Templerordens, das an der Lanzenspitze des heiligen Sergius flattert. Das Motiv der heiligen Ritter war im christlichen Orient weit verbreitet, und keiner von den mächtigen Auftraggebern der Militärorden im Heiligen Land ließ es aus.

Gefangenen, den die Muslime festhielten, „über die Ägäis" gebracht, um ihn wieder seiner Familie in Mytilene zurückzubringen.[34]

Dieses Bildmuster taucht als Fragment auch in der berühmten fränkischen Kreuzfahrerfestung Crac des Chevaliers (1170–1202) auf. Da Bild und Legende zwar im Orient,[35] nicht aber im Okzident weithin bekannt waren, stand für das Fresko in Crac sicherlich ein aus der Gegend stammendes und mit dem Fresko aus Mar Musa vergleichbares Vorbild Pate. Der Maler könnte ein Syrer oder Grieche gewesen sein, denn unter einem der Bilder in Crac ist zu lesen „Basilius Pictor" („Basilius war der Maler").

Dass in der Kunst der Kreuzzüge heilige Ritter oft vorkamen, ist leicht zu begreifen, da sie zu den Schutzheiligen der Ritter zählten. Diese Bilder sind im Vorderen Orient übrigens weit verbreitet. In der byzantinischen Malerei, die von den künstlerischen Regeln Konstantinopels beherrscht wurde, tauchen sie erst im 11. und 12. Jahrhundert auf, während man sie bereits im 6. Jahrhundert in Ägypten und im 7. Jahrhundert in Armenien sehen konnte.[36] Im 11. Jahrhundert stellten sie am östlichen Rand der byzantinischen Welt ein beliebtes Bildmotiv dar, und seit dieser Zeit wurden ihre Viten und vor allem ihre Wunder bildlich dargestellt. So fand in diesem semantischen Feld ein Wechsel statt. Für die ostbyzantinischen Maler wirkte er sich kaum aus, da sie nur Details übernahmen, wohl aber für abendländische Künstler, die in ihren Bildern rasch eine ganz neue Komposition darstellten, deren Legende sie a priori nicht kannten.

Die schönste, weil von einer ganz eigenwilligen Bildsprache geprägte Wandmalerei in Crac des Chevaliers findet sich an der nördlichen Außenmauer des Gebäudes und zeigt ein Bildfragment über die Einführung Jesu im Tempel.[37] Der alte Symeon (ausgewiesen durch eine Inschrift in griechischer und lateinischer Sprache), der den Sohn Marias zunächst auf den Arm genommen hatte, will ihn ihr gerade zurückreichen, während sie ihn in einer konventionellen Bewegung in Empfang nehmen will. Dieses Bildmotiv taucht in Byzanz im 13. Jahrhundert auf und in Crac erinnert es stark an das Motiv aus einer Kirche auf Kreta, der Panaghia tou Lumbiniès (13. Jahrhundert, mit anderen Fresken aus dem 14. Jahrhundert).[38] Nur hat der Maler bewusst oder unbewusst das für die byzantinische Malerei wichtige Ziborium vergessen, das den Tempel symbolisiert. Außerdem verlieh er der Prophetin Anne, die hinter Symeon steht, ein junges und hinreißend schönes Gesicht, während byzantinische Maler sie entsprechend dem Evangelisten Lukas (2, 36) als alte Frau darstellten. Zu Füßen Marias betet eine kleine Figur von weltlichem Stand in aufrechter Haltung, sicherlich der Auftraggeber des Bildes. Das entspricht einem im Abendland weit verbreiteten Brauch, den man im byzantinischen Reich nicht kannte. Ein Laie als Bildstifter, der solcherart im Bild über ein wichtiges Kirchenfest auftaucht, wäre dort als unzumutbar erschienen. Schließlich ist auch die Art, in der die Personen im Bild auf den Betrachter blicken, typisch für die abendländische Maltechnik. Es erscheint also ziemlich eindeutig, dass es sich hier nur um einen Maler aus dem lateinischen Kulturkreis handeln kann, der sich von den byzantinischen Vorbildern nur oberflächlich beeinflussen ließ.

Das Schloss von Margat (Marqab), was „Ort der Wache" bedeutet, liegt zwischen den syrischen Städten Tartus und Lattakia. Die Kreuzfahrer erstürmten es 1140, und 1186 ließen sich dort Hospitaliter nieder.[39] Die einst über und über mit Fresken geschmückte Kapelle hat nur einige Freskenfragmente und eine etwas besser erhaltene Malerei in der Kuppel bewahrt. Die dortige Darstellung des Pfingstfestes ist dennoch bezeichnend, denn die Strahlen, die vom Heiligen Geist auf die Köpfe der auf einer Bank sitzenden Apostel niedergehen, kommen hinter Wolken hervor, ein realistisches Bilddetail, das man im mittelalterlichen Byzanz nie gesehen hat. Die Wolken in religiösen Szenen waren insbesondere in romanischen Kirchen zwischen dem 5. und 11. Jahrhundert weit verbreitet.[40]

Aus einem Ladengeschäft von Kreuzfahrern aus Akkon stammt diese Ikonenmalerei mit den beiden heiligen Sergius und Bacchus. Wie auch auf dem Fresko der vorhergehenden Seite ist das Banner das des Templerordens, während der Köcher persische Einflüsse zeigt. Kloster der heiligen Katharina, Sinai, letztes Viertel des 13. Jahrhunderts

Die Kreuzfahrer kämpften in Palästina nicht nur, sondern entfalteten auch auf dem Gebiet des Kirchenbaus und der Kirchenrenovierung bedeutende Aktivitäten. In der Grotte der Geburtskirche von Bethlehem ist eine unvollständige Inschrift in Griechisch und Latein erhalten, die von den Bauarbeiten der Kreuzritter zeugt. Sie nennt die Namen des Mönchs Ephraim, eines Malers und Mosaikkünstlers, des byzantinischen Kaisers Manuel I. Komnenos, des Königs von Jerusalem, Amalrich (1162–1174), des Bischofs von Bethlehem Ralf und das Jahr 1169, das Jahr der Vermählung von Amalrich mit Maria, der Nichte des byzantinischen Kaisers, die dort gefeiert wurde.[41]

Als die Kreuzfahrer die Geburtskirche besetzten, erstrahlte sie bereits im Schmuck von Mosaiken aus dem 7. und 8. Jahrhundert, die vermutlich der byzantinische Kaiser bezahlt hatte – u. a. stellten sie die sieben ökumenischen Konzilien ziemlich abstrakt als Inneneinrichtung von Kirchen mit langen Inschriften dar.[42] Die Lateiner renovierten diese Mosaiken und fügten ihnen noch eines über das zweite Konzil von Nicäa hinzu (787 n. Chr.). Dieses Bild ist zusammen mit seiner lateinischen Inschrift zwar nicht mehr vorhanden,[43] hatte sich aber wie es scheint in die ursprüngliche Bildanordnung eingefügt. Die lateinische Inschrift verdammte den Ikonoklasmus und erinnerte so an die öffentliche Verdammung dieser Bewegung durch Papst Gregor II.

Über den Konzilsmosaiken fügten die Künstler eine Engelsprozession zwischen die Fenster ein. In der Deckenwölbung der Apsis erscheint Maria Blacherniotissa mit dem Kind. Sie trug es in einem Medaillon auf ihrer Brust, das inzwischen nicht mehr existiert, aber einem ikonographischen Typ entsprach, der eng mit Konstantinopel

In der von Justinian gegründeten Geburtskirche zu Bethlehem sind einige Säulen bemalt, eine in der byzantinischen Zeit unbekannte Praxis. In Bethlehem haben diese Malereien vermutlich Votivcharakter und vereinigen byzantinische Motive in leicht verständlicher Form, wie etwa die Muttergottes mit dem Kind, mit Szenen der abendländischen Kirche wie die Heiligen auf den Säulen rechts.

und der wundertätigen Ikone in der Blachernenkirche[44] verbunden war. Andere Fresken im Stil der byzantinischen Ikonographie tragen lateinische Inschriften. Unter ihnen findet sich ein Zyklus der großen Feiertage des liturgischen Kalenders, eine Darstellung des Baumes Jesse, die, obgleich zerstört, die Genealogie Christi seit den Vorfahren Marias illustrierte und so das Alte mit dem Neuen Testament verband. Die stilistischen Merkmale verweisen auf einen oder mehrere byzantinische Künstler.

Diese und andere Mosaiken in der Krypta werden durch die Fresken vervollständigt, die die 28 Säulen des Mittelschiffs und der Seitenschiffe[45] schmücken, was für eine byzantinische Kirche absolut ungewöhnlich ist. An den Säulen sind männliche und weibliche Heiligenfiguren – einige von ihnen gehören nur dem abendländischen Kulturkreis an – und zwei Bilder der Jungfrau mit dem Kind. Drei dieser Figuren besitzen Votivcharakter, denn die Bildgeber knien zu ihren Füßen wie in der romanischen und gotischen Freskenmalerei üblich. Diese Tafeln konnten von Pilgern bestellt werden.

Auf einer Säule im Südflügel flehen die Bildauftraggeber zur Jungfrau und ihrem Kind. Die Inschrift vermerkt das Datum 1130, was die Fresken von den Mosaiken aus dem Jahr 1169 zeitlich trennt.[46] Sie sind übrigens relativ plump gemalt und weisen keinerlei byzantinische Züge auf. Sie wurden bisher verschiedenen Künstlern zugeordnet, darunter einem Venezianer (?), der die heilige Fusca, eine Märtyrerin aus Ravenna, gemalt hat. Andere Heiligenfiguren des Bildes wie Olaf und Canutus stammen aus Nordeuropa. Trotzdem zieht eine dieser Figuren – Elias, der von den Raben ernährt wird (III, Könige 17, 1–7) –, den Blick des Betrachters wegen ihrer äußerst sorgfältigen plastischen Bildsprache sofort auf sich. Sie wird von einem lateinischen Text begleitet, aber der Name des Heiligen ist ebenfalls griechisch geschrieben. Stil, Zeichnung und Inschrift dieses Freskos verweisen darauf, dass der Maler ein Byzantiner gewesen sein muss, der entweder mit lateinischen Kollegen zusammengearbeitet hat oder zu einem anderen Augenblick als sie gerufen worden war. Die Mosaiken in der Krypta, die nur zum Teil erhalten sind, aber von dem kretischen Mönch Johannes Phocas detailliert beschrieben wurden, der Bethlehem im Jahr 1177 besuchte, entsprechen typisch byzantinischen Bildmotiven.[47]

Die Kreuzfahrer hatten in den Narthex unter dem Nordwestturm der Kirche eine kleine Kapelle gebaut. Ihre Fresken aus der zweiten Hälfte des 12. Jahrhunderts, die 1950 unter Einhaltung der Originalikonographie nachgemalt wurden, zeigen dennoch uneingeschränkt ostbyzantinische Merkmale. Die Deesis blickt tatsächlich von der Ostwand herab, also von dort, wo sich im Allgemeinen die Apsis befindet, und über ihr ist der leere Thron, der für das zweite Kommen Christi auf Erden vorbereitet ist. Seine Himmelfahrt schmückt die gewölbte Decke.[48] Die Verbindung dieser drei Sinnbilder bezeichnet den letzten und endgültigen Sieg Christi, wenn er, wie bei seiner Himmelfahrt angekündigt (Apostelgeschichte 1,11), zum zweiten Mal auf die Erde kommt. Eine ähnliche Verbindung dieser drei Themen existiert übrigens auch an anderen Orten im Vorderen Orient, besonders in der Kirche zum heiligen Georg in Aci in Georgien und in Kappadokien.[49]

Aus unseren bisherigen Ausführungen ergibt sich, dass wir an dem Innenschmuck der Geburtskirche in Bethlehem gleichzeitig die Mischung von Stilarten (Fresken und Mosaiken), von künstlerischen Traditionen und die Abfolge von Werken aus verschiedenen Epochen im gleichen Gebäude ablesen können ...

In der Kirche des heiligen Phocas in Amdjun (12. Jahrhundert, Libanon) orientierte man sich bei der Bemalung der Kirchenpfeiler an den Säulenbildern der Geburtskirche, aber Stil und Inschriften dieser Bilder sind griechisch. Das trifft auch für die Flächen mit dem Evangelisten Johannes und dem heiligen Georg auf den Säulen des Mittelschiffs zu, deren Inschriften zweisprachig gehalten sind.[50]

Schriftliche Quellen erwähnen ein griechisch-syrisches Maleratelier, das im Auftrag der Kreuzfahrer in der Kirche auf dem Berg Tabor ein Bild schuf, das an die Verklärung Jesu erinnerte, und in Nazareth[51] sowie im Felsendom in Jerusalem arbeitete. Die Kreuzfahrer ließen zu den wunderschönen Ornamentmotiven im Omayyadenstil, die, wie angenommen wird, von griechischen und arabischen Handwerkern oder Künstlern stammen, und die bereits die Wände des Felsendoms schmückten,[52] tatsächlich christliche Bilder hinzufügen.

Die meisten der Fresken, die die Kirchen von Jerusalem zur Zeit der Kreuzfahrer schmückten, sind heute verschwunden. Einige kennen wir aus den Beschreibungen von Reisenden oder den Berichten von Pilgern wie die Bilder in der Grotte von Gethsemane, in der Sankt-Anna-Kirche, in der Kapelle der Entschlafung Mariä auf dem Berg Zion bei Jerusalem oder auch im Heiligen Grab. Hinzuzufügen wäre noch die kleine Kapelle von Betfage[53] im Ostteil von Jerusalem zwischen Ölberg und Bethanien, in der noch einige Freskenfragmente erhalten sind, besonders das Bild über die Auferstehung des Lazarus, das in typisch byzantinischer Manier gestaltet ist.[54] Ein sehr schönes Fragment über die Himmelfahrt Christi mit einer lateinischen Inschrift aus der Apostelgeschichte (1,11) ist uns auch in der Kapelle des Kalvarienbergs erhalten. Sie wurde auf Veranlassung der Kreuzfahrer zwischen 1114 und 1159 restauriert. Heute ist man der Meinung, dass die Christusfigur dieses Freskos von einem aus dem Abendland stammenden Maler ausgeführt wurde, der die byzantinische Ikonographie und Bildästhetik perfekt beherrschte. Die Wiederherstellung der gesamten Bildfolge gelang dank der Beschreibung gut unterrichteter Reisender, besonders der Berichte von Quaresimus und Theodoricius (um 1172).[55] Gerade Theodoricius beschrieb die gesamte künstlerische Ausstattung des Heiligen

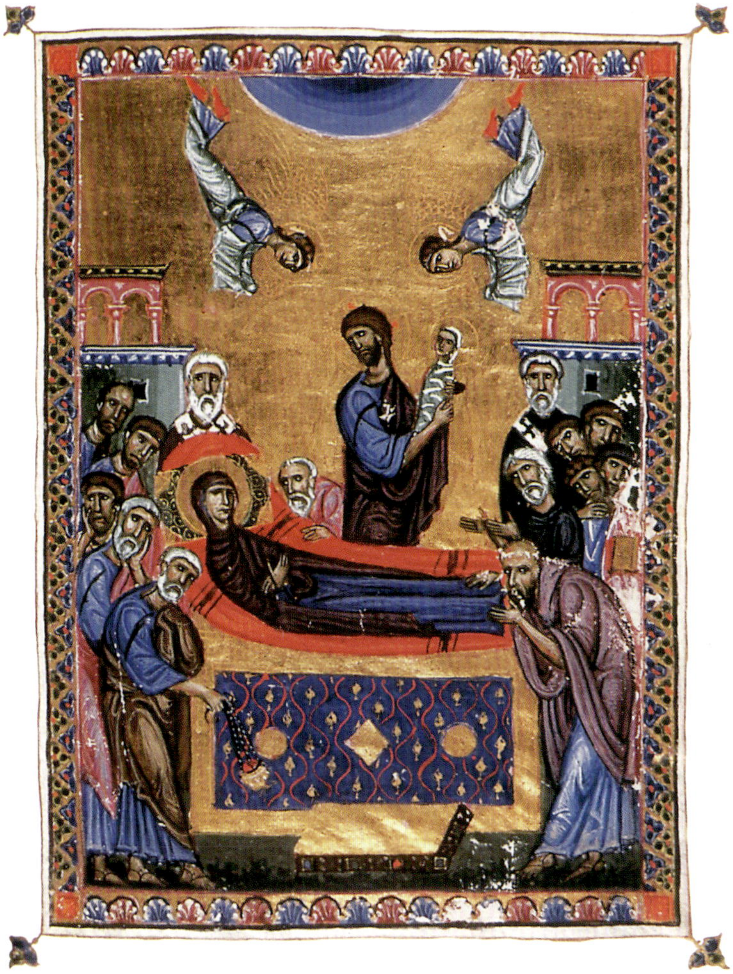

Die Entschlafung der Muttergottes (links) und die Thrène (rechts), beide erschaffen im Skriptorium des Heiligen Grabes um die Mitte des 12. Jahrhunderts, nehmen bei genauer Betrachtung byzantinische Modelle des vorangegangenen Jahrhunderts wieder auf. Aus dem Psalterbuch der Melisenda, British Library, Egerton Nr. 1139

Grabes, deren Programmatik sich intensiv mit dem Leiden und Sterben Jesu und seiner Zeugen auseinander setzt.[56]

Andere Beschreibungen derselben Autoren ermöglichen uns die Wiederentdeckung der Pracht bestimmter zeitgenössischer Bildmuster, zum Beispiel in der Rotunde der Grabeskirche, die von den arabischen Kriegerhorden des Kalifen al-Hakim im Jahre 1009 schwer zerstört und später von Kaiser Konstantin IX. Monomachus (1042–1055) einschließlich der Mosaiken zum Teil wieder aufgebaut und renoviert wurde.[57] Nach 1099 restaurierten sie die Kreuzfahrer mit geschickter Hand zu Ende und versahen sie mit lateinischen Inschriften. Sie nahmen auch die viel wichtigeren Arbeiten im Ostchor der Kirche, der aus dem 11. Jahrhundert stammte, in Angriff, um dort ein *Sancta Sanctorum* einzufügen. Das bei diesen Arbeiten zerstörte Bild des Abstiegs Christi in die Hölle[58] in der Apsis der Kirche wurde – der Beschreibung von Theodoricius folgend – durch ein anderes ersetzt, das die Auferstehung mit der Himmelfahrt verbindet, denn Christus, der Adam an der Hand führt, macht einen großen Schritt nach oben, was an bestimmte frühchristliche Bilder der Himmelfahrt erinnert. Die Überschrift dieser Bildkomposition ist Stundenbüchern entlehnt: *Ascendens in altum captivam duxit captivitatem, dedit dona hominibus* (Eph. 4,8: „Aufsteigend in die Höhe, führte er die Gefangenen mit sich und gab den Menschen seine Gaben"), ein Bibelvers, der an Himmelfahrt gesungen wurde. Man stellte also den Abstieg Christi an den tiefsten Punkt aller Materie und des Bösen, um den Tod zu besiegen und die Erlösung der Menschen (vertreten durch Adam und Eva) zu erringen, seinem triumphalen Aufstieg in den Himmel gegenüber. Dieses Bild muss wahrscheinlich auch mit dem Fresko über Pfingsten über ihm im Gewölbe vor der Apsis in Beziehung gesetzt werden. In ihm kommt eine ehemals lokale Vorstellung zum Tragen, denn im 5. Jahrhundert wurden Himmelfahrt und Pfingsten in Jerusalem am gleichen Tag gefeiert.[59]

In einem Zimmer nahe dem Eingangstor, das den Wachen am Nordteil der Ringmauer um Jerusalem als Kapelle diente, wurden Freskenteile aus verschiedenen Epochen entdeckt. Nach seiner grundlegenden Untersuchung durch J. B. Hennessy und L.-A. Hunt[60] ist es unter seiner englischen Bezeichnung „Damascus Gate" (Damaskustor) besser bekannt. Hier interessieren uns aber nur die Fresken, die zur Zeit der Kreuzzüge, also etwa um die Mitte des 12. Jahrhunderts, gemalt wurden. Von ihnen sind leider nur geringe Reste vorhanden, aber die wenigen Engelsfragmente boten Anlass zu einer sehr genauen Untersuchung. Deren Ergebnis rückte sie in die Nähe der Miniaturen im Psalterbuch von Königin Melisande (1131–1143) und deren byzantinischen Vorbildern im 11. Jahrhundert. Die Reste der Engelsbilder wurden auch mit dem Bild der heiligen Barbara an einer Säule der Geburtskirche in Bethlehem und mit Malereien in der Grabeskirche von Johannes dem Täufer in Sebaste (Samaria) verglichen, die in der dortigen Krypta erhalten sind und möglicherweise byzantinische Kunstwerke aus der Mitte des 12. Jahrhunderts darstellen. Andere Untersuchungen gelangten zu dem Ergebnis, dass die Kapelle an der Ringmauer von Jerusalem dem Hospitaliter-Orden gehörte und aller Wahrscheinlichkeit nach von einem byzantinischen Künstler gestaltet wurde.[61]

Einer Mischung aus abendländischer Ikonographie und byzantinischer Klassik, die sich in den harmonischen Proportionen der Figuren und einer gewissenhaften Formgebung ausdrückt, begegnen wir in einer Darstellung Jesu im Kreis seiner Jünger auf einem tief gekerbten und bemalten Steinaltar, der sogar zu den christlichen Praktiken im Abendland passt. Er wurde bei Grabungen in der Nähe dieser Kapelle in der Mauer um die Heilige Stadt gefunden.[62]

Das ureigene byzantinische Thema der Geburt Christi wurde in dieser Ikone von einem westlichen Künstler in Kreuzfahrerauftrag neu bearbeitet und zeigt nun Spuren zeitgenössischer Ereignisse: Der erste der drei Magier ist noch eine traditionelle Figur, der zweite ein abendländischer Adliger, was an seiner Kopfbedeckung erkennbar ist, und der dritte ein Mongole, möglicherweise ein nestorianischer Christ. Kloster der heiligen Katharina, Sinai, drittes Viertel des 13. Jahrhunderts

Im Dorf Qariat el-Enab in der Nähe von Jerusalem, besser bekannt unter dem Namen Abu Gosh,[63] hatten die Hospitaliter die Kirche des heiligen Jeremias errichtet. Der genaue Zeitpunkt der Entstehung der Malereien steht nicht fest, wahrscheinlich aber wurden sie um 1170 von den Künstlern Basilius und Ephrem ausgeführt.[64] S. Runciman hält es für möglich, dass die beiden eigens von Kaiser Manuel I. Komnenos[65] geschickt wurden. Aber das war eigentlich nicht üblich, und die Bilder der Apsiden durchweht ein typisch orientalischer Hauch, so dass es vernünftiger ist, an Meister aus der Umgebung zu denken.[66] Dank der Aquarellbilder, die der Graf von Piellat einst gemalt hat, weiß man, dass in den drei Apsiden der Basilika – von Nord nach Süd gesehen – eine Deesis, ein Fresko über den Abstieg Christi in die Hölle und eine Szene aus dem himmlischen Paradies, die aus der Schilderung des Jüngsten Gerichts entlehnt wurde, und die drei Erzväter des Alten Testaments – Abraham, Isaak und Jakob – zeigt, wie sie die Seelen der Gerechten halten, von der Decke herab blickten.

Auf den ersten Blick befremdet dieses Bildprogramm. Verbindet man aber die Bilder miteinander, entspricht es genau dem Inhalt, den man an diesem Platz im Vorderen Orient ausdrückte. Die enge Verbindung zwischen dem Abstieg in die Hölle, dem Bild der Auferstehung (mittlere Apsis) und dem Jüngsten Gericht existiert auch in Kirchen in Konstantinopel,[67] und sie lässt sich auch leicht begreifen, da die Auferstehung der Toten dem eigentlichen Jüngsten Gericht vorausgeht; ein Text des heiligen Ephräm (des Syrers) verbindet die beiden Ereignisse denn auch eng miteinander.[68] Den Abstieg Christi in das Reich des Todes pflegte man übrigens auch gerne in den Apsiden Jerusalemer Kirchen abzubilden. Auch die Kreuzritter schätzten dieses Bildmotiv besonders hoch ein, weil es in ihren Augen die Rückgewinnung der heiligen Stätten durch die Christen[69] symbolisierte. Wir wissen nicht, ob diese Vorliebe hier eine Rolle spielte, aber dieses Bild ist vor allem eng mit den Fresken der beiden anderen Apsiden verbunden, so dass die drei Bildkompositionen semantisch einander ergänzen. Wenn wir die drei Themen zusammen betrachten, springt uns der Geist, der sie beseelt, in die Augen. Das Bild der Auferstehung wird von Darstellungen flankiert, die die Folgen dieses Sieges Christi über den Tod verdeutlichen – die Fürbitte im Augenblick seiner Wiederkunft und das Los der Gerechten nach dem Jüngsten Gericht. Das Ganze ist eine optimistische Version vom Ende der Zeiten und eine triumphierende Beschwörung des christlichen Heils. Der Stil ist unbestreitbar byzantinisch, und unter gewissen Aspekten, zum Beispiel dem sehr hohen Thron in der Deesis und ihren Schmuckornamenten, erinnert es an Fresken aus Georgien und Armenien.[70]

Der bruchstückhafte Zustand jener Fresken, die wir bisher genauer betrachteten, und ihre Seltenheit können keine Aussage über die Bedeutung der Mauermalerei treffen, in die die Kreuzfahrer im Heiligen Land ihr Geld investierten. Daraus resultiert aber eine vorläufige Schlussfolgerung, die die überragende Bedeutung der byzantinischen Malerei und ihren Einfluss auf lateinische Künstler, die so gut wie nicht existierenden islamischen Einflüsse und das gewaltige Ausmaß der Unternehmungen der großen abendländischen Orden wie der Hospitaliter und der Templer bestätigt.

Einige der ornamental kunstvoll gestalteten Handschriften und Ikonen, die aus Werkstätten in Jerusalem und vor allem Akkon stammen, sind bis auf den heutigen Tag erhalten. Der byzantinische Einfluss erscheint bei ihnen in etwas veränderterer Form gegenüber der Freskomalerei. Diese Werke schufen vor allem lateinische Künstler, die aber manchmal byzantinische Bildmotive verwendeten. Dennoch herrscht in den meisten Miniaturen die romanisch-gotische Tradition vor. Der Phantasie der Maler sind in viel geringererem Umfang Grenzen gesetzt als ihren Kollegen aus Konstantinopel, ihre Erzählung ist detaillierter und das Umfeld, in der sie spielt, ziemlich getreu wieder gegeben.[71]

Das Skriptorium an der Grabeskirche in Jerusalem arbeitete vor allem für die Königsfamilie und den Hof. Dort wurden mehrere Handschriften bemalt und existieren heute noch; die bekannteste ist das Psalterbuch der Königin Melisande (1131–1140) von Jerusalem (British Museum, Egerton, Nr. 1139).[72] Eine bestimmte Zahl dieser Miniaturen, z. B. der großen Kirchenfeste, kommen ihren byzantinischen Vorbildern aus dem 11. Jahrhundert recht nahe. In den anderen Bildern dieser prachtvollen Schrift entdeckte H. Buchthal islamische, angelsächsische oder – ganz allgemein gesprochen – abendländische Einflüsse.[73]

Als Jerusalem in türkische Hand fiel, wurde Akkon, das Skriptoria und Ateliers für Ikonenmalerei beherbergte, das wichtigste künstlerische Zentrum des Heiligen Landes. Eine berühmte, in französischer Sprache verfasste Handschrift mit Einzeltexten aus dem Alten Testament befindet sich gegenwärtig in der Bibliothèque de l'Arsenal in Paris (Nr. 5211, drittes Viertel des 13. Jahrhunderts);[74] möglicherweise handelt es sich um eine Auftragsarbeit des Königs. Die gotischen Miniaturen dieser Bibel ähneln den Bildern in vielen französischen Werken zwar weitgehend, folgen aber manchmal auch byzantinischen Vorlagen. Außerdem erinnern sie an ein Monumentalfresko, das im Auftrag der Kreuzfahrer entstanden ist: Die Fresken wurden in der Kapelle der Kalenderhane Djami in Konstantinopel gefunden und schildern das Leben des heiligen Franz von Assisi (1228–1261).[75]

K. Weitzmann studierte mehrere Gruppen von Ikonen aus den Werkstätten in Akkon und Jerusalem, die heute in der Ikonensammlung des St. Katharinen-Klosters am Berg Sinai aufbewahrt werden.[76] Alle hängen mehr oder weniger von byzantinischen Vorbildern ab; einige von ihnen sind sogar direkte Kopien byzantinischer Werke, die französische oder venezianische Meister malten. Aber selbst in diesen Fällen verrät der Maler seinen künstlerischen Ursprung – gewollt oder ungewollt – durch irgendein Detail.

So gibt beispielsweise ein Bild aus dem dritten Viertel des 13. Jahrhunderts über die Geburt Jesu, das auf dem Architrav einer Bilderwand gemalt ist, getreulich ein byzantinisches Bildschema wieder, dessen Komposition die eigentliche Geburt mit der Anbetung der drei Weisen aus dem Morgenland verbindet. Nur der zweite Weise trägt eine Kopfbedeckung, die ihn als abendländischen Adligen ausweist; der dritte Weise zeigt mongolische Gesichtszüge, und sein Helm erinnert an die kriegerischen

Folgende Doppelseite:

Dieser Flügelaltar von erlesener Qualität, möglicherweise in Jerusalem von einem venezianischen Künstler gemalt, zeigt den heiligen Procopius in militärischer Tracht (links) und die Jungfrau mit dem Kind (rechts). Die ikonographische Basis ist byzantinisch, ja bei der Jungfrau handelt es sich sogar um eine berühmte zypriotische Ikone. Einige Besonderheiten indes, etwa die Art und Weise, wie Details an der Bekleidung und die Perlen an den Heiligenscheinen gemalt wurden, führen kreuzfahrerische Neuerungen ein. In der Tunika des Kindes will man sogar orientalisch-islamischen Einfluss erkannt haben. Kloster der heiligen Katharina, Sinai, letztes Viertel des 13. Jahrhunderts.

ΜΡ
ΘΥ
ΒΑCΙΛΙΟC

Kopfbedeckungen asiatischer Reitervölker. Diese beiden „Porträts" lassen sich nur aus historischen Ereignissen erklären, die die Kreuzfahrer fast hautnah berührten. Die Mongoleneinfälle in arabische Gebiete um 1256 zwangen die Lateiner, bei dem Großkhan um ein Bündnis nachzusuchen, und sie unternahmen – im Übrigen vergebliche – Schritte in dieser Richtung. Auch eine Abordnung, die mit dem Auftrag zu ihm geschickt wurde, ihn zum Christentum zu bekehren, scheiterte. Aber da sich der Mongolengeneral Kibuqa, der die mongolischen Operationen in Syrien leitete, zum nestorianischen Christentum bekannte, beschützte er Kirchen und Menschenleben. Also könnten die beiden „Porträts" auf unserer Ikone Kibuqa und einen lateinischen Adligen darstellen.[77] Wenn diese Vermutung stimmt, dann stehen diese beiden Personen für die Hoffnung der Kreuzfahrer, große Gebiete in Asien und im Vorderen Orient zum Christentum zu bekehren und dadurch einen dauerhaften Frieden zu sichern. Der Stil unseres Bildes ist aus der geglückten Verbindung zwischen einem byzantinischen Bildmotiv und Ausdrucksformen entstanden, die für die zeitgenössische Miniaturenmalerei in Norditalien charakteristisch sind; ihnen verdanken wir die Darstellung von Augen, deren Pupille auf dem Weiß des Augapfels besonders tief erscheint. Der Maler der Ikone könnte aus Bologna, Pisa oder Venedig, also aus künstlerischen Zentren stammen, die mit der byzantinischen Kunst schon seit langem vertraut waren. Am meisten allerdings drängt sich Venedig als Entstehungsort auf.[78]

Ein Flügelaltar aus dem 13. Jahrhundert, der einem im Heiligen Land lebenden Maler zugeordnet wird, beweist den Wunsch der Lateiner, byzantinische Werke möglichst naturgetreu zu kopieren. Auf dem linken Altarflügel erkennen wir ein Brustbild des heiligen Prokop, über dessen Haupt zwei Engel schweben, und auf dem rechten Flügelbild – ebenfalls als Büste – die Heilige Jungfrau, deren Haar und einen Teil ihres blauen Umschlagtuchs ein besonders geschmückter Schleier bedeckt. Sie trägt das in eine mit Blumen übersäte, ebenfalls sehr ungewöhnliche Tunika gehüllte Kind auf ihrem rechten Arm. G. Sotirion erkannte in diesem Bild die Kopie einer berühmten Ikone aus dem Kloster Kykko auf Zypern, die dem Evangelisten Lukas zugeschrieben wird.[79] Prokop, der Heilige für das gesamte Militärwesen und von den Kreuzfahrern zweifelsohne verehrt, wird in dem Bild durch eine fehlerhafte Inschrift in griechischer Sprache bezeichnet. Vor seinem Namen steht das Attribut O, also „O PERIOGITIC" anstelle von „PERIOLITHC". Darüber hinaus sieht sein wie mit einem Zirkel gezogener Heiligenschein nicht mehr so byzantinisch aus wie die schmückenden Applikationen auf dem rechten Ärmel seines Gewandes. Auch die Figuren auf dem Bildrahmen entfernen sich in mehreren ihrer Merkmale von den byzantinischen Vorschriften.[80]

Die beschriebenen Beispiele enthüllten uns einige Grundzüge der Malerei im Vorderen Orient zur Zeit der Kreuzzüge. Die durchgehende Konstante dieser Kunst ist in dem byzantinischen Einfluss auf lateinische Maler zu sehen. Er wirkte in drei unterschiedlichen Schritten: als direkte Kopie byzantinischer Kunstwerke, als von diesen Werken entliehene Details oder eines ganzen Bildmotivs und als mehr oder weniger getreue Übernahme des byzantinischen Stils in vielen Fällen, ohne dass sich die Künstler bezüglich der Ikonographie von ihrer eigenen romanischen oder gotischen Tradition lösten.

Dieser Einfluss der byzantinischen Kunst auf die lateinischen Eroberer ist nicht erstaunlich, sondern sozusagen eine Tradition. Sie hatte während des Frühmittelalters ihr antikes Erbe an das Abendland weitergegeben. Später vermochten sich dessen Künstler ihrem ständigen Einfluss nicht zu entziehen; erst im 14. Jahrhundert begann ihr Stern in Italien zu sinken. Wir kennen auch die Begeisterung der Kreuzfahrer für die großen Städte, die sie im Vorderen Orient entdeckten. Antiochia, Tyrus, Sidon, Tripolis und dann Konstantinopel erschienen ihnen als wunderbare Städte, in denen sie sich gerne niederließen. Ihre Herrscher und Adligen heirateten orientalische oder byzantinische Prinzessinnen,[81] und viele Kreuzfahrer dachten nicht mehr an die Rückkehr in ihre Heimat. Um 1124 stellte Foulques de Chartres fest, dass sie sich für immer niedergelassen hätten, mit orientalischen Frauen verheiratet seien und Ländereien besäßen, die sie bestellen würden: „Sie [die Franken] fühlen sich bald als Syrer, Antiochaner oder Armenier [...] und jeder von ihnen spricht mehrere Sprachen."[82] Diese Feststellung ist nicht ganz ohne Bedeutung, denn, wie wir aus den Chroniken der Epoche erfahren, wurden viele Kirchen nicht nur vom Königshof in Jerusalem und dem lateinischen Hochadel errichtet, sondern auch von Franken, Pisanern, Venezianern und Genuesen, die in diesem Land ihre Wurzeln geschlagen hatten.[83] Aufgrund dieser Berichte können wir das Ausmaß des byzantinischen Eindringens in die abendländische Kunst und Gesellschaft besser begreifen, die sich im Vorderen Orient etabliert hatte.

Das harmonische Zusammenleben von Einheimischen und Kreuzrittern, oder von byzantinischen und lateinischen Künstlern, die manchmal in denselben Werkstätten oder in derselben Kirche zusammenarbeiteten, inspirierte den beiderseitigen kulturellen Austausch aber nicht wirklich. Die byzantinischen Künstler verschlossen sich allen Einflüssen und übernahmen in ihren Bildern nur unbedeutende Details von außen. Für diese abweisende Haltung bestanden vielfältige Gründe. Als wichtigster wäre zu nennen, dass die Byzantiner ihre eigene Kultur und Kunst überbewerteten. Darüber hinaus umfing das byzantinische Kunstempfinden ein mystisches Streben, das einem Bild den gleichen Rang wie der Liturgie einräumte, das heißt also als einen Weg zur Erkenntnis Gottes betrachtete.[84] Die Gesichtstypen von Christus, Maria und den wichtigsten Heiligen gingen in den Augen byzantinischer Künstler auf „historische Gewissheiten" zurück, die qua Offenbarung vermittelt wurden. Das Mandylion,[85] das heißt das Porträt, das der Evangelist Lukas[86] von Maria malte, die verschiedenen Heiligenerscheinungen und die Bilder, „die nicht von Menschenhand geschaffen wurden", das heißt auf wunderbare Weise entstanden waren, wurden, so wie die Dinge lagen, als Beweise betrachtet. Seit dem Ausbruch des Bilderstreits schließlich unterstellte man der bildlichen Darstellung einer heiligen Person eine geheimnisvolle Verbindung mit ihr selbst. Das Bild fing die „Energien" ein, die von der porträtierten heiligen Person ausgingen, und wurde dadurch selbst zum Gegenstand der Heiligkeit, der wiederum in den Heiligenkult einging.[87] Unter diesen Umständen konnte jede fremde Bildtradition in den Augen der Byzantiner nur als ungerechtfertigt erscheinen.

Abgesehen von der ornamentalen Ausgestaltung von Hausfassaden zeigte sich in der Malerei der Kreuzfahrer nur in Ausnahmefällen irgendein arabischer Einfluss. Dass kein Kontakt von lateinischen Künstlern zu einer voll erblühten Tradition in ihren neu erworbenen Territorien bestand, ist wahrscheinlich auf die Konflikte zurückzuführen, die Lateiner und Muslime trennten. Natürlich hatten die Miniaturen in weltlichen Texten, die kunstvoll bearbeiteten Metallgegenstände und die persischen oder arabischen Goldschmiedearbeiten den Stil bestimmter syrischer,[88] armenischer[89] und koptischer[90] Miniaturen verändert. Aber diese Werke, die in ostbyzantinischen Klöstern entstanden, traten aus deren Schatten nie heraus, so dass sie die Kreuzfahrer auch nicht zu Gesicht bekamen und sich noch viel weniger von ihnen inspirieren lassen konnten.

Die Seldschuken – ein türkischer „Kreuzzug“

Giovanni Curatola

Das Monumentalgrab (kümbet) *für die Bestattung der Herrscher und der Adligen ist in der Architektur das sichtbarste Zeichen des nomadischen Erbes, das die Seldschuken von Zentralasien in den Vorderen Orient brachten und dort dauerhaft verbreiteten. Es wird über einer polygonalen, seltener einer zylinderförmigen Basis errichtet und trägt ein kegel- oder pyramidenförmiges Dach. Der Innenraum ist überkuppelt, eine architektonische Besonderheit, deren Ursprung weiterhin diskutiert wird.*
Oben: *Ein Grabturm auf achteckigem Grundriss mit der charakteristischen Dekoration aus der Region des Vansees, Türkei.*
Gegenüber: *Die Hüdavend Khatun Kümbeti auf achteckiger Basis besitzt in ihrem oberen Teil 14 Paneele, deren reicher Schmuck den an der Tür noch übertrifft. Niğde (Kappadokien, Türkei), 1312*

Die Regionen Zentralasiens waren ein riesiges Kulturreservoir mit wichtigen künstlerischen Facetten. Die Stämme der türkischen und mongolischen Rassen, die diese Landstriche kolonisierten, lebten zwar häufig nur am Rande wichtiger sesshafter Kulturen (Indien, China, Persien, Europa), haben von diesen jedoch viele Elemente aufgesogen und wurden so zu Vermittlern von Einflüssen in unterschiedlichen Richtungen. Das halbnomadische Element, das die Geschichte jener Stämme[1] prägte, war nicht etwa nur negativ oder von geringer Bedeutung, sondern fügte sich organisch und ganz natürlich in eine komplexe Realität. Wenn wir den Allgemeinplatz aufgeben, dass die sesshafte Kultur in jeder ihrer Formen der nomadischen „überlegen“ sei, die Interaktion zwischen verschiedenen Systemen aber als notwendig und in einigen Fällen als funktional für die Fortentwicklung von Werten und für die Erhaltung eines Gleichgewichts betrachten, können wir nicht anders als den „Fall“ Zentralasien mit größerer Aufmerksamkeit zu betrachten. Denn diese ungeheure geographische Region und die Völker und Kulturen, die sie bewohnt haben, sind niemals einfach nur passive Vermittler zwischen den großen Zivilisationen der Welt, nämlich China, Indien und dem Mittelmeerraum (ohne die makro- und mikroregionalen Unterschiede verwischen zu wollen; so sind z. B. die iranische Welt, aber auch die südrussische, nicht unterzubewerten), wobei sie fast immer die Art, die Rhythmen und die Qualität der Begegnungen bestimmten. Die Nomaden Zentralasiens hatten in gewisser Weise eine ähnliche Rolle wie die Bienen in einem Obstgarten: Indem sie sich in einem riesigen Gebiet hin- und herbewegten, übten sie die Funktion der kulturellen Befruchtung aus. Und wie in der Natur ist dies zu einem entscheidenden Faktor für Austausch, auch den künstlerischen, geworden, was zur Stärkung der Einzigartigkeit eines jeden Gebietes beitrug. Deshalb kann man einfach nicht ignorieren, was in einem solchen Gebiet passierte, auch wenn es peripher liegt (dies nicht nur aus eindeutig eurozentrischer Sicht), und vor allem im Islam und durch den Islam einen Vorrat an Energien hatte, die sich in Wellen nach Westen ergossen. Seldschuken, Mongolen, Timuriden: das sind Namen von Dynastien, durch die sich Zentralasien zu verschiedenen historischen Zeitpunkten über den Okzident ergoss. Die Tatsache, dass dies in „Wellen“ geschah, auch innerhalb einer einzigen geschichtlichen Periode, hat seine Bedeutung: Es garantierte das Gleiten einer Schicht über die andere, eine große Frische der Motivationen und Absichten, die nicht leicht in eine einzige Richtung geleitet werden konnten. All dies als „barbarische“ militärische Überlegenheit, die die gefestigten Werte nicht berührt hätte, beiseite zu wischen, wäre ein Fehler der Geschichtsschreibung, auch wenn es zutrifft, dass die sesshafte Zivilisation aufgrund ihrer Natur dazu neigt, äußere Anstöße zu absorbieren und in die bestehende Ordnung einzufügen. Die Verbindung von chinesischen mit skythischen Motiven, später auch hellenistischen, iranischen und nomadischen, ist das Substrat, das immer in der Kunst Zentralasiens vorhanden ist. Aus dem Orient drangen die Turkstämme in imposanten Migrationsschüben unaufhaltsam gen Okzident. Dabei gab es zwei Hauptwanderwege: einen nördlichen (nördlich des Kaspischen Meeres mit Abstechern in die Krim und Ausläufern in ganz Russland) und einen südlichen mit der unvermeidlichen Passage durch den östlichen Iran (also das heutige Afghanistan). Der Islam bediente sich hauptsächlich der südlichen Route,[2] und schon in abbasidischer Zeit finden sich im islamischen Heer Türken aus Khorassan, die auch an höchster Stelle bei Hofe Funktionen übernehmen. Die ist der Fall etwa beim Statthalter von Kairo, Ahmad ibn Tulun, der in Samarra, jedoch in einer orientalischen Familie geboren wurde. Analysiert man die Ursachen für diese wiederholten Invasionen aus dem Osten, so sind es wirtschaftliche Gründe,[3] aber auch die Sozialstruktur der Nomadengruppen, für die Kriege zum Zwecke des Raubüberfalls[4] nicht nur nicht fremd sind, sondern sogar nach festen Normen ablaufen. Im ursprünglichen Islam spiegelt sich noch dieses nomadische Element in seiner ganzen Dimension, und die islamische Kultur, extrem dynamisch und ihrer Natur nach eglitär und meritokratisch, absorbierte mühelos jene halbstaatlichen, militärisch perfekt organisierten Gebilde, wie z. B. die Seldschuken. Die islamische „Intelligenz" indes war immer von anderer Herkunft. Von besonderer Bedeutung ist die Tatsache, dass im Islam das Arabische die Sprache des Glaubens ist, das Persische die der Dichtung und das Türkische die des Militärs (bei den Osmanen auch der Verwaltung). Die Stämme waren in einem fortschrittlichen, „föderativen" System organisiert, und in solchen Zeiten, da keine Rivalitäten zwischen ihnen ausgefochten wurden, kamen all jene natürlichen Energien zum Vorschein, sich der Reichtümer im Westen wie im Osten zu bemächtigen.

Das islamische Leben, dem Fremden und Andersartigen gegenüber nicht übermäßig tolerant, jedoch auch nicht eindeutig intolerant, ermöglichte lokalen Glaubensformen großen Freiraum, indem es einge fremde, auf autonome Traditionen zurückgehende Elemente integrierte. Sie durften allerdings nicht in Kontrast zum eigenen ideologischen und theologischen Gesamtkonzept stehen. In dieser Hinsicht ist das vorislamische Zentralasien eine weniger politische als ikonographische Werkstatt. Beispiele sind die buddhistischen Skulpturen aus Gandhara (Nordwest-Indien), in denen sich hellenistische mit indischen Elementen vereinigen, ferner die Vermischung von chinesischen, indischen und iranischen Einflüssen wie im Pandjikant[5] – ein Zusammenfließen von Formen, das wichtige Zeugnisse auch in einem so eigenständigen Bereich wie der Malerei[6] hinterlassen hat.

Die zahlreichen Sagen- und Geschichtenzyklen, meist aus mündlicher Überlieferung[7] und aus der türkisch-oghuzischen Tradition stammend, sind nicht nur für die Kenntnis sozialer Strukturen der Stämme wichtig. Sie dienen auch dazu, eine religiöse Entwicklung zu rekonstruieren, die sogar die Spuren des ursprüng-

Einige Beispiele armenischer Kirchen, die die Schönheit und Qualität der Architetkur zeigen, mit der die Seldschuken konfrontiert wurden.
Oben links: *Santa Maria in Bdjiní, 11. Jahrhundert;* oben rechts: *die Hauptkirche des Klosters von Geghard, 13. Jahrhundert;*
unten links: *zweigeschossige Kapelle des Klosters von Amaghù Noravank, 13. Jahrhundert;*
unten rechts: *einschiffige Kapelle des Klosters von Djughavank.*

lichen Schamanismus[8] bewahrt hat. So ist zum Beispiel das Epos von Er Toshtuk[9] ein herausragendes Beispiel für eine zentralasiatische Sage, in der bestimmte Details, mehr oder weniger auf ein türkisches Substrat zurückführbar, in einem interessanten Zusammenhang auftauchen: Der Held beendet seine Reise in die Unterwelt, und bei der Rückkehr in die Welt der Lebenden hilft ihm ein riesiger Vogel (Adler, Phönix oder etwas Ähnliches); dessen Junges hatte der Protagonist der Geschichte einst im Nest vor einem schrecklichen Drachen gerettet. Der Mythos bleibt in seinen Varianten immer der Gleiche: sei es Gilgamesch oder Ganymed, sei es in verschiedenen Bezügen die Himmelfahrt Alexanders des Großen. Es geht also um einen Universalmythos, der nicht das Erbe einer einzigen bestimmten Kultur ist. Vermutlich würde ein Betrachter, der aus Zentralasien stammt, den Deckengemälde-Zyklus der Capella Palatina in Palermo (1143) im Lichte der vielen ihm bekannten Geschichten über Nomadenhelden interpretieren.

Die Seldschuken durchquerten Asien und machten sich zu Herrschern über den Iran. Ein Vergleich ihrer Architektur im Iran mit der Anatoliens bietet interessante Aufschlüsse. Im Iran errichteten die Seldschuken Gebäude in Ziegelbauweise und erreichten künstlerische Höhepunkte wie in der Kuppel des Tadj al-Mulk (1088–89), heute in der Großen Moschee von Isfahan.[10] Im Gegensatz dazu finden sich in Anatolien, wo sie 1071 in Manzikert die Byzantiner schlugen und einen großen Teil des Landes bis 1302 regierten, fast nur Steinbauten. Das ist von nicht geringer Bedeutung. Zwar wurde im Zuge der orientalischen „Kreuzzüge", die vermutlich nicht vor dem Problem einer dauerhaften Eroberung von Territorien standen, die eigene Kultur mit all ihren unterschiedlichen Bausteinen eingeführt, doch wurde der ansässigen Bevölkerung sehr weitgehende Autonomie bei ihrer Ausübung gelassen.

Die Klosterkirche von Hovhannavank zeigt eine charakteristische und verschiedentlich wiederholte Lösung des Tambours und der Kuppelabdeckung. Armenien, 13. Jahrhundert

Darin liegt der auffallende Unterschied zu den westlichen Kreuzzügen: Diese transportierten nicht nur das eigene ideologisch-kulturelle Instrumentarium, sondern auch die Werkzeuge zu seiner Umsetzung. So blieben hier lokale Einwirkungen im Wesentlichen unbeachtet, womit weniger eine Überlegenheit als eine betonte Andersartigkeit markiert wurde. In die Heimat zurückgekehrt, in ein System, das trotz aller politischen Unterschiede und Kämpfe um die Vorherrschaft insgesamt zumindest bis zur Renaissance und zur Reformation eine einheitliche Ideologie vertrat, brachten die Kreuzfahrer aus dem Orient das mit, was ihnen von Nutzen erschien. (Allerdings auch aus dem fernsten Westen: Man denke nur an die Bedeutung Toledos für die Wissenschaft.) Die Bergkristalle, die Glaswaren, die Stoffe, die als Geschenke in die wichtigsten Abteien und Kathedralen Europas gelangten, bezeugen das Interesse. Und wenn Mayer[11] Recht behält, zeigt sich dieser Einfluss sogar in der Heraldik, etwa in den berühmten Wappen der Visconti, die islamischer Herkunft sein sollen.[12]

Die Auswirkungen aus dem Zusammentreffen von türkischer und westlicher Welt, dem provinziellen Byzanz und dem Reich von Rum (Konya, Hauptstadt der Seldschuken) waren von einem beträchtlichen Ausmaß. Die Türken des 11. Jahrhunderts waren vor dem mächtigen zentralasiatischen Hintergrund aus Schamanismus, Nestorianismus und Buddhismus islamisiert, und der Kontak mit dem Iran, ebenfalls mit einer vielschichtigen Vergangenheit und bereits seit mehreren Jahrhunderten dem islamischen Glauben angehörig, war eine dementsprechend ähnliche Begegnung. Demgegenüber trafen sie in Anatolien auf festgefügte christliche und traditionell sehr geschlossene Kulturen, die sogar nationalistische Züge haben konnten: gemeint sind hier Armenien und Georgien. Das Vorrücken der Türken „in Wellen" nach Westen hat also Asiaten in Kontakt mit entwickelten christlichen Gesellschaften gebracht, bevor der Islam auf künstlerischer Ebene kanonisiert und von einer internationalen Sprache[13] aufgesogen wurde – er war zu jener Zeit noch ausgesprochen offen gegenüber lokalen Einflüssen. Es existierten sicherlich schon stilistische Charakteristika (wie der Gebrauch der Koraninschriften), die diese Kunst als rein islamisch kennzeichnen, jedoch mit starken regionalen Unterschieden in ein und demselben Zeitraum.

Links: *Ulu Kümbeti, Eski'/'Akhlat, in der Region des Vansees*
Rechts: *Grabstele mit einer Blendnische, die geometrische, von einer Inschrift umfasste Sternmotive zeigt. Beide Elemente bilden zusammen mit dem floralen Motiv die Basis eines großen Teils des islamischen Schmucks, auch des Bauschmucks. Seldschuken-Friedhof von Akhlat, Türkei*

In Anatolien wurde nicht aus klimatischen Gründen mit Stein gebaut (die geografische Randlage des Iran war nicht wesentlich anders, denn auf der Hochebene herrscht im Winter strenge Kälte), sondern weil in jenen Gegenden die byzantinische (armenische und georgische) Tradition schon immer dieses Material benutzt hatte.[14] Die Verwendung von Stein im seldschukischen Anatolien baute auf einem „natürlichen" Grund: Es handelte sich um ein verhältnismäßig weiches Tuffgestein, das, kaum gebrochen, leicht formbar war und mit der Zeit hart wurde. Dadurch erhielt das Gebaute Stabilität und konnte nicht mehr ohne Weiteres bearbeitet werden. Wie schon in der Literatur vor einigen Jahren ausgeführt,[15] sind es nicht die architektonischen Anlagen, in denen nach Analogien gesucht werden muss – eine Kirche und eine Moschee sind im Grundriss zu verschieden –, sondern auf der Ebene der Konstruktionstechnik und der baulichen Lösungen. Interessant wäre eine vergleichende Studie zu den hinterlassenen Meißelspuren (eine universelle, nie aufgegebene Technik) an den Bauwerken aus dem hier behandelten Zeitraum, dem 12. bis 14. Jahrhundert. Dies würde auf einer soliden Grundlage die These bestätigen, dass meist dieselben Meister mit den Bauvorhaben beschäftigt waren und dass Christen unter ihnen überwogen.

Die Betrachtung der Grundrisse und der kompakten Anlagen der Kirchen Anatoliens und des Kaukasus[16] vermittelt einen Eindruck von der Solidität in Planung und Bauweise[17] – sicher das Ergebnis einer Technik, die sich mit der Zeit bewährte (Trockenmauernwerk, zum Teil selbsttragende Kuppeln). Die hohen Kuppel-

tamboure – manchmal flach und massiv, dann wieder mit Fenstern und kegel- oder schirmförmiger Abdeckung, mit unzähligen Beispielen, von Sanahin[18] (10.–13. Jahrhundert) bis Hovhannavank[19] (12./13. Jahrhundert) – sind nicht fremde Elemente, sondern notwendige und unverzichtbare Vorgänger für die Definition des Kümbet (Grabturm)-Typs, wie er sich am Ufer des Vansees, vor allem in Akhlat, entwickelte.[20] Mit Sicherheit wurden bei der Entscheidung für diese architektonischen Lösungen Bauformen verschiedener Herkunft erwogen, etwa das zentralasiatische Zelt (Jurte), die für die sibirischen Steppen charakteristische Architektur von Häusern. Oder die Form wurde als eigene erkannt und ohne Schwierigkeiten übernommen, auch wenn einige Details vieler Kümbet Nähe zu christlichen Bauten zeigen (Zugang zum Grabraum über dem Erdgeschoss). Die Sirçali Kümbet in Kayseri (1247), bei der leider heute das Dach fehlt, kann in ihrer streng zylindrischen Ausrichtung, von den großen rechteckigen Portalen nur spärlich geschmückt, aufgrund ihrer klaren Linien mit vielen christlichen Bauwerken Anatoliens und des Kaukasus[21] verglichen werden. Ein Schlüsselmonument in der religiösen Architektur seldschukischer Zeit ist die Aladin-Moschee in Niğde von 1223.[22] Das gut erhaltene Gebäude hat der typischen türkischen Bauweise entsprechend keinen Hof, und es ist vollständig aus Stein errichtet. Es organisiert im Aufbau und in der klaren Form den Raum und den plastischen Schmuck in einer Konzeption, die mit Bögen (mit Rippen), Tonnengewölben und Tambourdurchbrüchen mit flachen Nischen eine sakrale Atmosphäre schafft, die vergleichbar ist mit den bedeutendsten Beispielen christlicher Architektur. Der Rhythmus und die mathematische Berechnung der Proportionen auch im Schnitt und in der perspektivischen Anordnung der Blöcke sind von strengen Regeln bestimmt.

Auf dem Seldschuken-Friedhof von Akhlat am Ufer des Vansees haben sich zahlreiche islamische Stelen erhalten, die mit geometrischem Schmuck und Inschriften verziert sind. Diese Grabmäler haben eine enge Verbindungen zu noch älteren armenischen Stelen.

Das Kuppelgewölbe mit Muqarnas und sich überkreuzenden Bögen weist in den Schmuckmotiven auch Zeichen des Übergangs verschiedener kultureller und religiöser Strömungen auf. Kloster von Gandzasar, 12. bis 13. Jahrhundert

Andererseits gehen die Einflüsse sehr selten nur in eine Richtung, und so überrascht es nicht, dass sich im armenischen Gebäudekomplex von Geghard[23] aus dem 13. Jahrhundert Dachlösungen mit Muqarnas (Stalaktitengewölbe) im reinsten islamischen Stil finden. Mit Sicherheit handelt es sich dabei nicht um „Kontamination“: Aufgrund der unterschiedlichen Verwendung und der unterschiedlichen Grundrisse beweisen diese Gebäude, dass verschiedene Auftraggeber und ein konsolidierter, aber Neuerungen gegenüber offener Stil existierten, die in der Lage waren, nicht vergleichbare Bedürfnisse mit Hilfe einer analogen Formensprache zu befriedigen. In diesem Kontext wäre es daher abwegig, vorgebliche Überlegenheiten zu suchen: Wir sehen uns – metaphorisch – einem mächtigen Baum mit soliden, weit reichenden Wurzeln gegenüber und einem Stamm, aus dem viele Äste sprießen, die mehr oder weniger veredelt sein können, deren Früchte aber immer und überall erkennbar bleiben.

Um den Vansee im Osten Anatoliens erstreckt sich eine Landschaft, die reich ist an außergewöhnlichen Zeugnissen der Vergangenheit. Unter ihnen ragt zum einen die armenische Kirche zum Heiligen Kreuz von Aghtamar[24] (915) hervor, ein Meisterwerk mit ihrem Zyklus von Fresken im Inneren und vor allem ihren Hochreliefs, die je nach Lichteinfall fast vollplastisch erscheinen, und zum anderen der Seldschuken-Friedhof von Akhlat.[25]

Der Zyklus von Aghtamar ist sowohl in thematischer als auch in ikonographischer Hinsicht von Interesse. Im oberen Register finden sich offensichtlich Spuren abbasidischer Einflüsse,[26] etwa in den im Schneidersitz dargestellten Figuren – unter ihnen auch der König von Ninive in der Jonasepisode –, einigen wilden Tieren und dem Wesen, das Jonas in jenem biblischen Zyklus wieder ausspuckt. Es ist offensichtlich mit dem *Senmurv*[27] verwandt, einem mythischen Tier aus den drei Elementen Wasser, Luft und Erde. Die Verbreitung dieses auch in Zentralasien bekannten Motivs im Westen dokumentiert unter anderem der Ambo des Doms von Ravello in Süditalien (Ende 11. Jahrhundert).

Aghtamar ist ein herausragendes Beispiel, aber bei der Betrachtung des Skulpturenschmucks anderer Kirchen wird deutlich, dass verschiedene Einflüsse und auch sichtbar fremde Themen eine besondere Rolle gespielt haben: christlich oder islamisch, der Schmuck ist in jedem Fall anatolisch. Dies betrifft zum Beispiel das Sujet des Kampfes zwischen Tieren (der Löwe, der einen Ochsen, Raubvögel und Vierfüßer packt, usw.) oder bestimmte Strukturelemente (Traufen, und vor allem Kapitelle).[28]

Die Grabsteine des Seldschuken-Friedhofs von Akhlat, ebenfalls am Ufer des Vansees[29] gelegen, tragen außer den klassischen Inschriften einen reichen geometrischen Dekor. Die aufrecht stehenden Stelen sind fast immer hochrechteckig. Ihre Schauseite zeigt meist eine Blendnische, die von einem Schriftband in Form eines Spitzbogens betont wird und damit gleich einem Mihrab die Richtung des Gebets und der Bestattung aufzeigt. Neben geometrischen Motiven, die häufig auf der Wiederholung konzentrisch angelegter Verknüpfungen basieren, in deren Mitte sich ein achtzackiger Stern und andere geometrische Formen befinden, erscheinen auch Formen, die als Arabesken eingeordnet werden können. Ein Motiv, das lange von der Forschung diskutiert wurde, ist die manchmal fälschlicherweise als Drache bezeichnete zweiköpfige Schlange, die mit deutlich apotropäischer, das heißt Unheil abwendender Intention den höchsten Punkt einiger dieser Grabmäler schmückt.

Dieses essenziell geometrische Schmuckrepertoire kann einer der typischen armenischen künstlerischen Ausdrucksweisen gegenübergestellt werden: den *Khatchk'ar*.[30] Diese sind durch ein Kreuz charakterisierte Stelen archaischen Ursprungs[31] mit Widmungsinschriften und reicher Beigabe von Arabesken und geometrischen Motiven, vor allem Kacheln in Form achtzackiger Sterne, die Wandkeramiken entnommen zu scheinen. Häufig treten auch Friese aus Flechtbändern und -knoten auf, die hingegen Analogien zur zeitgenössischen Buchmalerei erkennen lassen. Das Kreuz auf den Stelen verbleibt offenbar konstant an der Position, an der die islamischen Grabstelen von Akhlat die Nische des Mihrab aufweisen. Auch wenn jede Verallgemeinerung unter Vorbehalt zu äußern ist, so scheint es doch, dass sich bei den Khatchk'ar am Fuße des Kreuzes beidseitig stilisierte Blüten befinden: Es handelt sich somit um ein „blühendes Kreuz", ein belebendes Holz, als deutlicher Hinweis auf die Erneuerung im Frühling und die Wiederauferstehung im Zeichen Christi.

Zu der für die seldschukische Bauweise charakteristischen Klarheit der Formgebung im Innern der Moscheen treten außen komplexer werdende Schmuckformen, wie sie sich ausgeprägt in den Bauten von Divriği – Krankenhaus und Moschee[32] – zeigen. Das älteste erhaltene seldschukische Gebäude in Anatolien, die Moschee von Aladin in Konya (um 1155), weist in seinem – möglicherweise aufgrund der zahllosen Restaurierungen – unscheinbaren Äußeren ein Portal auf, das von einem eleganten geometrischen Linienspiel geschmückt ist. Auch das Innere, durch teilweise wieder verwendete Säulen in parallele Schiffe unterteilt, ist bemerkenswert. In seldschukischen Bauten wird häufig auf byzantinische Elemente (Säulen, Kämpfer, Kapitelle usw.) zurückgegriffen, sie sind perfekt und natürlich integriert. Die Massivität der äußeren Gebäudeelemente[33] ist eine Konstante der seldschukischen Architektur und bleibt bis zur nachfolgenden osmanischen Dynastie unverändert. Was sich ändert und eine Neuerung bedeutet, ist das Interesse für die Portale, bei denen ein beträchtlicher Aufwand hinsichtlich des Schmucks betrieben wird, ganz gleich, ob es sich um Moscheen, Madrasas (Koranschulen), Mausoleen oder andere öffentliche Bauten handelt. Es gibt zahlreiche Beispiele, von Niğde bis Kayseri, von Konya bis Sivas und Erzurum. Betont werden die hohen rechteckigen Portale – der eigentliche Eingang liegt meist in einer konischen, konkaven

Der von einem Haifisch (nicht von einem Wal, wie fälschlicherweise angenommen wird) verschluckte Jonas auf einem Flachrelief in der Kirche von Aghtamar, Vansee; oben: *Jonas wird wieder ausgespuckt;* unten: *Mosaik auf dem Ambo des Doms von Ravello, Süditalien. Die Darstellung des biblischen Themas gibt den Impuls für die weiträumige Verbreitung dieses ikonographischen Motifs.*

Die armenische Kirche zum Heiligen Kreuz in Aghtamar ist außen mit überreichem Schmuck verziert, in dem verschiedene künstlerische Elemente zusammenfließen: Motive der abbasidischen Kunst, wie auf dem abgebildeten Flachrelief von Seite 182, und der christlichen Tradition, wie in dem Hochrelief der thronenden Madonna mit dem Kind. Während der abbasidischen Herrschaft auf einer Insel im Vansee errichtet, 10. Jahrhundert

Muqarnas-Mulde – durch die Rahmung mit Bändern, in denen wie bei den Teppichen, aber auch beim Mihrab, minuziös geometrische Ornamente verflochten sind. Neben diesen geometrischen Formen, die bereits unter mathematischen Gesichtspunkten untersucht wurden,[34] erscheinen auch Arabesken und Hochreliefs, die, beinahe vollplastisch ausgeführt, naturalistischeren Typs sind, indem sie verschiedene Tiere darstellen. Weitere Aufschlüsse dazu gibt ein Musterbuch in Konya im Museum der Ince Minareli Madrasa.

Hinsichtlich der Weiterentwicklung des Portalschmucks der Seldschuken-Bauten wurde vor allem für die Außenfassade von Divriği der Begriff vom seldschukischen „Proto-Rokoko" angeführt. In der Tat sind der Grundriss und die Außenmauern solide und kompakt, ohne jegliche Konzessionen an tiefenräumliche Wirkungen. Das stattliche Äußere erweckt den Eindruck eines Festungsbaus, der die schirmförmig gedeckte Zentralkuppel verteidigt. Die Portale sind eindrucksvoll: Teils überwiegt hier die „Tradition" der miteinander eng verbundenen Geometrien und Arabesken, teils, zum Beispiel in den Hauptportalen, ist die Komposition reich an Elementen, die Reliefs ähneln. Stets wird Stein in einem warmen rosa-nussfarbenen Farbton als Baumaterial verwendet, doch liegt die Vermutung nahe, dass sich die Baumeister an Stuckschmuck orientierten und so den „Bienenstock"-Stil vorwegnahmen, der charakteristisch für die ebenso in diesen Zeitraum zu datierende Bauweise der Ilkhaniden-Dynastie im Iran werden sollte.

Im Gegensatz dazu ist das Innere fast kahl; auffallend ist das Spiel in der Anordnung der Steine, wie in dem Gewölbe des Krankenhauses, in dem eine perfekte Spirale gezeichnet ist. Sie erinnert an jene, die aus dem Brunnen im Zentrum des Hauptgebäudes aufsteigt.

Die seldschukische Architektur ist eine großartige: Beispielhaft seien die Ince Minareli Madrasa in Konya[35] (1260–65) mit ihren herrlichen Schriftbändern erwähnt, die das Portal auf sehr ursprüngliche und künstlerisch gelungene Weise schmücken; die Çifte Minareli Madrasa in Sivas[36] (1271), aus deren Aufbau die konischen Proportionen des Muqarnas hervorbrechen; die Gök Madrasa, ebenfalls in Sivas[37] vom Ende des 13. Jahrhunderts, mit einem prächtigen Portal. Die Ecken des letztgenannten Gebäudes weisen die für Festungsbauten typischen vorgelegten Säulen auf, die mit einem dichten Dekor von Reliefs aus Halbpalmetten versehen sind, ein gelun-

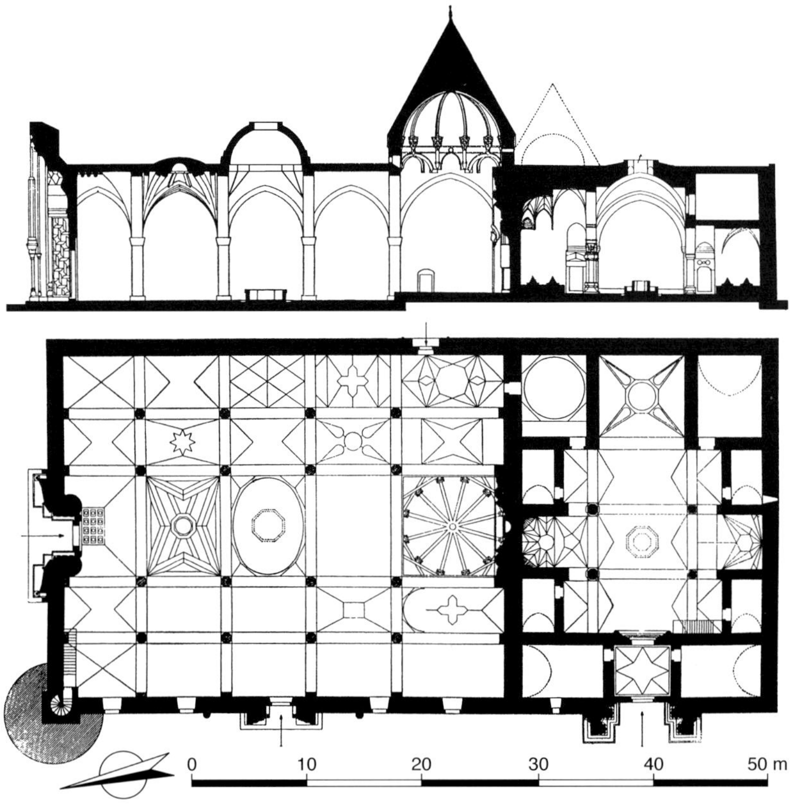

Schnitt und Grundriss der Madrasa und des Krankenhauses von Divriği (Türkei). Der monumentale Komplex, einer der Höhepunkte der seldschukischen Architektur des 13. Jahrhunderts, besitzt eine klare, fast strenge Struktur, dem der überbordende Schmuck der Türen entgegengesetzt wird.

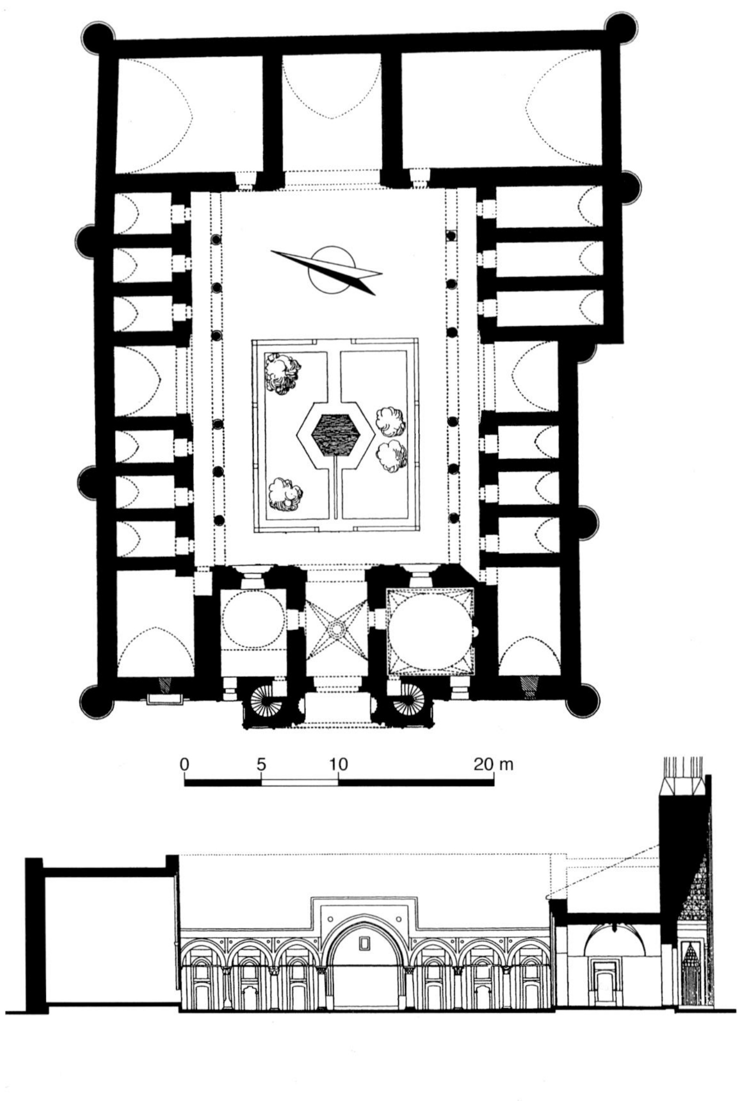

Eine der Neuerungen der seldschukischen Architektur ist die Madrasa, ein Gebäude für den Unterricht, das sich in der gesamten islamischen Welt durchsetzte. Diese Institution der Koranschule, eine weitere Form neben der Moschee und der eher privaten Auslegung, ist etwa zeitgleich mit der Institution der Universität in Europa entstanden (vgl. Gründung der Universität von Bologna 1154). Die Gök Madrasa in Sivas (Türkei) vom Ende des 13. Jahrhunderts zeigt exemplarisch die Raumaufteilung. Grundriss und Schnitt von A. Gabriel

Das monumentale Portal der Ince Minareli Madrasa in Konya, die zwischen 1260 und 1265 von dem Architekten Kölük bin Abdullah erbaut wurde, beeindruckt durch seine Größe. Herausragend sind die feine Ausarbeitung und die Ausdruckskraft des in Stein geschlagenen Schmucks.

gener plastischer Effekt, der wiederum an Stuckarbeiten, aber auch an ausgebrannten Samt oder Brokatstoffe erinnert. Ein letztes Beispiel – die Reihe könnte fortgeführt werden – ist die Çifte Minareli Madrasa in Erzurum (13. Jahrhundert), die außen ein Palmenpaar mit einem zunehmenden Mond auf dem Stamm und zwei Schlangenköpfe mit verschlungenem Körper und gespaltener Zunge zeigt, wobei sich diese an der Basis des Stammes befinden, wie der Blumenschmuck des Khatchk'ar am Fuße des Kreuzes.

Das Mauerwerk am Eingang der Aladin-Moschee in Konya trägt durch die Verwendung von Stein und Marmor einen zweifarbigen Schmuck, der bis nach Syrien Einfluss nahm. Es handelt sich um die älteste seldschukische Moschee in Anatolien, 12. Jahrhundert.

Variable geometrische Verzierungen (mit kaleidoskopartigem Effekt) sind auch der christlichen Kunst nicht fremd, und oft erkennt man eine Nähe zu islamischen Beispielen. Sie befinden sich ebenfalls an den Portalen und bestätigen so die gegenseitige Integration dieser eng miteinander verwandten Zivilisationen. Die Wiederholung von geometrischen Mustern ist wahrscheinlich islamischer Herkunft.[38] So trägt zum Beispiel das Portal der Kirche von Noravank[39] (13.–14. Jahrhundert) eine Christusskulptur im Tympanon, die von Arabesken und „Fliesen“[40] aus geometrischen Steinen (achtzackige Sterne) überfangen wird.

Geometrische und vegetabilische Motive auf der Holzkanzel in der Moschee Esrefoğlu. Das Detail zeigt beispielhaft die Fertigkeit des Kunsthandwerkers Isa, dessen Signatur auf dem Werk verzeichnet ist. Beyshehir, Türkei

Die Vermischung von Stilen, charakteristisch für eine Zeit reichen kulturellen Austauschs, tritt in den Emaillen auf, die diese Schale schmücken. Im mittleren Medaillon ist die Himmelfahrt Alexanders des Großen dargestellt, am Rand verläuft eine arabische Inschrift mit dem Namen des artuqidischen Herrschers Rukn ad-Daula Da'ud (1108–1145). Innsbruck, Museum des Ferdinandeum

Ein ähnlicher Dekor wie der auf den hölzernen seldschukischen Minbar findet sich im *Gavit* (Atrium) von Haichavank (13. Jahrhundert) und in der Nordkirche von Nor Varagvank (12.–13. Jahrhundert).[41]

Das Flechtwerk, das das Portal der Kirche von Kirac'vank[42] (13.–14. Jahrhundert) schmückt, könnte von jedem islamischen Bauschmuck ersetzt werden. Der Kultbereich in den Kirchen wurde durch einen Teppich begrenzt,[43] und so ist die Jungfrau mit dem Kind in einigen Tympana[44] armenischer Bauten auf einem geknüpften Teppich sitzend dargestellt. Das Beispiel von Noravank ist einzigartig, weil der gewohnte Hintergrund aus Arabesken mit armenischen Buchstaben verflochten ist und eine Inschrift bildet.

Der seldschukischen Zeit können einige Teppiche aus der Aladin-Moschee in Konya zugeordnet werden, die sich heute im Museum für Türkische und Islamische Kunst in Istanbul befinden und wahrscheinlich gleichzeitig mit der Gründung der Moschee entstanden sind. Die streng geometrischen Muster mit sich unendlich oft wiederholenden Schemata sind eher einfach und übersetzen die wesentlich kühneren architektonischen Realisierungen, mit denen sie verbunden sind, in den Bereich des Kunsthandwerks, der Stoffe. Der *Gül* (Rose, Blume, aber auch Stammesemblem), der im Mittelfeld wiederholt wird, weist auf Zentralasien, während die kufischen Pseudoinschriften auf den Rändern sehr komplexe Kontexte wachrufen.[45]

Der Doppeladler und das Löwenpaar zwischen Arabesken dieses Koranlesepults sind ikonographische Motive, die sich im Bauschmuck und in Holzschnitzereien wiederfinden. Sammlung der Mevlevi-Derwische, Museum Konya

Im Zusammenhang mit dem Bauschmuck wurde schon auf die Schlange über den Eingängen[46] verwiesen, ein Brauch, der in erdbebengefährdetem Umfeld von hohem Schutzwert ist – die Darstellungen sind immer außen! So zum Beispiel auf dem Türblatt des Tores der Moschee von Cizre, das sich heute in Kopenhagen befindet.[47] Die Schlange kann aber auch das Symbol eines ebenfalls symbolischen Synkretismus sein, denn die Seldschuken benutzten den türkisch-mongolischen Tierkalender chinesischer Herkunft.[48]

Dieser Synkretismus ist in Anatolien, in der Djazira und bis Bagdad verbreitet, wie in dem 1917 zerstörten Relief der „Pforte des Talismans" (1225), einem Tor in der Stadtbefestigung von Bagdad: eine Figur im Schneidersitz zähmt zwei geflügelte Drachen mit ineinander verknoteten Körpern, indem sie sie mit den Händen an der gespaltenen Zunge festhält.

Dieses Motiv erinnert an das Deckblatt eines berühmten Manuskripts *(Kitab ad-Diryaq,* „Buch vom Theriak und seiner Gegengifte", Mossul 1119),[49] das ein ikonographisches Substrat mit byzantinischem Attribut zeigt, obwohl es in persischem Stil geschrieben ist. In der Mitte eines von zwei verschlungenen Schlangen gebildeten Kreises sitzt der Herrscher (oder Emir), die Mondsichel in den Händen haltend und umgeben von Dienern; außerhalb des Kreises ist jeder der vier Ecken des Blattes eine Engelsgestalt zugeordnet.

Wesentlich später nimmt das Deckblatt eines Manuskripts von Hariri[50] den Stil von Mossul wieder auf: Hinter einem auf dem Thron sitzenden Herrscher mit seinen Dienern stehen zwei Engel, die einen Schal halten – in Anlehnung an den Vorhang byzantinischer Tradition –, rechts und links unten ist je ein Musiker dargestellt, begleitet von weiteren Figuren, und zu Füßen des Herrschers ist ein Schlangenmensch zu sehen.

Akrobatik findet sich auch in einem durch Bearbeitung und Ikonographie einzigartigen Objekt aus artuqidischer Zeit im Ferdinandeum in Innsbruck.[51] Es handelt sich um eine kleine Waschschale aus Metall mit vielfarbigem Email, das auf Vorder- und Rückseite mit Medaillons und einer arabischen Inschrift geschmückt ist; sie trägt den Namen des artuqidischen Herrschers Rukn ad-Daula Abu Sulaiman Da'ud ibn Artuq, der etwa von 1114 bis 1144 regierte.

Es stammt aus georgischer oder Konstantinopler Manufaktur und stellt im Zentralmedaillon die Himmelfahrt Alexanders des Großen dar, ein Motiv, das auf einem Stein aus dem 10. Jahrhundert auch an der Außenfassade von San Marco in Venedig (zur Piazzetta di Leoncini) auftritt. In den kleineren sechs Medaillons sind Tierkämpfe wiedergegeben, die mit heraldischen Adlern abwechseln.[52] Die Zwischenräume zeigen Tänzerinnen, Palmetten und eine lebhafte Gruppe von Akrobaten. Auf der Rückseite fehlt das zentrale Medaillon; die anderen weisen Kämpfe zwischen Tieren, einen Pegasus, Musiker und vielleicht Kämpfer auf. Wiederum finden sich drei Palmetten im Wechsel mit Tänzerinnen. Dieses außergewöhnliche Fundstück ist als Ausdruck einer Zeit aufzufassen, in der der Kulturaustausch die Regel und nicht die Ausnahme war.

Ein getriebener und ziselierter Silberteller, der zufällig in Muzhi, einer kleinen Stadt in Nordsibirien an der Mündung des Ob, gefunden wurde, soll aus verschiedenen Gründen diesen Überblick beschließen. Er ist auf 1208 oder in die zweite

Vorhergehende Doppelseite:

Badr ad-Din Lulu war der Herrscher von Mossul. Der Ehrentitel wird in der Forschung als „Vollmond" oder als „Mondsichel" ausgelegt. Das Deckblatt des Werks porträtiert den Herrscher (Atabeg oder Verwalter) im Schneidersitz mit der Mondsichel in Händen, begleitet von Dienern. In den Flächen zwischen Kreis und Blattrand befinden sich Engelsgestalten mit asiatischen Gesichtszügen, aber in der Haltung westlichen Darstellungen entsprechend. Die Vielfarbigkeit und die Fantasie in der Ausführung legen nahe, dass dieses Blatt von Meisterhand stammt. Das Buch vom Theriak und seiner Gegengifte (Kitab ad-Diryaq), Mossul 1119. Paris, Nationalbibliothek, Arabe 2964, Blatt 37

Das Deckblatt der Maqamat (Versammlungen) *von al-Hariri zeigt in klassischer Form den thronenden Herrscher mit dem Weinkelch. Die Musiker und der Akrobat zu Füßen des Herrschers sind in äußerst lebhafter Bewegung wiedergegeben. Rechts und links oben halten zwei Engelsgestalten ein Tuch (Kürzel für den Vorhang) nach einer byzantinischen und vermutlich noch älteren, klassischen, Konvention. Die prächtigen Gewänder der Personen und der reiche Arabeskenschmuck des Rahmens sind auffallend. Die Gesichter mit ihrer schmalen, lang gezogenen Augenform, dem kleinen Mund und der kaum angedeuteten Nase unterscheiden sich im Ausdruck deutlich von den Darstellungen des vorangegangenen Jahrhunderts: das Schönheitsideal entspricht zentralasiatischem Empfinden. Wien, Nationalbibliothek, A.F. 9, Blatt 1r, 1334*

Hälfte des 13. Jahrhunderts zu datieren[53] und trägt in der Mitte eine weitere Darstellung der Himmelfahrt Alexanders des Großen in getriebenem Silber, um die sich zehn ziselierte Medaillons reihen: In den oberen sind astrologische Zeichen – Sonne, Mond, Jupiter oder der persönliche Stern Alexanders – und in den unteren der Ozean und die Erde dargestellt. Die anderen Medaillons zeigen Bellerophon auf dem Pegasus und König David, außerdem Kriegsdarstellungen. Es ist zweifellos eine byzantinische Ikonographie mit Anleihen aus Ost und West, die zusammen mit anderen Funden aus dem Becken des Ob mit syrischen, iranischen, zentralasiatischen und auch europäischen Charakterzügen darauf hinweist, dass die Steppenvölker wichtige Protagonisten in der Ausarbeitung und Verbreitung der künstlerischen Kultur in den Jahren der Kreuzzüge waren.

Zwei Bogenfelder aus der Kirche des heiligen Johannes des Täufers in Noravank, Armenien, stellen im Flachrelief die Gottesmutter mit dem Kind und Christus mit Aposteln dar. Das christliche Motiv befindet sich im Kontext eines Bauschmucks von islamischem Typ.

ΟΓΕΡΙΟϹ ΡΗΞ
IC
X

Von Byzanz aus rund um das Mittelmeer

Maria Andaloro

Zwischen 1165 und 1167 begaben sich Gesandtschaften der Kreuzritter auf die Suche nach einer adligen byzantinischen Ehefrau für Amalrich (1162–74), der nach dem Tod seines Bruders Balduin III. (1143–62) neuer König von Jerusalem wurde. Im August 1167 traf seine künftige Gemahlin ein, die byzantinische Prinzessin[1] Maria.[2]

Im September 1158 war Prinzessin Theodora, die Enkelin Kaiser Manuels, in Tyrus an Land gegangen, um die Gattin Balduins III. zu werden. Als 1160 Kaiserin Irene[3] starb, wandte sich Manuel, ihr Sohn, an ihn, den König von Jerusalem; sein Ziel war, unter den Prinzessinnen der Kreuzfahrer eine Ehefrau zu suchen. Die Wahl fiel auf Melisande von Tripolis und Maria von Antiochia; der König schlug Melisande vor. Die Hochzeit fand am Weihnachtstag 1161 in der Kirche der Hagia Sophia in Konstantinopel statt.

Ein Netz dynastischer Pläne, durchgeführter oder auch nur versprochener[4] Hochzeiten umschlang Europa, den Mittelmeerraum, Byzanz und seinen Basileus, Manuel I. Komnenus. Andere Zeremonien und Ereignisse führen die Dimension des Königtums zur Zeit der Kreuzfahrer vor Augen, wie der feierliche Einzug Kaiser Manuels I. zu Ostern 1159 in Antiochia. Mit allen kaiserlichen Insignien geschmückt, durchritt Manuel im Triumph die Straßen der Stadt bis zur Kathedrale des heiligen Petrus. In großem Abstand folgte ihm zu Pferd der König von Jerusalem, Balduin, ohne jeglichen Schmuck, während der Fürst von Antiochia, Reginald de Chatillon, zu Fuß neben dem Pferd des Kaisers ging und „sehr mit den Steigbügeln am Sattel des Kaisers beschäftigt“[6] war. Das Schauspiel sollte eine außergewöhnliche Wirkung haben, hatte gleichzeitig aber auch die Aufgabe, die hierarchische Ordnung sichtbar zu machen, in der jede der teilnehmenden Mächte ihren Platz einnahm.[7]

Während des kaiserlichen Aufenthaltes in Antiochia fanden andere „augenfällige“ Ereignisse wie zum Beispiel ein Turnier statt, in dem der Kaiser den Franken seine Gewandtheit als Ritter vorführte.[8] Manuel war in der Tat nicht der traditionelle byzantinische Herrscher. Er liebte westliche Gebräuche und imitierte sie an seinem Hof. Auch seine beiden Hochzeiten mit jeweils westlichen Prinzessinnen trugen dazu bei, der kaiserlichen Residenz in Byzanz ein neues Aussehen zu geben. Im Palast der Blacherne, dem Regierungssitz Manuels und seiner Nachfolger zur Zeit des lateinischen Interregnums, herrschte eine Atmosphäre voller Fröhlichkeit und Lebensfreude. An die Stelle des majestätischen Pomps, der die byzantinischen Kaiser im Großen Palast am Marmarameer zu umgeben pflegte, trat die leichte ritterliche

Die Normannenkönige seit Roger II. förderten eine erneute byzantinische Periode auf Sizilien, indem sie Mosaizisten aus Gebieten jenseits des Mittelmeeres, vielleicht direkt aus Konstantinopel, ins Land riefen. In der Kirche Santa Maria dell'Ammiraglio, besser als „Martorana“ bekannt, wurde das Mosaik wie die gesamte Innendekoration von dem Würdenträger Georg von Antiochien in Auftrag gegeben. Dargestellt ist Christus, der König Roger II. (1130-54) krönt, den bedeutenden Förderer dieser künstlerischen Erneuerung.

Eleganz westlichen Typs. Ritterturniere wurden organisiert – für die Byzantiner ein ungewöhnliches neues Schauspiel –, an denen der Kaiser häufig teilnahm. Die Menschen aus dem Westen beherrschten mehr und mehr die Szenerie und erhielten hohe Ämter im Reich, trotz des anhaltenden Unwillens der Griechen.[9]

Betlehem während der Kreuzzüge

Dieses Konglomerat von Ereignissen, dieses historische Bild, in dem Begegnungen, Fahrten, Eheschließungen und Feste zur Durchdringung von Gebräuchen und zur Überwindung der Sprachbarrieren zwischen byzantinischer, kreuzfahrerischer und regional begrenzter Welt führen, bildet die Folie, vor der nun das gemeinsame Projekt der Byzantiner und Kreuzfahrer betrachtet wird: die Ausstattung der Geburtskirche von Betlehem mit Mosaiken.[10]

Der Mosaikschmuck der konstantinischen Basilika (ab 326), die in spätjustinianischer Zeit umgebaut wurde, ist lediglich in geringem Maße und in schlechtem Zustand erhalten und kann folglich nur schwer dokumentiert werden. Zusammen mit der Malerei auf den Säulen und dem Skulpturenschmuck macht er die Kirche jedoch zum repräsentativsten Sakralbau während der Kreuzzüge;[11] die verschiedenen Künste sind hier miteinander verknüpft. Darüber hinaus hat sich ein weiteres Bauwerk gut erhalten, der Cappella Palatina von Palermo (1131–43), die ebenfalls und zur gleichen Zeit die *mélange* der Künste aus mediterranen Wurzeln zeigt, allerdings keine Stimme der „Kreuzfahrer“ ist, und deren figürliche Darstellung anders, vor allem breiter angelegt ist.[12]

Wie erwähnt, besteht in Betlehem das Schmuckprogramm nur noch zu einem geringen Teil. Dennoch ist der ursprüngliche thematische Kern überliefert, vor allem gestützt auf die Dokumentation des 17. Jahrhunderts von Quaresmius und Ciampini.[13] Danach waren dargestellt: die Jungfrau Platitera in der Apsis, die „Verkündigung“ auf dem Bogen der Apsis, Episoden aus dem Zyklus der Feste in Transept und Bema (Presbyterium im Chorraum), der Baum Jesse auf der Fassadenrückseite und schließlich die Reihen der Konzile im Langhaus. Auf dessen Südseite gelangten, von Ost nach West, die Reihe der ökumenischen Konzile zur Abbildung und auf der Nordseite, ebenfalls von Ost nach West, die Reihe der Provinzialkonzile. Die Flächen zwischen den Fenstern im Obergaden weisen Engel auf, während die Vorfahren Christi unter den Konzilsdarstellungen Platz fanden. Die feierliche, komplexe Aufeinanderfolge der Wanddekoration ist in ihrer Gesamtheit nachzuvollziehen, indem die von Ciampini[14] veröffentlichen Skizzen herangezogen werden. Diese können auch dazu dienen, die auseinander gerissenen und somit für sich inhaltlich bedeutungslosen Überreste der Mosaiken[15] zusammenzusetzen. Dadurch sind sie erneut Teile eines aussagekräftigen Ganzen.

Der rote Faden des gesamten ikonographischen Programms ist leicht erkennbar. Es ist christologisch und steht im Zusammenhang mit dem Ereignis der Geburt Christi, deren in Stein gebaute Erinnerung diese Kirche ist. Dies beschrieben Vincent und Abel sehr genau, für die „die Propheten die Göttlichkeit des Messias bezeugen und die lange Reihe seiner Vorfahren sein Menschsein bestätigt, während die Kirche in ihren feierlichen Versammlungen ihrerseits das völlige Menschsein dessen verkündet, der in Betlehem geboren wurde“.[16] Dies sieht ebenfalls der moderne Blick, der im Programm die Weitläufigkeit „einer Exegese, eine Art Nachtrag zu den Ereignissen bei der Geburt Christi“[17] sucht.

In Rahmen dieser Publikation ist es nicht möglich, Schritt für Schritt der Entwicklung des gesamten ikonographischen Plans zu folgen, doch soll die Aufmerksamkeit auf jene Gestalten der Konzile gelenkt werden, die einzigartig in ihrer Form und kühn in ihrem thematischen Ausdruck sind. In der Geburtskirche erfolgt die Darstellung der Konzile nicht nach der sonst üblichen Ikonographie, wie sie dank einer Reihe aufschlussreicher Beispiele aus der Miniatur- und Monumental-

Vorhergehende Doppelseite:

Der so genannte „Raum König Rogers“ wurde von byzantinischen Mosaizisten mit profanen und mythologischen Themen und Szenen ausgeschmückt: Jagdszenen, einander zugewandte Zentauren zwischen Palmen und anderen für den Mittelmeerraum typischen Pflanzen. In der Wahl der Gestalten und Themen wechseln sich Motive der Dekoration byzantinischer Paläste ab mit solchen aus der islamischen Welt, einschließlich einiger Reminiszenzen an die Sassaniden. Königspalast, Palermo

Die Mosaiken der Cappella Palatina in Palermo, die Kuppel und Kalotte der Apsis bedecken, folgen einem ikonographischen Programm byzantinischen Ursprungs, das den westlichen Bedürfnissen entsprechend umgearbeitet wurde: die Wiederholung der Darstellung des Pantokrators in der Kuppel und in der Apsiswölbung wäre in Byzanz nicht zulässig gewesen. Königspalast, Palermo

+ ALES HOMO VITVLVS LEO PRECONES SIMVL ISTI +

kunst aus der byzantinischen Einflusssphäre und der mit ihr verbundenen Welt bekannt ist:[18] danach erscheint die Versammlung der Bischöfe unter kaiserlichem Vorsitz. Im Unterschied hierzu sind in Betlehem die Konzile durch die Schrift dargeboten, durch die Herausstellung von Text innerhalb eines großen, reich verzierten Rahmens. Auch wenn in den beiden Serien – der Serie der sieben ökumenischen Konzile auf der Südseite[19] und der sechs Provinzialkonzile auf der Nordseite[20] – Unterschiede in der Gestaltung auftreten, so ist der Kern doch derselbe. Er besteht in einem architektonischen Rahmen mit Doppelarkaden für die ökumenischen und drei Bogenstellungen für die Provinzialkonzile. Zwischen den Säulen befinden sich zwei Altäre (ökumenische Konzile) oder ein Altar (Provinzialkonzile), darüber sind die Texte dargelegt, die im Zusammenhang mit dem jeweiligen Konzil stehen.[21] Die Sprache ist Griechisch, nur beim letzten ökumenischen Konzil, dem 2. Konzil von Nicäa (787), wurde Latein gewählt.

Der Text ist das Bild. Wie ein Bild befindet sich der ausgestellte Text über dem Altar,[22] ist gerahmt, ist monumental. Wie in einem Figurenzyklus werden die Konzilsdarstellungen jeweils von Kandelabern und vegetabilischen Motiven voneinander getrennt. Dieses schmückende Beiwerk ist so üppig, dass es zu Recht, wie zumeist vorgeschlagen, mit den Mosaiken von Damaskus (Große Moschee) und Jerusalem (Kuppel des Felsendoms und al-Aqsa-Moschee) in Beziehung gesetzt werden kann, zwei Bauten, die im Laufe des 12. Jahrhunderts unter den Kreuzfahrern umbeziehungsweise ausgebaut wurden.[23]

Dadurch lässt sich allmählich die von Stern vertretene Vermutung überwinden. Seiner Auffassung nach bilden die Konzile und die Mosaiken der Geburtskirche von Betlehem einen Komplex, der auf das 8. Jahrhundert zurückgeht, aber in zwei Phasen entstanden ist: Die erste, ältere Phase umfasst danach die Reihe der Provinzialkonzile aus omayyadischer Zeit, in einer zweiten Phase wurden die ökumeni-

An einer Wand des Langhauses der Geburtskirche in Bethlehem befinden sich die wenigen erhaltenen, aber bedeutenden Belege eines 1169 vollendeten großen Mosaikprogramms. Es folgt dem Konzept, das verschiedene Beteiligte entwarfen: Amalrich, König von Jerusalem, Manuel I. Komnenus, byzantinischer Kaiser, und Ralph, Bischof von Betlehem. Die Ausführung übernahmen Meister aus Byzanz und Meister anderer kultureller und künstlerischer Wurzeln: griechische, syrische, regional ansässige und möglicherweise auch venezianische.

Zwei Beispiele für die Darstellungen der Provinzialkonzile auf der Nordwand des Langhauses: das Konzil von Sardi und das von Antiochia. Die Darstellung ist nicht bildhaft: der Text stammt aus den Konzilsakten, und der Rahmen deutet in seiner Darstellung von Architektur auf die Stadt, in der die Konzile stattfanden.

schen Konzile während der Kreuzzüge hinzugefügt. Sie folgte dabei aber der Konzeption des früher geschaffenen figürlichen Systems.[24] Auch bei der jüngsten Untersuchung der Mosaiken von Betlehem wurde wieder diese These vorgebracht.[25] Trotz des Gegenübers von überkommener syrisch-palästinensischer figurativer Darstellung und nicht bildhafter Veranschaulichung der Konzile erweist sich der Mosaikkomplex von Bethlehem als einheitlich. Die Homogenität in der Ausführung[26] eines Auftrages aus verschiedenen Interessen – byzantinische und kreuzfahrerische – bringt dieses Ergebnis hervor, das sich an ein multiethnisches, mehrsprachiges, „multikulturelles" Publikum wandte und die Frucht eines „Ateliers" war, in dem Byzanz eine wichtige Rolle spielte.[28] Die Mosaiken wurden 1169 vollendet. In unterschiedlichem Maße waren Amalrich, der König von Jerusalem, Manuel I. Komnenos, der Kaiser von Byzanz, Ralph, der Bischof von Bethlehem, und der Mönch Ephraim daran beteiligt. Letzterer legte das Konzept für die Ausschmückung vor und schuf die Mosaiken, war *historiagráphos kai mousiátoros*. Die zweisprachige – lateinische und griechische – Inschrift auf der Südseite der Bema nennt diese Auftraggeber und Namen.[29]

Zu den Gründen für die Auswahl der Schriftstücke, die den kaiserlichen Ursprung der Konzile darlegen sollen, sei auf eine aktuelle Untersuchung hingewiesen.[30] Im Folgenden sollen die ideologisch-politischen Hintergründe dieser Wahl aufgezeigt und einige „Unebenheiten" in der stilistischen Ausführung der Mosaiken von Betlehem aufgegriffen werden.

Die Skizze Giovanni Ciampinis aus dem 17. Jahrhundert belegt das ikonographische Gesamtprogramm der Mosaiken, die die nördliche Wand der Geburtskirche in Betlehem schmückten. Es ist heute nur fragmentarisch überliefert. Historia Synopsis de sacris aedificiis, Rom 1693

Unter Berücksichtigung der erhaltenen Zeugnisse und Quellen erscheinen die Mosaiken als einzigartig, da hier die Schrift an die Stelle des Bildes tritt und zum ersten Mal ökumenische und Provinzialkonzile gemeinsam gezeigt werden.[31]

Wie bereits erläutert, werden die Texte in Griechisch wiedergegeben, der Sprache der theologischen Reflexion, der Konzile, aber auch Byzanz'. Die einzige Ausnahme ist das 2. Konzil von Nicäa, das durch einen lateinischen Text dargestellt wird.[32]

Das 2. Konzil von Nicäa fand 787 statt und beschäftigte sich mit dem Bilderstreit (726–87), in dem es um die Legitimität der Abbildung ging. Denn diese, so war die Auffassung, lasse auf der Grundlage der Menschwerdung Christi Unsichtbares sichtbar und verstehbar werden.[33] Der Ausgang des Konzils gestattete der westlichen Gesellschaft griechisch-römischer und christlicher Wurzel, sich gestärkt von der antiken ikonischen Tradition mit vorchristlichen Wurzeln in jenem spekulativen Horizont wiederzuerkennen. Aus dem Konzil gingen die Kirchen von Rom und Byzanz geeint hervor. Etwa zweieinhalb Jahrhunderte später entstand das Schisma, das jedoch weniger die christologische Frage als die Unterschiede in Liturgie und Ausübung betraf.[34] Das 2. Konzil von Nicäa charakterisiert sich als ein großes gemeinschaftliches Ereignis und als ein gemeinsamer Kraftakt der Kirchen von Byzanz und von Rom, sich gemeinsam auf demselben Wege zu sehen.

Einige Details aus den Mosaiken des Transepts der Geburtskirche in Bethlehem: der ungläubige Thomas, die Himmelfahrt, die Gottesmutter zwischen den Engeln.
Detail der Mosaiken des Mittelschiffs: die Urväter Jakob und Mathan und Verzierungen aus „Palmen"-Kandelabern.

Einige Forscher haben in ihren Untersuchungen des historischen Hintergrundes und der theologischen Debatte, die die Grundlage für das ikonographische Programm der Geburtskirche bildeten, nicht nur den Beitrag der lateinischen und der orthodoxen, sondern auch den der monofisitischen Kirchen[35] herangezogen, der Anhänger eine altkirchlichen Lehre also, nach der die zwei Naturen Christi zu einer neuen gottmenschlichen Natur verbunden sind.

In der kritischen Diskussion wurden die zahllosen regionalen Elemente erst vor kurzem einbezogen und bilden seitdem ein drittes Element in der verhärteten Dialektik zwischen byzantinischer und kreuzfahrerischer Welt. Es ist jedoch gerechtfertigt, sich zu fragen, inwiefern die „lokale Welt" schon zur Zeit der Planung und der Ausführung der Mosaiken eine Rolle gespielt haben könnte. Bei der Rezeption war sie ein äußerst aktiver Faktor.

Die Phasen der Vorbereitung und der Durchführung wurden von den meisten Forschern als Ergebnis der lokalen syro-palästinensischen Tradition betrachtet.[36] Dennoch darf der andere Standpunkt nicht verschwiegen werden, der in den Mosaiken einen Ausdruck der byzantinischen Hauptstadt sieht, aus der die Modelle, das Material und fast alle Meister stammten.[37]

Die Rolle Manuel I. Komnenos und der Achse Byzanz und Papst sollte allerdings nicht zugunsten des lokalen Gesichtspunktes verringert werden. Denn diese Achse zwischen dem Kaiser und Papst Alexander III. hatte sich aufgrund der kaiserlichen Politik in ihrem Verhältnis zur Kirche in den Jahren herauskristallisiert, in denen der Plan zum Mosaikschmuck in Bethlehem vorbereitet und realisiert wurde.

Von großer Bedeutung ist das Klima, das die Synode kennzeichnete, die im März 1166 in Konstantinopel stattfand. Eine religiöse Kontroverse sollte ausgeräumt werden, die zwischen Lateinern und Byzantinern herangereift war und sich auf die Worte Christi konzentrierte: „Denn mein Vater ist größer als ich." Manuel I. ordnete mit viel Sorgfalt die Protokolle und redigierte die Schlusserklärung so, dass er den Tadel aus der byzantinischen Öffentlichkeit auf sich zog, gleichzeitig jedoch seine Sympathie für die lateinische Theologie zeigen konnte. Dies ist ein wichtiger Aspekt, aber keineswegs der Einzige. Es handelt sich hier um die „Wegscheide" in einem historischen Moment, der einen Zeitraum von etwa zehn Jahren umfasste: 1161 setzte er durch die Initiative des Papstes an und endete 1172. Gegenseitige Betrachtungen und Zugeständnisse zwischen Alexander III. und Manuel I. Komnenos kennzeichnen ihn. Er ist übersät von Zeichen der Entspannung und Freundschaft. Lateinische Theologen wie Ugo Eteriano, die sich in Konstantinopel aufhielten, werden hoch geachtet, Delegationen von Kardinälen reisen in die Stadt des Kaisers (1167), Manuel unterstützt die lombardischen Städte in der Auseinandersetzung mit Friedrich I. Barbarossa und schickt einen seiner erfahrensten Männer nach Venedig (1165). Anlässlich des Todes von Wilhelm I., des Königs von Sizilien (1154–66), schlägt er 1166 eine Hochzeit unter Verbündeten vor, indem er dem blutjungen Erben, Wilhelm II., seine eigene Tochter und Erbin Maria anbietet. 1169 kommt es ferner zur Hochzeit zwischen einer Nichte des byzantinischen Kaisers und Otto Frangipane, dem einflussreichsten Unterstützer des Papstes.

Verantwortlich für das Tauwetter zwischen Papsttum und Kaisertum war das Aufteten Friedrichs I. Barbarossa auf der Bühne und die von ihm ausgehende Bedrohung des Papsttums. Um ihm entgegenzutreten und die Bedrohung aufzulösen, konzipierte und verfolgte Alexander III. den Plan, sich der Zustimmung Byzanz' für ein Bündnis mit Frankreich und Sizilien gegen Friedrich zu versichern. Im Austausch wurde eine Ebene des Einverständnisses erarbeitet, um Manuel I. als Kaiser des Okzidents anzuerkennen. Manuel wiederum forcierte die Anerkennung der Vormacht Roms, indem er als Ausgangspunkt die Gestalt des heiligen Petrus setzte, der der Meister aller Kirchen sei, nicht nur der römischen. Diese Positionen flossen in die vorläufigen Entwürfe zu einem Vertrag ein, der sie festgesetzt hätte,[38] doch kam dieser nicht zustande.

Der Dom von Monreale war die letzte große Werkstatt byzantinischer Mosaizisten in Sizilien. König Wilhelm II., der Stifter des Bauwerks, ist in einem Mosaik dargestellt, wie er der Gottesmutter die Kirche überreicht.

Es nahte das Jahr 1167, der Zeitpunkt, der aus anderen Gründen für den geeigneten Beginn des großen Unternehmens gehalten wird, die Geburtskirche in Bethlehem mit Mosaiken auszustatten.

Offenbar muss das Geflecht der Fakten, Positionen, Bewertungen, die hier in einem kurzen Überblick gegeben wurden, vor dem Hintergrund einer Annäherung von Papsttum und Kaiser betrachtet werden, zumindest des Strebens danach. Dies ergibt den historischen Rahmen, vor dem die Wahl, zwei Serien von Konzilen auf den Wänden des Schiffes darzustellen, einen Sinn bekommt: was für ein erinnerungsträchtiges Zeichen, aber auch welche konkrete, lebendige Planung eines brandaktuellen Vorhabens! Die Bilder der Konzile erscheinen also als der Abschluss dieser Betrachtungen, als ein Manifest religiöser Politik, die in der – unveröffentlichten – Form von ausgestellten Schriftstücken wiedergegeben wird. Denn es sind die Texte der Konzile, und nicht deren bildliche Umsetzungen, die unmittelbar aufgenommen wurden, gleichsam als Grundlage für die Einheit der gemeinsamen Doktrin.[39] Unter diesem Aspekt nimmt der Wechsel der Sprache vom Griechischen zum Lateinischen, das in den Schriften des 2. Konzils von Nicäa verwendet wurde, den speziellen Wert eines „Passes" an: Er ist wie eine ideelle Brücke, die von byzantinischer Seite geschlagen wird, zur Wiederaussöhnung zwischen den beiden Kirchen, mit Türen, die sich zu der Zeit der geschaffenen Einheit (dem 2. Konzil von Nicäa) öffnen und zur Gegenwart, die von Hoffnung durchdrungen ist.

Entsprechend der Ikonographie, die sich im normannischen Sizilien durchgesetzt hatte, wurde in der Apsis des Doms von Cefalù Christus als Pantokrator dargestellt. Das große Mosaik zeigt ihn, wie er ein aufgeschlagenes Evangelium mit zweisprachiger Inschrift in der linken Hand hält. Der Mosaikschmuck der Apsis und der Vierung im Dom von Cefalù gehen auf den Auftrag Rogers II. etwa aus dem Jahr 1148 zurück.

Was die Zusammensetzung der Mosaikwerkstatt betrifft, so spricht vieles für eine Werkstatt aus Konstantinopel. An erster Stelle steht ein innerer logischer Grund, der die Techniken und Technologie der Ausführung betrifft. Mit Sicherheit waren eher traditionelle Kenntnisse als solche der „Inventio“, der „Erfindung“, notwendig, um komplizierte Handlungsabläufe wie das Legen von Mosaiken zu verwirklichen. Anfertigung von Mosaiken verlangt Erfahrungen in der Ausführung von Wandmalereien und Mosaiken, bei der Wahl des Sujets, der Herstellung und des Schnitts der Materialien.

Das heißt, eine solche Werkstatt kann nicht plötzlich aus dem Nichts und fern von spezialisierten traditionellen Zentren entstehen. Selbst die Entscheidung für das Medium Mosaik entspricht schon der Anwendung figürlicher Traditionen, Techniken und entsprechender Technologien, die eher der byzantinischen als der westlich-kreuzfahrerischen Seite zu Eigen sind.[40]

Auch vor dem regionalen Horizont stellt sich das Problem in diesen Begriffen. Auf der einen Seite tritt die Erinnerung einer alten und edlen Mosaiktradition in Syrien und Palästina auf, die mit der vorchristlichen[41], aber auch mit der omayyadischen Zeit verbunden ist, zum anderen ist an die Arbeiten zu denken, die im 12. Jahrhundert während der Kreuzzüge an den Mosaiken von Jerusalem durchgeführt wurden.[42]

Das Mosaik mit der Darstellung Christi zwischen Kaiser Konstantin Monomachus und Kaiserin Zoé ist einer der wenigen Belege für die Monumentalkunst des 11. Jahrhunderts, die in Konstantinopel erhalten sind. Hagia Sophia, 1034-42

Der Bischofsmantel aus Seide mit Gold- und Silberstickereien, den Kaiser Michael VIII. Palaiologos der Stadt Genua schenkte, stellt den Heiligenzyklus des heiligen Laurentius dar. Es ist ein byzantinisches Werk aus Nicäa. Die Ikonographie hingegen ist westlich, die Inschriften sind lateinisch. Genua, Museum des Weißen Palastes

S. LAURENTIUS IN CARCERE

Kann dieses sporadische Ausbessern nicht anthropomorpher Mosaiken eine ausreichende Prämisse dafür sein, die Verantwortung für eine Werkstatt zu übernehmen, die ein umfangreiches, thematisch genau formuliertes Projekt breiter ikonographischer Natur organisiert und den Mosaikschmuck von Betlehem plant und ausführt? Um die Zusammensetzung der Werkstatt genauer zu erfassen, kann auf aufschlussreiche Hinweise zurückgegriffen werden. So nehmen die Inschriften vor allem zwei oder drei Namen von Handwerkern auf: den des Mönches Ephraim – mit ihm setzt die griechische Inschrift in der Apsis an; den des Diakons Basileus, der in der lateinischen und griechischen Inschrift auf der nördlichen Langhauswand erwähnt wird; und den des Johannes, wahrscheinlich eines Venezianers,[43] wenn der griechische Text, der schon im 17. Jahrhundert als Fragment vorlag und transkribiert wurde, auf die Identität eines Malers bezogen werden kann.[44] Die Daten der Inschriften und die daraus zu folgernden Schlüsse erlauben sich eine Werkstatt vorzustellen, in der Künstler mit verschiedenen kulturellen und künstlerischen Wurzeln lebten: Griechen, Syrer, vielleicht Venezianer. Sie war also von einem ausdrücklichen Austausch der Erfahrungen gekennzeichnet. Möglicherweise waren die Beteiligten dreisprachig, gerade auch in jenem Umfeld, dem die Ausführung zustand. Nach den zur Verfügung stehenden Daten ist eine Arbeitsteilung unter den verschiedenen Künstlern der Werkstatt denkbar, insofern als zwei oder drei in den Inschriften topografisch belegt sind. Sie stimmen mit der jeweiligen Ausdehnung des Mosaiks auf den „signierten" Wänden überein.

Diese Auffassung, die nicht weiter zu beweisen ist, da große Teile des Mosaikschmucks verloren sind, wird durch eine bestimmte Angabe in Frage gestellt. In der zweisprachigen, lateinischen und griechischen Inschrift heißt es: „Diese Arbeit wurde von der Hand des Mönches Ephraim zu Ende gebracht, *historiagráphos* und *mousiátoros*". Neben der Kompetenz als Mosaizist hat Ephraim eine weitere Kompetenz, die mit dem Begriff *historiagráphos* ausgedrückt wird. *Historiagráphos* wird unterschiedlich übersetzt und erläutert,[45] der Begriff reicht in seiner Bedeutung aber in jedem Fall über die einer Handwerksarbeit hinaus. Eher betrifft er den Bereich der Planung als den der Ausführung: den Inhalt, von der Planung aus gesehen. Die Kombination beider Begriffe besagt offenbar, dass der Mönch sowohl für die Planung als auch für die Ausführung der Mosaiken verantwortlich war. Ephraim war also Regisseur und Schauspieler; er veranlasste die Bilder und ihre gedanklichen Verbindungen, die Geschichten, die sie erzählen, und deren Umsetzung in Mosaiken. Wenn diese Interpretation richtig ist, waren die anderen Handwerker, Simeon und Johannes, eher mehr oder weniger autonome Mitarbeiter Ephraims. Der Mönch war höchstwahrscheinlich ein in Griechenland ausgebildeter Künstler, wenn er nicht gar aus Konstantinopel stammte.[46] Sein Name wird in der griechischen Inschrift deutlich hervorgehoben, mit ihm setzt sie an, und er wird somit vor dem Namen des byzantinischen Kaisers Manuel aufgeführt.

Von größerer byzantinischer „Reinheit" als das umfassende Schmuckprogramm der Kirche und als die Fresken auf den Säulen ist das fragmentarische, aber gut lesbare Mosaik der Geburt Christi in der Grotte, die unterhalb der Kirche aus justinianischer Zeit liegt. Mit der Erwähnung dieses Mosaiks soll die Aufmerksamkeit auf einen weiteren Punkt gelenkt werden: In einem Umfeld wie der Geburtskirche sind im 12. Jahrhundert nicht die verschiedenen vor Ort arbeitenden Kunsthandwerker den verschiedenen künstlerischen Gattungen zugeordnet, aus denen sich der Schmuck insgesamt zusammensetzt. Die Ausführung der Mosaiken wird also Handwerkern aus dem byzantinischen Raum im weitesten Sinne anvertraut, während die gesamte Skulpturkunst von westlichen, vor allem französischen, Werkstätten ausgeführt wird. Diese Aufteilung zeigt sich auch in anderen Kirchen des Heiligen Landes zur Zeit der Kreuzzüge.

Es handelt sich um das Phänomen, dass spezielle Gattungen und Meister zusammengehören und in einer bestimmten Kultur verwurzelt sind, für die sie wiederum den Ausdruck schaffen beziehungsweise sind. Es tritt auch in anderen Bauten auf. Zur selben Zeit wie in der Geburtskirche von Betlehem erscheint es zum Beispiel in der Cappella Palatina von Palermo. Hier hat sich das Miteinander verschiedener Gattungen und ihrer Meister so erweitert, dass islamische Künstler in der Deckenmalerei islamische Themen aufgreifen.[47]

Die Mosaiken byzantinischer Herkunft und die Ausführung in der Cappella Palatina reihen sich in eine lange byzantinische Tradition ein. Byzanz wird hier in seiner Polarität zwischen der Hauptstadt, Konstantinopel, als auch der Stadt verstanden, die die unterschiedlichen Lebenswelten byzantinischer Kultur vereint: Palermo. Die westliche Welt sieht Byzanz als Produktions- und Exportzentrum von künstlerischen Produkten, die besonders komplex und anspruchsvoll, technisch ausgereift und von hohem Materialwert sind.

Inzwischen ist belegt, dass alle Mosaiken des normannischen Sizilien von byzantinischen Künstlern gefertigt wurden, die in drei aufeinander folgenden Wellen nach Palermo kamen.[48] Diese entsprachen drei verschiedenen Herrschaftsperioden: der Rogers I. (1145–54), der Wilhelms I. (1154–66) und der Wilhelms II. (1166–89). Die Mosaiken entfalten sich auf den Wänden des Doms von Cefalù, der Cappella Palatina von Palermo, des Doms von Monreale, in den Sälen königlicher Paläste und Residenzen sowie in der Kirche Santa Maria dell'Ammiraglio („des Admirals"), ebenfalls in Palermo. Mit dieser Kirche liegt das einzige Projekt vor, dessen Auftraggeber sich außerhalb des eigentlichen königlichen Umfelds befindet: Es handelt sich um den Admiral von König Roger, Georg von Antiochien.

Die meisten Mosaiken sind sakraler Natur, aber es gibt auch profane Mosaiken. Dazu gehören die Jagdszenen aus dem so genannten Saal Rogers, die Mosaikfragmente des Pisanischen Turms, beide zum Königspalast (Palazzo dei Normanni) von Palermo gehörig, oder auch der erlesene Fries im Brunnensaal der Zisa (1154–66), eines Schlosses. Hiermit ist die Geschichte der Mosaiken jedoch noch nicht beendet, denn gerade von den Werkstätten Monreales aus begann nach Beendigung der Arbeiten gegen Ende des 12. Jahrhunderts die Verbreitung des Stils von Monreale über Italien und Europa.[49]

Die Ausdrucksstärke der byzantinischen künstlerischen Produktion wurde außerhalb von Byzanz anhand zweier besonders relevanter Orte betrachtet: in Betlehem, Teil des Orients der Kreuzfahrer, und im normannischen Sizilien, einem Gebiet, das erst kurz zuvor, im Laufe des fortgeschrittenen 11. Jahrhunderts, für das Christentum zurückerobert wurde. Diese byzantinische Präsenz erscheint umso überraschender und als Quelle vielschichtiger Informationen, als sie vor dem Hintergrund folgender Tatsache zu beurteilen ist: Im 12. Jahrhundert existierte in Konstantinopel keine Monumentalmalerei. Vom Anfang des Jahrhunderts stammen zwei Mosaiktafeln in der südlichen Empore der Hagia Sophia, mit Darstellungen des thronenden Christus zwischen Konstantin Monomachus und Zoé auf der einen Seite und der Darstellung von Theotokos zwischen Johannes Komnenos und seiner Gemahlin Irene (1118) sowie dem Portrait des Kaisersohnes Alexius (1122) auf dem Pfeiler daneben auf der anderen Seite.[50] Doch je weiter sich der Blick ins 12. Jahrhundert wendet, desto mehr verlieren sich die Zeugnisse.

Somit bedarf es anderer (schriftlicher) Quellen. Danach hat Manuel I. Komnenos im Großen Palast einen neuen Thronsaal anlegen lassen, der mit Mosaiken ausgestattet wurde, die seine Siege feierten.[51] In dem Zusammenhang sei an die zeitgenössischen profanen Mosaiken von Palermo erinnert, besonders die des Pisanischen Turms im Königspalast, deren erhaltene Fragmente wahrscheinlich Szenen aus Seeschlachten darstellen.[52]

Montecassino

Durch Stilvergleich und Ikonographie lassen sich die normannischen[53] Mosaikkomplexe Siziliens als byzantinisch einstufen. In anderen Fällen belegen bestimmte Quellen die aktive Mitarbeit byzantinischer Meister an großen Bauvorhaben des lateinischen Okzidents.

Die Meister, die Abt Desiderius für die Realisierung der Mosaikfußböden und -wandgestaltungen im Inneren der neuen Basilika von Montecassino engagierte, waren byzantinischer Herkunft und stammten unmittelbar aus Konstantinopel, wie das *Chronicon* des Klosters belegt. Die Kirche (heute nicht mehr erhalten) wurde auf Wunsch des Abtes erbaut und in einer feierlichen Zeremonie am 1. Oktober 1071 geweiht.[54] In dem Kirchenbau entspricht alles der Linie eines durchdachten Projektes, das im Rahmen der gregorianischen Reform die Wiedereroberung umsetzt und auf das altchristliche Modell römischer Wurzel zurückgreift: von der Organisation des architektonischen Raumes über die Wahl der Themen des Schmuckprogrammes bis zur Entscheidung für das Mosaik als angemessener Form. Das *Chronicon* gibt genaue Informationen über den Verlauf und das Warum des Auswahlverfahrens. Um die Boden- und Wandmosaiken zu realisieren, benötigte Desiderius Mosaizisten: Aber wo sie finden? In Rom? In dieser Stadt der frühchristlichen, mosaikgeschmückten Sakralbauten wurde die Mosaikkunst seit langem nicht mehr praktiziert, sind die entsprechenden Handwerker nicht mehr beheimatet.[55] Desiderius blieb nichts anderes übrig, als auf die Meister aus Konstantinopel zurückzugreifen.

In diesem Zusammenhang führt die erneute Lektüre des *Chronicon* dazu, über folgenden Punkt nachzudenken: Im fortgeschrittenen 11. Jahrhundert blieb auch nach der Trennung der römischen und der orthodoxen Kirche (1054) im Westen die Führerschaft Konstantinopels im Bereich vieler künstlerischer Produktionen, wie dem Mosaik, erhalten. Und die Auftragsvergabe an die Mosaizisten aus Konstantinopel unterlag keiner freien Wahl, sondern war ein notwendiger Schritt. Notwendig insofern, als die korrekte Abfolge der Arbeitsschritte zur Verwirklichung eines Mosaiks kein Prozess ist, der Improvisation erlaubt, sondern der Wissen erfordert, das sich aus ständig ausgeübter Praxis, Tradition und Verwurzelung in spezialisierten Werkstätten nährt.

Das desiderianische Montecassino, das normannische Palermo, das Bethlehem der Kreuzfahrer sind besonders große und augenfällige Beispiele eigentlich byzantinischer Mosaikkomplexe, die von Künstlern aus Konstantinopel, aber außerhalb von Byzanz verwirklicht wurden. Der besondere Charakter dieser Mosaiken besteht darin, dass die Künstler von ihren Ursprungsorten zu den entsprechenden Plätzen gerufen werden, um diese Mosaiken in einem gegebenen Raum, auf ebendiesen Wänden zu verwirklichen. Direkt von den byzantinischen Mosaizisten angewandt, verbreiteten sich so die künstlerischen Strukturen, die technischen Kenntnisse, die konstituierenden Materialien an den Ufern des Mittelmeeraumes und darüber hinaus.[56]

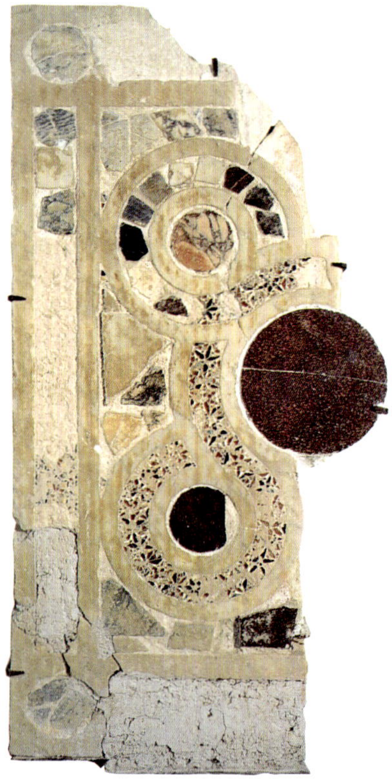

Abt Desiderius beschloss 1066, die Kirche von Montecassino zu erneuern. Mit der Aufnahme eines Mosaiks griff er auf die römische Tradition zurück. Die entsprechenden handwerklichen Kenntnisse waren im Westen jedoch nicht mehr existent, so dass er Mosaizisten aus Konstantinopel für die Verkleidung der Wände und des Bodens holte. Das Fußbodenfragment, das vor der Zerstörung gerettet wurde, zeugt von der Qualität der Arbeit. Montecassino, Abteimuseum

Zirkulation der Werke

Ein anderer Weg, über den die Früchte der umfangreichen und qualifizierten handwerklichen Produktion aus Byzanz vertrieben wurden, war der Transfer der Werke.

Das Phänomen des Umlaufs der Kunstwerke beruht im Wesentlichen auf ihrer Mobilität und auf ihrer Originalität und Einzigartigkeit. Es ist ein Phänomen, das diachron die Geschichte des Okzidents durchläuft und vor allem in einigen Phasen wie der der Kreuzzüge von weit reichender Bedeutung ist.

Es soll nun nicht die Mobilität der byzantinischen Handwerksprodukte im Allgemeinen betrachtet, sondern das Feld dafür skizziert und Beispiele gegeben werden.

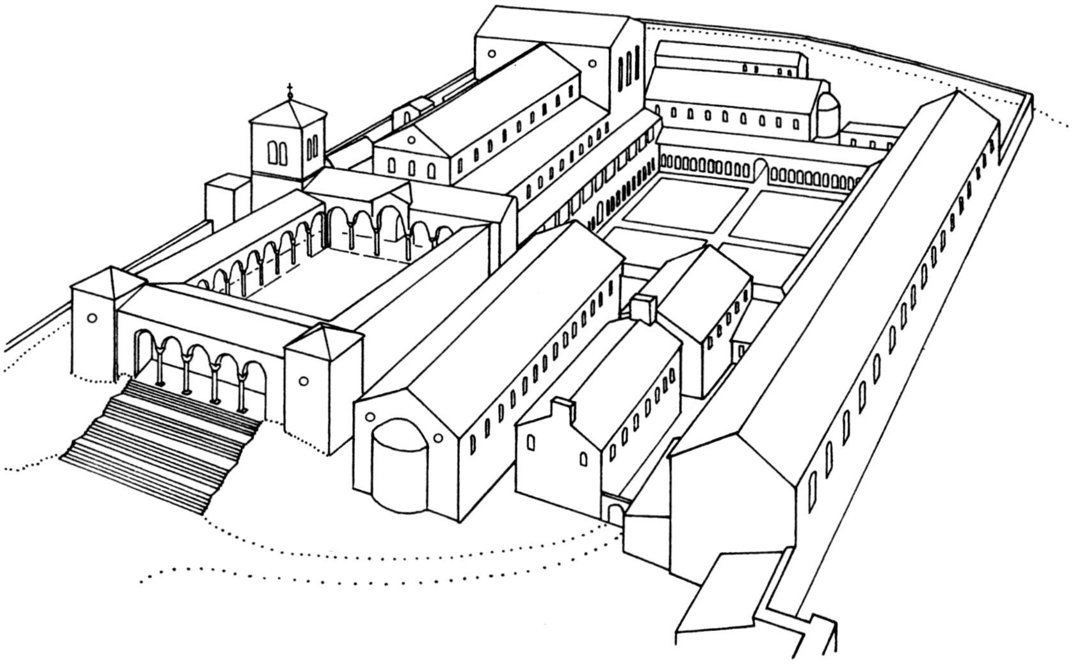

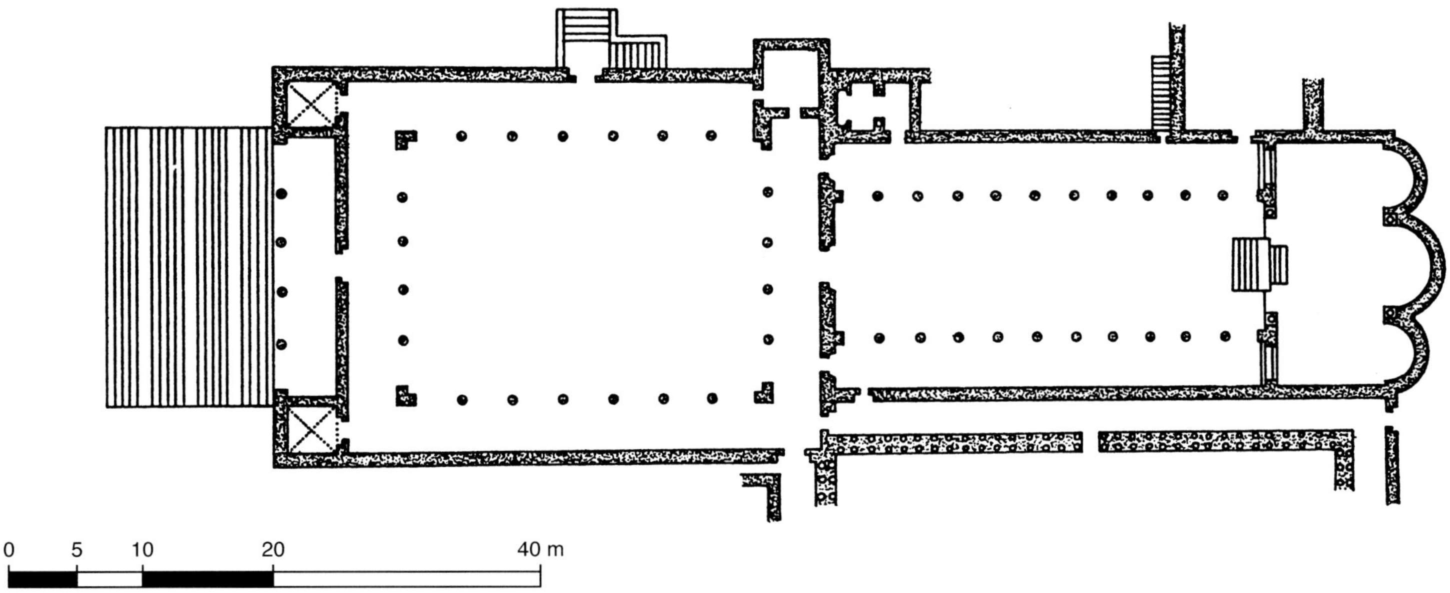

Die Rekonstruktion des Klosters von Montecassino und der Grundriss der Abteikirche, den Conant für die desiderianische Phase annimmt, zeigen eine architektonische Anlage, die bewusst auf die frühchristliche Antike zurückgreift, im Einklang mit den Forderungen der gregorianischen Reform.

Das Interesse gilt dabei einer Reihe von nachgewiesenen Werken, deren Weg synchron zu den Produktionsprozessen in Konstantinopel und der Rezeption im Okzident gewählt wird. Ganze Kategorien von Gegenständen bleiben dabei nahezu unberücksichtigt, obwohl sie sich unter den einer Migration ähnelnden Bedingungen über die Straßen von Europa bewegten: die Reliquiarie zum Beispiel oder der eindrucksvolle, nie zuvor und nie mehr danach erfolgte Transfer von Elementen aus der Architektur und von Skulpturen von Konstantinopel nach Venedig. Hier kommen sie im Schatz von San Marco zusammen,[57] so die außergewöhnlichen Stücke der Goldschmiedekunst.[58]

Es werden hier hingegen die weniger öffentlichen, persönlicheren Fälle aufgegriffen, in denen Produktions- und Rezeptionszeit näher beieinander liegen.

Es war ein Tag im Jahre 1065. Abt Desiderius von Montecassino war nach Amalfi gekommen, um dort Seidenstoffe zu kaufen, die er Heinrich IV.[59] als Gabe überreichen wollte. Plötzlich wurden sein Blick und seine Aufmerksamkeit von den Türblättern des Eingangstores des Domes von Amalfi angezogen, Bronzetüren mit figuraler Darstellung in Silberintarsie.[60] Der Dom von Amalfi, den Desiderius sah, wurde im 12. Jahrhundert ersetzt, aber die Türblätter, die den Abt beeindruckten, existieren noch, und die Tür dient immer noch ihrem ursprünglichen Zweck.[61] Wie die auf dem Kreuz unter der in Silber intarsierten Gestalt des heiligen Andreas eingeritzte Inschrift mitteilt, wurde die Tür im Auftrag von Pantaleone hergestellt, einem der Grafen Maurone von Amalfi.[62]

Desiderius wünschte die Kirche von Montecassino mit einer ebensolchen Tür auszustatten. Er sorgte dafür, dass sie dank einer Stiftung durch Mauro aus Konstantinopel geschickt wurde.[63]

Im Laufe von drei oder vier Jahrzehnten überquerten weitere fünf Bronzetüren mit Partien in Gold- oder Silberintarsie das Mittelmeer. Sie gelangten von Konstantinopel aus nach Rom (Basilika St. Paul vor den Mauern, 1076);[64] Süditalien (Wallfahrtskirche des heiligen Michael auf dem Gargano, 1076;[65] Dom von Atrani, 1087;[66] Dom von Salerno, Ende des 11. Jahrhunderts[67]) und Venedig (Tür des heiligen Klemens an San Marco, Ende des 11. Jahrhunderts).[68]

Die Stammväter Abraham und Jakob sind auf zwei Platten der Bronzetüren mit Goldintarsien dargestellt. Sie waren von Desiderius 1066 in Konstantinopel in Auftrag gegeben worden, mit Bezug auf die Türen von Amalfi. Montecassino, Abteimuseum

Auch wenn sich die einzelnen Türen stark voneinander unterscheiden, so scheint diese Gruppe doch durch zwei Auffälligkeiten geprägt. Die Erste besteht darin, dass keine Vergleichsmöglichkeiten existieren: Zwar ist es sicher, dass die sieben Türen in Konstantinopel gefertigt wurden und ihre Zugehörigkeit zu Byzanz eng ist, aber in der Hauptstadt des Reiches sind keine ähnlichen Türen erhalten.[69] Die zweite Auffälligkeit bezieht sich auf die Auftraggeber; für den größten Teil der Türen waren es Mitglieder derselben Familie, die Grafen Maurone von Amalfi. Sie versicherten sich mit Hilfe des Ansehens der Seerepublik Amalfi in Konstantinopel monumentaler Gaben, die sie einigen der strategisch bedeutsamen Orte Süditaliens genau zu der Zeit zukommen ließen, als die Normannen hier einbrachen.[70]

Desiderius, der Abt von Montecassino, gibt außer den Mosaiken und der Tür ein weiteres Projekt in den Werkstätten von Konstantinopel in Auftrag, das Antependium für den Altar der renovierten Kirche. Wie aus dem *Chronicon* bekannt ist, wurde es mit Emailarbeiten geschmückt, die die Wunder des heiligen Benedikt darstellten.[71] Um einen Eindruck von diesem verloren gegangenen Werk zu erhalten, ist der Blick auf die Pala d'Oro zu richten, die im Markusdom von Venedig ausgestellt ist. Das Goldene Altarbild in der heutigen Form ist das Ergebnis einer Montage von 1345. Es enthält eine so große Anzahl von Cloisonné-Emailarbeiten unterschiedlicher Größe, Typologie und Datierung und unterschiedlichen Stils, dass es als einzigartig, als Summe dieser hoch spezialisierten Art von Goldschmiedearbeiten angesehen werden kann, deren Meisterschaft, wenn auch in Bezug auf die Herstellung nicht mit Ausschließlichkeitsanspruch,[72] sich Byzanz zu Recht rühmen konnte. Jede der in dem Altarbild untergebrachten Gruppen von Emailarbeiten ruft aus unterschiedlichen Gründen das Interesse wach. Erwähnt sei die Reihe der sechs großen Emaillen aus dem 12. Jahrhundert, die das Leben Christi schildern. Nach einem vertrauenswürdigen Volksglauben stammen sie aus dem Kloster des Pantokrators in Konstantinopel.[73] Allein die Qualität dieser großen Emailarbeiten belegt, welche figürliche und technische Komplexität die Werkstätten von Konstantinopel zu erreichen in der Lage waren.

Wie schon für die Mosaiken und Bronzetüren mit Goldintarsien festgestellt, so muss auch bei den Emailarbeiten darauf hingewiesen werden, dass der größte Teil der erhaltenen Exemplare sich nicht in Byzanz, sondern in den verschiedenen Zentren des Okzidents befindet, wohin er auf unterschiedlichen Wegen gelangte. Einige Objekte waren regulär in Auftrag gegeben worden, wie das Antependium, das für die Kirche von Montecassino bestimmt war. Von vielen anderen ist bekannt, dass sie zu verschiedenen Gelegenheiten, hauptsächlich aber in jenen Jahrzehnten

des lateinischen Kaisertums von Konstantinopel transferiert wurden. Daneben existieren Emailen, die für Goldarbeiten mit einem betont synkretistischen Charakter bestimmt waren, wie die normannisch-staufische Serie, die auf die königliche Werkstatt von Palermo zurückzuführen ist. Beispiele dafür sind das Kreuz von Cosenza oder der Deckel des Evangeliars des Erzbischofs Alfano von Capua, die beide auf das späte 12. Jahrhundert zu datieren sind und mit Cloisonné-Emaillen prunken, deren Herstellung nachweislich auf eine Werkstatt in Konstantinopel zurückgeht.[74]

Nicht anders geschah es mit einem weiterem Kunsthandwerk, den Seidenstoffen, von denen vergebens Belege an den Produktionsorten gesucht werden, sei es Konstantinopel, Theben (Griechenland) oder Nicäa. Letzteres war ein aktives Zentrum zu der Zeit, da sich hier während der lateinischen Herrschaft (1204–61) die Residenz des kaiserlichen byzantinischen Hofes befand. Um Seidenstoffe zu finden, muss daher wie bei den Emailarbeiten, den goldintarsierten Türen und den Mosaiken der Blick nach Westen gewendet werden.

Anhand zweier Beispiele sollen die verschiedenartigen Situationen aufgezeigt werden. Zunächst ist da die Werkstatt im königlichen Palast von Palermo, die schon im Zusammenhang mit den Goldschmiedearbeiten mit Cloisonné-Email erwähnt wurden. Hier arbeiteten auf Webkunst spezialisierte Handwerker. Unter ihnen sind auch diejenigen, die Roger II. 1147 während seines Griechenlandfeldzuges in Theben gefangen nahm und die er nicht freigab. Es handelte sich um Spezialisten, die der Erweiterung der Produktion in der königlichen Werkstatt dienten. Unter den Stoffen mit der Produktionsmarke der königlichen Werkstatt von Palermo seien nur die Seidenstoffe der Krönungsgewänder erwähnt, die sich in der Schatzkammer in Wien befinden: der blaue Waffenrock, das Hemd, die Fußbekleidung, der Gürtel, die Handschuhe, aber auch der Mantel Rogers II. von 1133–34. Die Stickerei stammt von islamischen Handwerkern, die Seide aber aus byzantinischer Werkstatt, wie Untersuchungen zeigen.[75] Neben den erhaltenen Stoffmustern geben die vielen in Malerei und Mosaik dargestellten Gewebe beeindruckende Aufschlüsse über die in Palermo hergestellten oder bekannten Stoffe.

Aus der Betrachtung der Mosaiken lassen sich derartige Kenntnisse ableiten. Zum Beispiel die Kleider, in denen Roger auf dem Mosaik in der Kirche Santa Maria dell'Ammiraglio dargestellt ist. Es zeigt ihn bei seiner Krönung durch Christus. Entsprechende Kleidung trägt Wilhelm II. auf den Tafeln der Krönung und der Weihe in der Darstellung im Dom von Monreale (Nordseite des Presbyteriums). Hierzu gehören auch die blauen Stoffe mit stilisierten Lilien aus Gold, die im Apostelzyklus der Cappella Palatina in der Szene der Wiedererweckung Tabitas für das Leichentuch benutzt wurden, wie auch in der thematisch vergleichbaren Szene in Monreale.

Schließlich soll mit einem besonders relevanten und belegten Beispiel eine weitere Art des Transfers von Stoffen aus byzantinischer Werkstatt in den Okzident illustriert werden, nämlich den der Schenkung.

S(ANCTUS) LAUR(RENTIUS) INDUCE(N)S ALTIS/SIMUM/ IMP(ER)ATOREM GRE/CO(RUM)/D(OMI)N(U)M MICH(AE)L(EM)DUCA(M)/ ANG(E)L(U)M CO(M)NENU(M)/ PALEO/LOGU(M) IN ECC(LES) IAN(UENSEM)

So heißt es in der Inschrift auf dem *Pallium*, das in der Galerie des Weißen Palastes von Genua aufbewahrt wird. Es ist aus purpurner Seide und trägt, in Gold und Silber gestickt, Auszüge aus dem Leben der heiligen Laurentius, Sixtus und Hypolit. Der Bischofsmantel wurde der Stadt Genua und, über die Stadt, ihrem Dom von dem byzantinischen Kaiser Michael VIII. Palaiologos geschenkt. Wahrscheinlich vollzog sich die Schenkung im Rahmen einer feierlichen Zeremonie, die Weihnachten 1261 in Nicäa abgehalten wurde, wo der kaiserliche byzantinische Hof und die kaiserlichen Werkstätten nach der Eroberung Konstantinopels durch die Kreuzfahrer

Die oberen Tafeln der Bronzetüren mit Silberintarsien des Sanktuariums des heiligen Michael auf dem Gargano stellen Auszüge aus dem Leben des Erzengels dar. Die Tür wurde im Auftrag Pantaleones in Konstantinopel gefertigt, eines adligen Kaufmanns aus Amalfi. Er machte sie der wichtigsten Wallfahrtsstätte Süditaliens zum Geschenk. Monte Sant'Angelo (Foggia), 1076

(4. Kreuzzug) ihren Sitz hatten (1204–61).[76] Der genuesische Bischofsmantel ist ein Beispiel, an dem die Verknüpfung von byzantinischen und nicht byzantinischen Elementen, die sein Wesen und seinen Ursprung kennzeichnen, transparent und ablesbar wird. Die Anfertigung des Bischofmantels und die figürlichen Stickereien belegen das klassische, formale Vorgehen, das der Hof von Nicäa in der ersten Hälfte des 12. Jahrhunderts angenommen hatte. Auf der anderen Seite zeigt die Wahl der auf der Seide und in den lateinischen Inschriften dargestellten Themen, wie bereitwillig sich die Herstellung des Bischofsmantels, eines Geschenks, den angemessenen Erfordernissen des Empfängers anzupassen vermochte.

Ein weiteres, nicht mehr erhaltenes Geschenk von Michael VIII., ein *Pèplon* (ein faltenreiches, griechisches Obergewand) mit seinem Portrait, erreichte Genua ebenfalls in diesen Jahren, während Manuel I. Komnenus niemals der Verpflichtung nachkam, die zusammen mit einem weiteren Bischofsmantel versprochenen zwei Bischofsmäntel der Stadt Genua für den Erzbischof zu übergeben.[77] Die Schenkungen der byzantinischen Kaiser an die italienische Stadt belegen die aktive Rolle, die die Übergabe von wertvollem Kunstgewerbe wie Stoffen, vor allem Seidenstoffen, im Verlauf der sich entwickelnden diplomatisch-politischen Strukturen zwischen Byzanz und dem Mittelmeerraum übernahm.

Unter den byzantinischen Türen aus der zweiten Hälfte des 11. Jahrhunderts in Italien ist die zweiflügelige von Amalfi als früheste anzusehen. Die meisten Platten tragen ein Kreuz. Die vier mittleren mit Silberintarsien präsentieren Christus, die Jungfrau Maria, den heiligen Petrus und den heiligen Andreas, dem die Kathedrale gewidmet ist.

Unsere Betrachtung bezog sich auf den Raum zwischen byzantinischer Produktion und westlicher Rezeption in vier Bereichen – dem Mosaik, den Bronzetüren und den Türen mit Goldintarsien, den Cloisonné-Emailearbeiten und den Stoffen. Dabei richtete sich die Aufmerksamkeit auf die Transferwege der Werke, auf das künstlerische und technische Wissen außerhalb von Byzanz. Es zeigte sich, dass sie

auf verschiedene Weise verliefen: von dem „Verpflanzen" von Produktionsstrukturen bis zur Form der Schenkung durch die Kaiser und westliche Auftraggeber.

Das erlaubt es unter anderem, zwei Phänomene aufzuweisen: Zunächst ist der Monopolcharakter, der Byzanz in diesen Bereichen gebührt, bewiesen. Das Phänomen zeigt sich in dem Erfolg der herausragenden Produkte im Okzident und dem Streben nach ihrem Besitz, in der Vielfalt und der Dynamik im Umlauf, die sie auszeichnet. Das zweite Phänomen bezieht sich darauf, allgemein das Gleichgewicht festzustellen, das zwischen dem Auftreten dieser Werke in Beziehung zum Zentrum ihrer Produktion und den Endpunkten ihrer Rezeption besteht. Im Gegensatz zu dem fragmentarischen, aber immer noch reichen Fundus an erhaltenen byzantinischen Objekten außerhalb von Byzanz bietet Byzanz selbst eine leere Szenerie, die nur von der Erinnerung berührt wird.

Der Einzug in Jerusalem gehört zu einer Serie von sechs Emailen, die heute Teil des Goldenen Altaraufsatzes, der Pala d'Oro, in Venedig sind. Sie stammen aus einer Werkstatt aus Konstantinopel, der Stadt, die zur Zeit der Entstehung führend in dieser Technik war. Die formale und technische Qualität ordnet sie zu den herausragenden Beispielen der Emailen in Cloisonné-Technik.

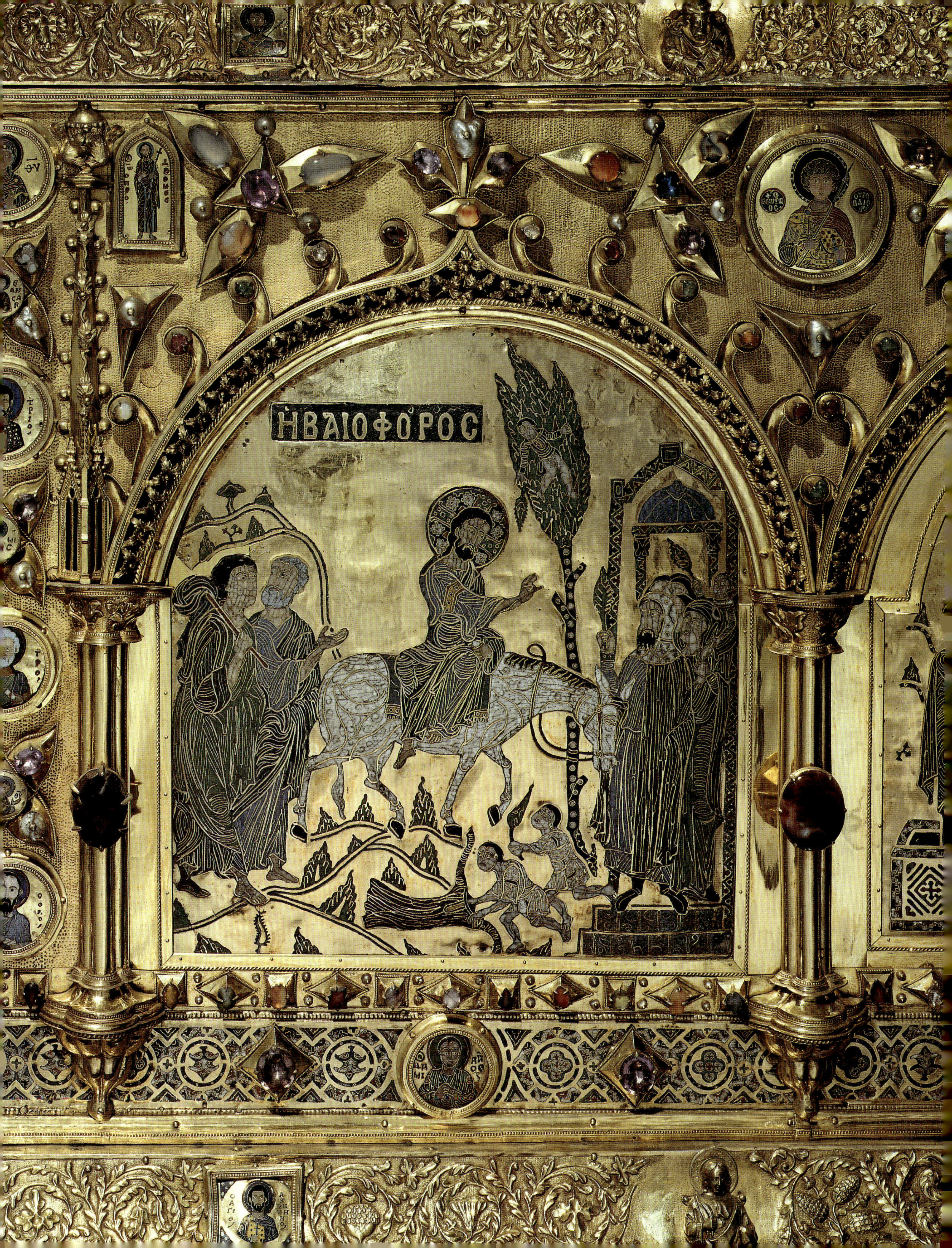
ΗΒΑΙΟΦΟΡΟϹ

Kunstdiebstähle. Der Schatz von San Marco auf dem Weg von Byzanz nach Venedig

Roberto Cassanelli

In immer lebendiger Erinnerung
an die Lehrtätigkeit von Agostino Pertusi

Im Unterschied zu den großen Kirchenschätzen des mittelalterlichen Okzidents, die im Laufe von Jahrhunderten durch eine allmähliche Ansammlung von Geräten und Wertgegenständen entstanden sind und nach und nach ihrer liturgischen Funktion beraubt wurden,[1] verdankt der Schatz von San Marco in Venedig seine endgültige Zusammensetzung einem äußeren politischen Anlass, nämlich dem vierten Kreuzzug (1202–1204).[2] Die Basilika, im 9. Jahrhundert als Kapelle des benachbarten Dogenpalastes entstanden, zeigt andererseits in ihren Strukturen und in ihrem Dekor den Wunsch der Machthaber, sich selbst darzustellen, insbesondere was die Kontinuität gegenüber Byzanz betrifft.[3] Dieses ist keineswegs neu, jedoch sicher von großer Bedeutung, trägt man den komplexen Beziehungen topografischer und symbolischer Art Rechnung, die schon vormals Rom mit Konstantinopel verbanden und letztere wiederum mit Ravenna.

Mit dem vierten Kreuzzug bewiesen die Beutestücke aus der östlichen Kapitale in aller Deutlichkeit, dass ein historischer Abschnitt zu Ende gegangen war. An der südwestlichen Ecke der Schatzkapelle, an der Südseite der Basilika, genau zum Dogenpalast hin ausgerichtet, steht, gleichsam als ideale Wache des kostbaren Inhalts, die berühmte Gruppe der Tetrarchen aus rotem Porphyr. Die etwas unterlebensgroßen Figuren erheben sich paarweise auf zwei eingekerbten Konsolen und zeigen ganz klar die Umarbeitung, die aufgrund des neuen Aufstellungsortes notwendig wurden. Insbesondere fehlt einer der Figuren der gesamte Fuß- und Knöchelbereich zusammen mit dem zugehörigen Abschnitt der Basis. Alle diese Teile wurden in rosafarbenem Marmor ergänzt. Das Original verblieb nämlich in Byzanz, wo es schließlich bei archäologischen Ausgrabungen im Jahr 1965 entdeckt wurde.[4] Der chirurgische Schnitt in verschiedene Stücke stieß an diesem Punkt ganz eindeutig auf ein unüberwindbares Hindernis, das dazu zwang, einen Teil zurückzulassen. Ebenfalls aus Byzanz stammen die sogenannten „Pfeiler aus Akkon“, in denen man die Kriegsbeute aus dieser Stadt im Heiligen Land erkennen will, während sie tatsächlich, wie Harrison und Firatli nachgewiesen haben, der Kirche von Sankt Polieuctus zuzuschreiben sind. Nicht zufällig handelt es sich dabei um eine Palastkirche, die im 6. Jahrhundert im Auftrag von Anicia Juliane in der Nähe des Aquädukts des Valens und nicht weit von der Apostelkirche errichtet wurde, deren Form als Vorbild für San Marco galt.[5]

Dieses Objekt, das im 6. Jahrhundert in Konstantinopel angefertigt wurde, ist ein Beispiel wahrhafter „Mikroarchitektur“ und stellt ein Ziborium dar, ein Element liturgischen Schmucks, das in spätantiken und mittelalterlichen Kirchen auf dem Hauptaltar ruhte. Vielleicht diente er dazu, eine Pixis abzuschließen. Die Aufschrift in griechischen Großbuchstaben gibt das Stück als Votivgabe einer gewissen Anastasia zu erkennen. Schatz von San Marco, Venedig

Also nicht nur die berühmtesten Beutestücke, wie die an der Fassade aufgestellten Bronzepferde aus dem Hippodrom,[6] Symbole der kaiserlichen Macht sowie der engen Verbindung mit der klassischen Antike, sondern ein gewaltiges Ensemble unterschiedlichster Gegenstände wird bis ins Einzelne aus Byzanz weggeschafft und nach Venedig überführt. Diese Stadt ist die „geliebte Tochter", und hier soll die Kapelle des Dogen mit den Gegenständen geschmückt werden. Sie ist der Ort, an dem man in möglichst eindeutiger Weise den Ruhm der politischen Macht feierte. Das gesamte Äußere der Kapelle, die den Schatz aufnehmen sollte, wurde fast vollständig mit Marmorplatten versehen (Chorschranken und Antependium), die hier völlig aus dem Zusammenhang gerissen sind, eben vielleicht mit dem Hintergedanken einer zur Schau gestellten Beute.[7] Dazu zählt auch der Porphyrkopf von Justinian II. Rinometos (der „Carmagnole") in doppelter, sofort verständlicher Bedeutung.[8]

Ein marmornes Basrelief am Eingang zur Schatzkammer zeigt zwei kniende Engel, die die Reliquie des Kostbarsten Blutes halten; von oben links steigt ein Engel zur Erteilung des Segens herab, während rechts die Hand Gottes zu sehen ist. Vier Reliquiare sind dargestellt, um so jeden zur Verfügung stehenden Platz zu füllen. Unter ihnen ist auch das Kreuz der Irene Dukas zu erkennen. Es handelt sich um eine zusammenfassende Ansicht des Komplexes, die den Gläubigen vorbehalten war, um sich damit des andauernden göttlichen Schutzes zu versichern. In der ersten Hälfte des 14. Jahrhunderts bemühten sich die Visconti in Monza, in der Lünette der Domfassade, die anlässlich des ersten Jubiläums erneuert worden ist, eine analoge Szene zu erschaffen: Damit sollten das Herzstück der kostbaren Schatz-Sammlung und die Absicht vereinigt werden, das äußere Leben und die heilige Sphäre in Einklang zu bringen. So waren auch Reliquiare die ersten Wertgegenstände, die von Byzanz nach Venedig gelangten.

Die historischen Tatsachen sind bekannt.[9] In der Nacht vom 12. April 1204 stand das belagerte Byzanz in Flammen, „die ganze Nacht hindurch und den folgenden Tag bis zum Abend", wie Villehardin berichtet. Am folgenden Tag erbrachen die Kreuzfahrer die Tore und drangen in die Stadt ein, ohne auf Widerstand zu stoßen. Sie hatten die Stadt eingenommen. Am 25. April wurde Ostern gefeiert, „in der Ehre und Glückseligkeit, die Gott ihnen hatte zuteil werden lasssen". Der Anführer der Eroberer, der greise Enrico Dandolo, der im darauf folgenden Jahr sterben und in der Hagia Sofia beigesetzt werden sollte, ließ unmittelbar nach der Eroberung vier Reliquiare nach Venedig senden – die Reliquien des Kostbarsten Blutes und des Kreuzes Christi, den Kopf Johannes des Täufers und den Arm des heiligen Georg –, die in der unauflöslichen Verbindung der Heiligkeit, von der die Reliquie Zeugnis ablegt, und des materiellen Wertes Kern und Grundlage des späteren Schatzes bildeten.[10] Der Chronist fährt fort: „Die Beute war so groß, dass kein Ende abzusehen war. Gold und Silber, Geschirr und Edelsteine, Tuche aus Atlas und Seide, Mäntel aus Zobel, Grauwerk und Hermelin, und alles reicher geschmückt, als nur je auf der Erde zu sehen war. Und unser Feldmarschall Gottfried von Villehardin bestätigt und schwört, dass nie in einer Stadt eine größere Beute gemacht worden ist seit der Erschaffung der Welt."[11]

Den Venezianern garantierte ihre Vereinbarung mit den Franken den vierten und einen halben Teil der Beute aus der Plünderung der Stadt, und es besteht kein Zweifel, dass methodisch und systematisch vorgegangen wurde, von mutwilligen Zerstörungen abgesehen.[12] Es darf auch nicht übersehen werden, dass die Plünderungen bis in das Jahr 1261 anhielten, als Michael Palaiologos die Stadt zurückeroberte. Marin Sanudo schreibt: „Balduin, der einige Juwelen und Münzen mit sich trug, hörte den Tumult in der Stadt und floh zusammen mit dem Patriarchen Pantaleone Justinian, der auch viele Juwelen und kostbare Dinge bei sich hatte, nach Eufiris. Dort stiegen sie in ein Boot und brachten sich auf Euböa in Sicherheit."[13] Unter den „Juwelen und kostbaren Dingen" müssen sich auch die liturgischen Geräte des *skevofilakio* und des Pantokratorklosters befunden haben, die schließlich

Vorhergehende Doppelseite:

Die goldene Pala ist ein außergewöhnliches Beispiel einer Altarvorderseite, sie wurde mehrmals restauriert und erweitert bis zu den heutigen Ausmaßen. Nach der Aufschrift zu urteilen wurde eine erste Altarvorderseite in Konstantinopel durch Herzog Pietro Orseolo (976–978) in Auftrag gegeben. Sie wurde 1105 auf Initiative von Ordelafo Falieri völlig umgebaut und schließlich in der Zeit von Herzog Pietro Ziani (1205–1209) mit Materialien erweitert, die aus der Plünderung von Konstantinopel stammten. Basilika von San Marco, Venedig

Detail von einer der großen Emaillen mit der Darstellung der Auferstehung

HANACTACIC

auch in den Schatz gelangten, der unterdessen im Jahre 1231 durch einen verheerenden Brand in Mitleidenschaft gezogen worden war.[14]

Mehr als irgendeine andere Sammlung kostbarer Gegenstände aus dem Mittelalter ist der Schatz von San Marco reich an byzantinischen Goldschmiedearbeiten, die direkt durch die Plünderung dorthin gelangten oder als Schenkungen seitens derer, die daran teilgenommen hatten. Die Stücke gehen folglich auf die Zeit vor 1204 zurück, mit wenigen Ausnahmen sind sie jüngeren Datums. Die Mehrheit stammt aus dem 12. und 11. Jahrhundert und sogar aus dem 9., womit belegt ist, dass in den Kirchen von Byzanz zum Zeitpunkt der Eroberung noch drei oder vier Jahrhunderte alte liturgische Gegenstände verwendet wurden, in Anbetracht des Bildersturms eine bemerkenswerte Tatsache. Zu den ältesten Kunstwerken aus dem 6. und 7. Jahrhundert zählt das so genannte „Ziborium der Anastasia", nach dem Namen in der Aufschrift, welche zwei der vier Bögen des Architekturkürzels bedeckt: „nach der Widmung und für die Erlösung der ruhmreichen Anastasia". Möglicherweise war sie eine Byzantiner Dame von hohem Rang. Die Sorgfalt bei der Ausarbeitung der Details lässt auch noch in dem verkleinerten Maßstab ein wesentliches Element der spätantiken liturgischen Dekoration erkennen, das heute im Rahmen dessen, was erhalten geblieben ist, nur schwer nachzuvollziehen ist.

Die „Grotte der Jungfrau" ist eine sonderbare Montage mit Objekten aus verschiedenen Jahrhunderten. Die Basis wird aus einer Votivkrone aus vergoldetem Silber gebildet, die mit 14 runden, emaillierten Medaillons mit Heiligenfiguren geschmückt ist (einige davon sind verloren gegangen) und dem Portrait eines Kaisers mit *Loros* und Krone, in welchem man durch Vergleiche mit zeitgenössischen Münzen Leon VI. den Weisen (886–921) wiederzuerkennen geglaubt hat. Ein Werk übrigens, das unmittelbar nach dem Ende des Bildersturms fertiggestellt und

Die Lampe besteht aus einer Schale aus dickem Glas, das mit reliefartigen Scheiben verziert ist (Konstantinopel, 11. Jahrhundert). Die silberne Einfassung zeigt eine Votivschrift auf Griechisch, die erklärt, dass das Kunstwerk dem heiligen Panteleimon durch den Bischof von Iberia (das transkaukasische Georgien), Zacharias, übergeben wurde. Schatz von San Marco, Venedig

Dieses Stück, im 19. Jahrhundert als „Grotte der Jungfrau" bezeichnet, besteht aus zwei Teilen aus verschiedenen Zeiten: aus dem konkaven Block aus Bergkristall (4.–5. Jahrhundert?), der die kleine Skulptur der Jungfrau (13. Jahrhundert) enthält, und dem Sockel, der aus der Votivkrone Leons VI. besteht (am Übergang zwischen dem 9. und dem 10. Jahrhundert). Schatz von San Marco, Venedig

auf welches in Venedig zwischen dem 12. und 14. Jahrhundert ein Block aus Bergkristall gesetzt wurde, dessen Silhouette ein Gebäude von pentagonalem Grundriss repräsentiert, mit einer teilweise nur angedeuteten Gewölbedecke. Eine Seite ist offen und gibt den Blick in das Innere frei, wo eine kleine Skulptur der betenden Jungfrau steht. In ihrer strengen frontalen Darstellungsweise erinnert sie stark an die marmorne Jungfrau in der Basilika von San Marco. Eine ähnlich interessante Serie von runden Emaillen, die mit Perlen eingefasst sind, findet sich eingelassen im Ledereinband des Lektionariums ms Lat. Cl., 101 der Biblioteca Marciana (9.–10. Jahrhundert).

Die Tatsache, dass die Messkelche insgesamt im Schatz überrepräsentiert sind, muss verwundern, wie André Grabar bemerkt, wenn man davon ausgeht, dass das Abendmahl in beiderlei Gestalt abgehalten wurde, unter gleichzeitigem Gebrauch des Kelches für den Wein und der Patene für das Brot (in der Sammlung ist nur ein vollständiges Paar erhalten). In diesem Fall ist es also gelungen, die ursprüngliche Funktion der Objekte umzuwandeln und sie zusammenzuführen, um das Kelch-Relquiar des Kopfes Johannes des Täufers zu erhalten, ebenso wie aus einer Räucherpfanne in der Form eines kuppelbekrönten Gebäudes eine Schatulle für Reliquien wurde.

Der Kelch des Kaisers Romanos besteht aus einem einzigen Block von Sardonyx, aus dem auch die Henkel herausragen. Es handelt sich wahrscheinlich um ein profanes Objekt, das später mit entsprechenden Abänderungen in den liturgischen Gebrauch überführt wurde. Tatsächlich sind Saum und Fuß mit Goldfolien und bunten Emaillen mit Heiligenfiguren, Christus und der Jungfrau geschmückt. Auf dem Sockel des Kelchs findet sich in blauer Emaille die Aufschrift: „Gott stehe dem orthodoxen Kaiser Romanos bei". Die Ähnlichkeiten mit einem weiteren Kelch aus dem Schatz (Inv. Nr. 65), ebenfalls aus Sardonyx, mit identischer Aufschrift und einer *Staurothek* (Art Reliquiar) in Limburg an der Lahn, die von Basileios in Auftrag gegeben wurde, erlauben die Identifikation des erwähnten Herrschers als Romanos II. (959–963).

Die Aufschrift „Herr, habe Erbarmen mit Sisinios, Patrizier und *Generallogotet*" erlaubt einmal mehr, einen so außergewöhnlichen Gegenstand wie den Kelch aus Achat, der in Silber gefasst ist, mit den obersten gesellschaftlichen Hierarchien von Byzanz, in diesem Falle den militärischen, während der Regierungszeit Romanos' II. in Verbindung zu bringen. Der Spender wird allgemein mit der Person des Sisinios, Eparch von Konstantinopel, identifiziert, der vom Kaiser zum Patrizier und Generallogotet ernannt worden war. Da es wenig wahrscheinlich ist, dass er dieses Amt unter dem Nachfolger Romanos', Nikeforos Focas (963–969), behalten hat, lässt sich das Stück mit großer Genauigkeit auf den Zeitraum zwischen 960 und 963 datieren.

Unter den wenigen Patenen, die sich in dem Schatz finden, sticht der aus Alabaster (Inv. Nr. 63) durch seine üppige Ausstattung hervor, und das in einem solchen Maße, dass vermutet worden ist (Ebersolt), er könne Teil der liturgischen Geräte der Hagia Sophia gewesen sein. Die Aufschrift ist eine Bitte um den Schutz der Muttergottes für die Herrschenden, „basileis", und bezieht sich wahrscheinlich auf ein Herrscherpaar (Konstantinos VII. und Romanos I. Lecapenos?).

Die Anwesenheit zahlreicher Beispiele byzantinischer Goldschmiedearbeiten und Emaillen ab 1204 blieb nicht ohne Folgen für die darstellende Kunst in Venedig, die so auf ein außergewöhnliches Repertoire an Quellen der Inspiration und an Techniken zu ihrer Umsetzung zurückgreifen konnte. Ganz und gar außergewöhnlich ist in diesem Sinne die Ikone mit der Büste des Erzengels Michael. Im Zentrum, umgeben von einem breiten, mit Spiralen verzierten Rahmen mit Heiligenbüsten auf runden Emaillen, befindet sich das ziselierte Abbild des Erzengels, der den kaiserlichen *Loros* trägt und die rechte Hand geöffnet zeigt, während seine linke Hand das Zepter hält. Die Rückseite ist einfacher gestaltet: ein Kreuz, mit Heiligenbüsten auf Medaillons an den Enden und auf der Schnittstelle, nimmt die Mitte ein, eingefasst von einem schmalen Rahmen, der ebenfalls Büsten enthält, sowie einem breiteren,

Vorhergehende Doppelseite:

Der Kelch mit zwei Henkeln von Kaiser Romanos (959–963) ist einer der größten im Schatz von San Marco. Er besteht aus einem einzigen Block aus Sardonyx. Der kleine Kelch aus Achat in Form einer Vase wurde in Konstantinopel in der Mitte des 10. Jahrhunderts für den Patrizier Sisinos in Silber gefasst.

Bereits seit der zweiten Hälfte des 13. Jahrhunderts erwähnt als „Reliquienschrein des Kostbarsten Blutes", wurde das Stück ursprünglich als Lampe oder Räucherpfanne gefertigt, und zwar in Form einer Mikroarchitektur: ein kleines Gebäude auf rundem Grundriss und von Kuppeln gekrönt, mit Scharnieren, sodass es ganz geöffnet werden kann. Möglicherweise aus Süditalien, Ende 13. Jahrhundert. Schatz von San Marco, Venedig

aus Spiralen bestehenden Zierrand. Nur in sehr seltenen Fällen tritt die Technik der Emaille so wie hier in Kombination mit Ziselierung auf, noch dazu mit einem Ergebnis von so außerordentlicher Feinheit. Wahrscheinlich stammt das Kunstwerk, das auf das 11. Jahrhundert zu datieren ist, aus einer der beiden dem Erzengel gewidmeten Kirchen in Byzanz innerhalb des kaiserlichen Bereichs. Es könnte sich um eine doppelseitige Ikone handeln, die zu feierlichen Anlässen bei Prozessionen verwendet wurde oder auch im Rahmen privater Verehrung; wie jene, an die sich Michael Pselos erinnert und die im Besitz der Kaiserin Zoe (1028–1050) gewesen war. Sie war aus einem oszillierenden Material gefertigt, weshalb sie zu Weissagungen diente.

Über dem hohen Saum, der den oberen Teil der (vielleicht ursprünglich sassanidischen) Lampe aus dickem, farblosem Glas, verziert mit Scheiben und Zäpfchen, abschließt (Inv. Nr. 67), findet sich die Widmung an den heiligen Panteleimon vom Erzbischof Zacharias von Iberia, dem heutigen Georgien („Heiliger Panteleimon, errette deinen Diener Zacharias, Erzbischof von Iberia, Amen").

Es handelt sich um eines der ersten bekannten Beispiele von Lampen mit nur einem Licht, „auf einer Waagschale", wie jene, die Paulus Silenciarius in seiner Beschreibung der Hagia Sophia in Versform erwähnt.

Die Porphyrgruppe der Tetrarchen (Ende 3., Anfang 4. Jahrhundert), die heute in der Südostecke von San Marco steht, wurde aus ihrem ursprünglichen Standort in Konstantinopel herausgerissen. Dort wurde vor kurzem das Fragment gefunden, das an einem der beschuhten Füße gefehlt hatte.

Einen besonderen Fall stellt der Krug aus Bergkristall dar, der als Dekoration zwei einander gegenüber gestellte Löwen trägt und den eine kufische Aufschrift als zum Besitz von al-Aziz bi'llah, des fünften fatimidischen Kalifen (975–976) gehörig ausweist. Seit dem Jahr 969 hatten die Fatimiden ihre Kontrolle auf Ägypten ausgedehnt, und wahrscheinlich stammt das Stück aus Kairo, wo die Verarbeitung von Bergkristall nachgewiesen worden ist, und wäre demnach zweimal einer kriegerischen Plünderung zum Opfer gefallen. Tatsächlich hatten die Türken bereits im Jahre 1062 den Schatz des Kalifen al-Munstansir zerstreut, der weitere Stücke aus Bergkristall aus dem Besitz seines Vorgängers enthalten hatte. Der Henkel zeigt im Kontrast zum Ausguss eine schlanke Tierfigur, eine Art Mufflon, die auf die Kultur der Steppe und die weiten Horizonte der Nomadenvölker verweist.

Den bedeutsamsten Kern des Schatzes bilden vom Symbolwert her gesehen in jedem Fall die Reliquiare. Besonders einer davon bietet in sich einen Überblick über die kurze und wechselhafte Geschichte des lateinischen Reiches von Konstantinopel. Das Reliquiar des Heiligen Kreuzes, das heute von einer üppigen barocken Monstranz (etwa 1618) umschlossen ist, besteht aus einer *Staurothek* mit zwei Querstreben, die sechs Bruchstücke des Heiligen Kreuzes enthält. Vom Fuße des Kreuzes gehen zwei dünne Goldplättchen aus, die an der Spitze die Abbilder der Jungfrau und Johannes des Täufers aufzeigen; zwei Darstellungen in kleinerem Maßstab, Kirche und Synagoge, erscheinen auf der vorderen Querverstrebung. Am Kreuzungspunkt beider Querstreben befindet sich ein Medaillon mit dem Phönix, dem Symbol der Auferstehung. Entlang des Saumes, der das Kreuz im hinteren Teil abschließt, befindet sich eine Aufschrift, die über den Auftraggeber des Stückes wie auch über den Künstler genaue Auskunft gibt: „+ Condidit [h]oc singnum [sic] Gerardi dextera dingnum + quod iu[s]it mondus rex francus duxque secondus + grecorum dictus Henricus ut [h]oc benedictus + bello securus semper maneat quasi murus amen +".

Das Kreuz wurde also von dem Goldschmied Gerhard in Konstantinopel für den zweiten lateinischen König, Heinrich von Flandern (1206–1216) gefertigt, der seinem Bruder Balduin I. auf den Thron gefolgt war. Die Aufschrift erinnert auch an den Brauch, ein Fragment des Heiligen Kreuzes bei Feldzügen mitzuführen und somit die heilige Helena nachzuahmen, die aus den gefundenen Reliquien der Nägel des Kreuzes Christi einen Helm für ihren Sohn Konstantin fertigen ließ sowie eine Kandare für sein Pferd. In Venedig glaubte man sogar, die im Schatz enthaltenen Fragmente seien aus der Zeit Konstantins, doch andere, wie die Vicomtes, beanspruchten das Vorrecht darauf. Das Stück wurde vielleicht anlässlich der Krönung im Jahre 1206 angefertigt, und es ist möglich, dass es erst im 15. Jahrhundert nach

Eine außergewöhnliche Ikonendarstellung des Erzengels Michael als Halbbüste in Emaille und Silber, deren Funktion unbekannt ist; vielleicht Ikone der privaten Verehrung (Konstantinopel, Ende 10., Anfang 11. Jahrhundert)

Venedig gelangt ist. Der Künstler, der aus dem Westreich, vielleicht aus der Region von Rhein und Mosel stammte, stand sehr wahrscheinlich bereits in den Diensten Heinrichs.

Konstantinopel war nicht die einzige Quelle, auf die für die Zusammenführung des Schatzes zurückgegriffen wurde. Unter den angesehenen Reliquien, die als Zeichen sowohl der Frömmigkeit wie auch der Befehlsgewalt zusammengetragen wurden, wobei auf die im 9. Jahrhundert mit dem Raub der Reliquien des heiligen Markus begründete Tradition zurückgegriffen wurde, ragen die der vier Märtyrer von Trapezunt – Aguila, Eugenius, Canidius und Valerianus – hervor, die auf dem Deckel aus vergoldetem Silber mit Nielloarbeit der sie beinhaltenden Schatulle abgebildet sind. Auf dem Deckel, dem einzigen figürlich ausgeschmückten Teil, sind fünf Arkaden dargestellt; in der Mitte Christus auf dem Thron, zu beiden Seiten die vier Heiligen mit Nimbus, denen er die Krone des Ruhmes reicht. Am Rand findet sich eine lange und komplexe Aufschrift in Versmaß und Großbuchstaben, die an ihre Martyrien erinnert. Auf dem Stück erscheint ein eher zu spät angesetztes Todesdatum, in der Zeit der Paleologoi (Ende 14. bis Anfang 15. Jahrhundert), jedoch vor dem Fall der Stadt im Jahre 1461, und es könnte mit einer der Familien aus Trapezunt nach Venedig gelangt sein, die über Kreta oder mit Hilfe des Kardinals Bessarion geflohen waren.

„Akkon'sche" Pfeiler, von denen man fälschlich angenommen hat, sie stammten aus Sankt Johann in Akkon, während sie zur Kirche Sankt Polieuctos in Konstantinopel gehört hatten (6. Jahrhundert). Außenseite der Basilika San Marco

Folgende Seiten:

Drei weitere Stücke aus dem Schatz von San Marco. Krug aus Bergkristall mit Griff, hergestellt für den fünften fatimidischen Kalifen al-Aziz bi-'llah (975–976).

Die Staurothek oder der Reliquienschrein von Vera Cruz wurde von Meister Gerhard in Konstantinopel für Heinrich von Flandern, den zweiten lateinischen Kaiser des Ostreiches (1206–1216), hergestellt. Die Fassung wurde zu Beginn des 17. Jahrhunderts in Venedig angefügt.

Das Medaillon aus Emaille (11.–12. Jahrhundert) und die übrigen dekorativen Elemente der Kreuzigungsikone wurden nach der Plünderung Konstantinopels in Venedig eingefasst.

Die Cappella Palatina in Palermo vor dem Horizont des Mittelmeerraumes

Maria Andaloro

Es soll in diesem Beitrag die Cappella Palatina in Palermo betrachtet werden, ein Monument der östlichen wie westlichen mittelalterlichen Welt, das vollständig erhalten ist. Sie gilt als beachtenswerter Kreuzungspunkt der künstlerischen Strömungen des Mittelmeerraumes und aller der Gattungen, die hier aufeinander trafen und sich durch Ursprung und Kultur unterschieden.[1] Die königliche Kapelle von Palermo umfasst, ohne ein Bau der Kreuzritter zu sein, den Höhepunkt der Vermischung unterschiedlichen Vokabulars. Mit einem grundlegenden Unterschied: Während die Kreuzfahrerkunst an sich durch die Vermengung charakterisiert ist und genetisch innerhalb des Zusammenflusses von byzantinischer und okzidentaler Ausdrucksweise liegt,[2] folgen in der normannischen Kapelle die Gattungen und Stile aufeinander, in Schichten der verschiedenen künstlerischen Sprachen – der byzantinischen, okzidentalen, islamischen –, und sie werden gleichzeitig durch die Funktion und den architektonischen Rahmen ideologisch wirksam verbunden.

Ein Hauch der Kreuzfahrerwelt bleibt erhalten, wenn nicht in dem Bau selbst, so doch in der Ausgestaltung seines Lebens und seiner liturgischen Rhythmen. Reflektiert wird er in einer Anzahl in Gestalt, Material, Datierung und Herkunft recht unterschiedlicher Gegenstände, die erst kürzlich in einer der großen Elfenbeinkästen entdeckt wurden, die im Schatz der Cappella Palatina aufbewahrt werden. In der bekannten Inventarliste von 1309 wurden sie erwähnt.[3] Diese Objekte umfassen ein mesopotamisches Siegel aus dem 3. vorchristlichen Jahrtausend; zwei Kalksteine aus dem 6. Jahrhundert v. Chr., die als Gold- und Silbergewichte in Palästina benutzt wurden; zwei in Pergamentstreifen gewickelte Knochenreliquien des heiligen Babilas, des Patriarchen von Antiochia; sie waren wiederum von einer vergoldeten Silberfolie umgeben, die in Großbuchstaben den Inhalt der Aufschrift auf dem Pergament wiederholte; ferner Glasphiolen mit Reliquien, auch vom Haupt der heiligen Katharina vom Berg Sinai und vom Brot des Herrn. Der Herausgeber der Liste dieser Gegenstände ist der Meinung, dass sie von den Kreuzrittern als Reliquien und Reliquienbehälter aus dem Heiligen Land mitgeführt und Roger II. oder einem seiner Nachfolger, Wilhelm I. oder Wilhelm II., als Geschenk überreicht worden sein könnten.[4] Die Verfasserin schließt nicht aus, dass sie später in die Cappella Palatina gelangt sind, als Gabe Friedrichs II. nach der Rückkehr vom Heiligen Land während des sechsten Kreuzzugs (1228/29) und nach seiner Selbstausrufung als König von Jerusalem.[5]

Die Entdeckung dieser bisher verschwundenen Kultgegenstände erlaubt, die Cappella Palatina in ihrer Funktion als Aufbewahrungsort von Reliquien und Reli-

Die Holzdecke der Cappella Palatina, die in der Zeit der Herrschaft Rogers II. (vor 1154) entstand, weist etwa 750 Szenen auf, die aus der Hand arabischer Künstler stammen. Die Sujets dieser Malerei sind meist dem Leben am Hofe entnommen. Palermo, Königspalast

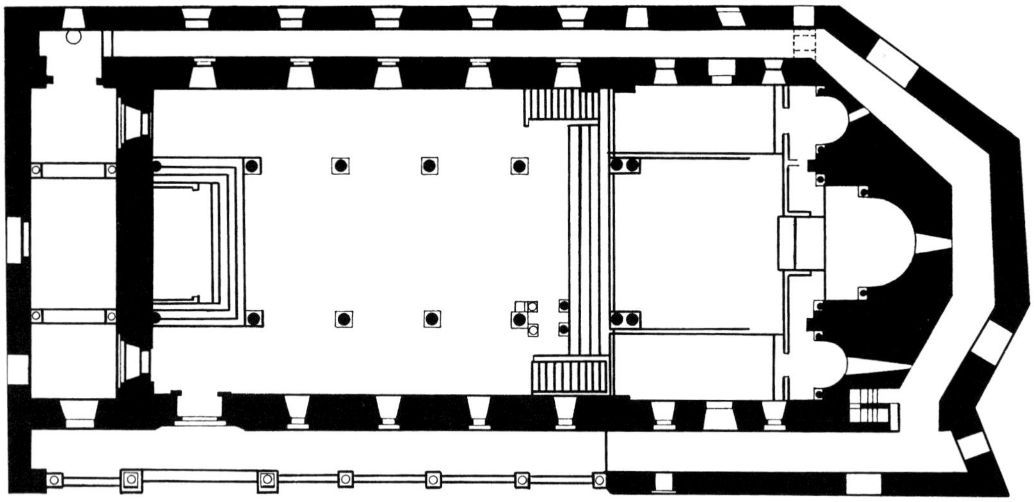

Im Grundriss der Palastkapelle wird ihr Aufbau deutlich: An ein Langhaus nach westlichem Schema schließt sich der überkuppelte Chorraum an, wie er typisch für die byzantinische Architektur ist.

quienbehältern, die eben von den Kreuzrittern stammten, zu bewerten. In der Welt des westlichen Mittelalters war eine solche Funktion üblich und trat häufig in Erscheinung.[6] Im Folgenden wird die Aufgabe verfolgt, die Cappella Palatina in ihrem Charakter als Kreuzungspunkt der künstlerischen Ausdrucksweisen des Mittelmeerraumes zu erfassen.

Zunächst sei ein architektonisches Detail betrachtet: Kaum ist die Schwelle zwischen Narthex und Kapelle überschritten,[7] so wendet sich der Blick des Besuchers auf das Kapitell der Säule, die sich südlich am Rand des Podestes befindet, das für den Thron vorgesehen war. Dieser schließt sich in der gesamten Breite im Westen an das Hauptschiff an. Im Gegensatz zu den anderen Kapitellen der Kapelle, die zwar ebenfalls Spolien sind, aber aus römischer Zeit stammen,[8] ist dieses nach Typ und Gestaltung ein Produkt aus dem Konstantinopel des 6. Jahrhunderts.[9]

Dieselbe Art von Kapitell wurde an beiden Seiten des Mihrab der Großen Moschee von Kairouan[10] und auch im Hof der Großen Moschee von Ibn Tulun in Kairo verwendet.

Nach Brenk verhilft das Kapitellpaar, das den Mihrab der Moschee von Kairouan rahmt, zum Verständnis für die spezielle Aufgabe, die seinem „Zwilling" in der Cappella Palatina zukam: Es sollte die Aufmerksamkeit auf den Bereich des Thrones ziehen.[11] Im Rahmen dieser Überlegungen wäre es aufschlussreich, wenn die Routen nachvollzogen werden könnten, die dieses Kapitell über das Mittelmeer zurückgelegt hat. Zudem wäre es interessant zu klären, welche repräsentativen islamischen Bauten weitere Exemplare wie das der Moschee von Kairouan und von Ibn Tulun beherbergen.

Für Konstantinopel ist der Verfasserin keine Verwendung dieses Kapitells in situ bekannt, aber sechs offensichtlich in mittelalterlicher Zeit wieder verwendete Kapitelle befinden sich am Hauptportal von San Marco in Venedig. Vor diesem Hintergrund stellt sich die Hypothese, dass das Kapitell der Cappella Palatina nicht direkt aus Byzanz stammt, sondern über eine mit der islamischen Welt in Verbindung stehende Route nach Palermo gelangt ist.

Ein kleiner Hinweis soll etwas mehr Licht auf eine der beiden Hypothesen werfen: Vor kurzem hatte die Verfasserin das Glück, in Palermo auf ein Kapitell zu stoßen, das dem der Cappella Palatina ähnelt. Es krönt eine der Ecksäulen der Loggia im Hof des Steri-Palastes, einem Bau aus dem 14. Jahrhundert.[12] Das Über-

Gegenüber: *Die Holzdecke des Schiffes setzt sich im mittleren Teil aus Facetten zusammen, in denen Kreuze mit Sternen abwechseln. Komplizierte Stalaktitenstrukturen (Muqarnas) fassen sie an den vier Seiten ein.*

Folgende Doppelseite:

Detail mit gesterntem Oktogon und kleiner Kuppel sowie einer Inschrift in kufischen Buchstaben, die den Mittelteil der Decke des Hauptschiffs rhythmisieren.

raschende an diesem Fund liegt weniger in der Begegnung mit einer Spolie als in der Außergewöhnlichkeit des Exemplars: Es wurde in einem profanen Gebäude nach Ablauf eines längeren Zeitraums wieder verwendet und gehört zu einer Säule, deren Schaft ein Schmuckband mit Motiven in islamischem Stil trägt. Man kann nicht festlegen, ob Kapitell und Säule schon vor ihrer Wiederverwendung in diesem Chiaromonte-Palast als Einheit existierten; die Verfasserin neigt allerdings dazu, es für wahrscheinlich zu halten. Dafür sprechen auch Gründe, die sie in einer Untersuchung über die Verbindung von Schaft und Kapitell und über die Säulen zu überprüfen plant. Es handelt sich dabei um Elemente, die vor mehreren Jahrzehnten bei Grabungen unter dem Steri-Palast gefunden wurden und von denen einige eine arabische Inschrift tragen. Sollte sich herausstellen, dass die Verbindung eines Kapitells aus Konstantinopel mit einem Schaft, der islamische Motive trägt – wie bei der Wiederverwendung in diesem Palast aus dem 14. Jahrhundert –, schon zuvor existierte, läge ein wertvolles Indiz zugunsten der Annahme vor, dass das Kapitell aus der Cappella Palatina die arabische Route und nicht die byzantinische genommen hätte.

Unser Blick richtet sich nun auf die Materialien, die Vorstellungen, die Wege der Konzepte im Rahmen der Zivilisationen, die sich im Mittelalter im Mittelmeerraum begegneten und deren Ausdruck sich im Inneren der Cappella Palatina in Palermo konzentriert und materialisiert greifen lässt. Der Bau wird dadurch zum hoch entwickelten Zeugnis des Bewusstseins für die Vermischung der Künste und des figürlichen Vokabulars mediterraner Herkunft. Er umfasst von seinem Ursprung an und nicht erst aus diachroner Übereinanderschichtung das Milieu von Ausdrücken, Materialien, Vorlieben und künstlerischen Gattungen, die zur Kunst des christlichen und islamischen Mittelmeerraumes gehören.

Diese Vermengung soll als Ganzes und in ihren einzelnen Elementen betrachtet werden. Von Bedeutung sind dabei auch der zeitgeschichtliche Hintergrund und die wichtigsten Bestandteile, aus denen sich die Cappella Palatina zusammensetzt. Sie wurde von Roger II. (1095–1154) gegründet, der Weihnachten 1131 zum König gekrönt wurde. Das erste Dokument über sie geht auf das Jahr 1132 zurück und gibt das Statut der Gemeinde wieder, die ebenfalls zu ihr gehört. Sie wurde mit einer Magna Charta bei ihrer Weihe am 28. April 1140 ausgestattet[13] und erhielt schon unter Roger II. einen herausragenden Schmuck. Dieser umfasst die auf 1143 datierten Kuppelmosaiken und die Wandmosaiken des Presbyteriums, die vor dem Tod des Herrschers (1154) vollendet wurden.[14] Im Chor und im Langhaus haben sie unterschiedliche Funktionen: im Bereich des Presbyteriums spiegeln sie den liturgischen und sakralen Charakter; im Hauptschiff, der eigentlichen Aula regia, entsprechen sie den profanen höfischen Zeremonien, die hier gelebt und organisiert wurden.[15] Ersterer ist von dem Kuppelmosaik überfangen, der andere Raum ist bestimmt von der Muqarnas-Decke und Gemälden, die in Ikonographie und Stil islamisch sind.[16] In den Jahren der Herrschaft Wilhelms I. (1154–66) wurden auf den Wänden des Langhauses Mosaiken mit Szenen aus dem Alten Testament und dem Leben der Apostel angebracht. Dem letzten Normannenkönig, Wilhelm II. (1166–89), können hingegen einige bedeutende Eingriffe zugeschrieben werden, etwa das Mosaik mit der Maiestas Domini zwischen Petrus und Paulus auf der gegenüberliegenden Fassade[18] und Teile der liturgischen Ausstattung wie die große Kanzel und der Osterleuchter.[19]

Über sieben Jahrzehnte verfolgten königliche Auftraggeber das Ziel, durch die Gattungen, Bilder und Materialien Botschaften zu vermitteln. Vor den Augen des Betrachters breitet sich somit sichtbar gemachtes, materielles und technisches Wissen in seltener Dichte aus, das hier vor allem hinsichtlich seines mediterranen Ursprungs und der synkretistischen Ergebnisse interessiert.

Der multiethnische und multilinguale Charakter der Herrschaft Rogers scheint aus den Seiten seiner Dokumente hervorzuschauen. So sind zum Beispiel unter der Magna Charta (1140) Unterschriften von Beteiligten unterschiedlicher sprachlicher, kultureller und ethnischer Gruppen zu finden. 23 Unterschriften sind in Latein ab-

Die hohe Kanzel und den Osterleuchter ließ vermutlich Wilhelm II. auf der östlichen Seite des Hauptschiffes errichten. Sie sollen eine Art Kontinuität zwischen Chorraum und Langhaus herstellen, zwei Raumteile, die zur Zeit Rogers II. unterschiedliche Funktionen innehatten: Der Erste diente als Ort der Durchführung heiliger Liturgien, der Zweite als Ort profaner Handlungen in der Art der Aula regia.

gefasst, sie sind geordnet nach dem jeweiligen weltlichen und kirchlichen Rang. An erster Stelle haben folgende drei Persönlichkeiten unterschrieben: der Admiral Georgios von Antiochia, Michael, der Sohn des großen Arconte, und Johannes, Admiral und großer Eteriarch. Georg, aus Syrien stammend, ist der großzügige Gründer der Kirche „La Martorana", eines Komplexes des normannischen Sizilien aus Architektur und Mosaiken, der am stärksten unter griechischem Einfluss steht. Johannes der Eteriarch übte am normannischen Hof Siziliens das Amt des Kommandanten der Wache aus und hatte dabei die Aufgabe, den kaiserlichen Palast zu schützen, ein unverändert von Byzanz entlehntes Amt.[21]

Die Beziehungen zu Byzanz und seiner figurativ geprägten Kultur nähren die Cappella Palatina seit dem Zeitpunkt ihrer Entstehung. Die Präsenz von Byzanz tritt glanzvoll hervor im Aufbau der sichtbaren Strukturen der Kirche, in dem überkuppelten Chor und im Mosaik, das als Medium gewählt wurde, um in ikonographischer Ordnung Gestalten und Szenen darzustellen – die Wahl fiel damit auf die typische Gattung der königlichen byzantinischen Auftraggeber für diese Aufgabe. Die Präsenz zeigt sich darüber hinaus in dem zugrunde liegenden Ordnungsprinzip, das selbst die Szenen im Chor einschließt. Sie sind zwar alle christologisch, doch in der besonderen Dimension des „Zyklus der zwölf Feste"[22] komponiert und projektiert. Diese Präsenz erstreckt sich bis in die Gedanken und Inhalte, die sich teilweise in einigen Gebäudeinschriften ausdrücken, manchmal aber auch in Zeugnissen mündlicher Überlieferung.

Dies berücksichtigend, ist die berühmte *Ecphrasis*, die Beschreibung der Cappella Palatina, einzubeziehen, die das *Incipit* der Omelia XXVII zu Ehren der heiligen Petrus und Paulus von Filagato da Cerami darstellt. Er trug es im Innern der Cappella Palatina in Anwesenheit von König Roger II. vor. Das Ereignis ist nicht aufs Jahr genau zu datieren. Textimmanente Informationen lassen eine Festsetzung auf die Zeit zwischen 1140, dem Jahr der Weihe der Cappella, und 1154, dem Todesjahr des Königs, zu. Anzumerken bleibt, dass es für diesen Zeitraum keine übereinstimmenden Datierungsvorschläge gibt. Einige Wissenschaftler neigen dazu, die Entstehungszeit der *Ecphrasis* früher anzusetzen[23] als andere, die eine spätere für plausibler halten.[24]

Die *Ecphrasis* hat die Aussagekraft, wie sie in der Wiedergabe des erlebten Ereignisses in der ersten Person liegt. Sie hat aber auch die Lebhaftigkeit, die Anteilnahme, die Wahrheit einer Beschreibung, die, wie später ausgeführt wird, keineswegs abstrakt und allgemein ist, sondern kohärent, unter einem präzisen Standpunkt und aus einem subjektiven Blickwinkel verfasst. Es soll versucht werden, jenen Standort zu definieren, an dem sich Filagato tatsächlich befunden haben muss, als er seine Omelia vortrug.

Wer heute die Kapelle betritt, bemerkt sogleich die große hohe Kanzel zur Verkündigung des Evangeliums, die zwischen den beiden südlichsten Säulen eingefügt ist. Der Besucher sollte aber wissen, dass dieses beeindruckende Schmuckstück erst später entstand und wahrscheinlich auf die Zeit Wilhelms II.[25] zurückgeht. Der Standort der heutigen Kanzel stimmt allerdings vermutlich mit dem der ursprünglichen überein. Vom Standpunkt an der Südseite des Langhauses beginnend, etwa in der Nähe der Ikonostase, muss der Blick von Filagato logischerweise der Reihe nach genau auf die Dinge gefallen sein, die er dann beschreibt und denen wir nun folgen werden.

Filagato wendet sich zunächst der Decke zu, die „von verschiedenen Schnitzereien in Form von Körben verschönert"[26] wird; dann senkt er den Blick und richtet seine Aufmerksamkeit auf die Säulen, „die leichtfüßig die Bögen aufrechthalten und die Decke in unglaubliche Höhen erheben".[27] Anschließend betrachtet er den Boden

In der Cappella Palatina wiederholt sich in den Fußböden ebenso wie in den Verkleidungen der Wände der Einsatz von Cosmaten-Schmuck, der die byzantinische Tradition und einige Motive islamischen Ursprungs vereint.

und die Wände der Seitenschiffe und des Chores. Nun schaut er zurück in das Langhaus und sieht die Marmoreinfassung der Ikonostase, und, jenseits der Brüstung, die göttliche Tafel, „die von den Gold- und Silberreflexen glitzert".[28] In Übereinstimmung mit dem königlichen Standort, von dem aus er seinen Blick schweifen lässt, kann Filagato die Ausdehnung und Qualität des Fußbodens besser erfassen als jeder, der ihn Schritt für Schritt abschreitet; er kann die gesamte Fläche der Decke sehen, er kann sich fast unmittelbar von der Flucht der Bögen gegenüber und der Wände in ihrer ganzen Höhe beeindrucken lassen. Nacheinander erfasst er die Verkleidung mit Marmorplatten, die Mosaikbänder und die Mosaike mit ihrer figurativen Darstellung. Dagegen äußert er sich nicht zu dem, was er nicht sieht, wie den Türen, der Decke der Seitenschiffe, den Mosaiken der Kuppel, während er weniger greifbare Phänomene doch erwähnt: die perfekte Akustik, die Leichtigkeit der großen Anzahl von Schleiern, die aufgehängt sind,[29] die Beleuchtung durch die Lampen, „so dass die Nacht so hell wie der Tag wird".[30] Der Schluss seiner Ausführungen ist erfüllt von Staunen und Bedauern über die Unzulänglichkeit, „die gesamte Anzahl und Schönheit" der für den heiligen Ritus bestimmten Kultgegenstände „in Worte fassen"[31] zu können.

Über der Beschreibung Filagatos liegt ein zweifacher Hauch: einerseits die Begeisterung in der Schilderung des Bauwerks, die *hinc et nunc* spürbar wird; andererseits tritt als Hintergrund eine Bündelung des sprachlichen, wertenden, mentalen Ganzen auf, in der sie sich als Glied einer langen Reihe von deutlich griechisch-byzantinischen Einflüssen erweist. Aus ihr stammen die Metapher des Himmels für die Decke oder das Bild von der Frühlingswiese mit Blumen, das der mit verschiedenfarbigem Marmor geschmückte Fußboden hervorruft, Blumen, die im Gegensatz zur Natur nicht vergänglich sind. Und das Modell liefert eine bedeutsame Komposition aus der Reihe, die 563 zur zweiten Weihe der Hagia Sophia in Konstantinopel in der *Ecphrasis* des Paulus Silenziarius geäußert wurde.

Durch die Fäden der Rhetorik und die Zeremoniensprache werden zwei unterschiedliche Situationen und zwei Hauptstädte miteinander verknüpft, Konstantinopel und Palermo, aber auch zwei Bauwerke, die Hagia Sophia und die Cappella Palatina, zwei Herrscher, Justinian und Roger, und zwei tragende Figuren der byzantinischen Kultur, Paulus Silenziarius und Filagato von Cerami.

Ein weiteres Zeugnis in der Cappella Palatina führt ebenfalls in die Welt des justinianischen Konstantinopels. An der Basis der Kuppel, entlang des Ansatzes des Tambours, verläuft eine griechische Inschrift, die übersetzt folgendermaßen lautet: „Andere Herrscher aus früherer Zeit errichteten / andere Orte zur Verehrung der Heiligen. / Ich hingegen, Roger, König und Zepterträger, / überreichte dem ersten Schüler des Herrn, / dem Erzschäfer und Chorführer Petrus, / dem Christus die Kirche übergab, / die er selbst erwarb, in dem er wunderwirkend sein Blut vergoss, / ... dreifache Angabe ... genau im Jahr / fünfzig, plus noch einmal die erste Einheit, / nachdem das sechste Jahrtausend vergangen ist und das sechste Jahrhundert gemessen wurde".[32] Der Text bietet reiche Informationen hinsichtlich der Baugeschichte: vom Auftraggeber König Roger bis zu ihrer Widmung an den Ersten der Apostel, Petrus, bis zur Datierung. Denn sie bezeugt, dass dies im Jahr 6651 seit der Schöpfung der Welt geschieht, dem Jahr 1143 unserer Zeitrechnung. Aber jenseits dieser Fakten ist es interessant, auf den allgemeinen Tenor des Textes zu achten: Vor allem am Anfang verweist er auf den Zusammenhang mit präzisen alten byzantinischen Formeln und ist im Einzelnen eine kaum veränderte Kopie der Inschrift Justinians, die in den Architrav der Kirche der heiligen Sergius und Bacchus in Konstantinopel eingemeißelt wurde.[33]

Beide hier herangezogenen Dokumente, die *Ecphrasis* des Filagato und der Text der Widmungsinschrift, vermitteln durch ihr umfassendes geistiges Erbe der Vorbilder und Zitate aus dem Konstantinopel Justinians die ganze Vertrautheit, die die Intelligenzia griechischer Kultur und Sprache im Palermo Rogers mit dieser Tradition verband.

Musiker, Ritter im Kampf, heraldische und mythische Tiere bilden das Schmuckprogramm der Decke in der Cappella Palatina, dem überragenden Ausdruck der zeitgenössischen islamischen Malerei.

Wir kehren zur Betrachtung der Cappella Palatina zurück, diesem Höhepunkt einer Mischung aus künstlerischen Gattungen, Materialien, Ebenen und Wurzeln, und schauen wieder mit den Augen Filagatos, um die verschiedenen Schichten zu erkennen.

Schon im ursprünglichen, zur Zeit Rogers errichteten Kern traten verschiedene dekorative Gattungen und Strukturen nebeneinander auf. Für die Wände sind zwei unterschiedliche Verkleidungstypen festzumachen: im unteren Wandbereich Platten aus Marmor und Porphyr, im oberen Mosaike. Diese Wandverkleidung übernimmt spätantike Wurzeln, die von der byzantinischen Welt aufgenommen und dort zum charakteristischen Schmuck sakraler Innenräume geworden waren. Die Auftraggeber gehörten dem kaiserlichen oder höfischen Umfeld an. Besonders das Medium Mosaik, aus Byzanz stammend, findet im mittelalterlichen Rom weiterhin Verwendung. Im normannischen Sizilien bricht das Mosaik auf Veranlassung Rogers in den Bereich der Cappella Palatina ein. Damit beginnt eine Epoche, die antropomorphe Darstellungen wieder gestattet und die die lange Zeit der Enthaltsamkeit von figürlicher Darstellung während der islamischen Herrschaft in Palermo und in Sizilien (9. bis 11. Jahrhundert) beendet. Die Meister, die die Mosaiken ausführten, waren zweifellos Byzantiner, wie Stil und ikonographisches Repertoire belegen. Unter der Lupe der genauen Analyse von Tronzo haben auch der Fußboden in *Opus sectile* und die Mosaikbänder an den Wänden der Seitenschiffe, die Bertaux „lotus lancéolé" nennt, ihre Zugehörigkeit zum byzantinischen Horizont gezeigt.[34]

Obwohl der byzantinische Charakter der Mosaiken unbestritten scheint, ist das Zentrum oder die Region der Herkunft der Mosaizisten nicht bekannt. Dies gilt zumindest für die Phase der Ausschmückung zur Zeit Rogers. Bei der genaueren Untersuchung der Mosaiken der Seitenschiffe mit ihren alttestamentarischen Zyklen und den Darstellungen von Petrus und Paulus – in denen das Band zur Herrschaft Wilhems I.[35] geknüpft ist – erscheinen auf einmal interessante, unerwartete Assonanzen. Sie schaffen einen Zugang zu dem bisher nicht differenzierten Horizont der byzantinischen künstlerischen Präsenz in der Cappella Palatina.

Vor allem der Stil der Mosaiken mit den Aposteln legt es nahe, sie mit den Mosaiken aus der Geburtskirche von Jerusalem zu vergleichen, die auf der Grundlage von gleichzeitigen Inschriften auf die Jahre zwischen 1167 und 1169 zu datieren sind.[36] Die Ähnlichkeit der Engelsgestalten in beiden Mosaiken ist offensichtlich und darf als Beweis für den Austausch von künstlerischen Erfahrungen angesehen werden. Dieser erweist sich in Arbeiten, die in erheblicher geografischer Entfernung, aber zeitgleich entstanden sind, wie in denen der Werkstätten des normannischen Sizilien im Anschluss an die Regentschaft Rogers II. und der Werkstätten Bethlehems.[37]

In der Geburtskirche bestimmt sich der besondere Charakter der Mosaikausstattung aus der Mischung und der Beteiligung sowohl der kreuzfahrerischen Welt als auch der von Byzanz. In der zweisprachigen Inschrift in Latein und Griechisch in dem Bema werden die Namen von vier Schlüsselfiguren genannt: Amalrich, König von Jerusalem; Manuel Komnenus, Kaiser von Byzanz; Ralph, Bischof von Bethlehem; und Ephraim, Maler und Mosaizist.[38] Eine zweite, lateinische und syrische Inschrift an der nördlichen Langhauswand trägt den Namen des Malers Basileus,[39] der wohl zumindest die beigeordnete Gestalt, eher aber wahrscheinlich die gesamte Reihe der Engel im Obergaden der nördlichen und südlichen Wand geschaffen hat.[40]

Auch die Decke mit ihren Gemälden gehört zur ursprünglichen Ausstattung aus der Zeit Rogers. Für unsere moderne Sichtweise erscheint sie fremd und eigenartig, Filagato erscheint sie hingegen wunderbar: „... ein Ding, das zu betrachten man nicht müde wird, und es ist ein Wunder, es zu sehen und von ihm sprechen zu hören ..."[42] Es wurde bereits angemerkt, dass die *Ecphrasis* von dem Erstaunen über die Dinge erfüllt ist, die in der Cappella Palatina zu sehen sind. Man kann geradezu sagen, dass es dieses Staunen ist, was die ganze Beschreibung eint, und bei einer

Gegenüber: *Das Mosaik der Geburt Jesu gehört wie das des Einzugs in Jerusalem zum christologischen Zyklus, der im südlichen Seitenschiff dargestellt ist. Die Auswahl der Szenen aus dem Zyklus wurde gegenüber der byzantinischen ikonographischen Tradition aus den Blickwinkel König Rogers II. verändert, und zwar so, dass er vom Podest im Zentrum des nördlichen Seitenschiffes aus einen direkten Blick auf die Bilder hatte, die bewusst das Königtum betonten.*

Folgende Doppelseite:

Der Einzug in Jerusalem befindet sich zusammen mit dem hier nicht abgebildeten Gegenstück der Flucht aus Ägypten in zentraler Position auf der Wand des Transepts im Kuppeltambour und stellt so die Verbindung zu der klassischen Tradition des kaiserlichen Adventus her.

STELLA·PARIT·SOLEM·ROSA·FLOREM·FORMA·DECOREM·

ΗΒΑΗΦΩΡ

weniger oberflächlichen Lektüre wird deutlich, dass das Staunen, stets implizit, in zwei bestimmten Passagen explizit wird: zum einen bei der Beschreibung des Gesamtanblicks des „heiligen Tempels des Königtums", zum anderen in der Tat bei der Decke der Kapelle.

Für die Zeitgenossen Rogers wird die Begeisterung durch die Struktur der Decke ausgelöst, „weil ... sie mit feinen Schnitzereien in Form von Körben verschönert ist", heißt es bei Filagato.[43] Nicht anders geht es dem Betrachter heute. Es muss noch präzisiert werden, dass die Decke des Langhauses sich sehr in die Höhe schwingt und nicht beleuchtet ist. Von daher ist nur der allgemeine Aufbau sowohl des mittleren Teils der Decke als auch die komplizierte Stalaktitenstruktur (muqarnas) an den vier Seiten zu sehen.[44] Die flache Decke ist mit einem Dekor aus Kreuzen und Sternen überzogen, die von kleinen, kuppelförmigen Elementen unterbrochen werden. Die Malereien hingegen sind nur schwer zu erkennen. Sie befinden sich auf einer unregelmäßig facettierten Oberfläche und umfassen eine hohe Anzahl von Flächen, die mit Szenen komplexer figürlicher Darstellungen bemalt sind. Es sind rund 750 von ihnen auszumachen, die durch folgende Prinzipien charakterisiert sind: Wiederholung, Fehlen eines Mittelpunktes, Fehlen von Hierarchien in der Verteilung der Bilder; und auf ikonographischem Niveau: Verwendung von Themen und Motiven, die mit der Ikonographie des Fürstenlebens verbunden sind.[45]

Allgemein bekannt ist, dass die Deckenmalerei der Cappella Palatina mit ihren unterschiedlichen Typologien und ikonographischen Elementen, die auf die Beispiele aus Mittel- und Seitenschiffen zurückgeführt werden können, ein einzigartiges Werk im Panorama der Malerei islamischer Wurzeln darstellt und die einzige größere Decke ist, die aus einer langen, aber fast verschwundenen Tradition erhalten ist.[46] Hier ist nicht der Ort, um auf die Diskussion einzugehen, die über die Wurzeln und die Paradigmen geführt wird, auf denen sich die erstauliche islamische Malkunst im normannischen Sizilien veredelte[47] – von der hellenistisch beeinflussten Malerei Zentralasiens zu den fatimidischen Beispielen in Kairo oder zu dem Palastschmuck der Ziriden und Aghlabiden in Ifriqiya.[48] Dies betrifft auch die historischen Umstände, aus denen sich in engem Kontakt zwischen Nordafrika und Sizilien der geeignete Rahmen für die Verwirklichung dieses außergewöhnlichen Monuments[49] ergeben haben könnte.

Es soll jedoch die Vielfalt der absolut unterschiedlichen Erfahrung von Darstellungen, wie der byzantinischen und der islamischen, unterstrichen werden. Nebeneinander und doch in strenger Unabhängigkeit voneinander, mit ihrem unterschiedlichen „Gepäck" stilistischer Eigenheiten und thematischer, ikonographischer und Sinn-Ebenen, bestimmen sie das Innere der Kapelle. Uns ist bewusst, dass das Außergewöhnliche an diesem Miteinander auch nicht dadurch abgeschwächt wird, dass die profane, laizistische und überwiegend islamische Beteiligung an den Deckengemälden in jenem Teil der Kapelle erfolgte, der als Aula regia diente (im Gegensatz zum liturgischen Raum, der mit dem Presbyterium übereinstimmte).[50] Vielleicht aber erscheint sie damit stärker gerechtfertigt. In dieser Sichtweise erschließt sich die Bedeutung und die Existenz eines anderen Gegenstandes besser, den Filagato wie folgt beschrieb: „In der Luft sind viele Schleier aufgehängt, deren Material aus mit Goldfäden und verschiedenen anderen Farben verwobenen Seidenfäden besteht, welche die Phönizier in bewundernswerter und einzigartiger Kunstfertigkeit verschönert haben."[51]

Wenn wir die Idee akzeptieren, die als historiographische Linie (gipfelnd in der globalen Sichtweise Tronzos) der Cappella Palatina als architektonischer Organismus und System sichtbarer Zeichen vorgeschlagen wurde, verschieden in den Funktionen ihres Inneren, seien sie sakral oder profan, so ergeben sich verschiedene Interpretationsebenen, die wie folgt zusammengefasst werden können. Erstens: Im

Das Mosaik der Taufe Christi, ebenfalls aus dem christologischen Zyklus, entwickelt das Thema der Glorie, das durch das Leuchten um den Körper Christi betont wird. Es wird durch silberne Blätter erreicht, die die Durchsichtigkeit der Wasser des Jordans erstaunlich echt wiedergeben.

Η ΒΑΠ ΤΗϹΙϹ

Zu den seltenen christlichen Sujets im Repertoire des arabischen Deckenschmucks – wie der heilige Ritter, der mit dem Drachen kämpft – gehören auch diese wunderbaren Engelsgestalten, die im südlichen Seitenschiff dargestellt sind.

Gegensatz zum „byzantinischen" Presbyterium übernimmt die Aula regia die Rolle eines Raumes, der überwiegend von herausragenden künstlerischen Stilmitteln und entsprechendem Vokabular des Islam geprägt ist, wie der bemalten Decke und jener Vielzahl von mehrfarbigen Seidenvorhängen, deren Herkunft Filagato auf die Phönizier zurückführt, also auf die Araber.[52]

Zweitens: Dieses Aussehen behält die Aula regia der Cappella Palatina nur während der Regierungszeit Rogers, denn unter Wilhelm I. reift die Idee, die Wände von Mittel- und Seitenschiffen mit Mosaiken zu schmücken, die Szenen aus dem Alten Testament und von Petrus und Paulus aufgreifen. Dadurch wird der „islamische" und profane Tenor der Aula zugunsten einer christlichen, „byzantinischen" Akzentuierung der Räumlichkeiten der Cappella gedämpft. Es scheint plausibel, dass dabei die Seidentücher, einmal durch die Mosaiken ersetzt, abgenommen wurden und verloren gingen.

Um den von Filagato durch die Tücher hervorgerufenen klaren und reinen Eindruck von Eleganz und Großartigkeit optisch zu vertiefen, ist es sinnvoll, den Blick auf die Szenen der Deckengemälde zu werfen, in denen die Darstellung von Trinkenden, Tänzerinnen, kostbar ausstaffierten Königen, manchmal im Schatten von Zeltdächern sitzend,[53] überrascht. Es drängt sich sofort der Gedanke an den

Mantel Rogers II. auf, der sich heute in der Schatzkammer in Wien befindet, ein Meisterstück aus der Stoff- und Stickwerkstatt des Königspalastes von Palermo und schon sehr früh angefertigt, nämlich im Jahr 528 der Hidjra, dem Jahr 1133/34 unserer Zeitrechnung.[54]

Man kann sich lebhaft vorstellen, wie Roger II., bekleidet mit diesem „islamischen" Mantel, seine königlichen Aufgaben im „Saal" der Cappella Palatina ausübt. Man erinnere sich auch daran, dass derselbe König, eine Formel aus der Epoche Justinians aufgreifend, in der Inschrift unter den byzantinischen Kuppelmosaiken als „Zepterträger" bezeichnet wird, denselben Mosaiken, die in der byzantinischen Tradition das Jahr 6651 nach der Erschaffung der Welt angeben, also 1143. Mit dieser zweifachen Wurzel der Zivilisation, der byzantinischen und der arabischen, und ihrer direkten Verbindung zum ersten Herrscher des Königsreiches Siziliens, verlassen wir die Cappella Palatina, mit deren Betrachtung wir uns in die Zeit Rogers II. hineinzuversetzen bemüht haben. In ihr verwirklicht sich sichtbar der Zusammenfluss von Darstellungsweisen, Ikonographie und Stil. Diese spiegeln die politischen Absichten Rogers II. wieder, sein Reich so weit wie möglich in den Mittelmeerraum, von den Küsten Nordafrikas bis nach Griechenland, auszudehnen.

Schönheit und Bedeutung von Bildern im Zeitalter der Kreuzzüge

Joan Sureda

Abu al-Filda, der nach christlicher Zeitrechnung von 1273 bis 1331 lebte, ist der Verfasser einer großangelegten *Zusammenfassung der Geschichte der Menschheit* (*Mukhtasar tarikh al-bashar*). Sein Werk schließt mit einem hoffnungsvollen Blick auf die Zukunft: „Mit diesen Eroberungen gingen die Küstenländer wieder gänzlich in den Besitz der Muslime über, was nicht zu erwarten gewesen war. Auf diese Weise sind die Franken, die im Begriff gewesen waren, Damaskus, Ägypten und viele andere Gebiete zu erobern, aus Syrien und den Küstenländern vertrieben worden. Gebe Gott, dass sie diesen Boden nie wieder betreten mögen!"[1]

Der ayyubidische Emir von Hama erlebte Eroberungen wie diese selber mit, als er kaum achtzehn Jahre alt war. Saida, Beirut und Tyrus fielen, ebenso die Städte der syrischen Küste, welche erobert wurden, nachdem die Muslime am Morgen des siebzehnten Tages des Monats Djumada II im Jahre 690, das heißt am achtzehnten Mai 1291, Akkon erobert hatten.

Der Beginn eines neuen Lebens

Im August desselben Jahres ebenso wie im darauf folgenden Januar und Februar, predigte Papst Nikolaus IV. (1288–1292) vor den christlichen Fürsten vergeblich den Geist der Kreuzzüge: Die Herrscher des Abendlandes zeigten sich gleichgültig gegenüber seinem Aufruf, wie sie es auch schon im Januar 1290 und im März 1291 getan hatten. Heinrich II., König von Zypern und Jerusalem, der Akkon zu Hilfe geeilt war, blieb allein den Muslimen konfrontiert, nur unterstützt von Templern und Hospitalitern und einigen wenigen Männern aus Italien, die eher Unruhestifter waren als echte Krieger.

Jeder Widerstand war zwecklos. Die Ungläubigen brachten Akkon in ihren Besitz, und mit seinem Fall wurde der Präsenz der Franken im Morgenland ein Ende gesetzt; das Königreich von Jerusalem brach zusammen, und der Geist, welcher die Kreuzzüge inspiriert hatte, erstarb. Das Heilige Grab war nicht länger das Ziel der Ritter, sondern es war erneut, wie schon vor dem 11. Jahrhundert, bloß noch ein Traum der Pilger, die von der Faszination des Morgenlandes angezogen wurden, obwohl die Kreuzzüge, sei es als einzelne Aktionen oder sei es als Idee, bis weit in die Neuzeit hinein überlebten.[2]

In jenem Sommer, als Akkon fiel und der Papst erfolglos versuchte, das Verlangen nach einer Befreiung des Heiligen Landes erneut zu beleben, schrieb der

Blick auf die Apsis der Pyrenäenkirche Sant Climent in Tahüll. Katalonien, 12. Jahrhundert.

Florentiner Dante Alighieri Verse. Kurz darauf, gegen 1293, vereinigte der junge Dichter in einem Büchlein *Vita Nova* seine Erinnerungen an die „glorreiche Dame meiner Gedanken“, an Bice oder Beatrice, die Tochter des Folco Portinari und Gattin des Simone de Bardi, die 1290 in der Blüte ihrer Jahre starb, fast zur selben Zeit, als die Hoffnung der Christen im Orient endete. Das volkssprachlich abgefasste Buch beginnt mit dem mahnenden Epigraph: *Incipit vita nova*, ein neues Leben beginnt. Ein neues Leben für den Dichter selbst, aber auch für die Welt, der ein Geschöpf wie Beatrice gesandt und dann entrissen worden war, ein Geschöpf, von dem sich mit Homers Worten sagen ließ: „Sie scheint keines sterblichen Mannes Tochter, sondern eines Gottes.“[3]

In seinen Gedichten spricht Dante von den Göttern, vom Schöpfergott des Universums, von Ihm, der das Licht des Paradises ist, die Höchste Weisheit und die Höchste Liebe; doch mehr noch als von den Göttern spricht er von den Menschen, den von Gott erschaffenen und in der Sünde verlorenen, den genusssüchtigen, aufbrausenden, heuchlerischen, pflichtvergessenen, verleumderischen, verräterischen ... und auch von den hochmütigen und stolzen wie dem Miniaturenmaler Orderisi, dem Illustrator Franco Bolognese, dem Maler Cimabue und jenem, der ihn in den Schatten stellte – „ein Windhauch, der bald von hier, bald von dort kommt, und der seinen Namen ebenso ändert wie seine Richtung“ –, dem Maler Giotto.[4]

Obwohl Dante und der ihn überlebende Giotto gleichsam Zeitgenossen waren[5] und gemeinsam die Tür des Realismus in der Kunst aufgestoßen haben,[6] wird gemeinhin der Dichter als der früher Gereifte von beiden angesehen. Das war er jedoch nicht. Um das Jahr 1290, als Nikolaus IV. in der Wüste des christlichen Glaubens den Kreuzzug predigte, stand Giotto, der Cimabue nacheiferte, in der Kathedrale von Assisi in päpstlichen Diensten. Der aus Ascoli Piceno stammende Girolamo Masci war kaum zwei Jahre zuvor zum Stellvertreter Christi auf Erden gewählt worden. Er galt als hervorragender Theologe und versierter Diplomat, doch vor allem war er Franziskaner und Nachfolger des heiligen Bonaventura im Amt des

Die Fresken der Kirche Sant Climent in Tahüll lassen verschiedene Einflüsse erkennen, besonders italienische und byzantinische, die sich zu einem eigenen Stil vereint haben, welcher stille Betrachtung und eine außergewöhnliche Bildhaftigkeit vereint. MNAC, Barcelona, 1123

Detail aus dem Fresko im Gewölbe der Apsis mit einer Darstellung von Engeln sowie der Symbole der Evangelisten Markus und Lukas.
Rechts: Detail aus dem Fresko im unteren Teil der Apsis mit den heiligen Johannes und Jakobus

Die Maiestas Domini in der mittleren Apsis

EGO
LVX·
SVM
MVDI

Auf den Kapitellen in den Kreuzgängen des 12. und 13. Jahrhunderts wurden häufig Szenen aus dem Alltagsleben jener Zeit dargestellt, aus dem Alltag des Klerus (links) wie aus dem der Bauern (rechts). Kapitelle aus dem Kloster Santa Maria de l'Estany, Barcelona

Generalministers, der erste Franziskaner, der die päpstliche Tiara auf sein Haupt setzte.

Nikolaus IV. hatte sicherlich nicht den Kunstverstand seines Lehrers Papst Nikolaus III. (1277–1280), mit weltlichem Namen Giovano Gaetano Orsini, der ein großer Förderer des Franziskanerordens gewesen war und der laut Ptolemäus von Lucca[7] ein Kloster für die Büßer errichten ließ, als handele es sich um eine Stadt; der den Petersdom fast vollständig restaurieren ließ und eine Serie mit den Porträts seiner Vorgänger in Auftrag gab; der San Paolo fuori delle Mura und San Giovanni in Laterano restaurieren und die Ruine der Basilika Sancta Sanctorum wieder aufbauen ließ, wobei er anordnete, sie mit Marmor auszukleiden und das Deckengewölbe mit Fresken zu verzieren. Obwohl Nikolaus IV. also nicht seinen Kunstsinn hatte, ist es mehr als wahrscheinlich, dass er die Zehnteinnahmen aus den Kreuzzügen zur Verschönerung von Santa Maria Maggione und San Giovanni in Laterano verwendet hat.

Wer weiß, ob die Abgaben, die für Kreuzzüge vorgesehen waren, teilweise nicht auch der Bezahlung der *Storie di San Francesco* in der oberen Kirche der Kathedrale San Francesco in Assisi[8] diente, deren Entstehung zeitlich mit der Niederlage der Christen bei Akkon zusammenfällt. Gehen wir einmal davon aus, dass Giotto sie gemalt hat, und zwar während des Pontifikats Nikolaus' IV.[9] Das Scheitern des ersten franziskanischen Papstes in seinem Bestreben, die Kreuzzüge fortzusetzen, zeigt, dass sich in der Christenheit ein Wandel vollzog. Die Rückeroberung der Heiligen Stätten, der Heilige Krieg, riss die Menschen nicht mehr mit, weder das Volk noch den Adel, und es gab auch keine glühenden Prediger mehr, die ihre Stimme gegen die Muslime erhoben hätten, welche damals in Wirklichkeit die glänzendste Kultur und ein Hort der Bildung waren. Vielmehr gab es bloß noch Strategen, die auf dem Papier nicht existierende Heere und phantasierte Routen ersannen, um das Unerreichbare zu erreichen, wie der Franziskaner Fidenzio aus Padua in seinem Buch *Liber de Recuperatione Terre Sancte*, das Nikolaus IV. selbst gewidmet war.[10]

Die Wandgemälde der alten Templerkapelle von Cressac-sur-Charente, (um 1200) sind nicht nur aufgrund ihrer künstlerischen Qualität bemerkenswert, sondern sie gehören auch zu den wenigen erhaltenen mit weltlicher Thematik. Rechts: In verschiedenen Szenen ist der Triumph des Christentums über den Islam dargestellt, welcher oft mit dem Sieg der Kreuzritter im Jahre 1163 über Nur ad-Din Mahmud, Sultan von Aleppo (1118–1174) gleichgesetzt wird. Am Rand: Wandgemälde der Kreuzzügler. Cressac-sur-Charente (Frankreich)

Folgende Doppelseite:

Die Fresken im Palast Berenguer d'Aguilar in Barcelona beschreiben das Aufeinandertreffen von Christen und Sarazenen mit kraftvoller erzählerischer Spannung, welche die gesamte verfügbare Fläche zu einem Kontinuum ohne zentrale Ausrichtung formt, wo die einzelnen Episoden ohne Unterbrechung aufeinander folgen und sich die Figuren vermischten, wäre nicht der Umriss jeder der Figuren durch eine markante schwarze Linie gegeben. Rechts: Detail aus der Schlacht von Portopi. Links: Detail aus dem Feldlager von Jaume I. und vom Angriff auf Mallorca mit dem Grafen von Empúries und Pero Maça vor einem Zelt. Aus dem Palast Berenguer Aguilar in Barcelona, MNAC, 1285–1291

Bilder „ohne Geschichte"?

Die Christenheit suchte Gott nicht länger im Orient, sonder sie fand ihn im eigenen Land. Sie fühlte sich nicht länger dem Osten, Byzanz, verbunden, sondern fand wieder zu sich selbst in der Tradition der römischen Antike, eine Tradition, die nicht zuletzt auch zur Wiederaneignung der Kunst der Antike führte.

In der Wissenschaft herrscht weitgehend Übereinstimmung in der Einschätzung, dass zwischen 1280 und 1330 in einigen Städten Italiens (in erster Linie in Rom, Florenz, Siena, Assisi, Padua) eine „neue Kunst"[11] aufkam, oder anders gesagt, dass das „Zeitalter des Bildes" dem „Zeitalter der Kunst"[12] zu weichen begann. In den Jahrhunderten der Kreuzzüge zwischen den enthusiastischen Predigten Urbans II. zur „Befreiung der Kirche" im Jahre 1095, mit dem Versprechen, dass jedem, der für Eroberung des irdischen Jerusalem zur Waffe greift, der Eintritt ins himmlische Jerusalem freistünde, und den fruchtlosen Aufrufen Nikolaus' IV., lebte die Christenheit in einem religiösen Gefühl, das durch das Wort und das Bild bestimmt war, ein Bild „ohne Geschichte", ohne Unmittelbarkeit im Sinne der Entfremdung vom alltäglichen Geschehen, von allem, was den Menschen vertraut war.

Diese Bilder, die anfangs „ohne Geschichte" waren, ohne den Willen oder Anspruch des Erzählens, wurden von der Historiographie des 19. Jahrhunderts mit der Bezeichnung „romanisch" bedacht, die wenig glücklich ist (wie es oft geschieht in einer Kunstgeschichte, die sich als eine Abfolge von Stilen versteht), während das 16. Jahrhundert sie allgemein als „byzantinisch" auffasste und auch als zu Barbaren, den Goten, gehörig, also gotisch.

In Wahrheit ist die Kunst dieser Bilder die Kunst der Pilgerfahrten und vor allem der Kreuzfahrten; die Kunst, die gegen Ende des 11. Jahrhunderts geboren wird und gegen 1300 stirbt, eine Kunst, die sich gleichzeitig mit dem Geist der Kreuzritter und des Heiligen Krieges entfaltet und die versiegt, als die hohen Türme der Kathedralen beginnen, ihren Schatten auf jene Klöster zu werfen, welche die Zisterzienser in stillen und abgelegenen Wäldern errichten wollten.

Wenn es stimmt, dass sich mit den Kreuzzügen auch die Sicht änderte, welche der Mensch von seiner Umgebung hatte, und damit eine Erneuerung der Gesell-

S·ZE NOBI

GIU
DA
S·ILL
ARI·

schaft[13] verbunden war, so ist diese Erneuerung doch eher an literarischen Kreisen abzulesen, also in notwendigerweise elitären und damit eng umgrenzten Milieus, als in Kunstwerken wie Gemälden und Skulpturen, welche die Gesellschaft in ihrer Gesamtheit erreichen. Während die Weitergabe von Wissen nicht mehr auf den monastischen Bereich beschränkt war und mehr und mehr die Schulen und Universitäten der großen Städte erreichte, und während eine neue Sensibilität[14] gegenüber dem ritterlichen Heldentum und zugleich auch gegenüber Luxus und Verfeinerung der Sitten spürbar wurde, erschienen Malerei und Skulptur als effiziente Werkzeuge der feudalen Macht, aber auch des *Dominus*, des Herrn der Herren.

So war es, aber der ritterliche Geist in seiner Weltverliebtheit und die Geschichte selbst, die in der Literatur erfahrbar ist, konnten nicht gänzlich am Rande der bildenden Künste bleiben. Bereits vor den Kreuzzügen, gegen 1077–1082, wurde auf dem irreführenderweise so bezeichneten Wandteppich von Bayeux (Centre Guillaume-le-Conquérant, Bayeux), in Wahrheit eine Stickerei von 48 Meter Länge, die Schlacht von Hastings episch dargestellt, in welcher William, Herzog der Normandie, und der Engländer Harold aus dem Hause Godwine sich in der Nacht vom 27. auf den 28. September 1066 gegenüberstanden und um den englischen Thron kämpften, der seit dem Tode Edwards des Bekenners verwaist geblieben war. Die wenig glaubwürdige Legende, wonach Königin Matilde, Williams Frau, ihn stickte, soll den Sieg der Normannen legitimieren, indem er als ein Gottesurteil dargestellt wird. Doch seine Protagonisten sind weder der verstorbene König noch die Thronanwärter, nicht die Ritter, die sich auf dem Schlachtfeld gegenüberstehen, und auch nicht Eudes, der Bischof von Bayeux und eigentliche Architekt des normannischen Sieges; auf dem Wandteppich stehen die Kampfszenen im Mittelpunkt, die einzelnen Treffen, die dem Auge des entfernt stehenden Betrachters verborgen bleiben, Momente des Verrats, der Fabel oder der Alltäglichkeit und auch Augenblicke von schwüler Erotik.[15]

Der Wandteppich ist sicherlich das größte Kriegsepos, welches die Kunst des 11. Jahrhunderts erzählt – über die Kreuzzüge ist kein vergleichbarer Zyklus erhalten geblieben –, aber wir wissen, dass er nicht das einzige gewesen ist. Baudry von Bourgueil, Abt der Benediktinerabtei von Bourgueil (1079) und Erzbischof von Dol (1107), der über den ersten Kreuzzug aus erster Hand Bescheid wusste und sogar eine *Geschichte Jerusalems* verfasste (gegen 1107), beschrieb in 1368 lateinischen Versen die Ausstattung der Kammer der Adele von Blois, Tochter Wilhelms des Eroberers und Matildes, die Stefan Heinrich von Blois ehelichte, einen Grafen, der am ersten Kreuzzug teilgenommen hatte: Den Fußboden des Zimmers der Dame bedeckte ein *Mapamundi*, eingefasst von den Allegorien der vier Himmelsrichtungen; von den Wänden hingen Stickereien aus goldenen und silbernen Fäden und Edelsteine, welche „neue Geschichten" erzählten, unter ihnen die durch die Gestirne begünstigten Heldentaten ihres Vaters.

Wir wissen nicht mit letzter Gewissheit, ob diese Stickereien wirklich existiert haben oder ob sie ein literarischer Kunstgriff des Baudry von Bourgueil gewesen sind, doch in jedem Fall bezeugen die Verse des Benediktinermönches, dass die Kunst auch im Dienste der Geschichtsschreibung gestanden hat und auch gebraucht worden ist, um alles das aufzuzeigen oder anzuprangern, was die Menschen nicht mit Worten auszudrücken wagten. Keine anderen Gemälde sind in diesem Sinne so mustergültig wie jene, die einen Raum des Palastes von Morgana schmückten und derer die schöne Schwester sich bediente, damit König Artus die Wahrheit über die Romanze zwischen dem Ritter Lanzelot und der Königin Ginover erführe: „An jenem Tag war es sehr schön und die Sonne erhob sich schön und hell, so dass ihr Licht überall eindrang; der Raum erhellte sich mehr, als es zuvor der Fall gewesen war [...]. Der König begann um sich zu schauen und erblickte die Gemälde und Bilder, die Lanzelot gemalt hatte, als er dort gefangen gewesen war. König Artus war hinreichend gelehrt, um etwas Geschriebenes verstehen zu können, und als er die Bildlegenden sah, die den Sinn der Zeichnungen erläuterten, begann er sie zu lesen und

Vorhergehende Doppelseite:

Auf dem Mosaik des Coppo von Marcovaldo bringt die Darstellung der Hölle eine gewaltsame Plastizität zum Ausdruck, indem monströse und Schrecken erregende Elemente vermischt werden. Taufkapelle von San Giovanni, Florenz, Mitte 13. Jahrhundert

Das Zeitalter der Kreuzzüge erlebt den Übergang von der Romanik zur Gotik, wie er an der Vorderseite der Kirche des katalanischen Zisterzienserklosters von Santa Creus (Aiguamúrcia, Tarragona), erbaut zwischen 1174 und 1225, abzulesen ist. Die Tür zeigt mit ihren Rundbögen noch ganz die romanische Ordnung, während am Fenster bereits die emporstrebende Leichtigkeit des gotischen Spitzbogens zu erkennen ist.

verstand sehr bald, dass die Zeichnungen in dem Raum Werke Lanzelots waren und seine Heldentaten darstellten aus der Zeit, als er edler Ritter war [...]. So begann der König, die Taten Lanzelots nach den Bildern zu beurteilen, die er sah, und als er bei den Bildern anlangte, welche von der Enthüllung des Galeote berichteten, erschrak er und war sehr verwundert; er begann sie in Augenschein zu nehmen und sprach betrübt zu sich selbst: ‚Bei meinem Glauben, wenn es wahr ist, was diese Zeilen sagen, dann hat Lanzelot mich mit der Königin entehrt.'"[16]

Der anonyme Autor, der gegen 1230 *La mort de roi Artu* verfasste, lässt keinen Zweifel daran, dass Artus „hinreichend gebildet" war, um die Schrift an den Wänden zu verstehen: Der Verfasser war der König selbst. Sicherlich wäre nicht jeder der Ritter, die ihn begleiteten, dazu in der Lage gewesen, wenngleich sie vielleicht die gemalten und gezeichneten Malereien und Zeichnungen richtig gedeutet hätten. Die von Bildlegenden begleiteten Darstellungen sind beispielhaft, doch die Residenz von Morgana kann nicht als das Musterbeispiel eines Landhauses gelten, eher als ein Palast jener Epoche. In seinem Leben war der König niemals mit etwas derartigem konfrontiert gewesen, weder in Camelot noch an einem anderen Ort: „Und der König bekreuzigte sich vor Staunen, denn noch niemals hatte er eine besser ausgeschmückte Kirche gesehen oder ein Kloster, dessen Hof so reich mit Wandbehängen versehen war."[17]

Wandteppich von Bayeux.
Oben: *Der Tod Eduard des Bekenners und die Trauerzeremonie.*

Auf der folgenden Seite:

Zwei Schlachtenszenen, welche die Härte des Aufeinandertreffens von Angelsachsen und Normannen sowie das dabei entstehende Durcheinander abbilden. Möglicherweise in England gestickt und anschließend in die Kathedrale von Bayeux in der Normandie gebracht. 1070–1080?

Die schönste aller Schönheiten

Kriegerische Taten wie die Wilhelms des Eroberers und anderer nach ihm, und ebenso die Liebe wie beim Ehebruch von Ginover und Lanzelot fanden Eingang in die Kunst des Zeitalters der Kreuzzüge, wenngleich sie auf die engeren Kreise der höfischen Gesellschaft beschränkt blieben. Die Kunst, die zu allen Menschen sprach, zu den Analphabeten, die die Schrift auf den Wänden der Paläste nicht lesen konnten und ebensowenig die Heilige Schrift, war die stumme Kunst der Gemälde und Skulpturen, welche die Menschen in die Mysterien Gottes einführte, sie an die Taten der von Gott Ausgewählten erinnerte und dazu aufforderte, sie nachzuahmen: Die stumme Malerei, so Gregor von Nizza Jahrhunderte zuvor, spricht auf der Wand und tut damit viel Gutes.[18] Die Kunst, die zu Allen sprach, war die Kunst der Kirchen und Klöster, eine Kunst, die sich jedoch noch nicht der Volkssprache bediente.

Der Grund dafür lag sicherlich nicht in ihrer Thematik, oder darin, dass sie eine Kunst „ohne Geschichte" war, auch nicht in der Botschaft, die sie den Gläubigen vermitteln wollte. Die Allmacht Gottes, der Anfang und Ende war, Licht der Welt, Recht und Gesetz, kann nicht in der Sprache des Volkes ausgedrückt werden, nicht durch das Nahe, sondern durch das Weite, nicht durch Immanenz, sondern durch Transzendenz, nicht durch Bewegliches, sondern durch Feststehendes, nicht durch Zeitliches, sondern durch das außerhalb der Zeit Stehende, nicht durch das Räumliche, sondern durch das, was keinen Raum einnimmt und nicht im Raum eingeschlossen ist, nicht durch das Individuelle, sondern durch das Kollektive.

Wenn Poesie und Prosa im Zeitalter der Kreuzzüge auch einen eindeutigen Prozess der Individualisierung[19] erkennen lassen, das heisst einen Prozess, durch welchen die Individuen das Merkmal oder die Merkmale erwerben, durch welche sie unverwechselbar werden, gebraucht die bildende Kunst noch – jedenfalls bis in das letzte Drittel des 13. Jahrhunderts hinein – die formenhafte, imperiale Sprache des byzantinischen Reiches.[20] Die Schönheit der Bilder war in jenen Jahrhunderten nicht dadurch bestimmt, dass sie einem festgelegten ästhetischen Kanon entsprachen, einem Kanon, der in der Wertschätzung des Alltäglichen zweifellos existierte, sondern dadurch, dass sie die höhere Schönheit zum Ausdruck brachte, jene Schönheit, die nicht mit den Augen wahrgenommen werden kann, sondern allein durch den Geist, einen Geist, dessen höchstes Ziel die Kontemplation Gottes ist.[21] Es war eine Schönheit, die sich aus der Eingliederung des Neoplatonismus

FRANCI: INPRELIO

Plotins in das christliche Denken ergab. Für Plotin war die Schönheit in der Kunst in Wahrheit viel mehr als das, was im Äußeren der Dinge zu finden ist, denn umso mehr die Kunst sich der Materie zuwendet, desto mehr verblasst ihre Schönheit und entfernt sich von der Schönheit des Einen, des Höchsten Wesens: „Wenn die Künste verachtet werden, weil sie lediglich die Natur abbilden, so müssen wir zuvorderst auch sagen, dass die Dinge der Natur gleichermaßen Abbildungen anderer Dinge sind, und wir werden feststellen, dass die Künste keinesfalls die sichtbaren Dinge nachbilden, sondern dass sie auf die letzten Gründe zurückgehen, aus denen die Natur selbst hervorgegangen ist."[22]

Dieser Gedanke, zu dem der heilige Augustinus[23] zu Beginn des Mittelalters den Grundstein gelegt hat, liefert eine Erklärung dafür, dass sich die Kunst im Zeitalter der Kreuzzüge im Allgemeinen nicht um die Wirklichkeit gekümmert hat, auch nicht um Gefühle oder um irgend etwas, das menschliche Augen wahrzunehmen imstande sind, weil die Schönheit des Einen, des Höchsten Wesens nicht nur die Schönheit des Dinglichen, Gegenständlichen bei weitem übersteigt, sondern auch jene Schönheit, welche die Seele selbst wahrzunehmen überhaupt in der Lage ist. Gott ist „die schönste aller Schönheiten",[24] und somit Anfang und Ende jeder Schönheit, wie er Anfang und Ende des Universums ist.

Am Anfang ...

Dass Gott Anfang und Ende ist, war keine Frage des Wissens, sondern des Glaubens, wie schon der Athener Clemens, genannt der von Alexandria, in den Tagen der frühen Christenheit in seinen *Stromata*[25] ausgeführt hatte. Während die Wissenschaft für Clemens die Angewohnheit der Beweisführung ist, ist der Glaube eine Gnade, welche auf das Unbeweisbare zurückgeht und bis zu den einfachsten Dingen reicht, der nicht der Materie angehört und ihr nicht untergeordnet ist.[26] Doch obwohl die Frage des „Anfangs" in den Bereich des Glaubens fällt, hat sie die Theologen des Mittelalters nachhaltig beschäftigt, die von Überlegungen wie der folgenden ausgingen: Wenn der Schöpfer seinem Wesen nach nicht zeitlich ist, wie kann es dann einen „Anfang" geben?[27] Dieser Gedanke lebte das ganze Mittelalter hindurch immer wieder auf, und nicht nur im christlichen Bereich, sondern auch unter den arabischen Philosophen.

Die Ewigkeit, die von Aristoteles verteidigt wurde, und die Zeitlichkeit in den Überlegungen Platons waren in jedem Fall die Grundlage für Gedanken über den „Anfang" wie jene, welche der Franziskaner Buenaventura Mitte des 13. Jahrhunderts in den *Comentarii in quatuor Libros Sententiarum* darlegte: „Wurde das Universum aus der Ewigkeit oder aus der Zeit heraus geschaffen? [...] Zu behaupten, dass die Welt ewig sei oder aus der Ewigkeit hervorgegangen, und gleichzeitig zu meinen, dass alle Dinge aus dem Nichts erschaffen worden sind, geht gegen alle Wahrheit und Vernunft [...], steht in einem solchen Widerspruch zur Vernunft, dass ich glaube, dass kein Philosoph, so wenig Verstand er auch haben möge, eine solche Meinung vertreten haben könnte.[28] Denn es besteht hierin ein offensichtlicher Widerspruch. Wenn man andererseits annimmt, dass die Welt ewig ist und damit die Ewigkeit der Materie voraussetzt, so scheint das vernünftig und verständlich."[29]

Die Annahme, dass etwas von Gott Geschaffenes nicht irgendwann ohne Existenz gewesen sein kann, führt zu dem offensichtlichen Widerspruch zwischen dem „Geschöpf Sein" und dem „Seit jeher Existieren", ein Widerspruch, der nur schwer in Bilder zu übersetzen ist, es sei denn in der synthetischen Form einer harmonischen Spirale ohne Anfang und Ende, was den mittelalterlichen Künstler zur Rückkehr zum Logos bewegte: „Am Anfang schuf Gott Himmel und Erde ..." und ihn dazu zwang, auf der Wand oder dem Zeichenbrett nicht die Ewigkeit, sondern die Zeitlichkeit des Universums darzustellen und sich vorzustellen, auf welche Weise Gott Himmel und Erde erschaffen habe.

Die Bibel des Stefan Harding ist die erste mit Miniaturen versehene Handschrift aus dem Scriptorium von Cîteaux; der Kampf gegen Goliath wird ebenso wie andere Episoden aus dem Leben Davids mit der lebendigen Unmittelbarkeit des Alltäglichen beschrieben. Dijon, Stadtbibliothek, MS 14f. 13r, Anfang 12. Jahrhundert

Goliaht phylisteus
David
David.
Goliaht
Achis
rex
Abisai
David

Kreuzgang der Zisterzienserabtei Fontenay in Burgund, 12. Jahrhundert

Und diese Frage nach der Art und Weise hatte bereits Augustinus in seinen *Confessiones* gestellt: „Aber wie hast Du den Himmel und die Erde gemacht, und welches war das Werkzeug zu Deinem so großen Werk?“ Gott konnte nicht so vorgehen wie der Mensch, der einen Gegenstand mit Hilfe eines anderen formt und dem eine Form aufzwingt, das bereits existiert und eine Form hat, Erde, Stein, Holz, Gold oder jedwede andere Art von Materie. Gott konnte „am Anfang“ nicht etwas verwenden, was noch gar nicht festgelegt, noch gar nicht geschaffen war, denn Gott schuf den Künstler, seine Seele, die über seine Glieder herrscht, schuf die Materie. „Aber Du, wie bist Du zu Werke gegangen?“, fragt hartnäckig Augustinus, „Wie hast Du, oh Gott! Himmel und Erde gemacht? Sicherlich hast Du sie nicht im Himmel und auf der Erde geschaffen, nicht in der Luft und auch nicht im Wasser, denn auch diese Dinge gehören zum Himmel und zur Erde. Du hast auch nicht das Universum im Universum geschaffen, denn es gab keinen Ort, wo man es hätte schaffen können, bevor es nicht geschaffen war.“

Welches war nun also das Werkzeug, das Instrument Gottes in seinem Tun: „(Denn) Du hieltest auch nichts in Deiner Hand, womit Du Himmel und Erde gemacht hättest, denn woher hätte dieses kommen sollen, wenn Du es nicht gemacht hättest. Und welches Ding existiert nicht allein deshalb, weil Du existierst?“ Es gab nichts. Gott konnte kein Gerät benutzen, kein Instrument und kein Werkzeug, um Himmel und Erde, das Universum zu erschaffen. Gott konnte nichts in seinen

Nach den Regeln der mittelalterlichen allegorischen Darstellung bietet sich das Himmlische Jerusalem dem Betrachter als ein Abbild der zeitgenössischen Wirklichkeit dar, die in Christus Frieden gefunden hat. Fresko aus dem Eingangsgewölbe, San Pietro al Monte in Civate (Lombardei), 11. bis 12. Jahrhundert

Folgende Doppelseite:

Links: *Innenraum der Kirche des Benediktinerklosters Saint-Savin-sur-Gartempe, erneuert im 11. Jahrhundert.* Rechts: *Im Gewölbe des Hauptschiffs stellen Fresken die Zyklen der Genesis und der Apokalypse in einfacher und leicht verständlicher Weise dar.*

Händen halten im Moment der Schöpfung: „Also hast Du ein Wort gesprochen und die Dinge sind geworden. Du hast sie mit Deinem Wort gemacht", schließt Augustinus.[30]

Gott hat die Dinge durch sein Wort gemacht, doch das schöpferische Wort ist im künstlerischen Bereich schwierig darzustellen, und selbst wenn es möglich ist, so wäre es für die einfachen und ungebildeten Menschen schwierig zu verstehen. Daher hat das Christentum sich damit abgefunden, dass das Wort sich in ein Werkzeug verwandelt hat, in etwas, das Gott in der Hand hält im Moment der Erschaffung oder besser Errichtung des Universums, so wie der Engel der Apokalypse, der das Himmlische Jerusalem vermessen soll, einen goldenen Stab in der Hand hält. Und wenn sich das Wort in ein Werkzeug verwandelt hat, so ist das Universum analog dazu als ein großes Gebäude verstanden worden; und jenes Werkzeug, von dem Augustinus sagte, Gott könne es unmöglich in seinen Händen gehalten haben, als die Schöpfung in der Zeit konkretisiert wurde, war nichts anderes als ein Zirkel, ein Instrument, das stets als Symbol der Weisheit und der Exaktheit gegolten hat, und auch als Symbol der gestalterischen Macht des Gedankens im Gegensatz zur Vorstellungskraft. Gott wurde der große Architekt des Universums, wie Dante im *Paradies* in der *Göttlichen Komödie*[31] dichtete:

Dann fing er an:
„Der, welcher mit dem Zirkel die Welt umgrenzte und in ihrem Innern so viel Geheimes von dem Klaren trennte, der konnte seine Kraft nicht also prägen ins Weltall, dass er nicht mit seinem Worte unendlich alles andre überragte [...].“

In diesem Detail einer Szene aus dem Gewölbe erinnert die stilisierte Bekleidung der Figuren an die Abstraktion und die Präzision der romanischen Miniatur.

Es darf nicht übersehen werden, dass Dante in diesen viel zitierten Versen, in welchen Gott mit seinem Zirkel die Grenzen der Welt festlegt, um in ihr das Offenbare wie das Geheime zu bewahren, nur das Motiv der Weisheit des göttlichen Weltenarchitekten wieder aufnimmt, welches bereits im Buch der Sprüche[32] auftaucht. Wie aus einigen mit Miniaturen verzierten Seiten der Genesis und ganz besonders aus den französischen Bibeln vom Beginn des 13. Jahrhunderts zu ersehen ist, war der Zirkel, jenes menschliche Werkzeug, für den mittelalterlichen Menschen das Alpha des Universums, das Gott, der Höchste Architekt, „am Anfang" geschaffen hatte.

Gegenüber: *Gott als oberster Architekt errichtet das Universum mit einem Zirkel in der Hand. Miniatur aus der Biblia moralis, Nationalbibliothek, Wien, Kodex 2554 f. 1v, Anfang 13. Jahrhundert*

Folgende Doppelseite:

Links: *Die Vision vom Homo quadratus. Lateinischer Kodex der heiligen Hildegard, Biblioteca statale, Lucca, MS 1942, f. 9r*

Rechts: *Die königliche Wallfahrtskirche Sainte-Chapelle, nach dem Willen Ludwigs IX. entstanden, propagiert auf französischem Boden das Idealprogramm des christlichen Herrschers. Paris, 1248*

Das Vollkommene durch das Unvollkommene

Gott mit seinem Zirkel ist der vollkommene Baumeister, der große Architekt der Welt, der Elemente zusammenbringt, die aus sich selbst heraus auf ewig voneinander geschieden geblieben wären. Die Natur baut und entwirft ebenfalls, so etwa den menschlichen Körper. Das durch den Menschen geschaffene Kunstwerk entsteht, wenn der Mensch Materie umformt, ganz so wie es die Natur tut, ob als Maler oder Bildhauer, ob er ein nützliches Gerät für die Landwirtschaft herstellt oder ein Gebäude errichtet. Das Werk Gottes ist dauerhaft und vollkommen, das Werk der

Iv

VI · II

Visio secunda:

Menschen vergänglich und unvollkommen. Der künstlerische Mensch sieht sich mit einem Material konfrontiert, das sich ihm widersetzt und das aus diesem Grund in seiner Umformung niemals Vollkommenheit erreichen kann, auch deshalb, weil die menschliche Weisheit unvollkommen und unbeständig ist.

In der schöpferischen Arbeit des Menschen bleibt das Vollkommene also für ihn unerreichbar. Obwohl der Zirkel ein Instrument des Messens und der Erkenntnis ist, ist er doch vor allem ein Werkzeug des Schaffens. Was die Erkenntnis von der Umsetzung trennt ist dasselbe, was im Mittelalter die Wissenschaft von der Kunst trennt. Die Maxime *ars sine scientia nihil est* (die Kunst ist nichts ohne die Erkenntnis) war der mittelalterlichen Welt keineswegs fremd, aber die Künste im Zeitalter der Kreuzzüge einschließlich des 13. Jahrhunderts waren – sicherlich in abnehmendem Maße – von fortschrittlichen Entwicklungen und Anstrengungen in den Wissenschaften weit entfernt. Wenn das Ziel der Wissenschaft die Erkenntnis war, so war es die Absicht der Kunst, nützliche Dinge herzustellen,[33] vom mit Miniaturen verzierten Buch bis hin zur Kathedrale, welche die Menschen in den Genuss der Schönheit des Anfangs und Endes einführen sollten, welche Gott war. Und damit die Bilder dem Genuss dieser Schönheit dienen konnten, mussten sie dem Betrachter zu Herzen gehen, sie mussten kraftvoll, ausdrucksstark und überzeugend sein, mindestens ebenso sehr wie die Literatur oder das gesprochene Wort.[34]

Die Notwendigkeit, eine Bewegung des Herzens hervorzurufen, zu gefallen und zu unterweisen,[35] führte dazu, dass die Bilder auf die zeitlichen Dinge ebenso zurückgriffen wie auf das außerhalb der Zeit Stehende, auf Visionen des Übernatürlichen – manchmal glühende Visionen wie die der heiligen Hildegard – wie auf das Monströse und Furcht einflößende[36] oder auf das schlicht Menschliche. Sie führte auch dazu, dass die Bilder danach strebten, die vollkommene Schönheit zu erreichen oder dass sie einfach vorgaben, schön zu sein, denn indem sie diese Schönheit erreichten, hatten sie ihren Zweck erfüllt.[37]

Diese Schönheit ist gleichwohl nicht auf einen festgelegten Kanon beschränkt. In der Romanik und frühen Gotik herrscht ein gewisser Pantheismus, aufgrund dessen das Gewöhnliche ebenso schön sein konnte wie das Außergewöhnliche, das Reale ebenso wie das Phantastische, das Harmonische ebenso wie das Zusammenhanglose und Überspannte.

Aber wenn das Monströse schön sein kann, wenn die Masche eines Stoffes, wenn das metallische Glänzen einer Axt, das den Feind erschreckt, oder die Durchsichtigkeit eines Kristalls, die es erlaubt, von außen zu sehen, was ein Glas enthält, schön sein können, um wieviel mehr kann, und kann nicht nur, sondern muss das Bild schön sein, das jenes Unsichtbare und Vollkommene abbildet, das Bild Gottes, die vollendete Schönheit; die Schönheit, von welcher der heilige Bernhard sagt, sie sei im Ganzen und durch das Ganze: „Oh, wie schön bist Du, meine Freundin, wie schön bist Du! Jetzt erkenne ich, dass Du schön bist, nicht nur wegen der Liebe, die Du für mich empfindest, sondern auch wegen Deiner Demut. Ich sage nun nicht mehr, dass Du schön bist unter den Frauen, auch nicht dass Deine Wangen schön sind oder dass Dein Hals höchst anmutig ist, sondern ich bekenne ohne Vorbehalt, dass Du zur Gänze schön bist, nicht im Vergleich mit anderen oder nur in Teilen, sondern im Ganzen und durch das Ganze."[38]

Die Forderung, dass etwas so Unvollkommenes wie Bilder, die von Menschen gemacht sind, Abbild von etwas Vollkommenem sein sollen, hat in der Entstehung und Entwicklung der Kunst eindeutig eine Spannung bewirkt: Sie musste eine Kunst sein, die das Unsichtbare zeigen sollte, aber durch das Sichtbare hindurch; sie musste eine zeitlose Kunst sein, denn Gott, dem sie diente und gehorchte, ist der Anfang und das Ende aller Dinge, aber er musste sich durch vergängliche Materie offenbaren; sie musste eine Kunst sein, die das Vollkommene erreichen könne, aber durch die unvollkommene Schönheit ihrer Formen hindurch, die übrigens nur dann als vollkommen schön betrachtet werden können, wenn sie als ein Symbol der Vollkommenheit angesehen werden, die dem Sinnlichen fernsteht, der veränderlichen

Alltäglichkeit, dem Raum und der Zeit, in der die Menschen leben, die sie begreifen und die sie zum Ausdruck bringen können.

Doch wenn die Kunst auch nichts weiter ist als ein unvollkommenes Symbol des Vollkommenen, so kann doch nicht verneint werden, dass sie sich allein durch die Freude am Unmittelbaren manifestieren kann. Diesen Standpunkt hat Hugo von Sankt Victor vertreten, der nicht daran zweifelte, dass alle sichtbaren Dinge sich in Form von Symbolen darbieten, als Bilder, welche die unsichtbaren Dinge widerspiegeln und zum Vorschein bringen, welche in dem erhabenen und unendlichen Wesen Gottes bestehen; dabei hat er nicht aufgehört, sich über die Anmaßung jener zu wundern, die Meister in der Auslegung der Symbole zu sein vorgaben und doch die ursprüngliche Bedeutung des Buchstabens nicht kannten.

Eine ähnliche Argumentation, wonach die Dinge ihre eigene Struktur besitzen und erst in zweiter Linie Zeichen der unsichtbaren Welt sind, hatte Petrus Abaelardus an der Schwelle zum 12. Jahrhundert, in der Zeit des ersten Kreuzzuges, in seiner *Logica ingrdientibus*, einem Kommentar zu *Porfirius*, dargelegt, in welchem er die Zuweisung der Namen behandelte: Da die Wörter eine doppelte Bedeutung haben, nämlich über Gegenstände und über Gedanken, präsentieren sich die Dinge vorrangig dem Verstand: Was der Verstand zu begreifen vermag, muss sich zunächst aus dem Wesen der Dinge erschließen; und wer ursprünglich einen Begriff eingeführt hat, musste dazu das Wesen des Gegenstandes in Betracht ziehen, aufgrund dessen dann der Begriff eingesetzt wurde. Folglich sind die Gedanken, die notwendigerweise dem Wesen eines Gegenstandes folgen, zweitrangig, und die Gegenstände gehen ihnen voraus.

Ein Neues Jerusalem in einem Neuen Gelobten Land

Die Gedanken sind sekundär und Dinge liegen ihnen zugrunde, sicherlich. Doch für die Menschen im Zeitalter der Kreuzzüge bemächtigen sich die Gedanken einer Kunst, die Kosmologien entwirft, welche erst durch jene doppelte Bedeutung der Wörter, und in diesem Fall der Bilder, möglich werden. Und nicht nur die doppelte Bedeutung, die im Sichtbaren das Unsichtbare zu begreifen erlaubt, sondern jene, welche die Brücke zwischen den beiden Ufern der mittelalterlichen Macht bildet, der staatlichen und der kirchlichen Macht.

Viele haben dazu beigetragen, dass die Kunst diese Brücke gespannt hat, aber den größten Glanz hat ihr Ludwig IX. von Frankreich gegeben, der Sohn Ludwigs VIII. und Blancas von Kastilien, gemeinsam mit dem Kastilier Ferdinand III., dem letzten heiligen König der Christenheit. Am 25. April 1248 wohnte der asketische und leidende König, der den gekreuzigten Christus, den Christus der Passion[39] zum Vorbild nahm, der den Glanz des Königtums stets mit der Herrlichkeit Gottes in Verbindung brachte,[40] von seiner Kapelle aus der feierlichen Einweihung des königlichen Heiligtums, der *Sainte Chapelle*, bei. Sie barg in einem edlen Gefäß die Reliquien der Passion Christi und unter ihnen die wertvollste, die Dornenkrone, die blutgetränkt das Haupt des himmlischen Königs bedeckt hatte.

Wenige Monate nach der Weihe, am 25. August, stach der König von Aigues Mortes aus in See, um Jerusalem im Gelobten Land aus den Händen der Ungläubigen zurückzuerobern. Nach sechs Jahren der Kämpfe hatte sich das Verlangen nicht erfüllt, das sein ganzes Leben bestimmt hatte,[41] aber die „wunderbare Schönheit"[42] der Glasfenster der Sainte Chapelle, des Neuen Jerusalems im neuen Gelobten Land Frankreich, enthüllt mit ihrem umfassenden typologischen Programm[43] die ganze Größe jenes Stellvertreters Christi auf Erden, der das Kreuz auf sich nahm, um seiner Religion Genüge zu tun und auch der kapetingischen Dynastie, deren Stammbaum auf Christus selbst zurückgeführt wurde.

Folgende Doppelseite:

Links: *Das Fresko, das den göttlichen Herrscher mit dem heiligen Franziskus von Cimabue zeigt, liefert ein gewandeltes Bild des Heiligen, das sich von dem in der italienischen Malerei des 13. Jahrhunderts abhebt. Untere Basilika, Assisi*

Rechts: *In der Maestà di Santa Trinità von Cimabue scheint in den Bögen und auch in den Gesten noch die byzantinische Ikone durch, neu sind jedoch das Gefühl für den Raum und der Sinn für Körperlichkeit. Galleria degli Uffizi, Florenz, 1285–86*

Atlantik
Essen
Aachen
Bayeux
Lanleff
Normandie
Bretagne
Quimperlé
Paris
Seine
Rhein
Ottmarsheim
Regensburg
Loire
Auxerre
Burgund
Fontenay
Cîteaux
Dijon
Poitiers
St. Savin s. Gartempe
Charroux
Limoges
Cressac-s. Charente
Clermond
Cluny
Genf
Santiago de Compostela
Aquitanien
Garonne
Rouergue
Rhône
Almenno
Civate
Monza
Verona
Aquileia
Mailand
Mantua
Padua
Venedig
Pavia
Piacenza
Ponferrada
Leon
Burgos
Navarra
Ebro
Pyrenäen
Toulouse
Provence
Genua
Bologna
Ravenna
Kastilien
Aragon
Narbonne
Aix en Provence
Segovia
Saragossa
Pisa
Florenz
Toskana
Siena
Assisi
Marken
Adriatisches Meer
Katalonien
Alcántara
Cáceres
Tajo
Toledo
Tortosa
Barcelona
Tarragona
Korsika
Uclés
Merida
Rom
Termoli
Calatrava
Valencia
Monte Cassino
Gargano
Algarve
Balearische Inseln
Guadalquivir
Las Navas de Tolosa
Barletta
Sevilla
Cordoba
Mallorca
Sardinien
Amalfi
Salerno
Murcia
Al-Andalus
Granada
Malaga
Almeria
Ceuta
Monreale
Palermo
Cefalù
Rabat
Algier
Fes
Sizilien
Tlemcen
Qal'at Banu Hammad
Marrakesch
Tinmal
Ifriqiya
Sousse
Kairouan
Mahdiyya
Maghreb
Libyen

Dnjepr
Don
Wolga
Dnjestr
Kaspisches Meer
KAUKASUS
KRIM
GEORGIEN
Schwarzes Meer
Kura
Donau
Ečmiadzin
Sewan-See
Trapezunt
Erzurum
ARMENIEN
Konstantinopel/Istanbul
Sivas
Divriği
Euphrat
Van-See
Saloniki
Akhtamar
Urmia-See
Kizil Irmak
ANATOLIEN
Caesarea/Kayseri
Mossul
Tigris
KAPPADOKIEN
Edessa/Urfa
Konya
Niğde
Beyshehir
Aleppo
AL-DJAZIRA
Athen
Antiochia
MESOPOTAMIEN
PELOPONNES (MOREA FRANCA)
Seleukia/Silifke
Baniyas
Margat
Tartus
Crac des Chevaliers
Homs
Famagusta
Nebek
KRETA
ZYPERN
Byblos
Beirut
SYRIEN
Damaskus
Tyrus
Mittelmeer
St. Johannes in Akkon
Tiberias
Bosra
PALÄSTINA
Jerusalem
Betlehem
Madaba
Gaza
Damiette
Alexandria
Kairo/Fustat
ARABIEN
Saqqara
ÄGYPTEN
SINAI
FAYYUM
Katharinen-kloster
Nil
Rotes Meer
Weißes Kloster
Dandarah

Anmerkungen und Literaturverzeichnis

Probleme einer Geografie der Kunst während der Kreuzzüge

[1] F. Braudel, *Civiltà e imperi del Mediterraneo nell'età di Filippo II*, Turin, Einaudi 1953 (4. Ausgabe 1976)

[2] Zu den hier bedachten Forschungsmethoden der Kunstgeschichte s. U. Kultermann, *Geschichte der Kunstgeschichte. Der Weg einer Wissenschaft* [1966], 2. Ausgabe München 1990 (italienische Übersetzung Venedig 1997); G. Bazin, *Histoire de l'histoire de l'art*, Paris 1986 (italienische Übersetzung *Storia della storia dell'arte*, Neapel 1993); H. Dilly (Hrsg.), *Altmeister der Kunstgeschichte*, Berlin 1990; M. Sitt (Hrsg.), *Kunsthistoriker in eigener Sache*, mit einer Einleitung von H. Dilly, Berlin 1990; R. Cassanelli/A. Conti/M. A. Holly/A. Lugli (Hrsg.), *L'arte. Critica e conservazione*, Mailand 1993; G. C. Sciolla, *La critica d'arte del Novecento*, Turin 1995; für Italien besonders: F. Bologna, „I metodi di studio dell'arte italiana e il problema metodo oggi", in: *Storia dell'arte italiana 1, Questioni e metodi*, Turin 1979, S. 165–282

[3] G. Kubler, *The Shape of Time* (1962), italienische Übersetzung mit Vorwort von G. Previtali, *La forma del tempo*, Turin 1976; H. Focillon, *Vita delle forme*, mit Einleitung von E. Castelnuovo, Turin 1987

[4] H. Belting, *Das Ende der Kunstgeschichte?* (1983), italienische Übersetzung *La fine della storia dell'arte o la libertà dell'arte*, Turin 1990, S. 15 f.

[5] B. Toscano, s. „Geografia artistica" in: *Dizionario della pittura e dei pittori*, bearb. von M. Laclotte unter Mitarbeit von J.-P. Cuzin, Turin 1990, S. 532–540

[6] Siehe beispielsweise für die Schweiz die Bearbeitung von Dario Gamboni, *La géographie artistique*, Disentis 1987 („Ars Helvetica" 1)

[7] E. Castelnuovo, „Le Alpi, crocevia e punto d'incontro delle tendenze artistiche nel XV secolo", in: *Ricerche di storia dell'arte* 9, 1978/79, S. 5–12

[8] F. Bologna, *Napoli e le rotte mediterranee della pittura da Alfonso il Magnamino a Ferdinando il Cattolico*, Neapel 1977

[9] Die Literatur über die Thesen Pirennes in seinem Werk *Mohammed und Karl der Große* ist außerordentlich umfangreich. Eine neuere Besprechung findet sich in G. P. Brogiolo/S. Gelichi, *La città nell'alto medioevo italiano. Archeologia e storia*, Rom-Bari 1998

[10] Die Forschung hat sich insbesondere in den letzten Jahren intensiviert, begonnen mit der Ausstellung im Palais von Tokio, *L'Orient des Croisades*, worüber der schmale Katalog mit Beiträgen von M. Bernus-Taylor, T. Bittard, M. Charritat, G. Joel, J. Moulierac und C. Naffah gut informiert (Cahiers du Musée d'art et d'essai, 8); weiterhin der Band *The meeting of two worlds: the crusades and the mediterranean context*, Ann Arbor 1981; nicht zuletzt die Ausstellung in Rom, M. Rey-Delqué (Hrsg.), *Le Crociate. L'Oriente e l'Occidente da Urbano II a San Luigi 1096–1270* (mit umfangreicher Bibliografie), Mailand 1997. Unter den zahlreichen Publikationen, vor allem die über das Heilige Land, s. J. Folda, *The art of the Crusaders in the Holy Land 1098–1187*, Cambridge 1995

[11] Die Literatur über die Kreuzzüge ist gewaltig, um nicht zu sagen uferlos. Zu den wichtigsten Gesichtspunkten und zum angesprochenen historischen Zeitrahmen ist noch immer lesenswert die Zusammenfassung von S. Runciman, *A History of the Crusades*, London 1951–54, italienische Übersetzung *Storia delle Crociate*, Turin 1966. Die *Gesta* von Guibert finden sich im *Receuil des histoires des croisades*, Historiens occidentaux IV, S. 155 ff.

[12] S. zu der besonders intensiven Untersuchung eines Grenzgebietes wie Katalonien J. Giralt/J. Eusebi Garcia (Hrsg.), *El Islam y Cataluña*, Barcelona 1998

Die Iberische Halbinsel

Aa.Vv. Actas del Simposio El Arte y las Ordenes Militares. Caceres, Comité Español de Historia del Arte, 1985

AA .VV. *Arte Gotico (Historia del Arte en Castilla y León)*, Band 3, Valladolid, Ambito, 1995

Azcarate Ristori, José Maria: *Las Ordenes Militares y el Arte*. In: Aa.Vv. „Actas del Simposio El Arte y las Ordenes Militares". Caceres, Comité Español de Historia del Arte, 1985, S. 27–31

Castan Lanaspa, Javier: *Arquitectura templaria castellano-leonesa*. Valladolid, Universidad, 1983

Cooper, Louis: *La Gran Conquista de Ultramar*. Biblioteca Nacional Ms. 1187. Madison, Hispanic Seminary of Medieval Studies, 1989

Diez de Baldeon, Clementina: *Almagro. Arquitectura y Sociedad*. Toledo, Junta de Comunidades de Castilla-La Mancha, 1993

Dominguez Bordona, Jesus und Ainaud de Lasarte, Juan: *Miniatura. Grabado. Encuadernación*. „Ars Hispaniae", Band 18, Madrid 1985

Garcia Guijarro, Luis: *Papado, Cruzadas y Ordenes Militares, siglos XI–XIII*. Madrid, Catedra, 1995

Garrido Santiago, Manuel: *Fortificaciones en Extremadura. „Castillos de la Orden de Santiago"*. In: Aa.Vv. Actas del Congreso Internacional „Llerena, Extremadura y América". Badajoz, Junta de Extremadura, 1994, S. 109–123

Guerroro Lovillo, José: *Miniatura gótica castellana. Siglos XIII y XIV*. Madrid, C.S.I.C., 1956

Gutierrez Baños, Fernando: *Las Empresas Artisticas de Sancho IV el Bravo*. Burgos, Junta de Castilla y León, 1997

Lehmann, Johannes: *Los Cruzados*. Barcelona, Martinez Roca, 1989

Lomas, D.: *La Orden de Santiago*. Madrid, C.S.I.C., 1965

Mackay, Angus: *La España de la Edad Media (Desde la frontera hasta el imperio. 1000–1500)*. Madrid, Catedra, 1995

Martin, José Luis: *Origen de la Orden Militar de Santiago (1170–1175)*. Barcelona, C.S.I.C., 1970

Martin, José Luis: *Una sociedad en guerra. Reinos cristianos y musulmanes (siglos XI–XIII)*. Madrid, Historia 16, 1980

O'Callaghan, Joseph F.: *The Order of Calatrava: Years of Crisis and Survival, 1158–1212*. In: Aa.Vv. *„The Meeting of two Worlds. Cultural Exchange between East and West during the Period of the Crusades"*. Michigan, Medieval Institute Culture, 1986, S. 419–430

Runciman, Steven: *Historia de las Cruzadas*. Madrid, Revista de Occidente, 1985 (3 Bände)

Scales, Peter C.: *The Fall of the Caliphate of Cordoba: Berbers and Andalusis in conflict*. Leiden, Brill, 1994

Sicart Gimenez, Angel: *La Orden de Santiago: Aportación al desarrollo de la Iconografia Jacobea*. In: Aa. Vv. „Actas del Simposio El Arte y las Ordenes Militares", Caceres, C.e.H.A., 1985, S. 287–292

Yarca Luaces, Joaquin: *La Edad Media (Historia del Arte Hispanico)*. Band 2. Madrid, Alhambra, 1988

Die Künste in Spanien und Marokko zur Zeit der Almoraviden und Almohaden

Arié, R., *L'Espagne musulmane au temps des Nasrides (1232–1492)*, Paris 1973

Basset, H./Terrasse, H., *Sanctuaires et forteresses almohades*, Paris 1932

Bazzana, A. et al., *La cerámica islámica en la ciudad de Valencia*, Band. 1, Valencia 1983

Bernis, C., „Tapicería hispano-musulmana (siglos XIII-XIV)", in: *Archivio Español de Arte*, 29, n. 114, S. 95–115

Berti, G. und Tongiorgi, L., *I bacini ceramici medievali delle chiese di Pisa*, Rom 1981

Bloom, J. et al., *The Minbar from the Kutubiyya Mosque*, New York 1998

Bosch Vilá, J., *Los Almoravides*, Granada 1990

Contadini, A., „La Spagna dal II/VIII al VII/XIII secolo", in: Curatola, G. (Hrsg.), *Eredità dell'Islam – Arte Islamica in Italia*, Cinisello Balsamo, 1993, S. 105–132 und 504–506

Contadini, A., „Murcia", in: *Enciclopedia dell'Arte Medievale*, Band 8, Rom 1997, S. 614–615

Contadini, A., *Fatimid Art at the Victoria and Albert Museum*, London 1998

Cressier, P., „Les chapiteaux de la grande mosquée de Cordue (oratoires d'Abd ar-Rahman I et d'Abd ar-Rahman II) et la sculpture de chapiteaux à l'époque émirale", Teil 1 und 2, in: *Madrider Mitteilungen*, 25 und 26, 1984 und 1985, S. 216–281 und 257–313

Golvin, L., „Sur quelques mortiers de bronze trouvés récemment à proximité de la côte Oranaise", in: *Annales de l'Institut d'Études Orientales – Université*

d'Alger, Band 20, 1962, S. 241-276
Gómez Moreno, M., *Ars Hispaniae - El arte árabe español hasta los Almohades*, Band 3, Madrid 1951
Granada und New York 1992, *Al-Andalus - Las artes islámicas en España*, Ausstellungskatalog, hrsg. von J. Dodds, New York
Granada 1995, *Arte islámico en Granada*, Ausstellungskatalog, hrsg. von J. Bermúdez López, Granada
Guichard, P., *Le musulmans de Valence et la Reconquête (XIe-XIIIe siècle)*, Damaskus 1990-91
Hedgecoe, J./Damluji, S. S., (Hrsg.), *Zillij - The Art of Maroccan Ceramics*, Reading 1992
Huici Miranda, A., *Historia politica del imperio almohade*, 2 Bände, Tetuan1956-57
James, D., *The Master Scribes - Qur'ans of the 10th to the 14th centuries AD*, The Nasser D. Khalili Collection of Islamic Art, Band 2, London und Oxford 1992
Marçais, G., *L'Architecture musulmane d'Occident*, Paris 1954
Marinetto Sánchez, P., „El capitel almorávide y almohade en la península ibérica", in: *Estudios dedicados a Don Jesús Bermúdez Pareja*, Granada 1988, S. 55-70
Monneret de Villard, U., „Un codice arabo-spagnolo con miniature", in: *La Bibliofilia*, Band XLIII, 1941, S. 209-223
Navarro Palazon, J./Garcia Aviles, A., „Aproximación a la cultura material de Madinat Mursiya", in: *Murcia musulmana*, Murcia 1989, S. 253-356
Navarro Palazón, J., *Una casa islámica en Murcia: estudio de su ajuar (siglo XIII), Islam y arqueología*, Band 1, Murcia 1991
Ocaña Jimenez, M., „Capiteles epigrafiados de Madinat al-Zahra", in: *Al-Andalus*, Band 4, 1936-39, S. 158-168
Paris 1989, *Arabesques et jardins de paradis - collections françaises d'art islamique*, Musée du Louvre, Paris
Puertas Tricas, R., *La Cerámica Islámica de cuerda seca en la Alcazaba de Malaga*, Malaga 1989
Sarre, F., *Die Keramik von Samarra*, Berlin 1925
Serjeant, R. B., „Materials for a History of Islamic Textiles to the Mongol Conquest", *Ars Islamica*, 15-16, 1951, S. 29-40, 55-56
Sijelmassi, M., *Les Enluminures des Manuscrits Royaux au Maroc*, Paris 1987
Terrasse, H., *L'art hispano-mauresque*, Paris 1932
Terrasse, H., *La mosquée al-Qaraouiyin à Fez*, Paris 1968
Torres Balbas, L., „Monteagudo" y „El Castillejo" en la Vega de Murcia", in: *Al-Andalus*, 2, 1934, S. 366-370
Torres Balbás, L., *Ars Hispaniae - Arte Almohade, Arte Nazarí, Arte Mudéjar*, Band 4, Madrid 1949
Torres Balbás, L., *Artes almoravide y almohade*, Madrid 1955
Torres Balbás, L., „Patios de Creucero", in: *Al-Andalus*, 23, 1958, S. 171-92
Ventrone, G., „Bacino in ceramica smaltata con decorazione monocroma", in: Curatola, G. (Hrsg.), *Eredità dell'Islam - Arte Islamica in Italia*, Cinisello Balsamo, n. 73, 1993

1 Zur Geschichte der Almoraviden und Almohaden siehe Bosch Vilá 1990

2 Zur Geschichte der almohadischen Epoche siehe Huici Miranda 1956-57; auch Guichard 1990-91

3 Zur Geschichte der nasridischen Epoche siehe Arié 1973

4 Zur Architektur und Kunst unter den Almohaden siehe Torres Balbas 1949

5 Zu diesen Moscheen siehe Marçais 1954 ab S. 191; Terrasse 1932 ab S. 298; Torres Balbas 1955

6 Basset und Terrasse 1932

7 Zum islamischen Murcia und zum Castillejo siehe Contadini 1997

8 Das Castillejo de Monteagudo ist von Torres Balbas 1934 in die almohadische Epoche datiert worden; Umdatierung in die almoravidische Zeit durch Gomez Moreno 1951, S. 279. Erst neuerdings wird es von Navarro Palazon und Garcia Avilés 1989, S. 253-56 und 298, wieder der almohadischen Epoche unter Muhammad ibn Mardanish (1147-72) zugeschrieben.

9 Torres Balbas spricht 1958 von dem vierteiligen Garten von Madinat az-Zahra, der während der Ausgrabungen in den Fünfzigerjahren entdeckt wurde.

10 Die Räume und Korridore des Castillejo enthielten eine große Anzahl von Sockeln, die mit geometrischen Motiven in Rot bemalt waren. Sie sind im Laufe der Zeit zerstört worden, jedoch sind davon Fotografien erhalten geblieben, die bei Gomez Moreno 1951, Abb. 336, abgebildet sind.

11 Ein bemerkenswertes Beispiel für eine gerippte Kuppel gibt es in Tlemcen, Marçais 1954, S. 196, und auch in der Qarawiyyin-Moschee, Terrasse1968

12 Terrasse 1968, Abb. 21-23 und Taf. 28

13 Istanbul, Universitätsbibliothek, Ms. A 6755, abgebildet in Granada und New York 1992, Nr. 75. Dazu sowie zu den übrigen Stücken der Gruppe siehe James 1992, S. 86-91

14 Siehe Sijelmassi 1987

15 Monneret de Villard 1941

16 Siehe Contadini 1998, S. 13

17 Siehe Serjeant 1951, S. 20-40, 55 f.

18 Der Medaillonstoff befindet sich im Kirchenschatz der Pfarrkirche von Quintanaortuña (Burgos). Siehe Granada und New York 1992, S. 106 und Abb. 1 (farbig)

19 Inv.-Nr. 828-1894. Das Fragment ist Teil eines Stoffes, dessen Überreste in verschiedenen öffentlichen und privaten Sammlungen verstreut sind. Siehe Granada und New York 1992, Nr. 87

20 Museo de Telas Medievales, 040/001. Siehe Bernis 1956. Für eine Farbabbildung siehe Granada und New York 1992, Nr. 92

21 Für diese Art von Keramik siehe Hedgecoe und Damluji 1992

22 Für die zuletzt genannte siehe eine Farbabbildung in Granada und New York 1992, S. 84

23 Für ein sowohl hinsichtlich der Form als auch bezüglich der gemalten Verzierung typisches, wahrscheinlich nordafrikanisches Beispiel siehe Contadini 1993, Nr. 37

24 Siehe Pérez Lopez in Granada 1995, Nr. 105-106

25 Murcia, Centro de Estudios Arabes y Arqueologicos „Ibn Arabi", M-18-1-84-A-16. Diese Keramik wurde im so genannten „arabischen Haus" des Bezirks von San Nicola in Murcia entdeckt. Siehe Navarro Palazon 1991

26 Für Beispiele aus der almoravidischen und almohadischen Zeit siehe Bazzana u. a. 1983; auch Puertas Tricas 1989

27 Siehe Sarre 1925

28 Museum von Mallorca, Inv.-Nr. 13505. Siehe Granada und New York 1992, Nr. 106

29 Berti und Tongiorgi 1981. Für ein ausgezeichnetes Beispiel einer bemalten Schale aus Glanzkeramik aus spanischer Produktion des zweiten Viertels des 13. Jahrhunderts siehe Contadini 1993, Nr. 36

30 Inv.-Nr. 292. Siehe Ventrone 1993, Nr. 73

31 Siehe dazu Bloom u. a. 1998

32 Tortosa, Domschatz. Siehe Granada und New York 1992, Nr. 51

33 Siehe Golvin 1962

34 Für ein Beispiel in Palermo, aufbewahrt im Neuen Museum für Islamische Kunst, siehe Contadini 1993, Nr. 40

35 Inv.-Nr. 7883. Siehe Granada und New York 1992, Nr. 54

36 Pisa, Museo dell'Opera del Duomo. Für die neuere Diskussion um den Greifen von Pisa siehe Contadini 1993, Nr. 43

37 Nationalgalerie, Inv.-Nr. 1445. Siehe Contadini 1993, Nr. 42

38 Inv.-Nr. MR 1569. Siehe Paris 1989, S. 148, Nr. 119

39 Granada, Inv.-Nr. R. E. 3085. Siehe Zozaya in Granada 1995, Nr. 52

40 Siehe Granada und New York 1992, Nr. 55

41 Siehe Cressier 1984 und 1985 sowie Ocaña Jiménez 1936-39. Für ein Beispiel, aufbewahrt in Pisa, Museo dell'Opera del Duomo, siehe Contadini 1993, Nr. 39

42 Siehe Granada und New York 1992, Nr. 45

43 Siehe Marinetto Sanchez 1988 und Marinetto Sanchez in Granada 1995, Nr. 67-72

44 Siehe Marinetto Sanchez in Granada 1995, Nr. 91-94

Die Architektur zur Zeit der Kreuzzüge

Die Literatur über die Konstruktion der Kreuzfahrerburgen ist ungewöhnlich spärlich im Vergleich zu der sehr umfangreichen über die Kreuzzüge im Allgemeinen. Für einen Gesamtüberblick lohnt sich: Prawer J., *The Latin Kingdom of Jerusalem: European Colonialism in the Middle Ages*, London 1972. Ebenso lohnenswert: Riley-Smith J., *Atlas des croisades. Orient latin, Byzance ...*, Paris 1996

Die hier erwähnten Titel sind nur eine Auswahl, um eine erste Information zu ermöglichen, womit zwangsläufig wichtige Arbeiten über einzelne Burgen unberücksichtigt bleiben: Rey, G., *Architecture militaire. Etudes sur les monuments de l'architecture militaire des Croisés en Syrie et dans l'île de Chypre*, Paris 1871; Enlart, C., *Les monuments des Croisés dans le Royaume de Jérusalem. Architecture religieuse et civile*, Paris 1925-28; Deschamps, P., „L'architecture militaire en Terre Sainte", in: Enlart, C., *Manuel d'archéologie française*, Paris 1932; Deschamps, P., *Les châteaux des Croisés en Terre Sainte. I. Le Crac des Chevaliers. Etude historique et archéologique, précedé d'une introduction ...*, Paris 1934; II. *La défense du Royaume de Jérusalem. Etude historique, géographique et monumental*, Paris 1939; III. *La défense du comté de Tripoli et de la Principauté d'Antioche. Etude historique...*, Paris 1973; Lawrence, T. E., *Crusader Castles*, London 1936; Small, R. C., „Crusader Castles of the XII Century", in: *Cambridge History Journal*, 10, 1952; Fedden, R. und Thompson J., *Crusader Castles in the Levant*, London 1958; Deschamps, P., *Terre Sainte Romane*, Yonne 1964; Langé, S., *Architettura delle Crociate in Palestina*, Como 1965; Müller-Wiener, W., *Burgen der Kreuzritter im Heiligen Land, auf Zypern und in der Ägäis*, München, Berlin 1966; Boase, T. S., *Castles and Churches of the Crusading Kingdom*, London 1967; Burns, R., *Monuments of Syria. A historical Guide*, London 1967; Ben-Dov, M., „Crusader Castles in Israel", in: *Christian News from Israel*, 23, 1972; Gasparri, C., „Vestigia crociate nel Levante", in: *L'Universo*, 1975; Eydoux, H. P., *Les Châteaux du soleil: fortresses et guerres des croisés*, Paris 1982; Marino, L., „Chastel abatuz est demi refez: nota sulla fabbrica dei castelli d'epoca crociata in Terra Santa", in: Cardini, F./Papi, M./Vannini, G./Marino, L./Berretti, R., „Ricognizione agli impianti fortificati di epoca crociata in Transgiordania. Prima relazione", in: *Castellum*, 27/28, Rom 1987; Pringle, D., „Crusader Castles: the First Generation", in: *Fortress*, 1, 1989;

Leistikow, D., „Kreuzritterburgen im lateinischen Königreich Jerusalem. Überblick und Forschungsstand", in: *Sonderdruck aus Istanbuler Mitteilungen*, 39, 1989; Marino, L., „Les châteaux des Croisades. Observations sur les techniques de construction", in: *IBI Bullettin*, 48, 1992; Pringle, D., „Towers in Crusader Palestine", in: *Château Gaillard*, xvi, Caen 1992; Pringle, D., „Town Defences in the Crusader Kingdom of Jerusalem", in: Corfis I. und Wolfe M. (Hrsg.), *The Medieval City under Siege*, Woodbridge 1995; Rey-Delqué, M. (Hrsg.), *Les Croisades. L'Orient et l'Occident d'Urbain ii à Saint Louis 1096-1270*, Mailand 1997; Marino, L., *La fabbrica dei castelli crociati in Terrasanta*, Florenz 1997; Pringle, D., *Secular Buildings in the Crusader Kingdom of Jerusalem. An Archeological Gazetteer*, Cambridge 1997.

Die Quellen, aus denen vereinzelt Notizen über die Bauweise der Kreuzritterburgen entnommen werden können, sind äußerst spärlich (*Liber christianae expeditionis, L'estoire de la guerre sainte, Anonimi Gesta Francorum, Historia Hierosolomitana, Peregrinatores medii aevii quatuor, Historia damiatina*...). Für Atlit s. Oliver de Cologne (Hrsg. Hoogeweg, 1894), für Saphet s. etwa Benoit d'Alignan (Hrsg. Golubovich, 1906-13, Huygens, C., „Un nouveau texte du traité de ‚constructione castri Saphet'", in: *Studi Medievali* 7, 1965), für Baniyas s. Grabois, A., „La cité de Baniyas et le château de Subeibe pendant les croisades", in: *Cahiers de civilisation médiévale*, 13, 1970

Für eine Basis-Bibliografie über die Heere der Kreuzfahrer und ihre Organisation sind nützlich: Smail, R. C., *Crusading Warfare (1097-1193)*, Cambridge 1965; Benvenisti, M., *The Crusaders in the Holy Land*, Jerusalem, London 1972; Contamine, Ph., *La guerre au Moyen Age*, Paris 1980; für die islamischen Heere s. hingegen: Gibb, H. A., „The Armies of Saladin", in: *Cahier d'histoire égiptienne*, 3, 1951; Bosworth, E., „Armies of the Prophet", in: Lewis, B. (Hrsg.), *World of Islam*, London 1976. Zur Geschichte der Belagerungen unter Berücksichtigung der Festungsbauten: Saade, G., „Histoire du château de Saladin", in: *Studi Medievali*, 9, 2, Spoleto 1968

Zu griechischen Festungsbauten s. Scranton, L. R., *Greek Walls*, Cambridge 1942; Winter, F. E., *Greek Fortifications*, Toronto 1971; Adam, J.-P., *L'architecture militaire greque*, Paris 1982; zu den romanisch-byzantinischen Festungsbauten und zur Frage der Grenzziehung im Orient s. hingegen Gichon, M., „The origin of the Limes Palestinae and the Major Phases in its Developments", in: *Studien zu Militärgrenzen Roms*, Graz 1967; Lander, J. L., *Roman Stone Fortification* ..., Los Angeles 1984; Freeman, Ph. und Kennedy, D., „The defence of the Roman and Byzantine East", in: *BAR*, intern. series 297, 1986; Parker, S. T., (Hrsg.), „The Roman Frontier in Central Jordan. Interim Report on the Limes Arabicus Project 1980-1985", in: *BAR*, intern. series 340, 1987; Davison, D. P., „The Barracks of the Roman Army from the 1st to 3th Centuries A. D.", in: *BAR* intern. series 472, 1988; Gichon, M., „The courtyard pattern castellum on the Limes Palaestinae strategic and tactical features", in: *Akten des 14. Internationalen Limeskongresses 1986 in Carnutum*, Wien 1990; Isaac, B., *The Limits of Empire*, Oxford 1990; Kennedy, D. und Riley, D., *Rome's Desert Frontier from the Air*, London 1990.

Die Literatur über sakrale Architektur ist umfangreich; hier können nur einige der wichtigsten Werke zitiert werden. Zu den grundlegenden Punkten s. de Vogue, M., *Les églises de la Terre Sainte*, Paris 1860; Enlart, C., *Les monuments*...1925-28; Deschamps, P., *Terre Sainte* ..., 1964; Hazard, H. V. (Hrsg.), „The Art and Architecture of the Crusader States", 4 (1977), in: *A History of the Crusades* (Setton, M. K., Hrsg.); Belting, H. (Hrsg.), „Il Medio Oriente e l'Occidente nell'arte del xiii secolo", in: *Atti del xxiv Congresso di Storia dell'Arte*, C.I.H.A., Bologna 1979, ii, Bologna 1982; Folda, J. (Hrsg.), „Crusader Art in Twelft Century", in: *BAR*, intern. series 152, 1982; Goss, W. P. und Bornstein, C. (Hrsg.), *The Meeting of two Worlds. Cultural Exchange between East and West during the Period of the Crusades*, Kalamazoo, 1986; Pringle, D., *The Churches of the Crusader Kingdom of Jerusalem*. i, Cambridge 1993; Folda J., *The Art of the Crusaders in the Holy Land 1098-1187*, New York 1995; Rey-Delqué, M. (Hrsg.), *Le Crociate. L'Oriente e l'Occidente da Urbano ii a San Luigi 1096-1270* (Ausstellungskatalog, Rom 1997), Mailand 1997. Zu den einzelnen Gebäuden: Bagatti, B., *Gli antichi edifici sacri di Betlemme* (SBF 9), Jerusalem 1952; Corbo, V. C., *Il Santo Sepolcro di Gerusalemme. Aspetti archeologici dalle origini al periodo crociato* (SBF Collectio Major, 29), Jerusalem 1981-82; Bagatti, B., *Gli scavi di Nazareth, II. Dal secolo XII ad oggi* (SBF, Collectio Maior 17), Jerusalem 1984. Besonders ergiebig ist die Literatur über die Skulptur in der Architektur: Deschamps, P., *La sculpture en Palestine et en Syrie à l'époque des Croisades*, Paris 1931; Barasch, M., *Crusader Figural Sculpture in the Holy Land. Twelfth Century Examples from Acre, Nazareth and Belvoir Castle*, New Brunswich 1971; Borg, A., „The Holy Land Lintels", in: *Journal of Warburg and Courtauld Institutes*, 35, 1972, S. 389-390; Kühnel, B., „Crusader Sculpture at the Ascension Church on the Mount of Olives in Jerusalem", in: *Gesta* 16, 1977, 2, S. 41-50; Buschhausen, H., *Die süditalienische Bauplastik im Königreich Jerusalem von König Wilhelm ii. bis Kaiser Friedrich ii.* (Österreichische Akademie der Wissenschaften. Philosophisch-historische Klasse, Denkschriften, 108), Wien 1978; Jacoby, Z., „The Tomb of Baldwin V, King of Jerusalem (1185-1186), and the Workshop of the Temple Area", in: *Gesta* 18, 1979, 2, S. 3-14; Jacoby, Z., „The Workshop of the Temple Area in Jerusalem in the Twelfth Century: its Origin, Evolution and Impact", in: *Zeitschrift für Kunstgeschichte*, 45, 1982, S. 325-394; Pace, V., „I capitelli di Nazaret e la scultura franca del xii secolo a Gerusalemme", in: *Scritti di Storia dell'Arte in onore di R. Salvini*, Florenz 1984, S. 87-96; Jacoby, Z., „The Provencial Impact on Crusader Sculpture in Jerusalem: More Evidence on the Temple Area Atelier", in: *Zeitschrift für Kunstgeschichte*, 48, 1985, S. 442-450.

Das Heilge Grab von Jerusalem: Entwicklung und Umwandlung eines Modells

Amico, B., *Trattato delle piante e immagini dei sacri edifici di Terra Santa*, Rom 1609

Quaresmus, F., *Elucidatio Terrae Sanctae*, Aversiae 1639

Vincent, H. und Abel, F. M., *Jérusalem nouvelle*, Paris 1914-26

Harvey, W., *Church of the Holy Sepulchre, Jerusalem. Structural survey: final report*, Oxford 1935

Krautheimer, R., „Santo Stefano Rotondo a Roma e la chiesa del Santo Sepolcro a Gerusalemme", in: *Rivista di archeologia cristiana*, 12 (1935), S. 51 ff.

Bascape', G. C., *I pellegrinaggi al Santo Sepolcro nel Medio evo*, Mailand 1936

Marangoni, L., *La chiesa del Santo Sepolcro in Gerusalemme. Problemi della sua conservazione*, Venedig 1937

Quarti, G. A., *I cavalieri del Santo Sepolcro di Gerusalemme*, Mailand 1944

Aa. Vv., *Il Santo Sepolcro di Gerusalemme. Splendori, miserie, speranze*, Bergamo 1949

Wistrand, E., *Konstantins Kirche am Heiligen Grab in Jerusalem nach den ältesten literarischen Zeugnissen* (Göteborgs Högskolas Arssberite, 58), Göteborg 1952

Parrot, A., *Golgotha et Saint-Sépulcre* (Cahiers d'archéologie biblique, 6), Neuchâtel - Paris 1955

Formige, J., „Un plan du Saint-Sépulcre découvert à la basilique de Saint-Denis", in: *Monuments et mémoires de l'Académie des inscriptions et belles lettres* (Fondation Eugéne Piot), 48 (1956), S. 107-130

Zovatto P. L., „Il Santo Sepolcro di Aquileia e la struttura del Santo Sepolcro di Gerusalemme", in: *Palladio*, 6 (1956), S. 31-40

Davies, J. G., "Eusebius' description of the martyrium at Jerusalem", in: *American journal of archaeology*, 61 (1957), S. 171-173

Milik, J. T., „La topographie de Jérusalem vers la fin de l'époque byzantine", in: *Mélanges de l'Université Saint Joseph*, 37 (1960-61), S. 125-189

Corbo, V. C., „Risultati inaspettati negli scavi eseguiti al Sepolcro", in: *La Terra santa*, 37 (1961), S. 132-138

Corbo, V. C., „Scavi al Sepolcro. Importanti elementi costantiniani ritornati alla luce", in: *La Terra santa*, 37 (1961), S. 281-285

Rahmani, L. Y., „Jewish rock-cut tombs in Jerusalem", in: *Atiqot*, 3 (1961), S. 93-120

Corbo, V. C., „Gli edifici della Santa Anastasis a Gerusalemme", in: *Liber annuus*, 12 (1961-62), S. 220-316

Corbo, V. C., „Risultato degli ultimi scavi nella Basilica del S. Sepolcro: osservazioni preliminari. Gli edifici della ‚Santa Anastasis'", in: *La Terra santa*, 38 (1962), S. 171-181

Horn, E., *Ichnographiae monumentorum Terrae Sanctae* (1724-1744), hrsg. von E. Hoade und B. Bagatti (SBF collectio maior, 21), Jerusalem 1962

Lauffray, J., „La memoria Sancti Sepulcri du Musée de Narbonne et le temple rond de Baalbeck", in: *Mélanges de l'Université Saint Joseph*, 38 (1962), S. 197-217

Corbo, V. C., „La Sainte Anastasis: le résultat des dernieres fouilles effectuées dans la basilique du Saint-Sépulchre", in: *Bible et Terre Sainte*, 55 (1963), S. 16-22

Corbo, V. C., „Nuove scoperte archeologiche nella basilica del S. Sepolcro", in: *Liber annuus*, 15 (1963-64), S. 293-338

Lande-Nash, i, *3000 Jahre Jerusalem. Eine Geschichte der Stadt von den Anfängen bis zur Eroberung durch die Kreuzfahrer*, Tübingen 1964

Testini, P., „L'Anastasis alla luce delle recenti indagini. Nota sulla sua posizione nell'ambito dell'architettura sacra costantiniana", in: *Oriens antiquus*, 3 (1964), S. 263-292

Corbo, V. C., „Scavo della cappella della invenzione della Croce e nuovi reperti archeologici nella basilica del S. Sepolcro a Gerusalemme", in: *Liber annuus*, 15 (1964-65), S. 318-366

Langé, S., *Architettura delle Crociate in Palestina*, Como 1965

Avnimelech, M., „Influence of geological conditions on the development of Jerusalem", in: *Bulletin of the American schools of oriental research in Jerusalem and Bagdad*, 181 (1966), S. 24-31

Couasnon, C., „Les travaux de restauration du Saint-Sépulcre", in: *Comptes rendus des séances de l'Académie des inscriptions et belles lettres*, 1966, S. 209-226

Hubbard, R. P. S., „The topography of ancient Jerusalem", in: *Palestine exploration quarterly*, 98 (1966), S. 130-154

Runciman, S., *Storia delle Crociate*, Turin 1966 (1. Ausgabe 1951)

Armstrong, G. T., „Holy Land in the fourth century", in: *Biblical archaeologist*, 30 (1967), S. 90-102

Berner, G., Fustier, S., Cupelin, M., *Le St. Sépulcre*, Genf 1967

Smith, R. H., „The tomb of Jesus", in: *Biblical archaeologist*, 30 (1967), S. 102-108

Cox Evans, L. E., „The Holy Sepulchre", in: *Palestine*

exploration quarterly, 100 (1968), S. 112-136
GROUSSET, R., *L'epopea delle crociate*, Novara 1968
CORBO, V. C., „La basilica del S. Sepolcro a Gerusalemme. Rassegna archeologica delle strutture degli edifici nel 1969", in: *Liber annuus*, 19 (1969), S. 65-144
COUASNON, C., „Analyse des éléments du IVe siècle conservés dans la basilique du S. Sépulcre à Jérusalem", in: *Akten des VII. internationalen Kongresses für Christliche Archäologie*, Vatikanstadt 1969, S. 447-463
JEREMIAS, J., *Jerusalem zur Zeit Jesu. Eine kulturgeschichtliche Untersuchung zur neutestamentlichen Zeitgeschichte*, Göttingen 1969
BAGATTI, B., „La triangolazione del S. Sepolcro di Vienna-Sartorio (1940)", in: *Liber annuus*, 21 (1971), S. 149-157
CARDINI, F., *Le Crociate tra il mito e la storia*, Rom 1971
CORBO, V. C., „Basilica del Santo Sepolcro: ritrovamenti di edifici costantiniani", in: *La Terra santa*, 47 (1971), S. 199-205
TINELLI, C., „L'identificazione dei proto-capitelli del S. Sepolcro", in: *Liber annuus*, 22 (1972), S. 30-47
WILKINSON, J., „The tomb of Christ. An outline of its structural history", in: *Levant*, 4 (1972), S. 83-97
AA.VV., *Atlas of Jerusalem*, New York - Berlin 1973
TINELLI, C., „Il battistero del S. Sepolcro in Gerusalemme", in: *Liber annuus*, 23 (1973), S. 95-104
COUASNON, C., *The church of the Holy Sepulchre in Jerusalem*, London 1974
KENYON, K. M., *Digging up Jerusalem*, London 1974
PENNICK, N., *Holy Sepulchre. The round churches of Britain*, Cambridge 1974
WILKINSON, J., BARAG, D., „The Monza-Bobbio flasks and the Holy Sepulchre", in: *Levant*, 6 (1974), S. 179-187
DE SANDOLI, S., *Calvary and the Holy Sepulchre. Historical outline*, Jerusalem 1977
LIFSHITZ, B., „Jérusalem sous la domination romaine. Histoire de la ville depuis la conquête de Pompée jusqu'à Constantin, 63 a.C. - 325 p. C.", in: *Aufstieg und Niedergang der römischen Welt*, 2, 33, 1, Berlin 1977, S. 444-489
PHILLIPS, J. E., *The site of the church of the Holy Sepulchre in Jerusalem. Its pre-costantinian and constantinian phases*, Ann Arbor 1980
PIUSSI, S., „Il Santo Sepolcro di Aquileia", in: Aquileia e l'Oriente mediterraneo, Udine 1977, S. 511-559
WILKINSON, J., *Jerusalem pilgrims before the Crusades*, Warminster 1977
BAGATTI, B., TESTA E., *Il Golgota e la Croce. Ricerche storico-archeologiche* (SBF collectio minor, 21), Jerusalem: Franciscan printing press, 1978
COUASNON, C., „La fouille d'août 1974 à l'Anastasis de Jérusalem", in: *Akten des IX. internationalen Kongresses zur christlichen Architektur*, Rom 1978, II, S. 163-166
WILKINSON, J., „The church of the Holy Sepulchre", in: *Archaeology*, 31 (1978), 4, S. 6-13
WILKINSON, J., *Jerusalem as Jesus knew it*, London 1978
CHEN, D., „A note pertaining to the design of the Rotunda Anastasis in Jerusalem", in: *Zeitschrift des Deutschen Palästina-Vereins*, 95 (1979), S. 178-181
CORBO, V. C., „Problemi sul Santo Sepolcro di Gerusalemme in una recente pubblicazione", in: *Liber annuus*, 29 (1979), S. 279-292
DRAKE, H. A., „A Coptic version of the discovery of the Holy Sepulchre", in: *Greek, Roman and Byzantine studies*, 20 (1979), S. 381-392
JAMES, F., „The revelation of Jerusalem. A review of archaeological research", in: *Expedition*, 22 (1979-80), 1, S. 33-43
AVIGAD, N., *Discovering Jerusalem*, Jerusalem 1980
DUCKWORTH, H. T. F., *The church of the Holy Sepulchre*, New York 1980
MANNS, F., „Une ancienne priére au Saint-Sépulcre de Jérusalem", in: *Augustinianum*, 20 (1980), S. 233-261
ORLANDI, T. (Hrsg.), *Eudoxia and the Holy Sepulchre. A constantinian legend in Coptic*, Mailand 1980
OTTO, E., *Jerusalem. Die Geschichte der heiligen Stadt von den Anfängen bis zur Kreuzfahrerzeit* (Urban-Taschenbücher, 308), Stuttgart 1980
DOUMATO, L., *Church of the Holy Sepulchre*, Monticello 1981
CORBO, V. C., *Il Santo Sepolcro di Gerusalemme. Aspetti archeologici dalle origini al periodo crociato* (SBF collectio maior, 29), Jerusalem 1981-82
NITOWSKI, E. L., *Reconstructing the tomb of Christ from archaeological and literary sources* (diss. University of Notre Dame 1979), Ann Arbor 1982
RAHMANI, L. Y., „Ancient Jerusalem's funerary customs and tombs, 3", in: *Biblical archaeologist*, 45 (1982), S. 45-53
AA. VV., *La Terra Santa. Studi di archeologia* (Akten des Symposiums: 30 Jahre Archäologie im Heiligen Land, Rom 1982), Rom 1983
COCCHINI, F., BAGATTI, S. V. „Gerusalemme", in: *Dizionario patristico e di antichità cristiane*, Casale Monferrato 1983, 1482-1492
CORBO, V. C., „Il Santo Sepolcro di Gerusalemme", in: *Antonianum*, 58 (1983), S. 123-127
CORBO, V. C., „A proposito di presunti scavi stratigrafici al Santo Sepolcro", in: *Liber annuus*, 34 (1984), S. 409-416
BROSHI, M., BARKAY G., „Excavations in the chapel of St. Vartan in the Holy Sepulchre", in: *Israel exploration journal*, 35 (1985), S. 108-128
ROSEN AYALON, M., „The façade of the Holy Sepulchre", in: *Rivista degli studi orientali*, 59 (1985), S. 289-296
TUSHINGHAM, A. D., HAYES, J. W., SCOTT, R. B. Y., *Excavations in Jerusalem, 1961-1967. Report of the joint expedition*, Toronto 1985
AVIGAD, N., *Gerusalemme. Archeologia nella città santa*, Rom 1986
KRAUTHEIMER, R., *Architettura paleocristiana e bizantina* (Biblioteca di storia dell'arte. Nuova serie, 4), Turin 1986
TOLOTTI, F., „Il S. Sepolcro di Gerusalemme e le coeve basiliche di Roma", in: *Mitteilungen des Deutschen archäologischen Instituts. Römische Abteilung*, 93 (1986), S. 471-512
BUSSE, H., KRETSCHMAR G., *Jerusalemer Heiligtumtraditionen in altkirchlicher und frühislamischer Zeit*, Wiesbaden 1987
FREEMAN-GRENVILLE, G. S. P., „The basilica of the Holy Sepulchre, Jerusalem. History and future", in: *Journal of the Royal asiatic society*, 1987, S. 187-207
PARENTE, F., „La scoperta della tomba ‚consegnata all'oblio e all'ignoranza'", in: *Studi tardoantichi*, 3 (1987), S. 27-42
TESTINI, P., „Egeria e il S. Sepolcro di Gerusalemme", in: Atti del convegno internazionale sulla Peregrinatio Egeriae, Arezzo 1987, S. 215-230
CORBO, V. C., „Il Santo Sepolcro di Gerusalemme: nova et vetera", in: *Liber annuus*, 38 (1988), S. 391-422
MIAN, F., *Gerusalemme città santa. Oriente e pellegrini d'Occidente (sec. 'IX/XI)*, Rimini 1988
WILKINSON, J., HILL, J., RYAN, W. F., *Jerusalem pilgrimage, 1099-1185*, London 1988
FIRPO, G., „Il terremoto del 31 a. C. in Palestina e la cronologia della Passione", in: *Fenomeni naturali e avvenimenti storici nell'antichità*, Mailand 1989, S. 184-218
MAZAR, B., „Josephus Flavius and the archaeological excavations in Jerusalem", in: *Josephus, the Bible, and history*, Leiden 1989, S. 325-329
AA.VV., *Christian archaeology in the Holy Land: new discoveries. Essays in honour of Virgilio C. Corbo*, hrsg. von G. C. Bottini, L. di Segni und E. Alliata, Jerusalem 1990
OUSTERHOUT, R., „The temple, the Sepulchre, and the Martyrion of the Savior", in: *Gesta*, 29 (1990), S. 44-53
RECIOÀ VEGANZONES, A., „La representación arquitectónica de la Rotonda del Santo Sepulcro en la escultura paleocristiana de Occidente", in: *Christian archaeology in the Holy Land: new discoveries. Essays in honour of Virgilio C. Corbo*, hrsg. von G. C. Bottini, L. di Segni und E. Alliata (Collectio maior, 36), Jerusalem 1990, S. 571-589
AA.VV., „Jérusalem. 5000 ans d'histoire", in: *Histoire et archéologie. Les dossiers*, 165-166 (1991), S. 1-139
CARDINI, F., *Gerusalemme d'oro, di rame, di luce. Pellegrini, crociati, sognatori d'Oriente fra XI e XV secolo* (La cultura), Mailand 1991
DESCHAMPS, P., *Terra santa romanica* (Già e non ancora. Arte, 109), Mailand 1991
RECIO VEGANZONES, A., „Maria Magdalena, protagonista de la escena ‚mulieres ad sepulcrum Domini', en la iconografia sepulcral de Occidente, siglos IV-V", in: *Memoriam sanctorum venerantes. Miscellanea in onore di V. Saxer*, Vatikanstadt 1992, S. 667-688
WHARTON, A. J., „The baptistery of the Holy Sepulchre in Jerusalem and the politics of sacred landscape", in: *Dumbarton Oaks papers*, 46 (1992), S. 313-325
KRAUTHEIMER, R., *Architettura sacra paleocristiana e medievale e altri saggi su Rinascimento e Barocco* (Nuova cultura, 35), Turin 1993
AA. VV., *Padre Virgilio C. Corbo, una vita in Terra Santa* (Museum, 12), Jerusalem 1994
BIDDLE, M., „The tomb of Christ. Sources, methods and a new approach", in: *Churches built in ancient times. Recent studies in early Christian archaeology*, hrsg. von K. Painter, London 1994, S. 73-147
FREEMAN-GREENVILLE, G. S. P., *The basilica of the Holy Sepulchre of Jesus Christ in Jerusalem*, Jerusalem-Cana 1994
GIBSON S., TAYLOR, J. E., *Beneath the church of the Holy Sepulchre, Jerusalem. The archaeology and early history of traditional Golgotha* (Palestine exploration fund monographs. Ser. maior, 1), London 1994
LAVAS, G., MITROPOULOS, T., „Golgotha, Jerusalem. Die Aufdeckung der Kreuzigungsstelle Christi", in: Akten des 12. Internationalen Kongresses für Christliche Archäologie, Münster 1995, II, S. 964-968
ZAWADZKI, T., „L'inscription de la basilique du Saint-Sépulcre", in: *Römische Inschriften. Festschrift für H. Lieb zum 65. Geburtstag*, Basel 1995, S. 347-356
BIDDLE, M., „La Tomba di Cristo", in: *Dalla terra alle genti. La diffusione del Cristianesimo nei primi secoli*, hrsg. von A. Donati, Mailand 1996, S. 143-149
AA.VV., *Voir Jérusalem. Pélerins, conquérants, voyageurs*, hrsg. von B. Philippe und M. Feldman, Cimaise 1997
AA.VV., *Le Crociate. L'Oriente e l'Occidente da Urbano II a San Luigi: 1096-1270*, hrsg. von M. Rey-Delqué, Mailand 1997 (darin: M. Piccirillo, „Gerusalemme e la basilica del Santo Sepolcro", S. 233-245)
REGNIER-BOHLER, D., *Croisades et pélerinages. Récits, chroniques et voyages en Terre Sainte, XIIe-XVIe siècle*, Paris 1997

[1] Wilhelm von Tyrus, Kapitel 21: „Tandem vero urbe ad hunc modum ordinata, armis depositis, in spiritu humilitatis et in animo vere contrito, nudis vestigiis, lotis manibus, et sumptis mundioribus indumentis, cum gemitu et lacrymis loca venerabilia, quae Salvator propria voluit illustrare et sanctificare praesentia, coeperunt cum omni devotione circuire, et cum intimis deosculari suspiriis: specialiter autem dominicae Passionis et Resurrectionis ecclesiam, ubi clerus et populus fidelium, qui per tot annos durae nimis et indebitae servitutis jugum portaverant, de restituta libertate, Redemptori gratias exhibentes, cum crucibus et sanctorum patrociniis, principibus occurrentes, eos in praedictam cum hymnis et canticis spiritualibus introduxerunt ecclesiam." (*Récueil des historiens des Croisades*, Paris 1844, I.1, S. 356)

[2] „Tunc seniores nostri ordinaverunt quomodo ingeniare possent civitatem, ut ad adorandum nostri Salvatoris intrarent Sepulcrum, feceruntque duo lignea castra et alia plura macinamenta." L. Brehier (Hrsg.), „Histoire anonyme de la premiére Croisade", in: *Les classiques de l'histoire de France au Moyen âge*, Paris 1924, S. 200

[3] Siehe V. C. Corbo: *Il Santo Sepolcro di Gerusalemme. Aspetti archeologici dalle origini al periodo crociato*, Collectio maior 29, Jerusalem 1981-1982. Corbo berichtet von 13 Grabungen, darunter einer

besonders gründlichen, bei der auf dem kleinen Platz eine große, zweigeteilte Zisterne freigelegt wurde. Dabei darf nicht vergessen werden, dass jede Untersuchung auf dem Gebiet des Heiligen Grabes aufgrund der uneinigen armenischen, griechischen und katholischen Verwaltung schwierig ist. Die Ausgrabungsergebnisse wurden dennoch etwas voreilig als entscheidend angesehen, und viele unerforschte Aspekte in der Geschichte des Heiligen Grabes müssen, wie unter anderen die Wissenschaftler F. Diez, G. S. P. Freeman-Grenville und R. Ousterhout angemerkt haben, noch geklärt werden.

[4] Virgilio Corbo hat einen großen Teil seines Lebens der Erforschung des Heiligen Grabes gewidmet. Über ihn als Wissenschaftler und Ordensbruder s. AA.VV., G. C. Bottini/L. di Segni/E. Alliata (Hrsg.) *Christian Archaeology in the Holy Land: new discoveries. Essays in honour of Virgilio C. Corbo*, Jerusalem 1990; AA.VV., Padre Virgilio C. Corbo, una vita in Terra Santa, Museum 12, Jerusalem 1994

[5] Siehe M. Biddle, „The tomb of Christ. Sources, methods and a new approach", in: *Churches built in ancient times*, London 1994, S. 13f.; J. Wilkinson, „The tomb of Christ. An outline of its structural history", in: *Levant 4*, 1972, S. 83-97

[6] Siehe Adamnan, *Eines Pilgers Reise nach dem Heiligen Lande (um 670)*, hrsg. von P. Mickley, Leipzig 1917; Adamnanus, *De locis sanctis*, hrsg. von D. Meehan, Dublin 1958; *The pilgrimage of Arculfus in the Holy Land (about the year A. D. 670)*, hrsg. von J. R. Macpherson, Palestine pilgrims' text society, 3, New York 1971

[7] Heute ist Golgatha dagegen fast in der architektonischen Struktur des Heiligtums eingekapselt.

[8] Heute wird direkt am Eingang der Kirche ein anderer „Tisch" verehrt: der rötliche Stein der letzten Ölung, auf dem der Leib Christi vor der Beisetzung niedergelegt wurde.

[9] Die Reise der Helena geht auf das Jahr 325 zurück und die Weihe des Komplexes auf das Jahr 336, auf ausdrücklichen Wunsch von Konstantin unter dem Schutz des Bischofs Eusebius von Caesarea, Biograf und Propagandist der Politik des Kaisers.

[10] Die Zeit, die zur Verwirklichung sämtlicher Gebäude benötigt wurde, ist umstritten. Die Komplexität der Baustelle zog die Arbeiten wahrscheinlich in die Länge, aber als die Pilgerin Egeria das Heiligtum besuchte – sicher nach der Mitte des 4. Jahrhunderts –, war der gesamte Komplex bereits vollendet.

[11] J. Lauffray, „La memoria Sancti Sepulcri du Musée de Narbonne et le temple rond de Baalbeck, in: *Mélanges de l'Université Saint Joseph*, 38, 1962, S. 197-217

[12] P. L. Zovatto, „Il Santo Sepolcro di Aquileia e la struttura del Santo Sepolcro di Gerusalemme", in: *Palladio*, 6, 1956, S. 31-40; S. Miussi, „Il Santo Sepolcro di Aquileia", in: *Aquileia e l'Oriente mediterraneo*, Udine 1977, S. 511-559

[13] Über das Heiligtum siehe W. Harvey, *Church of the Holy Sepulchre, Jerusalem. Structural survey: final report*, Oxford 1935; G. Berner/S. Fustier/M. Cupelin, *Le St. Sépulcre*, Genf 1967; L. E. Cox Evans, „The Holy Sepulchre", in: *Palestine exploration quarterly*, 100, 1968, S. 112-136; C. Couasnon, „Analyse des éléments du IVe siècle conservés dans la basilique du S. Sépulcre à Jérusalem", in: Akten des VII. Internationalen Kongresses für Christliche Archäologie, Vatikanstadt 1969, S. 447-463; C. Couasnon, *The church of the Holy Sepulchre in Jerusalem*, London 1974; S. De Sandoli, *Calvary and the Holy Sepulchre. Historical outline*, Jerusalem 1977; J. E. Philips, *The site of the church of the Holy Sepulchre in Jerusalem. Its precostantinian and constantinian phases*, Ann Arbor 1980; H. T. F. Duckworth, *The Church of the Holy Sepulchre*, New York 1980; L. Doumato, *Church of the Holy Sepulchre*, Monticello 1981; M. Rosen-Ayalon, „The façade of the Holy Sepulchre", in: *Rivista degli studi orientali*, 59 (1985), S. 289-296; R. Ousterhout, „The temple, the Sepulchre, and the Martyrion of the Savior", in: *Gesta*, 29, 1990, S. 44-53; G. S. P. Freeman-Grenville, *The basilica of the Holy Sepulchre of Jesus Christ in Jerusalem*, Jerusalem–Cana 1994; S. Gibson/J. E. Taylor, „Beneath the church of the Holy Sepulchre, Jerusalem. The archaeology and early history of traditional Golgotha", in: *Palestine exploration fund monographs*. Ser. Maior, 1, London 1994

[14] Siehe AA. VV., *Il sacello della Santa Casa*, Loreto 1991

[15] Siehe AA. VV. *La Porziuncola e gli inizi dell'ordine francescano. Ricerche storiche*, Assisi 1963; AA. VV., *La basilica di S. Maria degli Angeli*, Perugia 1989

[16] Siehe J. Wilkinson/D. Barag, „The Monza-Bobbio flasks and the Holy Sepulchre", in: *Levant*, 6, 1974, S. 179-187

[17] Siehe A. Recio Veganzones, „La representacion arquitectonica de la Rotonda del Santo Sepulcro en la escultura paleocristiana de Occidente", in: *Christian archaeology in the Holy Land: new discoveries. Essays in honour of Virgilio C. Corbo*, hrsg. von G. C. Bottini/L. di Segni/E. Alliata, Collectio maior 36, Jerusalem: Studium Biblicum Franciscanum, 1990, S. 571-589

[18] Siehe J. G. Davies, „Eusebius' description of the martyrium at Jerusalem", in: *American Journal of Archaeology*, 61, 1957, S. 171-173

[19] Der Vorschlag von V. Corbo, in dem Gebäude das antike Capitolium zu sehen, ist in keiner Weise gerechtfertigt.

[20] Siehe P. Testini, „Egeria e il S. Sepolcro di Gerusalemme", in: *Atti del convegno internazionale sulla Peregrinatio Egeriae*, Arezzo 1987, S. 215-230

[21] C. Milani (Hrsg.), „Itinerarium Antonini Placentini. Un viaggio in Terra Santa del 560-570 d. C.", in: Scienze filologiche e letteratura, 7, Mailand 1977

[22] M. Avi Yonah, *The Madaba mosaic map*, Jerusalem 1954; M. Piccirillo, *Madaba. Le chiese e i mosaici*, Rom 1989

[23] E. D. Hunt, *Holy Land pilgrimage in the later Roman Empire, A. D. 312-460*, Oxford 1982; P. Maraval, *Lieux saints et pélegrinages d'Orient. Histoire et géographie des origines à la conquête arabe*, Paris 1985

[24] J. T. Milik, „La topographie de Jérusalem vers la fin de l'époque byzantine", in: *Mélanges de l'Université Saint Joseph*, 37, 1960-61, S. 125-189

[25] Gottfried von Bouillon und Balduin I. wurden dort beigesetzt.

[26] Siehe dazu den lebhaften und fundierten Beitrag von P. Piva in diesem Band.

[27] Siehe R. Krautheimer, „Architettura sacra paleocristiana e medievale e altri saggi su Rinascimento e Barocco", in: *Nuova cultura*, 35, Turin 1993

[28] S. Runciman, *Storia delle Crociate*, Turin 1966; R. Grousset, *L'epopea delle crociate*, Novara 1968; F. Cardini, *Le Crociate tra il mito e la storia*, Rom 1971; AA. VV., *Le Crociate. L'Oriente e l'Occidente da Urbano II a San Luigi: 1096-1270*, hrsg. von M. Rey-Delqué, Mailand 1997

Die „Kopien" der Grabeskirche im romanischen Abendland

[1] Krautheimer, R., „Introduction to an Iconography of Medieval Architecture", in: *Journal of the Warburg and Courtauld Institutes*, 5, 1942, S. 1-33

[2] M. Untermann hat darauf hingewiesen („Der Zentralbau im Mittelalter", Darmstadt 1989, S. 84), dass die Chronisten die Wendung *ad similitudinem* für die Beschreibung eines Bauwerks verwendeten und nicht um seine Entstehung zu rekonstruieren oder seine Bedeutung zu dokumentieren. In der Reihe *Journées romanes* (1.-15. Juli 1999) der Abtei San Miguel de Cuxà ist so weit ich sehe ein Beitrag von C. Pequignot enthalten mit dem Titel „Vraies et fausses imitations de l'Anastasis aux XIième et XIIième siècles". Leider warte ich noch auf die Veröffentlichung der betreffenden *Cahiers de Saint-Michel de Cuxà* und kann somit noch nicht auf den Beitrag eingehen.

[3] Bresc-Bautier, G., „Les imitations du Saint-Sépulcre de Jérusalem (IX-XV siècles). Archéologie d'une dévotion", in: *Revue d'Histoire de la Spiritualité*, 50, 1974, S. 319-342

[4] Zum Beispiel Cardini, F., „La devozione del Santo Sepolcro, le sue riproduzioni occidentali e il complesso stefaniano. Alcuni casi italici, in 7 colonne e 7 chiese. La vicenda ultramillenaria del complesso di Santo Stefano", Bologna 1987, S. 19-49

[5] Untermann, M., „Der Zentralbau im Mittelalter. Form – Funktion – Verbreitung", Darmstadt 1989

[6] Ich beziehe mich vor allem auf Cadei, A., „Architettura sacra templare", in: *Monaci in armi. L'architettura sacra dei Templari attraverso il Mediterraneo*, Florenz 1995, S. 15-173; Sutter, A., „Form und Ikonologie spanischer Zentralbauten. Torres del Rio, Segovia, Eunate", Weimar 1997. Unter den bereits behandelten Kopien waren nach Krautheimer, 1942, die folgenden im Besitz der Chorherren vom Heiligen Grab: die Heiliggrabkirchen von Brindisi (für eine aktualisierte Bibliographie siehe: „Aggiornamento", in: Bertaux, E., *L'art dans l'Italie méridionale*, hrsg. von A. Prandi, V, Rom 1978, S. 603) und Barletta (Ambrosi, A., *Architettura dei Crociati in Puglia. Il Santo Sepolcro di Barletta*, Bari 1976), wobei die letztere keineswegs eine Kopie ist, sondern wahrscheinlich eine Grabkapelle enthielt, wie R. G. Osterhout vermutet hat („Santo Stefano e Gerusalemme", in: *Stefania*, Bologna 1985, S. 152).
Den Hospitalitern gehörten wahrscheinlich die Heiliggrabkirchen von Asti (heute San Pietro in Consavia) und Pisa. Zur ersten: Casartelli Novelli, S., „La chiesa del Santo Sepolcro di Asti", in: *Arte Lombarda*, X, 1965, S. 29-36; ders.: „Asti. L'église du Saint Sépulcre ou le baptistère Saint-Pierre-Consavia", in: *Congrès Archéologique du Piemont*, Paris 1978, S. 358-363. Zur zweiten: di Paco Triglia, M. A., *La chiesa del Santo Sepolcro di Pisa*, Pisa 1986, und die umfangreiche Bibliographie von Ascani, V., „L'architettura religiosa degli ordini militari in Toscana", in: *Monaci in armi*, S. 187-245 (187-205)
Einer Kongregation aus dem Heiligen Land muss auch die Heiliggrabkirche von Cambridge gehört haben. Zu den englischen Kopien s. Ruston, C. M., *Holy Sepulcre Church Cambridge*, Cambridge 1963: Gervers, M., „Rotundae Anglicanae", in: *Actes du XIIème Congrès International d'Histoire de l'Art*, I, Budapest 1972, S. 359-376. Zu den Templern: Lambert, E., *L'Architecture des Templiers*, Paris 1955; Untermann, M., *Der Zentralbau*, S. 77-81; Cadei, A., *Architettura sacra templare*, S. 52-59

[7] Es ist wahrscheinlich kein Zufall, dass die größte Anzahl von Kopien in der Zeitspanne zu verzeichnen ist, als die Auferstehungskirche die *einzige*, völlig autonome Kirche des Heiligen Grabes gewesen ist. Für die Jahre 1040 und 1170 verweise ich auf die neueren Ergebnisse von Martin Biddle, der die Hauptphase des Wiederaufbaus der Auferstehungskirche in die Zeit Michaels IV. (1037-1041) und nicht Konstantins IX. Monomachus legt und den Bau des *Chorus dominorum* gegen 1167-1169 für abgeschlossen hält: Biddle, M., *The Tomb of Christ*, Phoenix Mill 1999, S. 74-81, 89-98. Zum „Wiederaufbau" siehe Osterhout, R. G., „Rebuilding the Temple. Constantine Monomachus and the Holy Sepulchre", in: *Journal of*

the Society of the Aarchitectural Historians, 48 (1989), S. 66-78

[8] Couasnon, Ch., *The Church of the Holy Sepulchre in Jerusalem*, London 1974; Corbo, V. C., *Il Santo Sepolchro di Gerusalemme*, 3 Bde., Jerusalem 1981 (Studium Biblicum Franciscanum, Collectio maior, 29)

[9] Zur allgemein größeren Glaubwürdigkeit Corbos vergleiche Deichmann, F. W., *Archeologia cristiana*, Rom 1993, S. 87; Piva, P., „L'Anastasis, chiesa ‚minor' di una cattedrale?" in: *Antiquité Tardive*, 4 (1996), S. 78-81

[10] Vgl. Couasnon, 1974, IX; Corbo, 1981, II, Heft 4

[11] Vgl. Conant, K. J., „The Original Buildings at the Holy Sepulchre in Jerusalem", in: *Speculum*, 31, 1965, S. 1-48 (S. 3-5); Lauffray, J., „La 'Memoria Sancti Sepulchri' du Musée de Narbonne et le Temple Rond du Baalbeck: essai de restitution du Saint Sépulchre constantinien", in: *Mélanges de l'Université Saint Joseph*, 38, 1962, S. 199-217; Wilkinson, J., „The Tomb of Christ. An Outline of its Structural History", in: *Levant*, 4, 1972, S. 83-97; Corbo, V. C., *Il Santo Sepolcro*, S. 71-75, 152; Bonnery, A., „L'édicule du Saint-Sépulcre de Narbonne. Recherche sur l'iconographie de l'Anastasis", in: *Les cahiers de Saint-Michel de Cuxà*, 22, 1991, S. 7-42; Biddle, M., „The Tomb of Christ. Sources, Methods and a New Approach", in: *Churches Built in Ancient Times. Recent Studies in Early Christian Archaeology*, hrsg. von K. Painter, London 1994, S. 73-147. Grundlegend ist das vor kurzem erschienene Werk von M. Biddle: *The Tomb of Christ*, Phoenix Mill-Stroud, 1999

[12] Vgl. Biddle, M., „The Tomb of Christ" (1999), S. 81-88

[13] Zur Empore verweise ich auf die Rekonstruktion von Corbo, „Il Santo Sepolcro", II, Tafel 5

[14] Siehe Bresc-Bautier, G., *Les imitations*, S. 334-335

[15] Vgl. Biddle, M., *The Tomb of Christ* (1999), S. 83-85

[16] Dennoch gab es in beiden Fällen Ausnahmen. Zum Beispiel scheinen seit dem 11. Jahrhundert Villeneuve-d'Aveyron und Quimperlé zur älteren Gruppe zu gehören (in ihrem Umkreis wären zu nennen S. Stefano rotondo in Rom, S. Angelo in Perugia, S. Juan in Canosa, der Veitsdom in Prag, Sankt Mauritius in Konstanz). Da dies nicht der Gegenstand der vorliegenden Arbeit ist, beschränke ich mich darauf, auf die neuere Arbeit von G. Mietke zu verweisen: *Die Bautätigkeit Bischof Meinwerks von Paderborn und die frühchristliche und byzantinische Architektur*, Paderborn 1991 (zum Thema der Busdorfkirche in Paderborn).

[17] Vgl. Piva: *L'Anastasis*. Zu diesen Aspekten siehe Wharton, A. J., „The Baptistery of the Holy Sepulchre in Jerusalem and the Politics of Stational Liturgy", in: *Dumbarton Oaks Papers*, 56 (1992), S. 313-325; Bermejo Cabrera, E., *La proclamación de la escritura en la liturgia de Jerusalén*, Jerusalem 1993 (Studium Biblicum Franciscanum, Collectio maior 37)

[18] Vgl. Krautheimer: *Introduction*, S. 118. Über San Lanfranco siehe Segagni Malacart, A., „L'architettura romanica pavese", in: *Storia di Pavia*, III/3, S. 163-166. Es könnte auch ein Sepulchrum in der Heiliggrabkirche von Barletta gegeben haben, wo eine „heilige Abbildung" der Visitatio bereits für das 13. Jahrhundert nachgewiesen ist (vgl. Osterhout, R. G., „Santo Stefano e Gerusalemme", in: *Stefaniana. Contributi per la storia del complesso di Santo Stefano in Bologna*, 1985, S. 152). Über den Standort der Grabkapelle des Sepulchrum verweise ich vor allem auf Brooks, N. C., *The Sepulchre of Christ in Art and Liturgy*, Urbana 1921; Dalman, G., *Das Grab Christi in Deutschland*, Leipzig 1922; McGee, A., „The Liturgical Placement of the ‚Quem quaeritis' Dialogue", in: *Journal of the American Musicological Society*, 29 (1976), S. 1-29; Heitz, C., „A propos de quelques galilées bourguignonnes", in: *Saint-Philibert de Tournus. Histoire, archéologie, art*, Tournus 1995, S. 253-272; Piva, P., „L'ubicazione del Sepulchrum nelle chiese romaniche dell'Italia del Nord: alcune ipotesi", in: *Hortus Artium Medievalium* (Zagreb), 5, 1999, S. 183-199 (mit Literaturliste)

[19] Untermann, M., *Der Zentralbau*, S. 120-124

[20] Zu den ersten siehe die immer noch grundlegende, wenngleich durch neuere Ausgrabungen teilweise überholte Arbeit von Vincent, H. und Abel, F. M., „Jérusalem. Recherches de topographie, d'archéologie et d'histoire", II, in: *Jérusalem nouvelle*, Paris 1914; siehe auch Abel, F. M., *Jerusalem*, DACL, VII, 2304-2374

Zum Kuppelbau des Felsendoms siehe unten.

[21] Corbo, V. C. *Ricerche archeologiche al Monte degli Ulivi*, Jerusalem 1965, S. 95-114. Die Kreuzfahrer errichteten das Bauwerk neu als Oktogon mit Umgang und einem von einer Kuppel mit Opaion überwölbten Zentralbau.

[22] Vgl. Abel, *Jerusalem*, DACL, VII, 2331-232

[23] Vgl. auch Bagatti, B. in Bagatti/Piccirillo/Prodomo, *New Discoveries at the Tomb of Virgin Mary in Gethsemane*, Jerusalem 1975, S. 18. Bagatti weist darauf hin, dass die Annahme logisch erscheint, dass bei dem „Grab der Jungfrau" vom Vorbild des „Grabes Christi" ausgegangen wurde.

[24] Für eine umfangreiche Bibliographie über die Kuppel des Felsendoms als Templum Domini siehe Untermann, *Der Zentralbau*, S. 280.

[25] Vgl. Krautheimer, R., „Sancta Maria rotunda", in: *Arte de primo millenio*, Turin 1953, S. 23-27 (und in Krautheimer, R., *Studies in Early Christian Medieval and Renaissance Art*, NY, London 1969-1971, S. 107-114). Untermann wies die Vorstellung zurück, die Kirche vom Grab der Jungfrau sei ein berühmtes und hochverehrtes Sanktuarium gewesen und könne ein „Vorbild" gewesen sein. In jedem Fall machen es die verschiedenen mittelalterlichen Rotunden, die der heiligen Maria gewidmet sind, *zwingend* erforderlich, von einem Typus der *Sancta Maria rotunda* auszugehen, wenn auch als von einem anderen Prototyp abgeleitet oder als eine „Zwischenstufe" (wie es der Pantheon Sancta Maria *ad martyres* zweifellos gewesen ist). Siehe auch Heitz, C., „D'Aix-la-Chapelle à Saint-Bénigne de Dijon, rotondes mariales carolingiennes et ottoniennes", in: *Cahiers de Saint-Michel de Cuxà*, 25 (1994), S. 5-10

[26] Unter der umfangreichen Literatur verweise ich vor allem auf: Verbeek, A., „Die architektonische Nachfolge der Aachener Pfalzkapelle", in: *Karl der Große. 4. Lebenswerk und Nachleben*, Düsseldorf 1967, S. 113-156; Sieffert, G., „Les imitations de la chapelle palatine de Charlemagne à Aix-la-Chapelle", in: *Cahiers de l'art médiéval*, 5/2, 1968, S. 29-70. Die Kapelle leitet sich weniger vom Typus der Sancta Maria rotunda her als vielmehr vom Vorbild San Vitale in Ravenna.

[27] Vgl. Krautheimer: *Introduction*, S. 102. In der Vergangenheit war die Geschichtsschreibung gespalten zwischen den Verfechtern einer Kopie des Heiligen Grabes und denen, die vom Vorbild einer Templerkirche ausgingen. Vgl. Lambert, E., *L'architecture des Templiers*, Paris 1995, S. 15

[28] Vgl. Untermann, *Der Zentralbau*, S. 24

[29] Vgl. Tillet, L. M., „Bretagne romane", in: *La-Pierre-qui-Vire*, 1982, S. 129-134. Über die Kirche siehe auch Rhein, A., „Le temple de Lanleff", in: *Congrès Archéologique de France*, 81, 1914, S. 542-553 (mit umfangreicher Literaturliste); Garcon, P. M., „Le temple circulaire de Lanleff", in: *Archeologia*, 89 (1975), S. 67-69

[30] Vgl. Heitz, C., *L'architecture religieuse carolingienne. Les formes et leurs fonctions*, Paris 1980, S. 60

[31] Es gibt eine Reihe von Bauwerken mit drei Apsiskapellen, die verschieden ausgerichtet sind, aber nicht rechtwinklig wie bei der Auferstehungskirche, zum Beispiel die bei Ausgrabungen zu Tage getretene Rotunde im Trierer Dom (vgl. Zink, J. und Kempf, Th. K. in: *Der Trierer Dom*, Neuss 1980, S. 17-113), die Dreifaltigkeitskirche (Sankt Donatus) in Zadar und die Rotunde von San Juan/Santa Maria in San Pedro de Lavaino. Letztere gehört zu der Gruppe von Aachen (vgl. Untermann, *Der Zentralbau*, S. 138-139), während die drei Apsiskapellen der Kirche in Zadar mit der Widmung an die Dreieinigkeit in Verbindung stehen (Vezic, P., *The Rotunda of the Holy Trinity / St. Donatus in Zadar*, Zagreb 1985 (auf Kroatisch); Jurkovic, M.: „La rotonde de Saint-Donat à Zadar et les églises hexaconques preromanes en Croatie", in: *Guillaume de Volpiano*, S. 237-256; Vezic, P., „Elementi di architettura bizantina nelle costruzioni altomedievali di Zara", in: *Hortus Artium Medievalum*, 4, 1998, S. 55-70

[32] Panazza, G., *Le basiliche paleocristiane e le cattedrali di Brescia. Problemi e scoperte*, Brescia 1990, S. 46-51

[33] Vgl. Piva, P., *Le cattedrali lombarde*, Quistello 1990, S. 37-56; Panazza, G., *Le basiliche paleocristiane*, S. 48

[34] Vgl. Arslan, E., „L'architettura romanica milanese", in: *Storia di Mailand*, III, Mailand 1954, S. 443-445

[35] Vgl. Heitz, C., „Architecture et liturgie processionelle à l'époque préromane", in: *Revue de l'art*, 24, 1974, S. 30-47

[36] Vgl. Gentile, G., „Ecclesia vocata Sepulchrum", in: *Dal Piemonte all'Europa: esperienze monastiche nella società medievale*, Turin 1988, S. 505-532; Pejrani Baricco, L., „S. Ambrogio. Abazia di San Michele della Chiusa", in: *Quaderni della Soprintendenza Archeologica del Piemonte*, 10, 1991, S. 208. Der Typus der alternierenden Nischen ist auch in der Begräbniskapelle von Romainmontier angewandt worden (13. Jahrhundert): Sennhauser, H. R., „Quelques remarques concernant les premieres églises de Romainmontier et de Payerne", in: *Saint-Philibert de Tournus. Histoire, archéologie, art*, S. 285-296

[37] Die grundlegende Arbeit über Charroux ist weiterhin Schwering-Illert, G., *Die ehemalige französische Abteikirche Saint-Sauveur in Charroux (Vienne) im 11. und 12. Jahrhundert*, Düsseldorf 1963.

[38] Soweit die Darstellung von Camus, Marie-Thérèse, „A propos de la rotonde de Charroux", in: *Guillaume de Volpiano et l'architecture des rotondes*, Dijon 1966, S. 119-133 (mit der aktuellsten Bibliographie)

[39] Vgl. jedoch die Meinung von Oursel, R., „Haut-Poitou romain", in: *La-Pierre-qui-Vire*, 1984, S. 136

[40] Camus, M. T., *A propos*, S. 124-126; Schwering-Illert, G., *Die ehemalige*, S. 101

[41] Schwering-Illert, G.: *Die ehemalige*, S. 97-101

[42] Biddle, M., *The Tomb of Christ*, 1999, S. 81-88

[43] Hubert, J., „Le Saint-Sépulcre de Neuvy et les pélerinages de Terre-Sainte au XIe siècle", in: *Bulletin Monumental*, 90, 1931, S. 99-10

[44] Vgl. auch Faviére, J., „Berry roman", in: *La-Pierre-qui-Vire*, 1976, S. 117-118

[45] Vgl. Michel-Dansac, R., „Neuvy-Saint-Sépulcre", in: *Congrès Archéologique de France*, 94, 1937, S. 523-555; Favière, J., *Berry roman*, S. 118-141. Michel-Dansac denkt an eine Verzögerung der Bauzeit, aber es könnte sich auch um einen Neubau oder eine Erweiterung des oberen Teils der Rotunde handeln.

[46] Vgl. Michel-Dansac, Neuvy-Saint-Sépulcre, S. 528. Derselbe Autor neigt jedoch im weiteren Verlauf des Bandes dazu, diese Besonderheit einem Fehler des Baumeisters zuzuschreiben (was weit weniger überzeugt). Es ist zu beachten, dass auch die Rotunde von Neuvy bis 1806 eine Sepulchrum-Grabkapelle umschloss; aber da im Begräbnisbereich die Reliquien aufbewahrt wurden, die erst 1527 hierher kamen, ist nicht sicher, dass die Grabkapelle schon vorher bestanden hat.

[47] Hinsichtlich der Heiliggrabkirche von Bologna, die jedoch fünf Nischen aufweist, siehe die Hypothese von Osterhout, R. G., „Osservazioni sulla galleria del S. Sepolcro a Santo Stefano di Bologna", in: *Stefania*, Bologna 1985, S. 159-167

[48] Nodet, R. H.: „L'église de Villeneuve d'Aveyron", in: *Bulletin Monumental*, 85, 1926, S. 287-298; Fau, J. C., „Rouergue roman", in: *La-Pierre-qui-Vire*, 1990, S. 77; Pequignot, C., „Bilan archéologique de l'église de Villeneuve d'Aveyron", in: *Revue de Rouergue*, 34, 1993, S. 195-212; Pequignot, C., „L'église de Villeneuve d'Aveyron: une église batie à l'image du Saint-Sépulcre", in: *Les Cahiers de Saint-Michel de*

Cuxà, 26, 1995, S. 147–152 (der Autor identifiziert hier eine Phase des 12. Jahrhunderts).

[49] Lisch, R., „Sainte-Croix de Quimperlé", in: *Congrès Archéologique de Cornouaille*, 115 (1957), S. 84–93; Tillet, L. M., „Bretagne romane", in: *La-Pierre-qui-Vire*, 1928, S. 241–263. Am 2. und 3. Oktober 1998 fand das Kolloquium *L'abbaye de Sainte-Croix de Quimperlé* statt. Die Veröffentlichung seiner Ergebnisse steht noch aus (über die Architektur: C. Hervé-Commereuc und Y. Bellancourt). Ich danke meiner Freundin, Frau Professor Anne Michel, für den Hinweis.

[50] Vgl. Untermann: *Der Zentralbau*, S. 65, 68

[51] Vgl. Fage, R., „L'église de Saint-Léonard et la chapelle du Saint-Sépulcre", in: *Bulletin Monumental*, 77, 1913, S. 41–72; Roy, L., „Église Saint-Léonard (Haute-Vienne): Chapelle Saint-Luce", in: *Bulletin Monumental*, 86, 1927, S. 113–122; Maury, J., „Limousin roman", in: *La-Pierre-qui-Vire*, 1990, S. 123

[52] Vgl. Piva, P., *L'ubicazione del Sepulchrum*. In Augsburg wurde die Depositio bereits im 10. Jahrhundert in der Kapelle Sankt Ambrosius neben dem Dom abgehalten; Heitz, C., *Recherches sur les rapports entre architecture et liturgie à l'époque carolingienne*, Paris 1963, S. 181

[53] Vgl. Biddle: *The Tomb of Christ*, 1999, S. 82

[54] Vgl. Munteanu, V., „A Romanesque Copy of the Anastasis: The chapel of St. Jean of Le Liget", in: *Gesta*, 16/2, 1977, S. 27–40

[55] Siehe die umfassende Arbeit von Dom A. Surchamp und Dom W. Witters in Lelong, Ch., „Touraine romane", in: *La-Pierre-qui-Vire*, 1977, S. 255–324

[56] *Touraine romane*, S. 279

[57] Vgl. Demus, O., *Pittura murale romanica*, Mailand 1969, S. 149–150

[58] Es wäre an dieser Stelle offensichtlich sinnlos, an die lange Tradition drei- oder vierblättriger Gebäude zu erinnern, die seit der Zeit des frühen Christentums besteht, oder die umfangreiche Literatur dazu zu zitieren.

[59] Saint-Jean, R., „Languedoc roman. Le Languedoc méditerranéen", in: *La-Pierre-qui-Vire*, 1975, S. 97–140; Rouquette, J. M., „Provence romane 1", in: *La-Pierre-qui-Vire*, 1980, S. 399–400

[60] Barruol, G., „Provence romane 2", in: *La-Pierre-qui-Vire*, 1981, S. 91–92; Hernad, B., „Deux édifices triconques en Normandie: Saint-Saturnin de Saint-Wandrille et Saint-Germain de Querqueville", in: *Du VIIIe au XIe siècle: edifices monastiques et culte en Lorraine et en Bourgogne*, Paris 1977 (Université de Paris X-Nanterre), S. 121–123

[61] Vgl. Rouquette, J. M., „Provence romane 1", S. 31–32

[62] Vgl. Serbat, M., *Montmoreau*, in: *Congres Archéologique de France d'Angouleme*, 1, 1912, S. 149–164; Daras, C., „Angoumois roman", in: *La-Pierre-qui-Vire*, 1961, S. 152–155

[63] Vgl. Piva, P., *Da Cluny a Polirone*, San Benedetto Po, 1980, S. 77, Anmerkung 26; Stratford, N., „Les bâtiments de l'abbaye de Cluny à l'époque médiévale. État des questions", in: *Bulletin Monumental*, 150, 1992, S. 388, 408, Anm. 19

[64] Vgl. Adorno, P., „Un raro edificio altomedievale in Umbria: la ‚rotonda' della chiesa di S. Salvatore a Terni", in: *Antichità Viva*, 19/2, 1980, S. 37–45

[65] Ich halte mich an die Chronologie von Sahler, H., *San Claudio al Chienti und die romanischen Kirchen des Vierstutzentyps in den Marken*, Münster 1988, S. 147–204

[66] Vgl. Favole, P., *Le Marche* (Italia romanica, 14), Mailand 1993, S. 70

[67] Vgl. Paoloni, A., *Architettura religiosa medievale. Chiese e monasteri nell'Alto Maceratese*, Camerino-Pieve Torina, 1995, S. 105–111 (mit der Bibliographie bis zum Erscheinungsdatum). Bei dem 1240 erwähnten Castrum kann es sich um eine einfache befestigte Siedlung gehandelt haben.

[68] Piva, P., „I centri del romanico", in: *Itinerari per l'Emilia Romagna*, hrsg. von P. Carpeggiani, Rom 1982, S. 518

[69] Segagni Malacart, A., „L'architettura", in: *Storia di Piacenza. II. Dal Vescovo conte alla signoria (996–1313)*, Piacenza 1984, S. 450–460

[70] Vgl. Brucher, G., *Die sakrale Baukunst Italiens im 11. und 12. Jahrhundert*, Köln 1987, S. 375–376, Anmerkung 95; Kling, M., *Romanische Zentralbauten in Oberitalien*, Hildesheim 1995, S. 335–337; Tosco, C., *Architetti e comittenti nel romanico lombardo*, Rom 1997, S. 62–63

[71] Campi, P. M., *Dell'historia ecclesiastica di Piacenza*, Piacenza 1951, I, S. 298, 316, 323, 335, 536; II, S. 16, 358. Racine, P.., „Cortemaggiore dall'anno Mille all'inizio del XIV secolo", in: *Archivio Storico per le Provincie Parmensi*, 31, 1979, S. 157–171, legt die Gründung des Klosters auf das Jahr 1002.

[72] Vgl. Nicolini, U., *L'archivio del monastero di Sant'Andrea di Mantova fino a la caduta dei Bonacolsi*, Mantua 1959, Dok. XXXVI–XXXVII

[73] Marani, E., „Tre chiese di Sant'Andrea nella storia dello svolgimemto urbanistico mantovano", in: *Il Sant'Andrea di Mantova e Leon Battista Alberti*, Mantua 1974, S. 88–89

[74] Siehe die bedeutsame fotografische Dokumentation, die in Calzona, A., *La rotonda e il palatium di Matilde*, Parma 1991, S. 175–186 veröffentlicht worden ist.

[75] Vgl. Romani, M., *Una città in forma di palazzo. Potere signorile e forma urbana nella Mantova medievale e moderna*, Brescia, Mantua 1995, S. 2, 36, Anmerkung 29

[76] Vgl. Putelli, R., *Vita, storia ed arte mantovana nel Cinquecento. II. Prime visite pastorali alla città e diocesi*, Mantua 1934, S. 16

[77] Vgl. Marani, E. *Tre chiese*, S. 88–89

[78] Vgl. Osterhout, R. G., „The Church of Santo Stefano: A ‚Jerusalem' in Bologna", in: *Gesta* XX/2, 1981, S. 311-321; ders., „Santo Stefano e Gerusalemme" und „Osservazioni sulla galleria del Santo Sepolcro a Santo Stefano di Bologna", in: *Stefania*, hrsg. von G. Fasoli, Deputazione di storia Patria per le Provincie di Romagna, Bologna 1985, S. 131–167. Aus neuerer Zeit: *7 colonne e 7 chiese*, Ausstellungskatalog, Bologna 1987; *Nel segno del S. Sepolcro. S. Stefano di Bologna. Restauri, ripristini, manutenzioni*, hrsg. von L. Serchia, Vigevano 1987; Brucher, G., *Die sakrale Baukunst*, S. 109–110; Kling, M., *Romanische Zentralbauten*, S. 121–131

[79] Vielleicht war es gerade die Notwendigkeit der Fenster, die zu einem zwölfeckigen Innenraum anstelle einer Kreisform geführt hat. Das unregelmäßige Achteck nach außen hin ist durch die Notwendigkeit bedingt, die Kapelle an die Kirchen S. Giovanni Battista und die der heiligen Vitale und Agricola anzuschließen.

[80] Vgl. Osterhout, R. G., *Osservazioni sulla galleria*

[81] Gozzadini, G., „Del restauro di due chiese monumentali nella basilica stefaniana di Bologna", in: *Atti e Memorie delle Regie Deputazioni di Storia Patria per le Provincie dell'Emilia*, III/2, 1878, S. 92

[82] Osterhout, R. G., *Santo Stefano*, S. 140. Siehe auch Kotzsche, L., „Das Heilige Grab in Jerusalem und seine Nachfolge", in: *Akten des XII. Internationalen Kongresses für Christliche Archäologie*, Münster 1955, S. 272–290 (S. 285–286)

[83] Osterhout, R. G., *Santo Stefano*, S. 150–152

[84] Filippini hatte bereits die Vermutung geäußert, dass Santo Stefano während der Osterfeierlichkeiten die Aufgaben der Kathedrale übernahm. Filippini, F., *S. Petronio vescovo di Bologna*, Bologna 1948, S. 51

[85] Zum *campanile de sancto tomeo* finden sich Erwähnungen seit dem Jahre 1250. Vgl. Rota Nodari, C. und Manzoni, P., *La rotonda di San Tomé. Analisi di un'architettura romanica lombarda*, Sondrio 1997, S. 30

[86] Saint-Jean, R., „Vivarais-Gévaudan roman", in: *La-Pierre-qui-Vire* , 1991, S. 137–166. Saint-Jean schlägt vor, Cruas mit lombardischen Kirchen zu vergleichen, besonders mit San Tomé in Almenno (S. 146).

[87] Almenno wird in diesem Zusammenhang auch erwähnt bei Möbius, Friedrich, *Butticum in Centula*, Berlin 1985, S. 41 und bei Bernard, Honoré, „L'abbaye carolingienne de Saint-Riquier", in: *L'art du haut Moyen Age dans le Nord-Ouest de la France*, Actes du Colloque de Saint-Riquier (1987), Greifswald 1993, S. 77–106 (S. 81–82). Die Erhöhung zum tristegum existierte vielleicht auch beim Sepulchrum in Sacra di S. Michele.

[88] Vgl. Nodari-Manzoni, Rota, *La rotunda*, S. 27

89 Vgl. Nodari-Manzoni, Rota, *La rotunda*, S. 24–30

[90] Vgl. Nodari-Manzoni, Rota, *La rotunda* S. 31

[91] Vgl. Nodari-Manzoni, Rota, *La rotunda* S. 28

[92] Manzoni erwägt auch diese Möglichkeit (Nodari-Manzoni, Rota, *La rotunda*, S. 27), doch er weist sie aus dem Grund von sich, dass nirgendwo vom einem „Hospital San Tomé" die Rede ist. Das wäre vielleicht dadurch zu erklären, dass das Kloster und mit ihm die Kirche San Tomé von dem Hospital abhingen und sich in seiner Nähe befanden, aber nicht räumlich mit ihm identisch waren. Zum Hospital ist zu sagen, dass das 1193 in der Gegend um Pozzo erwähnte nicht zwingenderweise mit dem identisch ist, das später als S. Cristoforo bekannt wurde (zu den Quellen siehe Manzoni, P. und Rossi, F., *San Giorgio in Lemine. Per il recupero di una civiltà romanica*, Almenno S. Salvatore 1995, S. 24; Nodari-Manzoni, Rota, *La rotunda*, S. 19–21). Das Hospital könnte später verlegt und Kirche und Kloster den Nonnen übergeben worden sein.

[93] Für das Gebiet von Valgreghentino bei Airuno siehe Nodari-Manzoni, Rota, *La rotunda*, S. 27

[94] Krautheimer, R., *Introduction*, S. 140; und vor allem Boeck, U., *Das Baptisterium zu Pisa und die Jerusalemer Anastasis*, Bonner Jahrbücher, 164, 1964, S. 146–156

[95] Vgl. Brucher, G., *Die sakrale Baukunst*, S. 298; Untermann, M., *Der Zentralbau*, S. 71

[96] Vgl. Untermann: *Der Zentralbau*, S. 208 (mit Literaturangaben zu den Ausgrabungen auf S. 290, Anmerkung 224)

[97] Zu Asti und Pisa siehe Anmerkung 6. Die Heiliggrabkirche von Asti ist durch Porter (*Lombard Architecture*, New Haven 1915–1917, II, S. 75–76) nach technischen und stilistischen Merkmalen überzeugend der Zeit um das Jahr 1160 zugeordnet worden. Die Heiliggrabkirche von Pisa bestand bereits im Jahre 1138 (Garzella, G., *Pisa com'era: topografia e insediamento dall'impianto tardo antico alla città murata del secolo XII*, Neapel 1990, S. 117, 150), aber es handelte sich nicht um das heutige Gebäude, sondern um das in den Probegrabungen entdeckte, ebenfalls oktogonale (vgl. Zohar, M. und Zanelli, A. S., *Chiesa di San Sepolcro in Pisa. Relazione sui lavori di restauro*, Gennaio 1974, Pisa 1974). Für Vera Cruz verweise ich auf die neueren Arbeiten von Cadei, A., *Architettura sacra templare*, S. 97–137, und Sutter, H., *Form und Ikonologie spanischer Zentralbauten. Torres del Rio, Segovia, Eunate*, Weimar 1997, S. 73–106

[98] Vgl. Creswell, K. A. C., *L'Architettura islamica delle origini*, Mailand 1966, S. 29–52

99 Vgl. Cadei, A., *Architettura sacra templare*, S. 16–21

[100] Die vorsichtige Hypothese von V. Ascani ist sicherlich zutreffend. Vgl. Ascani, V., *L'architettura religiosa*, S. 203 (vgl. Anm. 5)

[101] Vgl. Nougaret, J., „Languedoc roman", in: *La-Pierre-qui-Vire* 1975, S. 193–199; Bonnery, A., „L'église de Rieux-Minervois", in: *Les Cahiers de Saint-Michel de Cuxà*, 25, 1994, S. 13–29; Hidrio, G., *L'église de Rieux-Minervois: Marie et les sept colonnes de la sagesse dans l'iconographie médiévale*, a.a.O. S. 87–89

[102] Zu Tomar Graf, G. N., „Portugal roman. Le Sud du Portugal", in: *La-Pierre-qui-Vire*, 1986, S. 205–214; Cadei, A., *Architettura sacra templare*, S. 88–94

[103] Boeck, U., *Das Baptisterium zu Pisa*, S. 153

[104] Vgl. Cadei, A., *Architettura sacra templare*, S. 91, der anmerkt dass dieser Versuch vielleicht zum ersten Mal in Charroux gemacht worden ist, nach der abgegangenen Heiliggrabkirche von Augsburg (errichtet im Jahre 1218) und schließlich denen in Segovia und Tomar.

[105] Vgl. Sutter, H., *Form und Ikonologie spanischer Zentralbauten*, S. 73–106

[106] Cadei, A., *Architettura sacra templare*, S. 105

[107] Vgl. Lambert, E., *L'architecture des Templiers*; Gotz, W., *Zentralbau und Zentralbautendenz in der gotischen Architektur*, Berlin 1968; Cadei, A., *Architettura sacra templare*, S. 45–52

[108] Kürzlich hat H. Sutter (*Form und Ikonologie spanischer Zentralbauten*, S. 44–72) den Ursprung dieser Kirche in Zweifel gezogen und eine neue und ansprechende Deutung aufgestellt, die einen Zusammenhang mit der Auferstehungskirche herstellt (von der sie dennoch keine Kopie ist!). Sutter bringt das Oktogon mit dem Symbolismus der Auferstehung in Verbindung, und der Zusammenhang mit der Auferstehungskirche bestünde im ursprünglichen Opaion, in der Ausschmückung, den Inschriften und der Grabkapelle mit der Kreuzesreliquie, die vielleicht in der Apsis stand, zwischen den Kapitellen mit der Kreuzaufstellung und den heiligen Frauen am Grabe. Vielleicht wäre die Möglichkeit in Betracht zu ziehen, dass das Oktogon als Ganzes als eine „architektonische Umschrift" der Kapelle des Heiligen Grabes zu verstehen ist, die seit dem 11. Jahrhundert in Wahrheit ein Polygon war mit acht angelehnten Säulen, das von einem Tegurium gekrönt wurde; Biddle, *The Tomb of Christ*, S. 82. Das Tegurium würde sich in der Laterne von Torres del Rio widerspiegeln.

[109] Vgl. de Lojendio, L. M., „Navarre romane", in: *La-Pierre-qui-Vire*, 1967, S. 255–300; Sutter, H., *Form und Ikonologie spanischer Zentralbauten*, S. 107–150 (mit umfangreichem Literaturverzeichnis)

[110] Vgl. Stiaffini, D., „La chiesa e il monastero di S. Paolo a Ripa d'Arno di Pisa", in: *Rivista dell'Istituto Nazionale di Archeologia e Storia del Arte*, VII–VIII (1983–1984), S. 237–284 (S. 271–272)

[111] Pardi, R., „L'Architettura sacra degli ordini militari", in: *Templari e Ospedalieri in Italia. La chiesa di San Bevignate a Perugia*, Mailand 1987, S. 27–37 (S. 32–33)

[112] Vgl. aus der neueren Forschung Saunier, F., „Quelques remarques à propos de deux édifices à plan centré de Jérusalem", in: *Les Cahiers de Saint-Michel de Cuxà*, 27, 1966, S. 195–197

[113] Vgl. Lambert, E., *L'architecture des Templiers*; Gervers, M., *Rotundae Anglicanae*; Cadei, A., *Architettura sacra templare*, S. 52–59

[114] In der späteren Zeit sind weniger architektonische Kopien der Auferstehungskirche angefertigt worden (außer vielleicht in einigen vereinzelten Fällen oder mittelbar und „unbewusst") als vielmehr „Umschriften" der Grabkapelle; vgl Dalman, *Das Grab Christi*; Bresc-Bautier, *Les imitations*; Sheingorn, P., *The Easter Sepulchre in England*, Kalamazoo 1987 (Western Michigan University)

Kunst und Kunsthandwerk in der Zeit der Fatimiden

Amari, M., *Storia dei Musulmani di Sicilia*, 2. Ausg., Catania 1933–38

Anglade, E., *Catalogue des boiseries de la section islamique - Musee du Louvre*, Paris 1988

Ashtor, E., *Studies on the Levantine Trade in the Middle Ages*, Variorum, London 1978

Bass, G. F., *Shipwrecks in the Bodrum Museum of Underwater Archaeology*, Ankara 1996

Bellafiori, G., *La Zisa di Palermo*, Palermo 1978

Berti, G., Tongiorgi, L., *I bacini ceramici medievali delle chiese di Pisa*, Rom 1981

Bloom, J., „The Mosque of al-Hakim in Cairo", in: *Muqarnas*, 1, 1983, S. 15–36

Bloom, J., „The Origins of Fatimid Art", in: *Muqarnas*, 3, 1985, S. 20–38

Bloom, J., „The Blue Koran. An early Fatimid Kufic manuscript from the Maghrib", in: *Les Manuscrits du Moyen-Orient. Essais de codicologie et paléographie*, hrsg. von F. Déroche, Istanbul – Paris 1989, S. 95–99

Brett, M., „Ifriqiya as a market for Saharan trade from the tenth to the twelfth century A.D.", in: *Journal of African History*, x, 1969, S. 343–64

Brett, M., „Islam in North Africa", *The World's Religions*, hrsg. von P. Clarke et al., London 1987

Brett, M., „The Mim, the ‚Ayn' and the Making of Isma'ilism", in: *Bulletin of the School of Oriental and African Studies*, LVII, 1994, 1, S. 25–39

Brett, M., „The Realm of the Imam. The Fatimids in the Tenth Century", in: *Bulletin of the School of Oriental and African Studies*, LIX, 1996, Teil 3, S. 431–449

Bussagli, M., *Central Asian Painting*, Genf 1963

Cahen, C., „Les merchands etrangers au Caire sous le Fatimides et les Ayyubides", in: *Colloque internationale sur l'histoire du Caire*, Kairo 1972, S. 97–101

Canard, M., „Le ceremonial fâtimite et le ceremonial byzantin: essai de comparaison", in: *Byzantion*, XXI, 1951, S. 355–420

Carboni, S., „Casket", *The Art of Medieval Spain, a. d. 500–1200*, The Metropolitan Museum of Art, New York 1993, n. 47

Contadini, A., „The *Kitab Manafi /al-Hayawan* in the Escorial Library", in: *Islamic Art*, III, 1988-89, S. 33–57

Contadini, A., „La Spagna dal II/VIII al VII/XIII Secolo", in: *Eredità dell'Islam – Arte Islamica in Italia*, hrsg. von G. Curatola, 1993, S. 105–132

Contadini, A., „The Ibn Bukhtishu Bestiary Tradition. The text and its Sources", in: *Medicina nei Secoli – Arte e Scienza*, hrsg. von L. R. Angeletti und A. Touwaide, Vol. VI, n. 2, 1994, S. 349–364

Contadini, A., *Fatimid Art at the Victoria and Albert Museum*, London 1998

Creswell, K. A. C., *The Muslim Architecture of Egypt*, 2 Bände, Oxford 1952

Crone, P., Hinds, M., *God's Caliph. Religious authority in the first centuries of Islam*, Cambridge 1986

Dachraoui, F., *Le Califat fatimide au Maghreb. Histoire politique et institutions*, Tunis 1981

Daftary, F., *The Isma'ilis: Their History and Doctrine*, Cambridge 1990

Erdmann, K., „Opere islamiche", in: *Il Tesoro di S. Marco: il tesoro e il museo*, hrsg. von H. R. Hahnloser, II, Florenz 1971, S. 100–27

Ettinghausen, R., „Painting in the Fatimid Period: A Reconstruction", in: *Ars Islamica*, 9, 1942, S. 112–124

Ettinghausen, R., „The ‚Bevelled Style' in the Post-Samarra Period", in: *Archaeologica Orientalia in Memoriam Ernst Herzfeld*, hrsg. von G. C. Miles, Locust Valley (New York) 1952

Ettinghausen, R., „Early Realism in Islamic Art", in: *Studi orientalistici in onore di Giorgio Levi Della Vida*, I, Rom 1956, S. 250–73.

Ettinghausen, R., Grabar, O., *The Art and Architecture of Islam 650–1250*, Yale University Press 1987, Pelican History of Art

Gabrieli, F., Scerrato, U., *Gli Arabi in Italia*, Garzanti-Scheiwiller 1985 (1. Ausg. 1979)

Gelfer-Jørgensen, M., *Medieval Islamic Symbolism and the Paintings in the Cefalù Cathedral*, Leiden 1986

Goitein, S. D., „Mediterranean trade in the eleventh century: some facts and problems", in: *Studies in the Economic History of the Middle East*, hrsg. von M. A. Cook, London 1950

Goitein, S. D., *A Mediterranean Society*, 5 Bände; Bd. I, 1967 (Economic Foundations); Bd. II, 1971 (The Community); Bd. III, 1978 (The Family); Bd. IV, 1983 (Daily Life); Bd. V, 1988 (The Individual), (vol. VI, 1993, Zusammengefasste Indizes), Los Angeles (University of California Press), und London, 1967–88

Golvin, L., *Le Maghrib central à l'époque des Zirides*, Paris 1957

Golvin, L., *Recherches archéologiques à la Qala des Banu Hammad*, Paris 1965

Grube, E. J., „Three Miniatures from Fustat in the Metropolitan Museum of Art in New York", *Ars Orientalis*, V, 1963, S. 89–95

Grube, E. J., *The Classical Style in Islamic Painting*, Lugano 1968

Grube, E. J., „Fostat Fragments" and „Pre-Mongol and Mamluk Painting", in: *The Keir Collection. Islamic Painting and the Arts of the Book*, hrsg. von B. W. Robinson, London 1976, S. 25–128

Grube, E. J., „Realism or Formalism: Notes on Some Fatimid Lustre-painted Ceramic Vessels", in: *Studi in onore di Francesco Gabrieli nel suo ottantesimo compleanno*, Rom 1984, S. 423–32

Grube, E. J., „A Drawing of Wrestlers in the Cairo Museum of Islamic Art", in: *Quaderni di Studi Arabi*, 3, 1985 S. 89–106

Grube, E. J., „A Coloured Drawing of the Fatimid Period in the Keir Collection", in; *Rivista degli Studi Orientali*, LIX, S. 1987, 147–174

Grube, E. J., „La pittura islamica nella Sicilia normanna del XII secolo", in: *La Pittura in Italia. L'Altomedioevo*, Mailand 1994, S. 416–431

Hillenbrand, R., *Islamic Architecture*, Edinurgh 1994

Ibn Hawqal *Surat al-Ard*, 1938

Jenkins, M., Keene, M., *Islamic Jewelry in the Metropolitan Museum of Art*, New York1982

Johns, J., „Re normanni e califfi fatimiti: nuove prospettive su vecchi materiali", in: *Giornata di Studio del Nuovo sulla Sicilia Musulmana*, Rom 1993, *Accademia Nazionale dei Lincei-Fondazione Leone Caetani*, XXVI, S. 3–50

Kahle-Bonn, P., „Bergkristall, Glas, und Glasflüsse nach dem Steinbuch von al-Biruni", in: *Zeitschrift der Deutschen Morgenländischen Gesellschaft*, 90, 1936, S. 322–56

Kubiak, W. B., *Al-Fustat: Its Foundation and Early Urban Development*, Kairo 1987

Kühnel, E., *Die islamischen Elfenbeinskulpturen, 8.–13. Jahrhundert*, 2 Bände, Berlin 1971

Lev, Y., „The Fatimid conquest of Egypt, military political and social aspects", in: *Israel Oriental Studies*, IX, 1979, S. 315–328

Lev, Y., „Fatimid Policy towards Damascus (358/968–386/996) – Military, Political and Social Aspects", in: *Jerusalem Studies in Arabic and Islam*, III, 1981, S. 165–83

Lev, Y., *State and Society in Fatimid Egypt*, Leiden (Brill) 1991

Lewis, B., „The Fatimids and the route to India", in: *Revue de la Faculté des Sciences Economiques*, Universität Istanbul, XI, 1949–50, S. 50–4

Lewis, A. R., *Naval Power and Trade in the Mediterranean, AD 500–1100*, Princeton 1951

Lewis, B., „An interpretation of Fatimid history", in: *Colloque internationale sur l'histoire du Caire*, Kairo 1972, S. 287–95

Lézine, A., *Mahdiya: recherches d'archéologie islamique*, Paris 1965

Lyons, M. C., Jackson, D., *Saladin: the Politics of the Holy War*, Cambridge 1981

Al-Maqrizi, Ahmad Ibn Ali, *Al-Mawa'iz wa'l-it'ibar bi dhikr al-khitat wa'l-athar*, 2 Bände, 1853

Al-Maqrizi, Ahmad Ibn Ali, *Itti'az al-hunafa' bi-akhbar al-a'imma al-fatimiyyin al-khulafa'* 3 Bände, Kairo 1967–73

Al-Maqrizi, Ahmad Ibn Ali, *Description topographique et historique de l'Egypte*, übers. von U. Bouriant, Paris 1895

Marçais, G., *Les poteries et faiences de la Qal'a des Beni Hammad*, Constantine 1913

Marçais, G., *L'Architecture musulmane d'Occident*,

Paris 1954
Marzouk, M. A. A., „The Earliest Fatimid Tiraz (Tiraz al-Mansuriyya)“, in:*Bulletin of the Faculty of Arts,* Alexandria University, xi, 1957, S. 37–56
Meinecke-Berg, V., „Materialien zu fatimidischen Holzdekorationen in Kairo i: Holzdecken aus dem fatimidischen Westpalast in Kairo“, in: *Mitteilungen des Deutschen Archäologischen Instituts, Abteilung Kairo*, 47, 1991, S. 227–233
Monneret de Villard, U., „Un codice arabo-spagnolo con miniature“, in: *La Bibliofilia*, xliii, 1941, S. 209–223
Monneret de Villard, U., *Le pitture musulmane al soffitto della Cappella Palatina in Palermo*, Rom 1950
Al-Muqaddasi, Abu Abd allah Muhammad b. Ahmad, *Ahsan al-Taqasim fi Ma'rifat al-Aqalim*, übers. und hrsg. von B.A. Collins und M. H. al-Tai, Reading 1994
Nasir-i Khusraw, *Safar Nameh*, hrsg. von C. Schefer, Paris 1881
Paris 1989, *Arabesques et jardins de paradis*, Louvre
Paris 1998, *Trésors fatimides du Caire*, hrsg. von M. Barrucand, Institut du Monde Arabe
Pauty, E., *Les bois sculptés jusqu'à l'epoque ayyoubite*, Catalogue Generale du Musée Arabe du Caire, Kairo 1931
Philon, H., *Early Islamic Ceramics – The Benaki Museum*, London 1980
Pinder-Wilson, R., Scanlon, G., „Glass Finds from Fustat 1964–1971“, in: *Journal of Glass Studies*, xv, 1973, S. 12–30
Scerrato, U., *Metalli Islamici*, Mailand 1966
Ventrone, G., „La problematica della ceramica islamica del Nord Africa“, in: *Atti del vii Convegno Internazionale della ceramica*, Albisola 1974, S. 85–102
Zbiss, S. M., „Mahdiyya et Sabra Mansouriya: Noveaux documents d'art fatimite et d'Occident“, in: *Journal Asiatique*, 244, 1956, S. 79–93
Wiet, G., „Recherches sur les bibliothèques égyptiennes au xe et xie siècles“, in: *Cahiers de Civilisation Médiévale*, 6, 1963, S. 1–11
Wright, O., (im Druck) „Music at the Fatimid Court: the evidence of the Ibn al-Tahhan Manuscript“, in: *L'Égypte Fatimide – son art et son histoire*, hrsg. von M. Barrucand, Paris 1963

[1] Zum Ismailismus s. Daftary 1990 und Brett 1994. Zur Geschichte und Interpretation der fatimidischen Dynastie s. Brett 1996, der die jüngsten aktuellen Studien zu diesem Thema liefert.
[2] S. hierzu Contadini 1993, insbesondere S. 108
[3] Ashtor 1978
[4] Zur fatimidischen Zeremonie und ihre Beziehungen zur byzantinischen Zeremonie s. Canard 1951
[5] Zu den Fatimiden in Nordafrika s. Dachraoui 1981 und Brett 1987
[6] Zu den Beziehungen der Fatimiden mit Sizilien s. Amari 1933–38; Johns 1995; zur arabischen Herrschaft in Sizilien allgemein s. Gabrieli und Scerrato 1985, S. 35–105
[7] Zur fatimidischen Eroberung Ägyptens s. al-Maqrizi 1895; Lev 1979
[8] Zu den Fatimiden in Syrien und Palästina s. Lev 1981
[9] Zum gescheiterten fatimidischen Versuch, politische Macht mit religiöser Autorität zu verbinden, s. Crone und Hinds 1986
[10] Zu Saladin und dem Ende des fatimidischen Reichs s. Lyons und Jackson 1981
[11] Goitein 1950
[12] Al-Muqaddasi 1994, S. 181–183. Zur Stadt Fustat s. Kubiak 1987
[13] Zum Transsahara-Handel s. Brett 1969 und 1983
[14] Lewis 1949–50
[15] Cahen 1972
[16] Goitein 1967–88
[17] Eine Zusammenfassung der Ursprünge der fatimidischen Kunst findet sich bei Bloom 1985
[18] Al-Maqrizi 1967–73, Bd. I, S. 79; Ibn Hauqal 1938, Bd. I, S. 71
[19] Creswell 1952, S. 5–9. Zur fatimidischen Architektur in Nordafrika s. Marçais 1954; Lézine 1965, S. 65 ff. zur Moschee von Mahdiya
[20] Marçais 1954, S. 79–81; Zbiss 1956
[21] Al-Muqaddasi 1994, S. 203
[22] Golvin 1957, S. 180 ff.; Hillenbrand 1994, S. 438, 7.172
[23] Golvin 1965; Hillenbrand 1994, S. 439–441, 7.173, 7.176–7, 7.179
[24] Bellafiori 1978; Hillenbrand 1994, S. 440–442
[25] Nasir-i Khusraw 1881, S. 128
[26] Creswell 1952, S. 33
[27] Zur Moschee von al-Azhar s. Creswell 1952, S. 36–64 und zur Moschee von al-Hakim s. Creswell 1952, S. 65–106; ferner Bloom 1983 für eine Interpretation der Minarette
[28] Ettinghausen 1952, Pl. X, Nr. 3
[29] Besonders im Museum für Islamische Kunst in Kairo und im Musée du Louvre. Eine Fotografie der Hölzer *in situ* findet sich bei Ettinghausen und Grabar 1987, Abb. 169
[30] Creswell 1952, jeweils S. 257 f. und 239–253
[31] Hierzu s. Creswell 1952, S. 166–217
[32] Wiet 1963
[33] Is 1430: s. Contadini 1998, Abb. 7 und 8
[34] Bloom 1989
[35] Contadini 1998, Abb. 9
[36] Jetzt im Dar al-Kutub in Kairo, Ms. Funun Djamila 539: Wright 1999
[37] Zirka 158 Fragmente wurden von Grube 1985 veröffentlicht.
[38] Grube 1976
[39] Wie im Fall der Darstellung eines Hahns, jetzt im Metropolitan Museum of Art in New York, Acc. Nr. 54.108.1: Grube 1963
[40] Acc. Nr. 54.108.3: Contadini 1998, Abb. 12 und 13
[41] Zu dieser Tradition s. Contadini 1988–89 und 1994
[42] Ettinghausen 1942
[43] Zu den Malereien s. Monneret de Villard 1950; farbige Reproduktionen bei Gabrieli und Scerrato 1985. Auch Grube 1994
[44] Gelfer-Jørgensen 1986
[45] Meinecke-Berg 1991
[46] Grube 1968, bes. S. 11–15
[47] Bussagli 1963, bes. die Abbildungen S. 18 und 25
[48] Rom, Vatikanische Bibliothek, Ms. Ar. 368: Monneret de Villard 1941
[49] Kairo, Museum für Islamische Kunst, acc. Nr. 13165: Marzouk 1957
[50] Madrid, Archäologisches Museum, Inv.-Nr. 887: Kühnel 1971, Nr. 20, Taf. VIII
[51] Marçais 1913
[52] Zur nordafrikanischen Keramik s. Ventrone 1974, S. 85–102; auch Philon 1980, Abb. 124–130
[53] Contadini 1998, S. 79–80
[54] Berti und Tongiorgi 1981
[55] Zu den Brennöfen und -techniken s. Contadini 1998, S. 77–78
[56] Ettinghausen 1956
[57] Grube 1984
[58] Pinder-Wilson und Scanlon 1973
[59] Bass 1996, S. 37–53.
[60] Contadini 1998, S. 96–98
[61] Contadini 1998, Kapitel 1
[62] Kahle-Bonn 1936
[63] Die Karaffe aus dem Palazzo Pitti in Florenz wurde unlängst zerstört. Hierzu und zu den fünf anderen s. Contadini 1998, S. 18–19
[64] Kahle-Bonn 1936, S. 332; Nasir-i Khusraw 1881, S. 149
[65] Contadini 1998, S. 22–25
[66] Contadini 1998, S. 25–27 und Abb. 23
[67] Contadini 1998, S. 27–32
[68] Gabrieli und Scerrato 1985, Abb. 520
[69] Inv.-Nr. 63: Erdmann 1971, Nr. 128
[70] Contadini 1998, S. 39–40
[71] Contadini 1998, S. 41–43
[72] Parigi 1998, Nr. 209
[73] Zu den Elfenbeinplatten aus Paris, Musée du Louvre, s. Parigi 1989, Nr. 180; zu jenen aus Berlin, Staatliche Museen für Islamische Kunst, s. Parigi 1998, Nr. 81
[74] Pauty 1931, Taf. XLIV, XLVI–LIX
[75] Zum Mihrab der Sayyida Nafisa s. Parigi 1998, Nr. 90; zum Mihrab der Sayyida Ruqayya s. Contadini 1998, Abb. 36
[76] Anglade 1988, Abb. 32
[77] Scerrato 1966, Taf. 31
[78] Contadini 1993, Nr. 43
[79] Das Schmuckkästchen befindet sich in Léon, Real Colegiata de San Isidoro: Carboni 1993, Nr. 47
[80] Beispiele fatimidischer Juwelen s. Jenkins und Keene 1982 und Parigi 1998, Nr. 60–78

Christliche Einflüsse auf die Kunst in Syrien und Ägypten

Akermann, Ph., *Le décor sculpté du Couvent Blanc. Niches et Frises*, IFAO, 507, Bibliothèque d'Études Coptes, xiv, 1976
Atil, E., Chase, W. T., Jett, P., *Islamic Metalwork in the Freer Gallery of Art*, Washington D. C.
Behrens-Abouseif, D., *Islamic Architecture in Cairo. An Introduction*, Leiden, 1989
Cahen, C., „Ayyubids“, in: *The Encyclopaedia of Islam*, 2. Ausgabe, Band i, Leiden 1960
Canard, M., „Le cérémonial fâtimite et le cérémonial byzantin: essai de comparaison“, in: *Byzantion*, xxi, 1951, S. 355–420
Contadini, A., *Fatimid Art at the Victoria and Albert Museum*, London 1998
Creswell, K. A. C., *Early Muslim Architecture*, II, Oxford 1940
ders., *The Muslim Architecture of Egypt*, Oxford 1952
Cuneo, P., Marazzi, U., „Glossario dei termini urbanistici del mondo islamico“, in: *Storia della città*, 46, 1989, S. 55–80
Curatola, G., „Metalli siriani al Museo Nazionale di Firenze“, in: *Il Veltro*, xxviii, 3–4, 1984, S. 295–303
Curatola, G., Scarcia, G., *Le arti nell'Islam*, Rom 1990
Duhman, M.A., „Al-Madrasa al-Zahiriyya“ (Die Madrasa Zahiriyya), in: Madjallat al-Madjma al-Ilmi al-Arabi bi-Dimashq, 23, 1948, S. 573–582
Eredità dell'Islam, *Eredità dell'Islam. Arte Islamica in Italia*, (hrsg. von G. Curatola), Venedig, Dogenpalast, Okober 1993 bis April 1994, Mailand 1993
Finster, B., „Die Mosaiken der Umayyadenmoschee von Damaskus“, in: *Kunst des Orients*, 1970-71, 7, S. 83–141
Fontana, M. V., *La miniatura islamica*, Rom 1998
Gabrieli, F., *Storici arabi delle crociate*, Turin 1963
Grabar, O., „Islamic Art and Byzantium“, in: *Dumbarton Oaks Papers*, 1964, 18, S. 67–88

ders., „Imperial and Urban Art in Islam: The Subject Matter of Fatimid Art“, in: *Colloque Internationale sur l'Histoire du Caire*, Kairo 1969, S. 173–189

ders., *The Formation of Islamic Art*, New Haven, London 1973

ders., *City in the desert: Qasr al-Hayr East*, Cambridge, Mass. 1978

ders., *The Shape of the Holy. Early Islamic Jerusalem*, Princeton 1996

Katzenstein, R. A., Lowry, G. D., „Christian Themes in Thirteenth-Century Islamic Metalwork“, in: *Muqarnas*, I, 1983, S. 53–68

Lanza, A., Troncarelli, M., *Pellegrini scrittori*, Florenz 1989

Lawrence, T. E., *I castelli dei crociati*, (hrsg. von F. Cardini), Venedig 1989

Lyons, M. C., Jackson, D. E. P., *Saladin. The Politics of the Holy War*, Cambridge 1981

MacKenzie, N. D., *Ayyubid Cairo. A Topographical Study*, Kairo 1992

Martiniani-Reber, M., *Lyon, musée historique des tissus. Soieries sassanides, coptes et byzantines v^e – xie siècles*, Paris 1986

Mougdab, S., Ory, S., „Bosra, cité islamique“, in: *Archéologia*, 178, 1980, S. 22–30

Paris 1998, *Trésors fatimides du Caire*. Paris, Institut du Monde Arabe, 28. April – 30. August 1998

Patricolo, A., Monneret de Villard, U., *The Church of Sitt Burbâra in Old Cairo*, Florenz 1922

Riegl, A., *Industria artistica tardoromana*, Florenz 1981

Rogers, J. M., *The Spread of Islam*, London 1976

Runciman, S., *A History of the Crusades*, Cambridge 1951

Scarcia, G., *Il volto di Adamo. Islam: la questione estetica nell'altro Occidente*, Venedig 1995

Shatzmiller, M, (Hrsg.), *Crusaders & Muslims in Twelfth-Century Syria*, Leiden, New York, Köln, 1993

Ward, R., *Islamic Metalwork*, London 1993

Williams, C., „The Qur'anic Inscriptions on the Tabut of al-Husayn“, in: *Islamic Art*, II, 1987, S. 3–13

ders., „The Cult of the Alid Saints in the Monuments of Fatimid Cairo, I: The Mosque of Al-Aqmar“, in: *Muqarnas*, I, 1983

[1] Grabar 1973

[2] Scarcia 1995

[3] Es besteht allgemein die Meinung (ein weit verbreiteter Gemeinplatz und eines der tief verwurzelten Vorurteile über den Islam), dass der Beitrag der Moslems zur Geschichte der wissenschaftlichen Entdeckungen vor allem darin bestand, große Übersetzer gewesen zu sein, somit nur Vermittler. Sie vermittelten also zwischen dem antiken Wissen – und zwar nicht nur dem griechischen, sondern auch dem ägyptischen und semitischen – und unserem modernen Wissen, in einem Wort: dem westlichen.

[4] Mougdab, Ory 1980

[5] Grabar 1996

[6] Finster 1970–71

[7] Der Bezug ist offensichtlich: Riegl

[8] Duhman 1948; Curatola, Scarcia 1990, S. 54

[9] Behrens-Abousif 1989, S. 98

[10] Interessant ist, dass eine Quelle vom Beginn des 11. Jahrhunderts (bei Creswell 1940, S. 333), behauptet, dass der Bau des Gebetssaales nicht auf den traditionellen Marmorsäulen aufbaut (mehr als 300 einfache oder Doppelsäulen wären benötigt worden), sondern auf Pfeilern, die ein christlicher Architekt einführte. Die Mosaikinschrift des oberen Teils des Mihrab geht auf die Restaurierung des 13. Jahrhunderts (1296) durch den Sultan Lajin zurück; s. hierzu Curatola, Scarcia 1990, S. 54.

[11] Vielleicht mit Ausnahme Indiens. Dieser Fall muss noch intensiv untersucht und diskutiert werden.

[12] Z. B. nennt sich die von dem großen Kunsthistoriker Ugo Monneret de Villard gelehrte Disziplin seltsamerweise „Geschichte der Koptischen und Islamischen Kunst“.

[13] Creswell 1940, S. 171–196

[14] Dies ist das bei weitem am häufigsten verwendete Schmuckmaterial der islamischen Welt seit dem abbasidischen Kalifat.

[15] Behrens-Abouseif 1989, S. 60

[16] Creswell 1952, S. 65–106

[17] Williams 1983

[18] Grabar 1978

[19] Behrens-Abouseif 1989, S. 73

[20] Akermann 1976, S. 20–21

[21] Creswell 1952, S. 283 ff.

[22] Ein Abkömmling Alis und deshalb wie die fatimidische Dynastie (969–1171) ein Schiit, die durch Fatima, Tochter des Propheten und Gemahlin Alis, offiziell schiitisch war.

[23] Als Reaktion darauf verkündete man in Spanien die Unabhängigkeit des omayyadischen Kalifats und machte so den politischen Polyzentrismus offensichtlich, denn der Sitz des Kalifats war, zumindest nominell, Bagdad. Er blieb fast bis in unsere Tage erhalten.

[24] Man muss nur an die Bergkristall- oder Elfenbeinarbeiten denken, die zu den anspruchsvollsten islamischen Produkten gehören.

[25] Canard 1951

[26] Zur Kunst aus dieser Zeit s. Katalog der Ausstellung in Paris (Paris 1998) und den neuesten Sammelband Anna Contadinis über die Sammlung des Victoria and Albert Museums in London

[27] Martiniani-Reber 1986

[28] Contadini 1998, Pl. 28, 30; S. 69 f.

[29] Vor allem Grabar 1969

[30] Diese These besagt, dass die Fatimiden als Schiiten weniger rigide auf einem ikonischen künstlerischen Verhaltenskodex bestehen. Diese Idee ist sicher nicht genau und entbehrt jeglicher theologischen Basis.

[31] Contadini 1998, Taf. 34

[32] Contadini 1998, Taf. 35

[33] Eredità dell'Islam, Nr. 47

[34] Vergl. z. B. die Darstellungen auf Keramik (Paris 1998, Nr. 35, 37–38, 101) mit denen eines berühmten Evangeliumsmanuskripts aus koptischer Schule (Paris 1998, Nr. 102)

[35] Patricolo; Monneret de Villard 1922, S. 45–59. Es ist bezeichnend, dass der Band Josef Strzygowski gewidmet ist.

[36] Patricolo; Monneret de Villard 1922, S. 54

[37] Runciman 1951; Gabrieli 1963; Shatzmiller 1993

[38] Lyons; Jackson 1982

[39] Cahen E. I., S. 803

[40] MacKenzie 1992, S. 24

[41] Behrens-Abouseif 1989, S. 78–81

[42] Rogers 1976, S. 43 ff.

[43] Lawrence 1989

[44] Zum architektonischen Lexikon des Islam s. die nützliche Arbeit von Cuneo, Marazzi 1989

[45] Behrens-Abouseif 19989, S. 100

[46] Lanza, Troncarelli 1990, S. 239

[47] Dieser Begriff leitet sich vom arabischen *al-azam* (Fremder, Perser) ab und bezeichnet eine orientalische (khorassanische, also persische) künstlerische Technik, die in der Metallbearbeitung in Mode war.

[48] Von Shudja ibn Mana im April 1232 in Mossul hergestellt. Ward 1993, S. 80, 82

[49] Curatola 1984, S. 300–301, Abb. 2

[50] Er herrschte über Diyarbakir (1232-39), Damaskus (1239, 1245–49) und Kairo (1240–49) und erhielt 1247 die Investitur als Kalif. Er starb 1249 im Kampf gegen die Kreuzritter. Atil, Chase, Jett 1985, Nr. 18, S. 137–47

[51] Atil, Chase, Jett 1985, S. 145

[52] Atil, Chase, Jett 1985 Nr. 17, S. 124–36

[53] Insgesamt kennen wir sechzehn ayyubidische Metallarbeiten mit christlichen Darstellungen; - Katzenstein, Lowry 1983.

[54] Fontana 1998, S. 48

Leben und Wirken der Kreuzfahrer in den östlichen Regionen der byzantinischen Welt

[1] Der christliche Orient an der östlichen Peripherie der byzantinischen Welt bestand aus Georgien, Armenien, Syrien, Palästina, Kappadokien, dem koptischen Teil Ägyptens, Nubien und Äthiopien. Das Kunstleben in den beiden letztgenannten Ländern erfreute sich einer größeren Unabhängigkeit als in den anderen. Zu dieser Frage siehe T. Velmans, *La Koiné grecque et les régions périphériques orientales du monde byzantin. Programmes iconographiques originaux (Xe-XIIIe siècles)*, in: JÖB, 31, Wien 1981, S. 677–723; dies., *Le rayonnement byzantin*, Kap. II (im Druck)

[2] Vgl. J. Leroy, *Découvertes de peintures chrétiennes en Syrie*, in: Les Annales archéologiques arabes chrétiennes, 25, 1975, S. 99 ff

[3] Vgl. T. Velmans, *L'image de la Déisis dans les églises de Géorgie et dans celles d'autres régions du monde byzantin* I, in: CahAch. 29, 1980–1981, S. 47 ff

[4] Siehe u. a. G. Babic, *Les chapelles annexes des églises byzantines*, Paris 1969, S. 170–172; T. Velmans, *L'image de la Déisis*… I, S. 58

[5] Vgl. J. Leroy, *Découvertes de peintures chrétiennes*…, S. 103 mit den Beobachtungen, die diese Schlussfolgerung erlauben

[6] Vgl. M. Skawran, The Development of Middle Byzantine Fresco Painting, Pretoria 1982, Abb. 377

[7] Zum Beispiel im 11. Jahrhundert in der Karanlik Kilise (vgl. C. Jolivet-Levy, *Les églises byzantines de Cappadoce. Le programme iconographique de l'abside et de ses abords*, Paris 1991, S. 132 ff., Tafel 83, 2

[8] Zum Beispiel in der Ayvali Kilise zwischen 11. und 14. Jahrhundert (vgl. C. Jolivet-Levy, *Les églises* …, S. 153, Tafel 96)

[9] Vgl. O. Demus, *Romanische Wandmalerei*, München 1968, Abb. 8

[10] Zahlreiche Beispiele bei M. van Berchem und E. Clouzot, Mosaïques chrétiennes, Genf 1924

[11] Große Sterne, die Sonne und der Mond tauchen zu einer frühen Zeit in einem Fresko des koptischen Klosters Bawit, z. B. in einer Gottesvision in der Apsis der Kapelle 17 (vgl. J. Clédat, *Le musée et la nécropole de Baouît. Mémoires publiées par les membres de l'Institut Français d'Archéologie Orientale au Caire*, Kairo 1904, XII, 2, S. 73, Tafel XL) und im Mittelalter in der Apsis der Nordkirche (13. Jahrhundert) im Kloster der Märtyrer (Deir al-Khohada) auf, vgl. dazu J. Leroy, *Les peintures des couvents du désert d'Esna*, Kairo 1975, Tafel 31

[12] Sehr viele Beispiele bei M. van Berchem und E. Clouzot, *op. cit.* (Nr. 14) und O. Demus, *op. cit.* (Nr. 13)

[13] Vgl. T. Velmans, „Observations sur quelques peintures murales en Syrie et Palestine et leur composante byzantine orientale", in: *CahArch.* 42, 1994, S. 123, 138 und S. 125, Nr. 20–23

[14] Vgl. J.-M. Spieser, „Variation dans les décors d'absides", in: *Lutirgira Architectura i iskusstvo vizantiiskogo Mira*, (M. Meyendorff gewidmet), St. Petersburg 1995, S. 103–113; siehe auch Fußnote 10

[15] Vgl. O. Demus, *Romanische Wandmalerei*, Tafel XXXIII

[16] Siehe Güllü Dere u. a. Beispiele in Kappadokien (vgl. N. Thierry, *A propos des peintures d'Ayvali Köy*, Beitrag „Kappadokien", in: *Zograf* 5, 1974, Abb. 22) oder bei den heiligen Aposteln in Sinasos (vgl. C. Jolivet-Levy, *Cappadoce*, Tafel 100 und 111)

[17] Vgl. O. Demus, *Romanische Wandmalerei*, Abb. 50 und 51

[18] Vgl. *ebenda*, Abb. 195

[19] Vgl. J. Leroy, *Découvertes de peintures chrétiennes* ..., S. 101-109

[20] Vgl. O. Demus, *Romanische Wandmalerei*, Abb. 38, Tafeln XLV, LIII, Abb. 25

[21] Vgl. J. Leroy, *Découvertes de peintures chrétiennes* ..., S. 98

[22] Vgl. *ebenda*, S. 98

[23] Vgl. P. du Bourguet, *L'art copte*, Paris 1968, Abb. 25

[24] Vgl. J. E. Quibell, *Excavations at Saqqara*, Kairo 1912, Bd. IV, Tafel XXII; bezüglich des Datums siehe auch A. Grabar, *L'âge d'o*, Paris 1966, S. 178

[25] Vor allem im Exonarthex der Patriarchatskirche von Pec (um 1330); vgl. dazu R. Hamann-Mac Lean, *Grundlegung zu einer Geschichte der mittelalterlichen Monumentalmalerei in Serbien und Makedonien*, Gießen 1976, Tafel 13 A; über das Fresko im Museum von Kairo vgl. *ebenda*, Tafel 10 A

[26] J. Leroy (in: *Découvertes de peintures chrétiennes* ..., S. 119) hielt auch das Diadem der heiligen Ritter für ein Bilddetail abendländischer Herkunft, was sich indes als unrichtig herausgestellt hat. Es handelt sich um ein byzantinisches Diadem (vgl. T. Velmans, *Observations sur quelques peintures orientales* ..., S. 134)

[27] Über diese Kirche siehe E. Cruikshank Dodd, „The monastry of Mar Musa Al-Habashi, near Nebek, Syria", in: *Arte Medievale*, 2. Serie, VI, Nr. 1, 1992, S. 61–130

[28] Vgl. T. Velmans, *Observations sur quelques peintures orientales* ..., S. 128–136

[29] Vgl. K. Weitzmann, „Icon Painting in the Crusader Kingdom", in: *DOP*, 20, 1966, S. 71–72, Abb. 49

[30] Diese Art Köcher findet man in den Fresken in Qizil in Turfan aus dem 8. Jahrhundert (vgl. R. Ghirshman, *Persian Art. The Partian and Sassanian Dynasties*, New York, 1962, S. 320, Abb. 429; Weitzmann, *Icon Painting* ..., S. 71)

[31] Ein Reisender, dessen Äußerungen von Jacopo di Verona tradiert wurden, hatte bei seinem Besuch in Zypern 1335 beobachtet, dass die zypriotischen Frauen diesen schwarzen Schleier als Zeichen der Trauer über den Fall von Akkon trugen. K. Weitzmann (vgl. *ebenda*, S. 72) hält diesen Schleier dennoch für keinen hinreichenden Beweis, um die Ikone auf die Zeit nach der Eroberung von Akkon 1291 zu datieren, weil in seinen Augen auch die Möglichkeit bestand, dass diese Schleiermode kurz nach 1244 ebenfalls bestanden haben könnte, um den Verlust Jerusalems anzuzeigen.

[32] Siehe die griechische Inschrift bei K. Weitzmann, *ebenda*, S. 80

[33] Vgl. O. Demus, *Romanische Wandmalerei*, Abb. 152

[34] Vgl. E. Cruikshank Dodd, *The monastry of Mar Musa Al-Habashi, near Nebek, Syria*, S. 87, der uns noch präzisere Informationen über den orientalischen Ursprung der Legende und eine riesige Bibliographie dazu vermittelt.

[35] Bezüglich Georgiens siehe die Kirchen von Ikvi (13. Jahrhundert), von Pavnisi (12. Jahrhundert), von Adisi, Aci (beide 13. Jahrhundert), von Calendzikha und Ubisi (14. Jahrhundert), vgl. dazu T. Velmans und A. Alpago Novello, *Le miroir de l'invisible. Peintures murales et architecture de la Géorgie*, Paris 1996, S. 117 ff. Andere Beispiele für dieses Bildschema kennen wir auch aus dem Libanon, aus der Grotte von Edde, der Kapelle Saidat al-Rih in der Nähe von Enfe und aus Baheidat (vgl. L. Brosset, „Les peintures de la grotte de Marina près Tripoli", in: *Syria* VII, 1926, S. 30–45; A. M. Schneider, „Das Kloster des Theotokos zu Choziba im Wadi al-Qelt", in: *Römische Quartalschrift* XXXVIII, 1931, S. 311-312, Tafel VI, Abb. 3; T. Velmans, *Observations* ..., S. 134)

[36] Vgl. T. Velmans und A. Alpago, *Le miroir de l'invisible*, S. 114 ff

[37] Vgl. P. Deschamps, *Terre Sainte*, Abb. 40

[38] Vgl. K. Gallas, K. Wessel, M. Borbudakis, *Byzantinisches Kreta*, München 1983, S. 349 ff., Abb. 308

[39] Vgl. P. Deschamps, *Terre Sainte*, S. 139; J. Folda, „Crusader Frescoes at Crac des Chevaliers and Marqab Castle", in: *DOP*, 36, 1982, S. 194 ff

[40] Viele Beispiele bei M. van Berchem und E. Clouzot, *Mosaïques chrétiennes*

[41] Vgl. T. S. Boase, „Mosaic. Painting and Minor Arts", in: K. M. Setton und H. Hazard (Hrsg.), *A History of the Crusades*, Bd. 3, The Art and Architecture of the Crusader States, Wisconsin 1977, S. 117 ff

[42] Vgl. H. Stern, „Les représentations des Conciles dans l'église de la Nativité à Bethléem", in: Byzantion, XI, 1936, S. 151–192, S. 415–459; A. Grabar, L'iconoclasme byzantin (1. Aufl.), Paris 1957, S. 50 ff

[43] Dieses Fresko und seine Inschrift sind heute zwar verschwunden, aber wir kennen es aus den Zeichnungen von Quaresnius im 17. Jahrhundert (vgl. A. Grabar, *Iconoclasme byzantin*, S. 50).

[44] Vgl. Vgl. A. Grabar, *Martyrium*, II, Paris 1946, S. 348

[45] Vgl. T. S. Boase, *Mosaic. Painting and Minor Arts*, S. 119 ff

[46] Vgl. *ebenda*, S. 122

[47] Vgl. T. S. Boase, *Mosaic. Painting and Minor Arts*, S. 120

[48] Vgl. *ebenda*, S. 123, Nr. 9

[49] Vgl. T. Velmans, „L'image de la Déisis dans les églises de Géorgie et dans celles d'autres régions du monde byzantin", I, in: *CahArch.*, 29, 1980–1981, S. 47–102, S. 88 ff

[50] Über diese Malereien siehe C. Enlart, *Monuments des croisés dans le royaume de Jérusalem*, II, Paris 1928, S. 35–37

[51] Vgl. G. Orfali, *Gethsémani*, Paris 1924, S. 13, Tafel IX

[52] Vgl. T. S. Boase, *Mosaic. Painting and Minor Arts*, S. 118–119

[53] Vgl. J. Folda, „Painting and Sculpture in the Latin Kingdom of Jerusalem 1099-1291", in: *A History of the Crusades*, Bd. 3, S. 259

[54] Vgl. L. H. Vincent und F. M. Abel, *Jérusalem*, Bd. 2, S. 1007, Tafel LXXXVIII; C. Enlart, *Monuments des croisés*, Bd. 2, S. 468–469

[55] Vgl. J. Folda, „Painting and Sculpture in the Latin Kingdom of Jerusalem 1099–1291", in: *A History of the Crusades*, Bd. 3, S. 261–264

[56] Vgl. M.-L. Bulst-Thiele, „Die Mosaiken der Auferstehungskirche in Jerusalem und die Bauten der Franken im 12. Jahrhundert", in: *Frühmittelalterliche Studien*, 13, 1979, S. 464 ff

[57] Vgl. *ebenda*, S. 446 ff

[58] Dieses Bild bedeutete in Byzanz die Auferstehung oder Anastasis. Es zeigt Christus, wie er über die zerbrochenen Pforten der Hölle hinweg schreitet und Adam und Eva, die von der Sünde erlöst sind, mit sich zieht. Manchmal wird auch der in Ketten gefesselte Satan gezeigt.

[59] Vgl. O. Prinz (Hrsg.), *Itinerarium Egeriaie (Peregrinalio Aetheriaie)* Heidelberg 1960, Kap. XLIII, S. 50 ff

[60] J. B. Henessy, „Preliminary Report on Excavation at the Damascus Gate, Jerusalem", in: *Levant* II, 1970, S. 24 ff.; L.-A. Hunt, „Damacus Gate, Jerusalem and Crusader Wallpainting of the Mid-Twelth Century", in: *A History*, S. 191 ff

[61] Für diese Vergleiche und Schlussfolgerungen siehe *ebenda*, S. 194–197

[62] Vgl. H. Vincent und F. M. Abel, *Jerusalem nouvelle*, II, Fasc. 4, Paris 1926, S. 769, Abb. 320, Tafel LXXX, 1

[63] Das Dorf Qariet el-Enab übernahm den Namen des Dorfscheichs Abu Gosh. L.-H. Vincent und F.-M. Abel nannten ihn Emmäus (vgl. *Emmäus, sa basilique et son histoire*, Paris 1932, S. 386–393). Die vollständige Bibliographie ist bei T. S. Boase, *Mosaic. Painting and Minor Arts*, S. 123 zu finden.

[64] Vgl. C. Enlart, *Les monuments des croisés*, II, S. 315-325, Tafeln 137-139,2; J. Folda, „Painting and Sculpture in the Latin Kingdom of Jerusalem 1099–1291", in: *A History of the Crusades*, Bd. 3, S. 259 ff. Siehe auch T. S. Boase, *Mosaic. Painting and Minor Arts*, S. 124 ff., Tafel XXXV; A. Weyl Carr, „The Mural Paintings of Abu Gosh and the Patronage of Manuel Comnenus in the Holy Land", in: *A History of the Crusades*, Bd. 3, New York 1965, S. 215–244, bes. S. 223

[65] S. Runciman, *A History of the Crusades*, Bd. 3, New York 1965, S. 381

[66] Diese Hypothese wurde zuerst von A. Weyl Carr *(The Mural Paintings of Abu Gosh and the Patronage of Manuel Comnenus in the Holy Land*, S. 220), ohne die dafür allerdings notwendigen stützenden Argumente vorgeschlagen. In dieser Richtung dann mit präzisen Vergleichen T. Velmans, „Observations sur quelques peintures murales en Syrie et Palestine et leur composante byzantine orientale", in: *CahArch.* 42, 1994, S. 129 ff

[67] Zum Beispiel in Kahrie Djami (vgl. P. Underwood, *The Kariye Djami*, Bd. 3, New York, 1966, Tafel 338), wo die beiden Themen ebenfalls mit den Wundern Christi, bei denen er Tote wieder zum Leben erweckte, verknüpft werden. Im 12. Jahrhundert wurde in dem berühmten Mosaik im Dom von Torcello in Venetien der Abstieg in die Hölle über das Jüngste Gericht gestellt.

[68] Vgl. G. Millet, *La dalmatique du Vatican*, Paris 1945, S. 15; T. Velmans, „L'image de la Déisis dans les églises de Géorgie ...", S. 77

[69] Vgl. A. Weyl Carr, *The Mural Paintings of Abu Gosh* ..., S. 221 ff

[70] Zu diesen Vergleichen siehe T. Velmans, *Observations sur quelques peintures murales en Syrie et Palestine* ..., S. 130

[71] Diese Züge treten uns besonders deutlich in einer der Fassungen der Weltgeschichte (Bibliothèque Royale 10175, Brüssel), die in Akkon von 1270–1280 kunstvoll ausgemalt wurde, (vgl. H. Buchthal, *Miniature Painting in the Latin Kingdom of Jerusalem*, Oxford 1957, Abb. 116c, 122c, 123, 127 und in vielen anderen Miniaturen) entgegen.

[72] Vgl. *ebenda*, S. 1–14, Abb. 1–19a

[73] Vgl. *ebenda*, S. 12, 14

[74] Vgl. *ebenda*, S. 54–58, Abb. 62–81

[75] Vgl. K. Weitzmann, „Constantinopolitan Book Illumination in the Period of the Latin Conquest", in: *Gazette des beaux-arts*, ser. 6, 1944, S. 201 ff

[76] Vgl. ders., „Icon Painting in the Crusader Kingdom", in: *DOP*, 20, 1966, S. 51 ff

[77] Vgl. *ebenda*, S. 62 ff., Abb. 23

[78] Vgl. *ebenda*, S. 64

[79] Vgl. G. und M. Sotiriou, *Eikoues Ts Mouhs Siua*, Athen 1956, I, Abb. 163, und II, S. 143

[80] Siehe die Untersuchung dieser Figurenn bei K. Weitzmann, *Icon Painting* ..., S. 67–69

[81] Die Frauen Balduins I. und Balduins II. kamen aus Armenien, die Tochter Balduins II., Melisande, heiratete König Fulko; die Frau Balduins III., Theodora, war die Nichte von Kaiser Manuel Komnenos; Amalrich I. heiratete in erster Ehe Agnes, Prinzessin von Edessa, deren Bruder Josselin am Hof über großen Einfluss verfügte.

[82] Vgl. X. Mouratova, „Western Chronicles of the First Crusade as Sources for the History of Art", in: *Crusader Art of the Twelfth Century*, hrsg. von J. Folda (BAR, International Series CLII), Oxford 1982, S. 47 ff

[83] Vgl. *ebenda*, S. 47–48

[84] Vgl. L. Ouspensky, *Théologie de l'icône*, Paris 1982, S. 141–142; Migne, *P. G.* Bd. 94, Blatt 1256 A

[85] Vgl. E. Dobschütz, *Christusbilder. Untersuchungen zur christlichen Legende*, I, Leipzig 1899 (2. Aufl. 1931)

[86] Vgl. N. P. Kondakow, *Ikonografija Bogomateri*, Bd. II, S. 154, 176–179

[87] Vgl. Migne, *P. G* Bd. 94, Blatt 1300 B; Jean Damascéne II; Migne *P. G.* Bd. 99, Blatt 961 und auch Bd. 100, Blatt 261; L. Ouspensky, *Théologie de l'icône*, S. 14; A. Grabar, *L'iconoclasme byzantin*, Paris 1957, S. 246

[88] Vgl. J. Leroy, *Les manuscrits syriaques à peintures conservés dans les bibliothèques d'Europe et d'Orient*, Paris 1964

[89] Es handelt sich hier nicht um die armenische Kunst der Miniaturenmalerei im Allgemeinen, sondern nur um eine Gruppe von Handschriften.

[90] Vgl. J. Leroy, *Les manuscrits coptes-arabes illustrés*, Paris 1974

Die Seldschuken – ein türkischer „Kreuzzug"

Abegjan, M., *Vishapner' Koch'vac kot'ognern ibrev Astik-Deketo dic'num arjanner*, Erevan 1941 (abgedruckt in: „Erker", vii, 1975, S. 103–75)

Azarian, L., *Khatchkar*, Documenti di Architettura Armena, 2, Mailand 1977

Belenitskij, A. M., *Monumental'noe iskusstvo Pendzhikenta*, Moskau 1973

Boratav, P., *Adventures merveilleuses sous terre et ailleurs de Er Toshtuk le géant des steppes*, Paris 1965

Breccia Fratadocchi, T., *La Chiesa di S. Ejmiacin a Soradir*, Rom 1971

Bussagli, M., *Painting of Central Asia*, Genf 1963

Chadwick, N. K., Zhrimunskij, V. M., *Oral Epics of Central Asia*, Cambridge 1969

Cuneo, P., *Architettura Armena*, Rom 1988

Curatola, G., *Draghi. La tradizione artistica orientale e i disegni del tesoro del Topkapi*, Venedig 1989

Curatola, G., „Architettura armena e selgiuchide: tentativo di analisi", in: *K'asakhi Vank'er*, Documenti di Architettura Armena, 15, Mailand 1986, S. 18–26

Curatola, G., „Il ‚vishap' di Aght'amar; nota sulla diffusione occidentale di un motivo iconografico", in: *Oriente Moderno*, lviii, 1978, S. 285–302

Davies, J. C.; *Medieval Armenian Art and Architecture. The Church of the Holy Cross, Aght'amar*, London 1991

Der Nersessian, S., *Aght'amar, Church of the Holy Cross*, Cambridge Mass. 1965

Ertug, A., (Hrsg.) *The Seljuks. A Journey Through Architecture*, Istanbul 1991

Folsach, K. von, *Islamic Art. The David Collection*, Kopenhagen 1989

Galdieri, E., *Isfahan: Masdjid-i Djum'a 3. Research and Restoration Activities, 1973-1978; New Observations*, 1979–1982, Rom 1984

Gap'anc'yan, G. A., *O kamennych stelach na gorach Armenii*, Erevan 1952 (neu abgedruckt in „Istorikolingvisticheskie raboty" ii, Erevan 1975 S. 317–41)

Ghafadarian, K., „Il monastero di Hovhannavank", in: *K'asakhi Vank'er*, Documenti di Architettura Armena, 15, Mailand 1986, S. 5–10

Karamagarali, B., *Ahlat Mezatashlari*, Ankara 1972

Malacarne, G., *Araldica Gonzaghesca*, Modena 1992

Marr, N., Smirnov, J., *Les Vichaps*, Leningrad 1931

Marshak, B., Kramarovsky, M., *Treasures from the Ob Basin*, Sankt Petersburg 1996

Mayer, L. A., *Saracenic Heraldry*, Oxford 1933

Mulayim, S., *Anadolu Turk Mimarisinde Geometrik Suslemler-Selçuklu çagi*, Ankara 1982

Öney, G., „Dragon Figures in Anatolian Seljuk Art", in: *Belleten*, xxxiii, 1969, S. 193–216

Onge, Y., Atesh, I., Bayram, S. (Hrsg.), *Divriği Ulu Cami ve Darussifasi*, Ankara 1978

Otto-Dorn, K., „Darstellungen des turko-chinesischen Tierzyklus in der Islamischen Kunst", in: *Beiträge zur Kunstgeschichte Asiens. In Memoriam Ernst Dize*, hrsg. von O. Aslanapa, Istanbul 1963, S. 131–165

Otto-Dorn, K., „Figural Stone Reliefs on Seljuk Sacred Architecture in Anatolia" in: *Kunst des Orients*, xii, 1–2, 1978–79, S. 103–149

Otto-Dorn, K., „Türkische Grabsteine mit Figurenreliefs aus Kleinasien", in: *Ars Orientalis*, iii, 1959, S. 63–76

Sahinian, A., *G(h)eghard*, Documenti di Architettura Armena, 6, Mailand 1978

Schmidt, H. P., „The Senmurv. Of Birds and Dogs and Bats", in: *Persica*, ix, 1980, S. 1–85

Sozen, M., *Diyarbakir'da Turk mimarisi*, Istanbul 1971

Tapper, R. (Hrsg.), *The Conflict of Tribe and State in Iran and Afghanistan*, New York 1983

Trever, C. V., „Tête de senmurv en argent des Collections de l'Ermitage", in: *Iranica Antiqua*, iv, 1964, S. 162–170

Velmans, T., Alpago Novello, A., *L'arte della Georgia*, Mailand 1996

Vercellin, G., *Istituzioni del mondo musulmano*, Torino 1996

Yücel, E., „Selcukler agaç isçiligi", in: *Sanat dunaymiz*, 4, 1975, S. 2–11

Zaganelli, G. (Hrsg.), *La lettera del Prete Gianni*, Parma 1990

[1] Tapper 1983; Vercellin 1996

[2] Mit vielen Verzweigungen: eine führt über Mesopotamien, die andere durch den Kaukasus.

[3] Die „Kreuzzüge", ob aus Ost oder aus West, waren zu einem guten Teil immer auch von wirtschaftlichen Gründen bestimmt.

[4] Wie in vorislamischer Zeit und zu Beginn der Predigten Muhammads

[5] Belenitskij 1973

[6] Bussagli 1963

[7] Chadwick; Zhirmunskij 1969

[8] Dabei handelt es sich nicht nur um Schamanismus. Die beiden Grabsteine mit Inschriften in Alttürkisch und mit eingeschnittenem Kreuzzeichen, die im Nationalmuseum von Kasachstan in Alma Ata aufbewahrt werden, lassen sich leicht mit einem der außergewöhnlichen und einzigartigen Grabmäler Asiens in Verbindung bringen: den christlich-nestorianischen Stelen von Sian Fu (datiert auf 781), die mit zwei typologisch eindeutig klassischen chinesischen Drachen geschmückt sind. Auf diese Aspekte wird später näher eingegangen.

[9] Boratav 1965

[10] Galdieri 1984, S. 25–28

[11] Mayer 1933, S. 2, Nr. 2

[12] Auf der Grundlage von Bonvesin de la Riva wird die „Viper" der Visconti, „die einen roten Sarazenen schluckt" (Malacarne 1992, S. 55), als Zeichen eines Privilegs angesehen: „... in Anbetracht der siegreichen Unternehmungen, die von Ottone Visconti im Orient gegen die Sarazenen durchgeführt wurden, einem tapferen Krieger, der einen Sarazenen tötete, der auf dem Schild die Viper trug, die er als Trophäe auf dem eigenen Schild tragen durfte" (Malacarne ebendort). Außer dem interessanten Hinweis auf den Orient ist in diesem Zusammenhang von Bedeutung, dass der Moment aus der biblischen Jonas-Szene dargestellt ist, da das rettende Tier den Propheten wieder ausspeit. Vielfältige Symbole werden dem Tier zugeordnet, das wir andernorts *senmurv-arlez-pistrice* genannt haben (Curatola 1978), und es wird vor allem durch den islamisch-seldschukischen Orient verbreitet.

[13] Dies geschieht nur in den großen Dynastien des 16. Jahrhunderts, unter den Safawiden in Persien, den Mongolen in Indien und vor allem den Osmanen.

[14] Nicht so sehr die Architekturkonzeption unterscheidet die orientalischen Christen von den Christen auf dem Balkan als vielmehr die Wahl der Materialien und die Technik: auf der einen Seite große Steine aus Tuff und Trockenmauerwerk, auf der anderen Steine wesentlich kleineren Formats, die häufig mit doppelten Ziegelreihen abwechseln.

[15] Curatola 1986, S. 15–26

[16] Zur armenischen Architektur s. Cuneo 1988. Zur georgischen Kunst s. Velmans, Alpago Novello 1996

[17] In der armenischen Hauptstadt am Aras haben sich viele Gebäude in ihrer Substanz erhalten, obwohl sie fast ständigen seismischen Aktivitäten ausgesetzt sind und restauriert werden müssten; dies scheint weniger auf ein Wunder als auf eine erprobte Technik zurückzuführen zu sein.

[18] Cuneo 1988, Nr. 142, S. 290–298

[19] Ghafadarian 1986

[20] Karamagarali 1972

[21] In besonderer Weise mit der Gebäudegruppe des Typs aus Soradir: Breccia Fratadocchi 1971

[22] Ertug 1991, S. 146–151

[23] Sahinian 1978; Cuneo 1988, Nr. 31, S. 136–139

[24] Der Nersessian 1965; Davies 1991

[25] Karamagarali 1972

[26] Otto-Dorn 1963

[27] Trever 1964; Schmidt 1980

[28] Otto-Dorn 1963

[29] Karamagarali 1972

[30] Azarian 1977

[31] Vielleicht können sie mit den vorchristlichen Vishap in Verbindung gesetzt werden, Monumentalstelen, die vor allem in der gebirgigen Umgebung des Sevansees aufgefunden wurden. Zu den Vishap existiert eine breite Literatur (Marr, Smirnov 1931; Abegjan 1941; Ghapancyan 1952); vor allem Abegjan vermutet bei diesen Stelen eine Funktion, die den Khatchk'ar ähnelt und die dem christlichen Aspekt entspräche. Es handelte sich demnach um skulptierte „Totem"-Steine mit einem Kreuz als Inschrift, ursprünglich errichtet, um Dürre abzuwenden, und die sich dann in Monumente des Volksglaubens verwandelten.

[32] Der *Waqf* (Gründungs- oder Stiftungsurkunde) der Moschee mit den Namen Ahmad Shah und seiner Mutter Fatima Hatun stammt vom Juli 1243. Zu beiden Bauwerken s. die von Onge, Atesh, Bayram herausgegebene Monografie von 1978.

[33] Die Stadtmauer von Diyarbakir aus dem 12. Jahrhundert ist ein Meisterwerk (Sozen 1971), wahrscheinlich die stattlichste und schönste unter den erhaltenen Mauerkonstruktionen weltweit.

[34] Mulayim 1982

[35] Ertug 1991, S. 114–117

[36] Ertug 1991, S. 36

[37] Ertug 1991, S. 106–113

[38] Geometrische Schmuckformen bleiben in seldschukischer Zeit nicht auf die Steinarchitektur beschränkt. Der hölzerne Mihrab der Moschee Tashkin Pasha in Ürgüp (14. Jahrhundert) mit seinem geometrischen und Arabesken-Repertoire ist ein wichtiges Beispiel für die künstlerische Entwicklung dieser Epo-

che, wie sie sich in zahllosen Minbar (Predigtkanzeln) ausdrückt, die zwischen dem 12. und dem 14. Jahrhundert gefertigt wurden (Yücel 1975). Aus Holz errichtet sind auch die seldschukischen Moscheen von Kasabaköy (in Kastamonu) und die Eshrefoğlu Cami von Beyshehir an den Ufern des Sees, an dem auch der Palast von Kubadabad (1236) stand.

[39] Cuneo 1988, Nr. 202, S. 394

[40] Yücel 1975

[41] Cuneo 1988, Nr. 112 und Nr. 160, S. 327

[42] Cuneo 1988, Nr. 165, S. 336-337

[43] Noch heute ist diese Tradition erhalten. Sie hat sich jedoch vom sakralen auf den profanen Bereich übertragen. Dieser Raum symbolisiert nicht mehr den Kult- oder Opferort, der dann den Ritus *tout court* repräsentierte, sondern definiert die Macht, einst Ausdruck des göttlichen Willens; von daher werden auch heute als Ehrfurchtsbezeugung für Staatsoberhäupter oder sonstige Personen von hohem gesellschaftlichen oder politischen Rang Teppiche auf der Erde ausgebreitet.

[44] Kirche von Areni, 1321, Westtor, Meister Momik zugeschrieben (Cuneo 1988, Nr. 202, S. 394); Komplex von Noravank, Relief auf dem Portal des *Gavit* (Atrium), ca. 1330 (Cuneo 1988, Nr. 201, S. 390-393)

[45] Damit soll nicht die These vertreten werden, dass die islamische Pseudoinschrift ein Hinweis auf eine christliche Manufaktur oder einen christlichen Brauch sei; Pseudoinschriften treten sehr häufig in islamischem Umfeld auf - nicht jedoch in der Architektur - und sind über einen weiten Zeitraum in verschiedenen Materialien (Keramik, Glas, Metall, Stoff) belegt.

[46] In der Karawanserei Sultan Han zwischen Sivas und Kayseri (1232-36) oder im Karatay Han von Niğde (von Sultan Ala ed-Din Kaykubad begonnen und von Ghiyas ed-Din Kaykhusrav ca. 1229 vollendet); Öney 1969. Zur Problematik der Identifikation der Tiere s. Curatola 1989, S. 60-63

[47] Folsach 1989, Nr. 323

[48] Otto-Dorn 1963

[49] Paris, Nationalbibliothek, Ms. Arabe 2964, Blatt 37

[50] Hariri, *al-Maqamat*; Ägypten 1334. Wien, Nationalbibliothek, Af. 9, fol. 1

[51] In den Gebieten von Diyarbakir, Hasankeyf, Amid (1102-1408), Mardin und Mayyafariqin (1104-1408) angesiedelte turkmenische Dynastie.

[52] Steppan (u. a.) 1995

[53] Ein auf Holz gemalter zweiköpfiger Adler in heraldischer Stellung findet sich auf einem Koranlesepult, das im Museum von Konya aufbewahrt wird und der Bruderschaft der Mevlevi-Derwische gehörte. Außer dem Adler in der Mitte sind in einen Kreis ein dichtes Dekor von Ranken und Halbpalmetten sowie sieben Löwenpaare einbeschrieben, die sich frontal oder Rücken an Rücken gegenüberstehen.

[54] Marshak, Kramarosky 1996

Von Byzanz aus rund um das Mittelmeer

[1] M. Angold, *L'impero bizantino (1025-1204). Una storia politica*, Neapel 1992, S. 276 (Originaltitel *The Byzantine Empire 1925-1204*, 1984)

[2] J. Folda, *The Art of the Crusades in the Holy Land, 1098-1187*, Cambridge 1995, Anm. 55, S. 570

[3] Eigentlich hieß Irene Berta von Sulzbach. Sie war eine Verwandte des deutschen Kaisers Konrad und kam 1142 nach Konstantinopel.

[4] Unter den vielen abgesprochenen Ehen war auch die zwischen einem Verwandten Ludwigs VII. und einer Hofdame der Königin und einem seiner Neffen, um die Manuel den König von Frankreich bat (Angold, *op. cit.*, S. 244); die Ehe zwischen dem Bruder des Kaisers Konrad und Theodora, der Nichte Manuels (*ebendort*, S. 246), und andere, auf die wir später eingehen. Nicht immer wurden die vereinbarten oder in Byzanz gewünschten Ehen auch tatsächlich geschlossen. So lehnte z.B. Konstanze, die Königin von Antiochia, beim Tod ihres Gatten Raimond de Poitiers im Jahr 1149 den Kandidaten Manuels ab, weil sie ihn zu alt fand, und heiratete Réginald de Chatillon (*ebendort*, S. 272).

[5] Wir möchten hier auf die diplomatischen Missionen hinweisen, die Friedrich Barbarossa losschickte, um das Terrain betreffs seiner eventuellen Heirat mit einer byzantinischen Prinzessin zu sondieren (Angold, *op. cit.*, S. 263), und auf ähnliche Initiativen, die eine Zeit lang das Königreich Sizilien beim Tod Wilhelm I. und mehrfach Ungarn betrafen.

[6] Giovanni Kinnamo, zitiert bei G. Ostrogorsky, *Storia dell'impero bizantino*, Turin 1963, S. 351

[7] *Ebendort*; Angold, *Op. cit.*, S. 274

[8] Die Verpflichtungen Manuels betrafen auch andere Sphären. Er verbrachte acht Tage im Palast des Fürsten mit der Justizverwaltung der Bürger Antiochias. Zu den politischen Verwicklungen während des Aufenthaltes des byzantinischen Kaisers in Antiochia, s. *ebendort*.

[9] Ostrogorsky, *op. cit.*, S. 346

[10] Wichtige Meinungen zu den Mosaiken: H. Stern, „Les représentations des conciles dans l'église de la Nativité à Bethléem", *Byzantion* XI, 1936, S. 101-152; zweiter Teil „Die Inschriften", *Byzantion* XIII, 1938, S. 425-459; ders., „Nouvelles recherches sur les représentations des conciles dans l'église de la Nativité à Bethléem", *Cahiers archéologiques* Bd. III, 1948, S. 48-105; ders., „Encore les mosaïques de l'église de la Nativité à Bethléem", *Cahiers archéologiques* Bd. IX, 1957, S. 141-145; G. Kühnel, *Die Mosaiken und Säulenmalereien der Geburtskirche in Bethlehem: Ein byzantinisches Ausschmückungsprogramm der Kreuzfahrerzeit*, XIV. Internationaler Byzantinistenkongress, Résumés der Kurzbeiträge (Wien 1981), Sektion 10.2; A. Cutler, „Ephraim, mosaicist of Bethlehem: the evidence from Jerusalem", *Journal of Jewish Art*, 12-13, 1986-1987, S. 179-183; L. A. Hunter, „Art and Colonialism: the mosaics of the church of the Nativity in Bethlehem (1169) and the Problem of Crusader Art", *Dumbarton Oaks Papers*, 1991, XLV, S. 65-86; Folda, *op. cit.*, S. 347-378.

[11] Folda, *op. cit.*, S. 360

[12] Zur Palastkapelle von Palermo, dem repäsentativen Bauwerk für die mediterrane Kunst des 12. Jahrhunderts, verweise ich auf meinen Beitrag dazu in diesem Band.

[13] F. Quaresmius, *Historica Theologica et Moralis Terrae Sanctae Elucidatio*, Antwerpen 1639, II, S. 490-510; G. G. Ciampini, *De Sacris Aedificiis a Costantino Magno Constructis: Synopsis Historica*, Rom 1693, S. 150-161

[14] *Ebendort*, Taf. XXXIII. Der Holzschnitt stellt die Mosaiken der Nordwand mit den lokalen Konzilen dar.

[15] Die Mosaiken wurden in den 80er Jahren restauriert. Kühnel, *op. cit.*, 1981. Eine Zusammenfassung der übrig gebliebenen Teilstücke findet sich in Folda, *op. cit.*, S. 359-360. Allgemein haben sich die Mosaiken auf der Nordwand besser erhalten als auf der Südwand, während auf der Südwand, im Gegensatz zur Nordwand, alle drei Darstellungskerne zumindest teilweise erhalten blieben: die Engel zwischen den Fenstern, eine Reihe der ökumenischen Konzile, sieben Büsten der Vorväter, die sich unter dem ersten ökumenischen Konzil von Konstantinopel befinden (*ebendort*).

[16] H. Vincent und F.-M. Abel, *Bethléem: Le Sanctuaire de la Nativité*, Paris 1914, S. 154

[17] L. A. Hunt, *op. cit.*, S. 78; zur Analyse der verschiedenen Kerne, *ebendort*, S. 72-81

[18] Beispiele in Ch. Walter, *L'iconographie des conciles dans la tradition byzantine*, Paris 1970. Die monumentale Dartstellung der Konzilien ist seit Beginn des 12. Jahrhunderts auch auf dem Balkan häufig (*ebendort*).

[19] Dargestellt sind: Nicäa I (325), Konstantinopel I (381), Ephesus (431), Konstantinopel II (553), Konstantinopel III (681), Nicäa II (787).

[20] Sechs Provinzialkonzile wurden dargestellt: Karthago (255), Laodizäa (341), Gangra (340), Sardi (342), Antiochia (272), Ancyra (319). Wie man sieht, ist die Sequenz nicht chronologisch.

[21] Die Schriften stammen von den Deckblättern der Synassarien und folgen einem festen Schema: Sie tragen den Namen den Ortes, wo das Konzil stattfand, die Anzahl der teilnehmenden Bischöfe, den Namen des Kaisers, der es ausgerufen hat, das Glaubensbekenntnis und die Namen der verdammten Häretiker. Sie sind in Quaresmius, *op. cit.*, II, S. 490-512 und in moderner Zeit in H. Stern, *op. cit.*, 1938, S. 415-459 transskribiert. Die Texte sind griechisch, außer dem für Nicäa, der lateinisch ist.

[22] Der Vorschlag Sterns ist sehr suggestiv: Er sieht im Architekturrahmen der lokalen Konzile nicht einen allgemeinen Rahmen, sondern die Darstellung des Presbyteriums einer Basilika (Stern, *op. cit.*, 1948, S. 93).

[23] Zu den Eingriffen der Kreuzfahrer s. Hunt, *op. cit.*, S. 83-84, Anm. 105; K. Corrigan, „Ad vocem Concilio", in *EAM* (Enciclopedia arte medievale), 1994, S. 253-256

[24] Stern, *op. cit.*, 1936, 1938, 1948, 1957

[25] Folda, *op. cit.*, S. 361-364

[26] Kühnel, *op. cit.*, 1981

[27] Folda, *op. cit.*, S. 347-364

[28] Cutler, *op. cit.*, S. 179-183

[29] *Ebendort*, S. 347-350. Der Text der Inschrift ist in beiden Sprachen unterschiedlich. Die griechische Inschrift geht vom Namen des Künstlers Ephraim aus, nennt den Kaiser und kehrt zu den lokalen Autoritäten zurück. Der lateinische Text beginnt mit den lokalen Autoritäten und nennt den Kaiser nur als Wohltäter. Jede der Inschriften wendet sich an eine anderes Publikum. S. Cutler, *op. cit.*, S. 179-183; und seit neuestem Folda, *op. cit.*, S. 347-351

[30] R. Menna, *Immagini e scritture nei mosaici della chiesa della Natività a Betlemme*, mündlicher Beitrag zum Kongress „Verso Gerusalemme", Bari, 18.-21. Mai 1999

[31] Diese Zusammenfügung wurde als Zeichen des Willens der Auftraggeber gelesen, die antihäretische Bedeutung des Programmes in einem Moment zu stärken, wie Hunt hervorgehoben hat (*op. cit.*, S. 71-72), der den byzantinischen Kaiser Manuel persönlich in der Debatte zwischen Orthodoxen, Lateinern und Monofisiten engagiert sieht und ihn für einen Förderer eines Wiedervereinigungsprojektes der Kirchen hält.

[32] Wir erinnern hier daran, dass das Lateinische auch in der zweisprachigen griechisch-lateinischen Inschrift auf der Südseite der Bemawand auftaucht. Außerdem in weiteren Inschriften: in der Reihe der sechs erhaltenen Vorväter und bei den Prophetengestalten auf der Fassadenrückseite, die den Baum Jesse pflegen (Folda, *op. cit.*, S. 360). Als dritte Sprache gibt es noch das Syrische in der lateinisch-syrischen Inschrift mit dem Namen des Malers Basileus, Diakon, zu Füßen eines der Engel im oberen Register der Nordwand (Hunt, *op. cit.*, S. 74, Abb. 2).

[33] L. Russo (Hrsg.), *Vedere l'invisibile. Nicea e lo*

statuto dell'Immagine, Palermo 1997. Übersetzung der Akten des zweiten Konzils von Nicäa von C. Gerbino

[34] Angold, *op. cit.*, S. 44-51

[35] Hunt, *op. cit.*, besonders S. 81-83

[36] G. Kühnel, *Wall painting in the Latin Kingdom of Jerusalem*, Berlin 1988, S. 129; Hunt, *op. cit.*, S. 83-85; Folda, *op. cit.*, vor allem S. 361-364

[37] Cutler, *op. cit.*, S. 179-183

[38] Angold, *op. cit.*, S. 265-269. Es muss präzisiert werden, dass sich Alexander III. im letzten Moment weigerte, den Vertrag abzuschließen, weil in der Zwischenzeit der deutsche Kaiser Italien verlassen hatte und die Notwendigkeit des Schutzes durch Byzanz nicht mehr so dringend war. Trotzdem bleibt die Politik Manuels gegenüber dem Papsttum bis 1172 unverändert (*ebendort*, S. 269-270).

[39] Eine Variante dieser Interpretation besagt, dass Bethlehem die Konzile nicht in der traditionellen byzantinischen Darstellungsweise als Versammlungsszenen der Bischöfe in Anwesenheit des Kaisers darstellen wollte, um die westlichen Christen nicht zu reizen.

[40] Wie bekannt, sind Wandmosaiken stets das Vorrecht byzantinischer Zentren und höfischer Umgebungen; im Westen sind sie während des Mittelalters seltener zu finden. Rom bildet eine Ausnahme, dort wurden die christlichen Basiliken bis zum späten Mittelalter mit Wandmosaiken geschmückt.

[41] Neben den Quellen sind die ständigen Funde im Fußboden verschiedener Bauwerke wie auch die häufigen erhaltenen Putz- und Mörtelreste und heruntergefallenen Mosaiksteinchen vor allem in den Apsiden syrischer Gebäude ein wertvoller Beleg.

[42] Hunt, *op. cit.*, S. 83-84

[43] Dies ist ein interessanter Vorschlag von Hunt, *op. cit.*, S. 74.

[44] Zu einer gründlichen, wenn auch nicht immer unumstrittenen Analyse der Inschriften s. Hunt, *op. cit.*, S. 72-78; Folda, *op. cit.*, S. 347-357

[45] Der Begriff *historiográphos* wird von Folda als Maler verstanden, im Sinne von „Maler erzählender oder historischer Themen" (*op. cit.*, S. 350), während er für Cutler dem „designer of the scheme as well as a member of the shop that executed it" entspricht (*op. cit.*, S. 183).

[46] *Ebendort*

[47] U. Monneret de Villard, *Le pitture musulmane al soffitto della Cappella Palatina in Palermo*, Rom 1950; U. Scerrato, „Arte islamica in Italia" in: *Gli arabi in Italia*, Mailand 1985, S. 359-393; E. J. Grube, „La pittura islamica nella Sicilia normanna dell XII secolo" in: C. Bertelli (Hrsg.), *La pittura in Italia. L'Altomedioevo*, Mailand 1994, S. 416-431.

[48] O. Demus, *The Mosaics of Norman Sicily*, London 1949; E. Kitzinger, *I mosaici di Monreale*, Palermo 1990

[49] Demus, *op. cit.*, S. 443-457

[50] T. Whittemore, *The Mosaics of Hagia Sophia at Istanbul, third Preliminary Report: Work Done in 1935-8. The Imperial of the South Gallery*, Oxford 1942, S. 1-87; N. Teteriatnikov, „Hagia Sophia: the two portraits of the emperors with moneybags as a functional setting", in: *Arte medievale* II. Serie, X, 1996, S. 47-66

[51] Angold, *op. cit.*, S. 308

[52] Die Mosaiken sollen aus der Regierungszeit Wilhelms I. (1154-1166) stammen; E. Kitzinger, „The Mosaic Fragments in the Torre Pisana of the Royal Palace in Palermo: A Preliminary Study", in: *Mosaïque: Recueil d'hommages à Henri Stern*, Paris 1983, S. 239-243.

[53] S. Anm. 43

[54] H. Hoffmann (Hrsg.), *Chronica Monasterii Casinensis*, MGH Scriptores 34, III, 18, Hannover 1980, S. 396, 398-400

[55] *Ebendort*

[56] Ungewöhnlich stellt sich der Fall des Markusdoms in Venedig dar, wo zum Ende des 11. bis zum 14. Jahrhundert zahlreiche Mosaikkampagnen einander folgen, in denen die byzantinischen Formen nicht immer gleich befolgt werden (O. Demus, *The mosaics of San Marco in Venice*, I-IV, Chicago-London 1984). Außerhalb der Routen des Mittelmeerraumes belegt z.B. die Klosterkirche von Gelati in Georgien aus dem Jahr 1130 (ca.) das Vorhandensein von byzantinischen Mosaiken (Lazarev, *op. cit.*, S. 218), wie auch die S. Sofia von 1042-1046 in Kiew (*ebendort*, S. 152-154).

[57] Bezeichnend ist der Fall der sehr umfassenden Serie von Kapitellen (ungefähr tausend); s. dazu: F. W. Deichmann/J. Kramer/U. Peschlow, *Corpus der Kapitelle der Kirche von San Marco zu Venedig*, Wiesbaden 1981.

[58] H. R. Hahnloser (Hrsg.), *Il tesoro di S. Marco*, Bd. I-II, Florenz 1965-1971

[59] *Chronica, op. cit.*, S. 385; die zwanzig Seidentücher, die Desiderius kaufte, wurden dann Heinrich IV. nicht übergeben, da er nicht mehr nach Italien kam. Aus ihnen wurden Messgewänder gemacht.

[60] Die Türen, die wir traditionsgemäß Bronzetüren nennen, sind aus einer Legierung aus Kupfer, Zink, und Blei mit nur einem kleinen Anteil Zinn. Es ist also eher Messing als Bronze. Zu den wissenschaftlichen Daten der Legierung und den Beobachtungen der Metallintarsien s. G. Matthiae, *Le porte bronzee bizantine in Italia*, Rom 1971, S. 19-26.

[61] *Ebendort*, S. 63-65; M.E. Frazer, „Church Doors and the Gates of Paradise: Byzantine Bronze Doors in Italy", in: *Dumbaton Oaks Papers* 27, 1973, S. 145-162; dies., *Church Doors and the Gates of Paradise Reopened*, in: S. Salomi (Hrsg.), *Le porte di bronzo dall'antichità al secolo XIII*, Rom 1990, S. 19-26

[62] Matthiae, *op. cit.*, S. 63, Abb. 4

[63] *Chronica, op. cit.*, S. 385; Matthiae, *op. cit.*, S. 67-71; A. Bloch, *Montecassino in the Middle Ages*, 3 Bde., Rom-Cambridge (Mass.) 1986; ders., „Le porte bronzee di Montecassino e l'influsso della porta di Oderisio II sulle porte de San Clemente a Casauria e del duomo di Benevento" in: *Le porte di bronzo..., op. cit.*, S. 307-324; außerdem Frazer, *op. cit.*, 1973; dies., 1990

[64] Matthiae, *op. cit.*, S. 73-82

[65] G. Bertelli, „Le porte del santuario di S. Michele a Monte Sant'Angelo: aspetti e problemi" in: *Le porte di bronzo..., op. cit.*, S. 293-303

[66] Matthiae, *op. cit.*, S. 91-92; S. Angelucci „Il rapporto tra materia, tecnica e forma nelle porte bizantine d'Italia" in: R. Polacco (Hrsg.), *Storia dell'arte marciana: sculture, tesoro, arazzi*, Venedig 1997, S. 247-260

[67] Matthiae, *op. cit.*, S. 93-95

[68] *Ebendort*, S. 97-101; R. Polacco, „Le porte ageminate e clatrate in S. Marco a Venezia", in: *Le porte dei bronzo..., op. cit.*, S. 279-292

[69] Frazer, *op. cit.*, 1973; dies., 1990. In Konstantinopel fehlen zwar Türen dieser Art, es gibt aber Bronzetüren in den Klöstern von Groß-Lavra und Vatopedis auf dem Berg Athos, die in Gesamtausführung und im Gebrauch der Intarsien ähnlich sind: M.A. Lala Comneno (Hrsg.), „Le porte bronzee die monasteri della Grande Lavra e di Vatopedi sul Monte Athos", in: *Le porte di bronzo..., op. cit.*, S. 505-506

[70] Matthiae, *op. cit.*, S. 7-15

[71] *Chronica, op. cit.*, S. 403

[72] H. R. Hahnloser/R. Polacco (Hrsg.), *La Pala d'Oro*, Venedig 1994

[73] R. Polacco, „Una nuova lettura della Pala d'Oro, gli smalti, le oreficerie e il ciborio" in: *La Pala d'Oro..., op. cit.*, S. 130

[74] L. Dolcini, „La croce-stauroteca di Cosenza: da Bisanzio a Palermo", in: M. Anadaloro (Hrsg.), *Federico della Sicilia. Dalla terra alla corona*, Palermo 1995, S. 109-114

[75] R. Bauer, „Il manto di Ruggero II", in: M. D'Onofrio (Hrsg.), *I Normanni popolo d'Europa 1030-1200*, Venedig 1994, S. 279-287. Eine zeitgenössische Quelle, der Brief an Petrus, Schatzmeister der Kirche von Palermo, informiert uns genauestens über die Aktivität der königlichen Werkstatt und ihre besonderen Merkmale, wie der Gebrauch von winzigem Perlenschmuck (S. Tramontana, *Lettera a un tesoriere di Palermo*, Palermo 1988, S. 134-137).

[76] Das Neueste s. in C. di Fabio, „Un dono di stato: il pallio del 1261", in: di Fabio, *La cattedrale di Genova nel Medioevo. Secoli IV-XIV*, Cinisello Balsamo (MI) 1998, S. 201-202.

[77] *Ebendort*

Kunstdiebstähle. Der Schatz von San Marco auf dem Weg von Byzanz nach Venedig

[1] Zu den Kirchenschätzen des Mittelalters siehe die meisterhafte Arbeit von Swarzenki, Hanns, *Monuments of Romanesque Art. The Art of Church Treasures in north-western Europe*, Chicago ²1967, und auch Lasko, P., *Ars sacra: 800-1200*, Hammondsworth 1972, Yale ²1994; Gauthier, M.-M., *Emaux du Moyen Age occidental*, Freiburg 1972. Ein noch immer nützliches Kompendium bietet der Ausstellungskatalog *Les Trésors des Églises de France*, Paris 1965. Umfangreiches Material enthält auch der Ausstellungskatalog *Ornamenta ecclesiae*, Köln 1985, besonders der 3. Band. Eine beispielhafte Untersuchung hat Danielle Gaborit-Chopin über den Schatz von Saint-Denis verfasst: *Le trésor de Saint-Denis*, Paris 1991. Über die Beziehung zur Reliquienverehrung siehe die materialreiche Arbeit von Legner, A., *Reliquien in Kunst und Kult zwischen Antike und Aufklärung*, Darmstadt 1995.

[2] Runciman, S., *Storia delle crociate*, II, Turin 1966 (Originalausgabe 1954), S. 779ff.; Setton, K. (Hrsg.), *A History of the Crusades*, II, Philadelphia 1962, S. 153 ff.; Treadgold, W., *A History of the Byzantine State and Society*, Standford 1997, S. 709ff. Alle diese Arbeiten enthalten umfangreiche Quellenangaben und Literaturverzeichnisse. Der Titel der vorliegenden Arbeit ist selbstverständlich ein Zitat des Bandes von Paul Wescher, *Kunstraub unter Napoleon*, Berlin 1976. Wescher unterscheidet fein zwischen politischem und kulturellem Handeln, zwischen Raub und Wertschätzung (siehe dazu die Einleitung , „Kunst und Feldzüge").

[3] Nicol, D. M., *Venezia e Bisanzio*, italienische Übersetzung, Mailand 1990. Das Thema wurde in Verbindung mit der Frage nach der Dekoration des Herzoglichen Palastes von Wolfgang Wolters für die anschließenden Jahrhunderte ausführlich behandelt.

[4] Für alle diese Angaben verweise ich auf die umfangreiche Darstellung von Guido Tigler in *Le sculture esterne di San Marco*, mit einem Essay von O. Demus und Beiträgen von L. Lazzarini und M. Piana sowie einem Katalog von G. Tigler, Mailand 1995, Nr. 229, S. 222-226. Zur ursprünglichen Geschichte der Gruppe siehe Müller-Wiene, W., *Bildlexikon zur Topographie Istanbuls*, Tübingen 1997, S. 266-267. Siehe auch Hellenkemper, H., „I trofei del doge", in: *Il tesoro di San Marco*, Mailand 1968, S. 31-41

[5] Harrison, M. und Firatli, N., „Excavations at Sarachane in Istanbul", in: *Dumbarton Oaks Papers*, 19 (1965), S. 234; Harrison, M., *A temple for Byzantium. The discovery and excavation of Anicia Julliana's palace church in Istanbul*, London 1989.

[6] Perocco, G., „I cavalli di San Marco a Venezia", in: *I cavalli di San Marco*, Ausstellungskatalog, Mailand 1981, S. 33-60

[7] Tigler, 1195, S. 220ff. Zur Ankunft zahlreicher Kunstschätze in Venedig infolge der Kreuzzüge siehe Bettini, S., „Le opere d'arte importante a Venezia durante le Crociate", in: Branca, V. (Hrsg.), *Storia della civilità veneziana*, I, Florenz 1979, S. 307-323. Zum Problem der Wiederverwendung in Venedig siehe die umfangreiche, wenngleich etwas akademische Zusammenfassung von De Lachenal, L., *Spolia. Uso e reimpiego dell'antico dall III al XIV secolo*, Mailand 1995, S. 313ff. Dem Thema des Austauschs zwischen Orient und Okzident in der Zeit der Kreuzzüge war eine Sitzung des 24. Internationalen Kunsthistorischen Kongresses gewidmet: *Il Medio Oriente e l'Occidente nell'arte del XIII secolo*, hrsg. von Belting, H., Bologna 1982.

[8] Tigler, 1995, S. 226-227

[9] Außer den allgemeinen, in Anmerkung 2 zitierten Arbeiten siehe Zakynthinos, D. A., „La conquista di Constantinopoli del 1204. Venezia e la spartizione dell'impero bizantino", in: *Storia della civilità ...* I, 1979, S. 297-305; Ducellier, A., „Il sacco di Constantinopoli del 1204 e la posterità", in: *Le Crociate. L'Oriente e l'Occidente da Urbano II a San Luigi 1096-1270*, hrsg. von M. Rey-Delqué, Mailand 1977, S. 368ff.

[10] Zur Geschichte des Schatzes siehe Gallo, R., *Il Tesoro di San Marco e la sua storia*, Venedig, Rom 1967; Hahnloser, H. R. (Hrsg.), *Il Tesoro di San Marco*, II; *Il Tesoro e il museo*, Florenz 1971; *Il Tesoro di San Marco*, Ausstellungskatalog, Mailand 1986 (auch in englischer und französischer Übersetzung); *Storia dell'arte marciana: sculture, tesoro, arazzi*, Akten des internationalen Studienkongresses, Venedig 1994, hrsg. von R. Polacco, Venedig 1997

[11] Dieses Zitat ist wie die vorangegangenen entnommen aus der italienischen Übersetzung von Gottfried von Villehardin: *Die Eroberung Konstantinopels*, hrsg. von F. Garavini, Mailand 1988, S. 75-76

[12] Bettini, S., *Venezia. Nascita di una città*, Mailand 1988, S. 213ff.

[13] Zitiert bei Bettini, 1988, S. 214

[14] Zur Baugeschichte der Basilika siehe *San Marco. I mosaici, la storia, l'illuminazione*, Mailand 1990; Polacco, L., *San Marco. La basilica d'oro*, Mailand 1991; *Storia dell'arte marciana: l'architettura*, Akten des Internationalen Studienkongresses, Venedig 1994, hrsg. von R. Polacco, Venedig 1997

[15] Grabar, A., „L'oreficeria e le altre arti suntuarie bizantine", in: *Il Tesoro di San Marco*, II, 1971, S. 15ff.

[16] Zu allen Hinweisen und zur Literatur in Bezug auf die im Text genannten Stücke verweise ich auf den Ausstellungskatalog *Il Tesoro di San Marco*, 1986.

[17] „Die Hand Gerhards hat dieses verehrungswürdige Kreuz geschaffen, auf Anweisung des fränkischen Königs reinen Herzens und zweiten Oberhauptes der Griechen, mit Namen Heinrich, damit er, durch es gesegnet, im Krieg beschützt sei wie hinter einer Mauer, Amen" (*Il Tesoro*, 1986, S. 252).

[18] Ambrosio, *De obitu Theodosii*

[19] A. Pertusi, „An der Grenze zwischen Religion und Politik. Die Auseinandersetzung über die Reliquien von St. Nicola zwischen Bari, Venedig und Genua", in: *Quaderni Medievali*, 5, Juni 1987, S. 6-56

Die Cappella Palatina in Palermo vor dem Horizont des Mittelmeerraumes

[1] Siehe O. Demus, *The Mosaics of Norman Sicily*, London 1949; E. Kitzinger, „The Mosaics of the Cappella Palatina in Palermo: An Essay on the Choice and Arrangement of Subjects", in: *The Art Bullettin* XXXI (1949), S. 269-292; ders., *I mosaici del periodo normanno in Sicilia*, Heft 1-3, Palermo 1992-1994; W. Tronzo, *The Cultures of His Kingdom. Roger II and the Cappella Palatina in Palermo*, Princeton 1997

[2] H. Belting, „Introduction", in: *Il Medio Oriente e l'Occidente nell'arte del XIII secolo*, Atti del XXIV Congresso Internazionale di Storia dell'Arte (Bologna 1979), hrsg. von H. Belting, II, Bologna 1982, S. 1-10

[3] A. Garofalo, *Tabularium Regiae ac Imperialis Capellae Collegiatae Divi Petri in Regio Panormitano Palatio*, Palermo 1835

[4] B. Rocco, *L'età normanna e sveva in Sicilia*, Ausstellungskatalog, Palermo 1994, S. 202-214. Zum Phänomen des Reliquienflusses nach Westen zur Zeit der Kreuzzüge s. D. Thurre, „I reliquiari al tempo delle crociate da Urbano II a San Luigi (1096-1270)", in: *Le Crociate. L'Oriente e l'Occidente da Urbano II a San Luigi 1096-1270* (Ausstellungskatalog), hrsg. von M. Rey-Delqué, Mailand 1997, S. 362-367; J. Durand, „Reliquie e reliquiari depredati in Oriente e a Bisanzio al tempo delle crociate", *ebendort*, S. 378-389

[5] Diese Hypothese ist hinsichtlich der Beziehung zwischen Friedrich und der Palastkapelle ziemlich plausibel und sollte baldmöglichst untersucht werden.

[6] A. Benvenuti, „Reliquie e soprannaturale al tempo delle crociate", in: *Le Crociate e l'Oriente...*, *op. cit.*, S. 355-361

[7] W. Tronzo, *op. cit.*, S. 24

[8] S. P. Pensabene, „Contributo per una ricerca sul reimpiego e il 'recupero' dell'Antico nel Medioevo. Il reimpiego nell'architettura normanna", in: *Rivista dell'Istituto Nazionale d'Archeologia e Storia dell'Arte*, Serie III, XIII, 1990, S. 5-138

[9] B. Brenk, „La parete occidentale della cappella Palatina a Palermo", in: *Arte medievale*, Serie II-IV, 1990, S. 139 und Anm. 14. Das Kapitell der gegenüberstehenden Säule hat eine andere Form mit vollem Blattwerk und stimmt weder mit dem Schaft der Säule noch mit der Basis überein. Nach Brenk (*ebendort*) befand sich hier ursprünglich ein ähnliches Kapitell in Übereinstimmung mit dem Ordnungsprinzip der Palastkapelle, das die paarweise Aufstellung von Säulen und Kapitellen bevorzugt.

[10] Brenk, *op. cit.*, S. 139

[11] *Ebendort*

[12] G. Spatrisano, *Lo Steri di Palermo e l'architettura siciliana del Trecento*, Palermo 1972. *Ebendort*, Taf. 52. Detail der Ecksäule und Kapitell

[13] O. Demus, *op. cit.*, S. 25

[14] E. Kitzinger, *op. cit.*, 1992

[15] W. Tronzo, *op. cit.*

[16] U. Monneret de Villard, *Il soffitto islamico della Cappella Palatina di Palermo*, Rom 1949

[17] E. Kitzinger, *op. cit.*, Palermo 1993

[18] *Ebendort* und W. Tronzo, *op. cit.*

[19] W. Tronzo, *op. cit.*

[20] B. Rocco, *op. cit.*, 1994, S. 44

[21] *Ebendort*

[22] E. Kitzinger, *op. cit.*, 1949

[23] G. Rossi Taibbi, *Sulla tradizione manoscritta dell'omiliario di Filagato da Cerami*, Palermo 1965; *Filagato da Cirami, Omelie per i Vangeli domenicali e le feste di tutto l'anno, Bd. I, Omelie per le feste fisse*, hrsg. von G. Rossi Taibbi, Palermo 1969; B. Patera, *L'arte della Sicilia normanna nelle fonti medievali*, Palermo 1980; B. Lavagnini, *Profilo di Filagato da Cerami con traduzione dell'omelia XXVII pronunziata dal pulpito della Cappella Palatina in Palermo*, Palermo 1992; E. J. Grube, „La pittura islamica nella Sicilia normanna nel XII secolo", in: *La pittura in Italia. Altomedioevo*, Mailand 1994, S. 116-131

[24] E. Kitzinger, „The Date of Philagathos' Homily for the Feast of Sts. Peter and Paul", in: *Byzantino-Sicula* II: Miscellanea di scritti in memoria di Giuseppe Rossi Taibbi, Palermo 1975, S. 301-306

[25] W. Tronzo, *op. cit.*, S. 79-90

[26] B. Lavagnini, *op. cit.*, S. 10

[27] *Ebendort*

[28] *Ebendort*

[29] *Ebendort*

[30] *Ebendort*

[31] *Ebendort*

[32] Die Übersetzung stammt von B. Rocco, „La Cappella Palatina di Palermo: lettura teologica", in: *B. C. A. Sicilia*, IV, (1983), S. 21. S. auch E. Kitzinger, *op. cit.*, 1992, S. 11. Zu den philologischen Problemen dieser Textfragmente s. O. Demus, *op. cit.*, Anm. 11, S. 59-60

[33] *Ebendort*, Anm. 12, S. 60. Die Inschrift wurde von A. van Millingen transkribiert und übersetzt in: *Byzantine Churches in Constantinople*, London 1912, S. 73-74. Die Kirche der heiligen Sergius und Bacchus wurde zwischen 527 und 536 erbaut, s. F. Mathews, *The Early Churches of Constantinople: Architecture and Liturgy*, The Pennsylvania State University Press 19803 (19711), S. 42-51

[34] *Ebendort*, S. 29-47, Abb. 33-35

[35] E. Kitzinger, *op. cit.* 1993

[36] J. Folda, *The Art of the Crusaders in the Holy Land*, 1098-1187, Cambridge 1995, S. 347

[37] L.-A. Hunt, *Art and Colonialism: The Mosaics of the Church of the Nativity in Bethlehem (1169) and the Problem of „Crusader Art"*, DOP, XLV (1991), S. 69-85

[38] Transkription und Übersetzung ins Englische erschienen jüngst in Folda, *op. cit.*, S. 347-350

[39] *Ebendort*, S. 351-352. Eine dritte Inschrift nennt den Maler Zan. In ihm meint man einen Künstler venezianischen Ursprungs mit Namen Johannes zu erkennen, der zusammen mit Ephraim und Basileus in der Mosaikwerkstatt von Bethlehem arbeitete, die von künstlerischen Sprachen in einer multiethnischen und mehrsprachigen Umgebung gekennzeichnet war (*ebendort*, S. 353-357).

[40] Folda, *op. cit.*, Abb. 9.20a, 9.20b, 9.22a, 9.22b, 9.22c

[41] Diese Interpretation stammt von E.J. Grube, *op. cit.*, S. 416, und lässt den eurozentristischen Blickwinkel erkennen, unter dem gewöhnlich die Palastkapelle bis zum Ende des 19. Jahrhunderts betrachtet wurde.

[42] Übersetzung von B. Lavagnini, *op. cit.*, S. 10

[43] *Ebendort*, S. 11

[44] E. J. Grube, *op. cit.*, S. 421

[45] *Ebendort*, S. 416-431

[46] Zur bemalten Decke der Palastkapelle s. U. Monneret de Villard, *Le pitture musulmane al soffitto della Cappella Palatina*, Rom 1950; U. Scerrato, in: F. Gabrieli/U. Scerrato, *Gli arabi in Italia*, Mailand 1979, S. 358-398

[47] Die bemalten islamischen Decken des normannischen Sizilien überdauern bis in spätere Zeit, wie die übrig gebliebenen Tafeln der Kathedrale von Palermo zeigen, die durch den Erzbischof Offamilio erneuert wurde. S. M. Andaloro, *La Cattedrale della memoria*, S. 55-66, bes. 62-65. Das Überdauern der bemalten islamischen Decken bis in spätnormannische Zeit ist ein Hinweis auf eine organisierte künstlerische Auftragvergabe an spezialisierte Künstler, „byzantinische für die Mosaiken, islamische für die bemalten Decken", s. dazu *ebendort*; des weiteren dies., „Strutture, tecniche, materiali negli 'ateliers' della Palermo normanna", in: *Federico e le scienze*, II, Palermo 1994, S. 290-305

[48] Außer den in Anm. 46 aufgeführten Titeln s. E. J. Grube, *op. cit.*, S. 416-418; A. Simon-Cahn, *Some Cosmological Imagery on the Ceiling of the Palatine Chapel in Palermo*, Columbia University (Doktor-

arbeit); P. M. Costa, „Ascendenze mesopotamiche e centro asiatiche di maestri pittori della Sicilia normanna", in: *Azbar. Studi arabo-islamici in memoria di Umberto Rizzitano (1913–1980)*, hrsg. von A. Pillitteri und G. Montna, Palermo 1995, S. 69–86; G. M. Demre, „Contesto architettonico e aspetti culturali di dipinti del soffitto della Cappella Palatina di Palermo", in: *Bollettino d'Arte*, 1995 (1996), Nr. 92, S. 1–32

[49] J. Johns, Malik Ifriqiya: „The Norman Kingdom of Africa and the Fatimids", in: *Libyan Studies*, XVIII, S. 89–101; ders., „The Norman Kings of Sicila in the Fatimid caliphate", in: *Anglo-Norman Studies*, XV (1993), S. 133–159

[50] W. Tronzo, *op. cit.*

[51] Übersetzung nach B. Lavagnini, *op. cit.*, S. 10

[52] Schon Grube fragt sich (*op. cit.*, S. 429, Anm. 3): „Man könnte sich überlegen, ob sich dies auf islamische Künstler bezieht." Lavagnini legt überzeugend dar (*op. cit.*, Anm. 1, S. 20), „dass die Benennung Phönizier hier für Araber gebraucht wird, denn Filagatus vermeidet in seinem klassizistischen Stil moderne Ausdrücke, die als vulgär angesehen werden. Es scheint plausibel, dass die Tücher aus der Werkstatt des Königspalastes von Palermo stammen." Den ersten ernstzunehmenden Hinweis auf diese Werkstatt gibt die Inschrift vom Saum des Mantels Rogers II., heute in der Wiener Schatzkammer. Diese kufische Inschrift lautet: „Die Arbeit wurde ausgeführt in der blühenden königlichen Werkstatt, mit Glück und Ehre, Eifer und Können, Kraft und Effizienz, Vergnügen und gutem Schicksal, Freigebigkeit und Feinheit, Ruhm und Schönheit, Erfüllung von Wünschen und Hoffnungen, Tagen und geeigneten Nächten, ohne Unterbrechung oder Pause, mit Ehre und Bemühen, Aufmerksamkeit und Konzentration, Prosperität und Integrität, Triumph und Können, in der Hauptstadt Siziliens im Jahr 528" (nach der Übersetzung von Francesco Gabrieli, in: R. Bauer, „Il manto di Ruggero II", in: *I Normanni, popolo d'Europa*, Ausstellungskatalog, hrsg. von M. D'Onofrio, Rom 1994, S. 279)

[53] Abb. 571–580 in E. J. Grube, *op. cit.*

[54] s. Anm. 53

Schönheit und Bedeutung von Bildern im Zeitalter der Kreuzzüge

[1] Der Originaltext und die französische Übersetzung des *Mukhtasar tarikh al-bashar* sind in dem monumentalen *Recueil des historiens des croisades* enthalten, veröffentlicht zwischen 1841 und 1906 in Paris in 17 Bänden. Das zitierte Fragment stammt aus A. Maalouf: *Les croisades vues par les Arabes*, Paris 1983

[2] Diese Vorstellung von der Kontinuität der Kreuzzüge, eher theoretisch und ideell als militärisch und konkret, wurde unter anderem vertreten von O. Alphandéry und A. Dupont in *Chrétienté et l'idée de Croisade*, Paris, 1954–1959.

[3] In dem Homerzitat bezieht Dante sich auf die *Ilias*, III, 158.

[4] Das sattsam bekannte Zitat Giottos (Es glaubte Cimabue, er sei der Meister der Malerei, und nun ist Giotto oben und hat den Ruhm des Andern überschattet), das hier bei Dante erscheint, entstammt der Göttlichen Komödie (Purgatorio, XI, 92–93).

[5] Der Florentiner Dante Alighieri lebte von 1265–1321; Giotto kam in Vespignano bei Vicchio di Mugello gegen 1266/1267 zur Welt und starb 1337 in Florenz.

[6] G. Holmes, *Florence, Rome and the Origins of the Renaissance*, London 1986

[7] Die *Historia Ecclesiastica Nova* des Ptolemäus von Lucca wurde von L. A. Muratori aufgenommen in die *Rerum italicarum scriptores*, 28 Bände, Mailand 1723–1751, Band II

[8] Es gibt keinerlei Belege dafür. Man weiß jedoch, dass Nikolaus IV. am 15. Mai 1288 eine Bulle erlassen hat, in welcher er verfügte, dass die in der Basilika San Francesco in Assisi und in der Porziuncula gesammelten Almosen für die „Verzierung" der Basilika selbst verwendet werden sollen. Siehe G. Fratini, *Storia della Basilica e del Convento di S. Francesco in Assisi*, Prato 1982

[9] Die erste Begründung dafür, dass die *Historias franciscanas* in das Pontifikat von Nikolaus IV. gehören, hat P. Murray geliefert: „Notes on Some Early Giotto Sources", in: *Journal of the Wartburg and Courtauld Institutes*, 1953, S. 58–80. Die Zuordnung der Fresken als Werk Giottos und ihre Entstehungszeit sind jedoch Gegenstand langer Diskussionen gewesen. Als stellvertretend für jene Partei, die nicht an die Urheberschaft Giottos glaubt, ist der Artikel „Giotto non Giotto" von R. Offner zu nennen, in: *The Burlington Magazine*, I, LXXIV, 1939, S. 259–268; II, LXXV, 1939, S. 96–113. Eine in das Pontifikat Nikolaus' IV. fallende frühe Entstehungszeit, wie sie P. Murray nennt, wird unter anderem von L. Bellosi vertreten, besonders in *La pecora di Giotto*, Turin 1985. In jüngster Zeit (*Cimabue*, Mailand 1998) hat Bellosi diese These nicht nur bekräftigt, sondern er legt das Schaffen Cimabues in der Basilika von Assisi auf das Jahr 1290, also in die Mitte des Ponifikats Nikolaus' IV.

[10] Die Abhandlung wurde von G. Golubovitch veröffentlicht, im zweiten Band der *Biblioteca Bio Bibliographica della Terra Santa e dell' Oriente Francescano*, 6 Bde., Florenz 1906–1927.

[11] Das Konzept der „neuen Kunst" und der „Erfindung der Kunst" wurde in der letzten Zeit von dem „Separatisten" (insofern, als er nicht an die Urheberschaft Giottos bezüglich der Geschichten des heiligen Franziskus in der oberen Basilika von Assisi glaubt) Hayden B. J. Maginnis in seinem diskussionswürdigen Buch *Painting in the Age of Giotto. A Historical Reevaluation*, angewendet, Pennsylvania 1997. Nach Meinung des Universitätsprofessors und Schülers von Millard Meiss, McMaster, eines hartnäckigen „Separatisten", ist das Schlüsselwerk für die Erfindung dieser „neuen Kunst" die so genannte *Madonna Rucellai* von Duccio.

[12] Die Unterscheidung zwischen „Bild" und „Kunst" und zwischen dem „Zeitalter des Bildes" und dem „Zeitalter der Kunst", wobei letzteres als eine Frucht der Renaissance verstanden wird, hat in überzeugender, wenn auch in einigen Aspekten diskussionswürdiger Weise H. Belting in zahlreichen Arbeiten vertreten, unter ihnen *Bild und Kult. Eine Geschichte des Bildes vor dem Zeitalter der Kunst*, München 1990.

[13] Einer der ersten, die auf diese „Renaissance" des 12. Jahrhunderts hingewiesen haben, war C. H. Haskings in *The Renaissance of the Twelfth Century*, Cambridge/Mass. 1927; eine Renaissance, welche er mit einer grundlegenden Erneuerung der intellektuellen Fähigkeiten in Zusammenhang brachte.

[14] D. Gargia Gual, *El redescubrimiento de la sensibilidad en el siglo XII*, Madrid 1997. In diesem kurzen, aber überaus klarsichtigen Essay vertritt der Autor eine Renaissance des 12. Jahrhunderts auf dem Gebiet der Literatur, die sich dem Thema Liebe und Krieg zuwendet, vertreten durch Tristan und Isolde, Lancelot und Ginevra, Abaelard und Eloïse und schließlich dem Zyklus des König Artus.

[15] Unter den zahlreichen Arbeiten zum Wandteppich von Bayeux sind noch immer als Standardwerke zu sehen F. M. Stenton et al., *The Bayeux Tapestry*, London 1957 und S. Bertrand, *La Tapisserie de Bayeux*, Paris 1966.

[16] *La mort de roi Artu*, 51–52. Die empfehlenswerteste Ausgabe in mittelalterlichem Französisch ist nach wie vor die von J. Frappier, *La mort de roi Artu*, Genf 1954.

[17] *La mort de roi Artu*, 48

[18] Die Synode von Arras im Jahre 1025 schrieb vor, dass „illiterati quod per scripturam non possunt intueri, hoc per quaedam picturae lineamenta contemplatur", dass also „die Ungebildeten durch die Umrisse der Malerei hindurch das betrachten sollen, was sie in der Schrift nicht sehen können". Man beachte, dass die Malerei hier über die Bildhauerei gestellt wird, was eine gewisse ikonoklastische Haltung offenbart, obwohl einige karolingische Theologen behauptet hatten, dass beide Künste aus genau den gleichen Gründen gerechtfertigt sind, denn wenn die Malerei auch nicht religiöser ist als die Bildhauerei, so neigt diese ihrerseits weniger dem Götzendienst zu als die Malerei.

[19] Siehe J. J. E. García, *Introducción al problema de la individuación en la Alta Edad Media*, Mexiko 1987

[20] Der byzantinische Einfluss in der abendländischen mittelalterlichen Kunst ist umfassend bearbeitet worden. Als ein Überblick über das Thema, mit besonderer Berücksichtigung des italienischen 13. Jahrhunderts, sind die Vorlesungen zu nennen, die A. Chastel im Collège de France gehalten hat und die nach dem Tode des Historikers von C. Lorges-Lapouge in A. Chastel, *L'Italie et Byzance*, Paris 1999, gesammelt herausgegeben worden sind.

[21] Wie Hugo de San Victor in *De modo dicendi et meditandi* herausstellt, wohnt die Schönheit in der Kontemplation: „Drei sind die Fähigkeiten der vernunftbegabten Seele: der Verstand, der Gedanke und die Kontemplation [...]. Die Kontemplation ist die hellsichtige und freie Intuition des Geistes, mit welcher er selbst die weitläufigsten Dinge wahrnimmt." Für Hugo de San Victor unterscheiden sich Gedanke und Kontemplation dahingehend, dass der Gedanke sich stets mit den verborgenen Dingen beschäftigt und die Kontemplation mit den sichtbaren: „Die Kontemplation", sagt er, „ist die Lebenskraft des Verstandes, welche alles vor Augen hat und mit klarem Blick umfasst, und so besitzt die Kontemplation in gewisser Weise das, wonach der Gedanke strebt [...]. Im Gedanken ist die Unruhe, im Verstand die Bewunderung, und in der Kontemplation die Schönheit."

[22] Plotin, *Aeneaden*, V, 8, 1

[23] Siehe die aus seiner Dissertation hervorgegangene Arbeit von J. M. Fontanier *La Beauté selon Saint Augustin*, Rennes 1998, besonders das fünfte Kapitel: „Beauté de Dieu"

[24] Augustinus, *Bekenntnisse*, III, 6, 10

[25] Die griechisch verfassten *Stromata* des Clemens von Alexandria (Kapitel 150–250) verdanken ihren Titel (wörtlich „Teppiche") der Tatsache, dass sie eine Zusammenstellung oder Anthologie verschiedener Texte darstellen.

[26] *Stromata*, II, 4

[27] Hervorzuheben sind die Fragestellungen über den „Anfang" bei Augustinus in *De Genesi contra manichaeos* und in anderen Schriften über die Bibel (*De Genesi ad litteram imperfectus liber, De Genesi ad litteram*), wo er ihn in zwei Bedeutungen erläutert. Augustinus unterscheidet zum Einen „den Anfang" jeder zeitlichen Deutung, dem er einen hoch gelehrten Charakter gibt. So sagt der Bischof von Hippona: „[...] Gott schuf den Himmel und die Erde am *Anfang*, nicht am Beginn der Zeit, sondern in Christus, denn das Wort, durch das und in dem alle Dinge geschaffen wurden, war im Vater." Dennoch gab der Kirchenvater auch der Möglichkeit Raum, dass dieser „Anfang" nicht „*der* Anfang" war, das heißt der Wille oder die Weisheit Gottes, sondern „der Beginn der Zeit", wenn auch in diesem Falle nicht vergessen wer-

den darf, dass vor dem Beginn der Zeit die Zeit noch nicht existierte: „Gott hat die Zeit geschaffen, und folglich hat vor der Schaffung der Zeit die Zeit noch nicht existiert. Und wir können nicht sagen, irgendeine Zeit habe existiert, als Gott noch nichts geschaffen hatte, denn auf welche Weise hätte die Zeit existiert, die Gott noch nicht geschaffen hatte, da er doch der Schöpfer aller Zeit ist?"

[28] Sankt Buenaventura bezieht sich hier auf den Philosophen par excellence, Aristoteles.

[29] Frage II, Artikel 2, Absatz I des zweiten Buches der *Comentarii in quatuor Libros Sententiarum*

[30] *Bekenntnisse*, XI, 4

[31] *Paradies*, XIX, Verse 40–45

[32] Der Herr hat mich schon gehabt im Anfang seiner Wege, ehe er etwas schuf, von Anbeginn her [...], als er die Erde noch nicht gemacht hatte noch die Fluren darauf noch die Schollen des Erdbodens. Als er die Himmel bereitete, war ich da, als er den Kreis zog über den Fluten der Tiefe, als er die Wolken droben mächtig machte, als er stark machte die Quellen der Tiefe, als er dem Meer seine Grenze setzte und den Wassern, dass sie nicht überschreiten seinen Befehl, als er die Grundfesten der Erde legte, da war ich als sein Liebling bei ihm [...] und spielte vor ihm allezeit. (Sprüche 8, 22–31)

[33] Im Prolog des ersten Buches der Abhandlung *Schedula diversarum artium*, die dem Mönch Theophil (11./12. Jahrhundert), dem „Diener der Diener Gottes", zugeschrieben wird, ist zu lesen: „Das, was die kluge Voraussicht unserer Ahnen auf uns hat kommen lassen, weist die fromme Ergebenheit der Gläubigen nicht zurück, und was Gott dem Menschen zum Erbe gegeben hat, damit der Mensch es achte mit Eifer und es zu erreichen strebe [...]. Du, wer immer Du auch seist, höchst geliebter Sohn, dem Gott das Talent gegeben hat, das ungeheure Feld der verschiedenen Künste zu studieren, um Dir unter ihnen die herauszusuchen, die Dir gefällt, achte dieses nicht gering, dass Du den angesehenen und nützlichen Dingen Zeit und Mühen widmest." Eine der besten Ausgaben der Schedula ist die von J. G. Hawthorne und C. S. Smith, *Theophilus on Divers Arts: the foremost Medieval Treatise on Painting, Glassmaking and Metalwork*, Chicago 1963 (New York 1979).

[34] Die Bevorzugung des Bildes gegenüber dem Wort, die Tatsache, dass die Seele durch den Anblick einer Szene, welche ein Gemälde ins Leben ruft, tiefer angesprochen wird als durch die bloße Erinnerung, setzt einen bedeutenden Wandel gegenüber der Einstellung vor dem Jahr Tausend voraus, wofür die Überlegungen ein gutes Beispiel bieten, die in den *Libri Carolini* zu lesen sind (III, 30): „Oh Bewunderer der Bilder! Lasse Deinen Blick schweifen über die Gemälde und ihre Lichter, wir halten uns an die Göttliche Schrift. Verehre Du die künstlichen Farben, wir verehren den verborgenen Sinn und verstehen ihn. Ergötze Du Dich mit den gemalten Bildern, wir wollen uns an den göttlichen Worten ergötzen."

[35] In dem Universum der Bilder, welche den religiösen Ausdruck vom Ende des 11. bis zum Ende des 13. Jahrhunderts beherrschen, stellt die puristische und letzten Endes ikonoklastische Reaktion der Zisterzienser einen Sonderfall dar. Sie ließen nicht zu, dass die Architektur, selbst die des Hauses Gottes, sich stolz erhebe, um die Größe und den Reichtum Gottes aufzuzeigen. Nach den allgemeinen Regeln (capitulos generales) der Zisterzienser sollte sich die Einfachheit des Lebens und der Architektur, in welcher man lebte, arbeitete und betete, auch in der Dekoration und Ornamentik und in den übrigen Gegenständen des Klosters widerspiegeln. Die bunt bemalten Glasfenster mussten, falls vorhanden, durch klare Fensterscheiben ersetzt werden; der Gebrauch von Gold war untersagt, ebenso von Silber und Edelsteinen und jeder Art von Gemälden oder Plastiken wie auch von Fußbodenmosaiken. Im Kapitel von 1213 wurde das Abbild des Heilands Christus ausgenommen, sein Bild allein durfte von da ab die Gebetsräume der Zisterzienser schmücken.

[36] Das Monströse und Furcht Einflößende wurde durch den großen Prediger des Zweiten Kreuzzuges in Frage gestellt, in Vézelay am 31. März 1146, durch Bernhard von Clairvaux, eine der einflussreichsten Persönlichkeiten der Christenheit seiner Zeit. In seiner an Wilhelm von Saint Thierry gerichteten *Apologia* (etwa 1121–1124), die einem Bannfluch gleichkommt, weist Bernhard die phantastische Welt zurück, welche sein Zeitalter hervorgebracht hat, eine Welt sprechender Wesen und symbolhafter Träger von, wie er sagt, unklaren und wirren Botschaften: „Aber ich wüsste nicht, wozu eine Anzahl lächerlicher Monster dienlich sein könnte, eine missgestaltete Schönheit und angenehme Unförmigkeit, die sich auf allen Klosterwänden den Augen der Mönche darbietet, die sich dort der Lektüre widmen. Wozu diese derben Äffinnen, diese wilden Löwen, diese monströsen Zentauren, diese Halbmenschen, diese gefleckten Tiger, diese bewaffneten Männer, die einander bekämpfen, diese Jäger, die ins Horn stoßen? Hier sieht man viele Körper unter einem einzigen Kopf, und viele Köpfe auf einem einzigen Körper. Auf der einen Seite zeigt sich eine vierfüßige Bestie mit dem Kopf einer Schlange, auf der anderen der Kopf eines Vierfüßers mit dem Schwanz eines Fisches [...]. Schließlich sieht man hier allerorten eine so große und reiche Vielfalt an Tieren aller Art, dass der Marmor eher als die Bücher zur Lektüre dienen könnte; und man könnte leicht den ganzen Tag lieber damit verbringen, jedes einzelne Werk zu betrachten, als über das Gesetz des Herrn nachzusinnen. Oh, mein Gott! Wenn man schon keine Scham verspürt angesichts dieser elenden Zustände, warum schreckt man dann nicht zurück vor den Ausgaben zu einem solch albernen Zweck?"

[37] In seinem *Didaskalion* (VII), dem wichtigsten Werk der *Eruditionis didascalicae*, bringt Hugo, der Abt von Sankt Viktor, das Schöne mit dem Nützlichen in Verbindung, obwohl er auch die Dinge in Betracht zieht, die schön sind ohne nützlich zu sein: „Schön ist, was gefällt; zweckmäßig, was passend ist; bequem, was nützlich ist, und notwendig alles, ohne das etwas nicht existieren kann, [aber] auf diese Weise ist nicht das Nützliche schön, sondern was dem Blick angenehm ist, wie es bei einigen Arten von Pflanzen und Tieren, Vögeln und Fischen und ähnlichen Dingen der Fall sein kann."

[38] *Sermones in Cantica Canticorum* (Predigten über den Gesang der Gesänge), XLV

[39] In diesem Zusammenhang ist die Arbeit von M. Ch. Sepière interessant: *L'image d'un Dieu souffrant. Aux origines du crucifix.* Paris 1994

[40] J. Le Goff: *Saint Louis*, Paris 1996, S. 147

[41] Wie auch einige andere Autoren vertritt J. Le Goff a.a.O die Position, dass die Kreuzzugsidee die gesamte politische Aktivität des heiligen Königs beherrscht hat, in dem Maße, dass sie Leitprinzip und Endzweck seines Handelns darstellte. Diese Meinung vertritt neben anderen auch W. Ch. Jordan: *Louis IX and the Challenge of the Crusade. A Study in Rulership*, Princeton 1979

[42] Mattieu Paris: *Cronica majora*, Bd. IV, S. 92

[43] Das ikonographische Programm der Sainte-Chapelle wurde von J. M. Leniaud und F. Perrot untersucht: *La Sainte-Chapelle*, Paris 1991. Im Besonderen wurde der Aspekt der königlichen Kapelle als Widerspiegelung des Leitbildes des idealen christlichen Fürsten von D. Weiss behandelt: *Art and Crusade in the Age of Saint Louis*, Cambridge 1998, besonders im ersten Teil und im Kapitel „The Revelation of a Capetian Cosmology", S. 33–52.

Abbildungsnachweis

Adriano Alpago Novello: 177, 178, 181, 193 (links und rechts)
Aisa: 44, 268, 269
Albatross, Tel Aviv: 95
Alinari/Giraudon: 279
Apostolische Bibliothek Vatikan: 51, 153
Archivio Scala, Florenz: 196/197, 199, 239, 264/265, 282/283
B. N. Marconi, Genf: 87
Basilio Rodella, Montichiari: 63, 67 (links), 68, 69, 71, 78 (links), 79 (oben, rechts), 106 (rechts), 107
Cameraphoto Arte, Venedig: 217, 220/221, 223
Carlos Rodriguez, Xunta de Galicia: 34
Domi Mora: 24/25, 26, 27, 31, 32, 33
Eduard Widmer, Zürich: 189
Ekdotike Athenon S. A., Athen: 164, 170, 171, 205, 206
Francisco Ontañon: 45, 96, 113, 115
Französische Nationalbibliothek, Paris: 154, 190
Freer Gallery of Art, Smithsonian Institution, Washington D. C.: 146/147, 150
Gebrüder Manzotti, Piacenza: 104, 105
Gérard Degeorge, Paris: 123 (oben und unten), 125, 140, 141, 142, 143 (oben und unten), 185, 186
Institut du Monde Arabe, Paris: 127
Joaquín Cortés – Monasterio de El Escorial: 13, 34
Luca Mozzati, Mailand: 72/73, 79 (oben links), 81 (oben links, oben rechts, unten links), 174, 175, 187
Luciano Pedicini, Neapel: 136, 214 (links und rechts), 215
Luigi Marino: 62, 64, 65, 67 (rechts), 75, 76, 77, 78 (rechts), 79 (unten links und rechts), 80, 81 (unten rechts)
Marc Llimargas: 12, 23, 40, 41, 47, 56/57, 256, 267
Marina Miquel – Museum Mallorca: 55
Mario Carrieri, Mailand: 218, 224, 225, 226, 227, 229, 231, 233, 234, 235
Matias Briansó – MNAC: 16, 17, 18, 19, 20, 21, 61, 258, 259, 262, 263
Mauro Magliani: 230, 232
Mendrea Dinu, Radu & Sandu: 83, 94
Monasterio de las Huelgas, Burgos: 22, 53, 54
Museo del Bargello, Florenz (Foto Orsi Battaglini): 134, 135
Museo di Palazzo Bianco, Genua (Foto Prisma): 207
Museo Nazionale San Matteo, Pisa: 60 (links), 118
Museum Mallorca: 60
Österreichische Nationalbibliothek, Wien: 191, 277
Oronoz, Madrid – Museum der Alhambra, Granada: 59 (unten), – Monasterio de las Huelgas, Burgos: 30
Paola Teti, Rom: 249, 250/251, 253, 254
Paolo Piva: 103, 109
Parr. di San Giovanni Battista, Dommuseum, Monza: 88, 89
Publifoto Brai, Palermo: 194, 236, 247
Ramón Masats: 42
Ramón Manent: 133
RMN, Paris: 59 (oben) Hervé Lewandowski, 151
Staatsbibliothek, Lucca (Foto Ghilardi): 278
Studium Biblicum Franciscanum, Jerusalem: 90/91, 156, 158
The British Library, London: 138, 167 (links und rechts)
The Metropolitan Museum of Art, Theodore M. Davis Collection, Bequest of Theodore M. Davis, 1915 (30.95.38–39). Photograph (c) 1998 The Metropolitan Museum of Art: 137
Tiroler Landesmuseum Ferdinandeum, Innsbruck: 188
Universitätsbibliothek Istanbul: 50
Victoria & Albert Museum, London: 54 (links), 128, 131, 145 (oben)
Visions of the Land, Jerusalem: 165 (links und rechts), 200, 201 (oben und unten), 203
Vito Carlo Curaci, Palermo: 243, 245
Xurxo S. Lobato: 15
Zodiaque, Sainte Marie-de-la-Pierre-qui-Vire: 101, 116 (links und rechts), 261, 271, 272, 273, 274, 275, 276